키워드로 읽는
ESG·SDGs

키워드로 읽는 ESG·SDGs

초판 1쇄 발행 2024년 9월 30일

편　　자	이창언	
저　　자	이창언·차영주·한정은·이원영·김지현·오용운	
번역 지원	이승열·이현민	
펴 낸 이	윤관백	
펴 낸 곳	선인	
등　　록	제5-77호(1998.11.4)	
주　　소	서울시 양천구 남부순환로 48길 1(신월동 163-1) 1층	
전　　화	02)718-6252/6257	
팩　　스	02)718-6253	
E-mail	suninbook@naver.com	

정　가 39,000원
ISBN 979-11-6068-842-9 93300

키워드로 읽는
ESG·SDGs

이창언 편
이창언 · 차영주 · 한정은 · 이원영 · 김지현 · 오용운 저
이승열 · 이현민 번역 시원

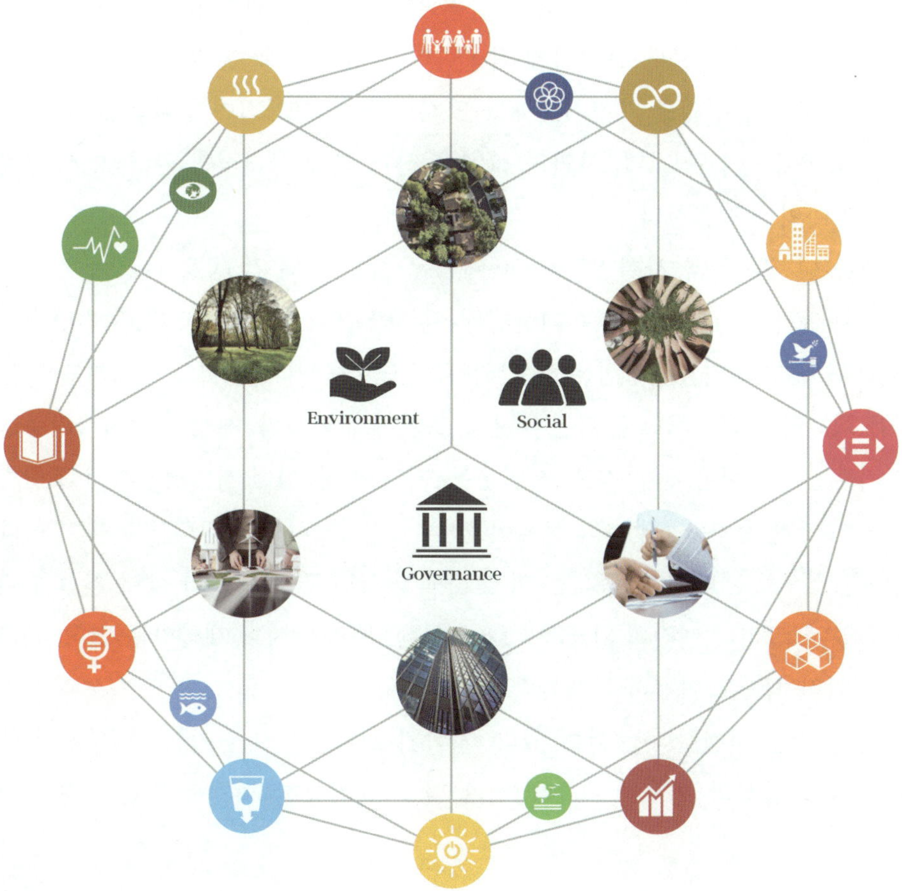

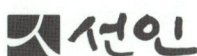

서문

'SDGs(지속가능발전목표)와 ESG 이행·실천'은 'SDGs 달성을 위한 2030 의제와 ESG의 이행과 실천'으로 해석되고 사용된다. 또한 'SDGs·ESG 이행 전략'은 지속가능성을 진척하는 혁신적인 활동을 집합적으로 개발하고 이행하는 방책으로 정의된다. 이에 우리 삶과 분리되지 않는 도시 SDGs·ESG의 실천, 그리고 긍정적 결과를 살펴보는 것은 총체적 도시전략의 특징과 가능성을 검토하는 작업이다.

SDGs·ESG는 다양한 접근법과 이해관계자들의 협력이 핵심 요소로서 글로벌, 국가, 도시 수준에 동일하게 작용한다. 17개 목표와 환경, 사회, 거버넌스에 대한 보편적 정의를 가진 SDGs와 ESG의 틀은 구체적인 상황과 요구에 부합·조정되어 정부와 기업, 시민의 삶에 혁신과 함께 실질적인 환경적, 사회적, 경제적 이익을 창출한다.

2022년 7월 한국 사회 SD(지속가능발전)는 실천 주체 간 공동 대응과 정부의 의지, 여야의 합의를 통해 지속가능발전 기본법 시행령 공표하였다. 일반법으로 격하되었던 지속가능발전법은 세 번의 정권 변화를 거쳐서 비로소 기본법의 지위를 회복하고 과거보다 강화된 내용을 포함하게 되었다. 시행되는 지속가능발전 기본법 시행령은 정부 정책, 시민운동, 기업 경영, 청년 시대정신까지 포함할 수 있는 국가 지속가능발전의 실행력을 높이고 국제사회의 신뢰도를 높이는 데 기여할 것으로 기대된다. ESG는 이제 선택이 아닌 필수로 우리 삶에 밀접히 다가와 있다. 그러나 여전히 SDGs와 ESG 실행, 목표 달성을 제약하는 법적, 제도적, 문화적 제약도 여전히 존재한다.

아는 만큼 실천한다는 말이 있다. 지속가능발전의 길을 가는 것은 우리 생각과 행동 방식의 변화를 요구한다. 보다 지속가능한 세계를 만들고 지속가능성 관련 문제에 참여하기 위해 개인은 지속가능성의 변화 창조자(Change-makers)가 되어야 한다. 이를 위해서는 지속가능발전에 기여할 수 있는 지식, 기술, 가치, 태도 등이 필요하다.

10년 수목, 100년 수인(十年樹木, 百年樹人)과 같이, 나무를 기르려면 10년이 필요하고, 인재를 양성하는 데는 100년 이상이 필요하다(It takes ten years to grow trees, but a hundred to rear people.).

일년수곡(一年樹穀), 1년을 생각하면 벼를 심는다. 하나를 심어 백을 얻는 것이 벼이다. 십년수목(十年樹木), 10년을 생각하는 사람은 나무를 심는다. 하나를 심어 천을 얻는 것이 나무이다. 백년수인(百年樹人), 100년 이상을 생각하는 사람은 참된 인재를 양성한다. 하나가 만을 얻는 것이 사람이기 때문이다.

한 사람의 인재를 양성하는 것은 쉽지 않은 일이며 오랜 시간과 대책이 필요하다. 문제는 자신의 머리로 생각하고 판단할 수 있는 인재를 양성해야 한다. "자신의 이론적 체계가 없으면 발을 깎아 신발에 맞추는(삭족적리, 削足適履), 불합리한 방법을 억지로 적용하는 비극이 조성될 가능성이 높기 때문이다. 자기의 언어로 말할 능력 결여는 (반드시) 비난받을 수 있는 곤경에 처한다(동첩득구, 動輒得咎). 그렇기 때문에 자기 나라, 내 고장의 실제에 입각해 바름을 유지하면서 새로움을 추구하고(수정출신, 守正出新), 여러 장점을 널리 받아들여(박채중장, 博采衆長) 이론과 학문의 혁신을 추진해야 한다(중국 인민일보 재구성)" 동시에 내 나라, 내 고장에 뿌리를 내린 학문과 이론체계, 내외를 아우르는 담론 체계의 형성에 박차를 가해, 자기 나라 특색이 반영된 학문 구축을 위한 버팀목을 제공해야 한다. 이는 SDGs·ESG를 국가-도시 정책과 삶에 녹여내는 것(주류화)과 우리 실정에 맞게 전략 실행(현지화)의 중요성을 의미하는 것이다.

이 책은 SDGs·ESG에 관한 인지도, 인식도 제고, 주류화, 현지화를 목적으로 기획되었다. 기획 단계에서 필자들은 "한글을 알면 누구나 읽을 수 있는 책을 만들자"는 목표를 가졌다. 하지만 이는 애당초 불가능한 일이었다. 그 이유는 SDGs·ESG가 대한민국에서 여전히 생소한 영역이자, 번역 수준을 갓 넘긴 분야이기 때문이다. 낯설고 어려운 영어 단어, 완벽하지 못한 번역이라는 현실 앞에서 필자들의 고민은 점점 깊어져 갔다. 이는 초고를 출판사에 넘기고도 2년이 넘게 책이 세상에 나오지 못했던 이유이기도 했다.

필자들의 바람은 첫째, 최대한 쉽게 해설하고, 둘째, 잘못된 용어를 바로잡으며, 셋째, 현장에서 활용할 수 있도록 책을 만드는 것이었다. 오랜 숙고 끝에 1부 지속가능발전에 말 걸기, 2부 SDGs에 다가서기, 3부 SDGs, ESD, SDGS 거버넌스의 현지화, 4부 ESG 순으로 편재되었다.

이 책은 생소하고 어렵게만 여겨지는 지속가능발전, SDGs, ESG에 관하여 시민과 청소년의 기초적인 이해를 높이고, 우리나라 실정에 맞는 목표와 지표를 설정하여, 행동계획을 찾고, 후속 작업 도모를 위해 기획·출판되었다.

이론적이고 현학적인 논의를 지양하고 키워드를 중심으로 지속가능발전과 SDGs, ESG에 관해 조곤조곤 이야기한다. 여기에 제시된 100여 개의 키워드는 대표 저자인 이창언의 현장 강의, 대학원과 학부 수업 토론문, 칼럼, 논문과 기존에 출판한 단행본에서 주요 키워드를 선별하여 작성하였고, 각종 보고서 등도 활용되었다.

SDGs·ESG를 대한민국에 잘 적용하기 위한 적절한 도구와 전략은 '2030 의제'의 설계, 실행, 피드백·평가 및 성공스토리(story) 구성과 밀접한 관계가 있다. 국제기구-국가-지자체-기업-시민사회 차원에서 실정과 조건을 고려한 SDGs·ESG 추진체계 구축과 현장의 적용과 혁신, 다양한 이해관계자의 협력, 숙의 공론제도 정착과 활성화, 공시(ESG)와 SDGs의 자발적 국가보고(Voluntary National Review, VNR)와 자발적 지역보고(Voluntary Local Review, VLR)의 정착,

SDGs·ESG 정보 교류의 활성화로 이어져야 한다.

이 책은 SDGs-ESG 주류화와 현지화가 민간 영역과의 유기적인 협력체계를 구축하고 글로벌-중앙-지방정부와 다양한 이해관계자의 일상적 협력 창구를 구축할 때 성과를 낼 수 있음을 강조한다. 지속가능발전과 ESG 실행을 위한 도구(tool)는 정치, 제도, 경제, 문화 등 한 사회의 특성이 국가 간, 국가 내 지방자치단체 간, 지방자치단체, 기업과 기업 내부의 이질적이고 복잡한 환경을 고려하여 적용되고 활용될 때 의미가 있다. 우리 사회의 다양한 이해관계자들은 SDGs·ESG 실천을 통해 지구-국가-지역시회 또는 지신이 직면한 문제의 원인과 해결에 기여할 방안을 찾고 이를 외부와 공유할 수 있어야 한다.

SDGs 목표 달성 시한인 2030년까지 몇 년이 남지 않았다. 그리고 ESG 의무 공시도 다가오고 있다. 일각에서는 SDGs 목표 달성과 ESG 실행에 대해 회의를 표하기도 한다. 아무리 인내심이 강한 사람이라 할지라도 언젠가는 한계에 부딪히기 마련이다. 하지만 한숨과 탄식만으로는 세상이 변화되지 않는다. 《순자·권학(荀子·勸學)》에 공재불사(功在不舍)라는 말이 있다. "새기다 그만두면 썩은 나무에도 새기지 못할 것이나, 새기기를 그만두지 않으면 쇠나 돌에라도 새길 수 있다.(功在不舍 而舍之 朽木不折 而不舍 金石可鏤)"라는 뜻이다. 물방울이 바위를 뚫을 수 있는 것도 물방울이 가진 힘이 아닌 꾸준함 때문이다.

앞서 언급했듯이 책의 발간이 늦어졌다. 인내심을 갖고 심적 지원을 아끼지 않으신 도서 출판 선인의 윤관백 대표님께는 특별히 인사를 올리지 않을 수 없다. 그리고 마지막까지 글을 정리해 준 대학원 제자이자 SDGs 현장 동료인 김지현, 오용운 선생님, 함께 연구를 수행하고 있는 이원영 교수님, 차영주 박사님, 한정은 선생님과 번역을 지원해 준 이승열, 이현민 군에게도 감사의 인사를 올린다.

경주에서 저자를 대표해서 이창언 씀

목차

1부 지속가능발전에 말 걸기

2부 SDGs에 다가서기

3부 SDGs, ESD, SDGs 거버넌스의 현지화

4부 ESG

<좌담> ESG 경영, 기업의 패러다임을 바꾼다

1

지속가능발전에
말 걸기

ESG
ESG

001 | 지속가능발전

지속가능발전은 'Sustainable Development'의 번역어인데, 이 번역 해석에는 약간의 주의가 필요하다. 우선, sustainable은 '지속가능한'이라고 번역되는데, 여기서는 '지속된다(또는 지속할 수 있다)'는 의미뿐 아니라 '지탱하는(지탱힐 수 있는)'이리는 의미를 포함한다.

이대로 가다가는 인류의 삶터이자 활동 기반인 지구 자체가 '지탱 가능하지 않게 된다'라는 강한 위기의식이 이 단어에 담겨 있다.

'development'라는 단어는 일반적으로 '발전'이라고 번역되는 경우가 많은데, 일부 국가에서는 'sustainable development'를 '지속가능한 개발'로 번역해 사용하고 있다. 그러나 이 번역은 논쟁의 소지가 있다. 환경파괴가 과도한 개발에 기인한다는 점을 고려할 때, 지속가능발전이란 '유지하고 버틸 수 있는 발전'으로 이해해야 한다.

이는 경제개발의 속도를 늦추거나 개발 그 자체를 일단 중지하는 것을 포함하여 인류 사회의 발전을 생각하는 경우 '개발'보다는 '발전'으로 번역하는 것이 적절할 것이다. 더욱이 '개발'이라는 번역어를 사용하면, 지속가능한 '개발'이 개발도상국에만 해당하는 과제라는 인상을 줄 수 있다. 지속가능발전은 선진국과 개발도상국 모두 함께 지향해야 하는 과제이다.

오늘날에는 지속가능발전이 '환경, 사회, 경제의 조화로운 발전(통합적 발전)'이라는 국제적인 공통 인식이 확산하고 있다. 이 경우, development는 '개발'보다 넓은 '발전'이라는 의미로 확산되고 있다.

'지속가능한(Sustainable)'이라는 말의 어원적 의미는 시간적 지속가능성을 뜻하는 것이 아니라 시스템의 관점에서 생태계가 인간의 사회체계와 경제체계를 지탱해 줄 수 있는 능력 범위의 의미를 담고 있다. 지속가능발전은 발전을 지속시킨다는 무한 성장의 의미가 아니라 환경이 사회와 경제를 부양하고 지탱할 수 있는 범위 내에서 인류의 질적인 발전을 도모하자는 것이다. 지속가능발전(sustainable development)'이라는 용어는 "세계환경개발위원회(WCED)"가 1987년에 발표한 『우리 공동의 미래(Our Common Future)』에서 "미래 세대의 욕구를 충족시킬 수 있는 능력을 저해하지 않으면서 현재 세대의 욕구를 충족시키는 발전(development that meets the needs of the present without compromising the ability of future generations to meet their own needs)"이라고 정의하면서 본격적으로 사용하기 시작하였다.

<그림 1-1> 지속가능발전의 3개 영역

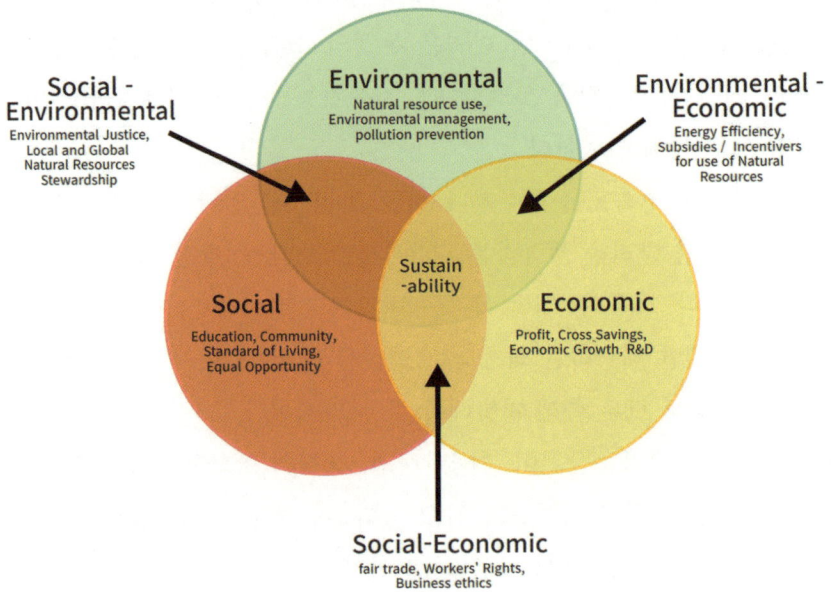

2018년에 발간된 환경부 보고서는 "지속가능발전 삼각형 모델에서 경제,

환경, 사회의 세 차원을 균형적으로 고려하는 것이 지속가능발전"이라고 설명한다. 이것은 "1990년대 ICLEI에서 개발했고, 지방의제21(Local Agenda 21) 활동을 통해 소개되었다. 그리고 지속가능발전 동심원 모델도 있다. 보편적인 동심원 모델에서 경제적 활동은 환경에 의하여 통제되는 경제·사회적 활동으로 사회적 영역의 일부분이라고 설명한다.

국가 제3차 지속가능발전 기본계획에서 지속가능발전은 지속가능성에 기초하여 경제의 성장, 사회의 안정과 통합 및 환경의 보존이 균형을 이루는 발전을 의미한다.

UN 관련 기구의 SDGs 논의에서도 3개 기둥의 통합적 관점이 잘 드러나 있다. 유엔 개발계획(UNDP)이 Post-2015 어젠다에 대한 36개 개도국의 11개 주제별 자문과 온라인 자문을 반영한 The Global Conversation Begins 보고서는 SDGs를 구체적으로 제안하지는 않았지만, 구체성을 띤 목표의 집중(focus)과 측정가능(measurability)하고 균형적(balanced)이며 전체적(holistic)이고 보편적(universal)인 의제 수립과 우선순위를 부여한다.

<표 1-1> 지속가능발전의 세 가지 기둥의 상호연계성

구분	경제 기둥	사회 기둥	환경 기둥
경제 기둥	- 지속되는 경제성장 - 고용 - 총수요(aggregate demand)	- 포괄적 성장 - 안전하고 생산적이며 적절한 일자리 - 사회 및 지방 인프라를 위한 재정	- 지속가능한 생산 - 식량, 에너지, 물 안보 - 산업계 생태 발자국
사회 기둥	- 인간 능력에 대한 투자	- 사회적 보호 - 모든 사회 자본에 대한 기초 서비스 접근성 - 기관의 책임 및 기능 제고	- 지속가능한 소비 - 변화된 태도 - 환경적 책임제
환경 기둥	- 성장에 대한 한계 확대	- 균형적인 사회-생태 시스템 - 식량, 물, 대기질 - 빈민 소비 향상 - 건강한 사회	- 자연자원 및 생태계에 대한 책임 있는 관리 - 생물다양성 - 향상된 서식지

※ 출처: UNESCAP(2013: 56)

유엔환경계획(United Nations Environment Programme, UNEP)은 Post-2015 의제에 '환경' 요소를 충분히 포함할 것을 강조하며 지속가능발전목표(Sustainable Development Goals, SDGs) 수립과 관련해서 3개 기둥의 통합적이며 보완적인 접근을 제시한 바 있다(UNEP, 2014).

지속가능발전의 관점은 경제 활동이란 인간사회의 다양한 활동 중 하나로 인간사회의 질서를 벗어날 수 없으며, 인간사회는 다양한 지구생태계의 하나로 지구생태계 유지와 작동되는 원리를 거스를 수 없다는 것이다. 따라서 지속가능발전의 의미는 생태적으로 안전하면서도 사회적으로 정의로운 공간 안에서 경제 활동을 하는 것으로 정의할 수 있다.

002 | 지속가능발전의 재구성

최근 우리나라에서 가장 많이 회자되는 단어 가운데 하나가 '지속가능발전 (Sustainable Development, SD)'이다. 터미널이나 역 주변에도 '지속가능한 여행(관 광)', '지속가능한 발전을 여는 ○○시'와 같은 광고판을 쉽게 볼 수 있다.

갈등하는 이해관계 속에서 '환경'과 '빈진'을 조회시켜 나갈 어지가 있다는 '발전'과 '환경'의 결합은 1972년 스톡홀름 유엔인간환경회의에서 시작되었다. 이후 『브룬트란트 보고서(1987)』가 주요 정치적·사회적 변화와 연계시켜 지구 차원의 '지속가능발전'을 제기했다.

사실, '미래 세대의 필요를 충족시키기 위한 잠재력을 훼손하지 않으면서 현세대의 필요를 충족시키는 발전'을 지속가능발전으로 정의한 '브룬트란트 공식'은 논란의 대상이 되었다. '지속가능발전' 개념의 확장과 더불어 그 용어 를 사용하는 데도 애매하고 일관성이 없다는 지적이 끊임없이 제기되었다.

1992년 브라질 리우데자네이루에서 열렸던 유엔 환경개발회의(UNCED, 일명 리우회의) 20주년을 기념하는 유엔지속가능발전회의(UNCSD, 일명 리우+20회의)에서 도 "실질적인 이행 수단과 새로운 정치적 합의에 대한 결정은 후속 과정으로" 미뤘다거나 "선진국의 과거와 현재의 생태 부채나 사회 정의와 환경 정의를 언 급하지 않았다" 혹은 "경제성장의 지속가능성에만 중점을 두었다"는 등의 비 판을 받았다.

하지만 개념 정의에 대한 명확한 합의가 없다는 것이 이로울 수도 있다는 반론도 제기되는데 이러한 주장도 일리가 있다. 다양한 이해관계자들이 '환경' 과 '발전'을 조화시키기 위한 풍부한 논의를 진행해 갈 수 있기 때문이다. 용어 상의 모호함이 때론 창조적인 사고와 실천, 무엇보다 다양한 행위자 간 이해

조정과 통합의 촉매가 될 수도 있다.

정부(지방정부)와 기업의 지속가능발전 노력은 종종 비용-효율성 계산에 따른 위기관리 접근법으로, NGO의 지속가능발전 노력은 가치와 철학적 접근법, 즉, 열정의 문제인 도덕적 선택으로 묘사된다. 따라서 지속가능발전 실현은 혁신적인 정부의 전략과 시민사회의 이니셔티브의 조화를 통해 한 발짝 나아갈 수도 있다.

이제 지속가능발전이라는 개념은 규범적인 차원과 경험적인 차원에서 검토될 필요성이 있다. 현재는 지속가능발전을 발전의 특정 경로라기보다는 권한을 부여하는 개념으로 보는 시각이 우세하다. 미래 세대가 사용할 수 있는 발전의 기회가 줄어들지 않게 해야 한다는 관점이다.

지속가능발전은 빈곤과 착취의 제거, 지구 자원의 공평한 배분, 현재와 같은 형태의 군비 지출 종식, 새로운 방식의 적정한 인구 통제, 생활양식의 변화, 적절한 기술, 그리고 민주화를 포함한 제도 변화 등이 녹아들어 있다고 말한다. 여기에 더해 사회적 유대가 강해질수록 지속가능발전을 위한 관리체계는 쉽게 무너지지 않을 것이라고 낙관한다.

지속가능발전은 다양한 성과물만큼이나 다양한 과정에 대한 것이었고, 국가-지방정부에 유용한 접근법을 제공해 왔다. 일례로 국제협력네트워크의 기후변화와 생물종 다양성에 대한 지속가능발전 의제는 여러 국가와 지방의 환경정책에 영향을 미친다. 이명박 정권에서 경제성장을 위해 환경 아이템들을 접목하려는 '녹색 성장'이 등장하였지만, 국제사회에서 공유된 가치인 지속가능발전의 의미를 퇴색시킬 수는 없었다.

그러나 국제 협력 프로젝트는 지방 지속가능성 과정을 획일화하는 경향도 있다. 이러한 방식이 상대적으로 단기간 내에 추진 틀을 만들 수는 있겠지만 공유된 경험과 윤리, 상호 교환에 근거한 협력 관계, 나라와 지역의 특수성을 반영하는 장기적 계획의 수립과 실천이라는 측면에서는 결함이 있다.

지속가능발전은 지리적 초점, 자연, 정책과 부문의 통합, 기술, 제도, 정책 수단과 도구, 재분배, 다양한 행위자의 참여, 철학과 가치와 관련된 모든 분야에서 사회-정치적 과정, 지역적 상황과 맥락을 고려한 창조적 적용과 재구성이 필요하다. 그러나 변치 않아야 할 것들이 있다. 그것은 지속가능발전 실현의 전제조건인 각 사회집단의 참여와, 결과보다는 과정을 더 소중히 여기는 태도이다. 지속가능발전은 경제와 환경, 문화(Culture)와 사회 등 여러 요인을 고려한 통합적 발전 전략이므로 각국 정부(지방정부)가 시민을 의사결정에 참여시키는 합의 과정을 거쳐야 한다. 그리고 변치 않아야 할 지속가능발전 실천 원칙은 세대 간 형평성, 삶의 질 향상, 사회적 통합, 그리고 지구촌 구성원의 책임 등을 들 수 있다.

지금 당장 지속가능발전이 추구하는 모든 정책 목표들을 한꺼번에 실현할 수는 없다. 하지만 경제·사회·생태 환경을 토대로 하여 지속가능발전을 위한 청사진을 마련하는 것은 매우 중요하다.

어떤 개념이나 이론을 신화화해서는 안 된다. 지속가능발전에 사회적·정치적 의의를 부여한다면, 그 용어의 정확한 의미를 따지는 무모한 논쟁에서 벗어나 현재의 과정과 현실에서 무엇을 어떻게 지속가능하게 할 것인가를 묻고 실천방안을 찾아야 한다. 지속가능발전 개념이 '모호한 개념'일 수도 있지만, 지역적인 접근법을 통해 생태학적 지속불가능성을 갖는 불안한 미래에 대응하는 진정한 변화의 수단으로 만들 수 있다. 우리가 의미를 부여한 지속가능발전은 변화의 역동성에 민감한 반응성, 다양한 이해관계의 포용성, 사회적 합의를 형성하고 실행하는 데 필요한 효율성과 책임성을 갖춘 사회적 능력을 포함한다.

003 | 지속가능발전 규범

지속가능발전은 발전의 특정 이행 경로가 아닌 삶, 제도의 규범으로 보는 시각이 우세하다(이창언, 2020e: 253). 규범은 일반적으로 "사회 구성원이 공유하는 행동의 기준이나 규칙"이라고 할 수 있다. 지속가능발전 규범은 미래 세대가 사용할 수 있는 발전의 기회가 줄어들지 않게 해야 한다는 강한 의지가 내포되어 있다.

일본에서는 지속가능발전 규범으로서 첫째, 환경·인간 축의 관점(생태계 서비스의 보전, 자원·에너지 제약, 환경 용량 등), 둘째, 시간 축의 관점(경제활동의 지속, 세대 간 공평 등), 셋째, 공평, 생활수준, 다양성 등으로 정리하고 있다. 이는 인류의 생존 기반과 관련된 규범, 미래 세대에 대한 보증과 관련된 규범, 더 고차원적인 인권 등과 관련된 규범을 의미한다(森田恒幸·川島康子·イサム=イノハラ, 1992: 546-547).

일본 연구자들은 지속가능발전 규범을 ① 타인에 대한 배려, ② 다양한 위험에 대한 대비, ③ 주체의 활력으로 집약하기도 한다(白井信雄·田崎智弘·田中充, 2013; 이창언, 2020e: 253-255). 이 중 타자에 대한 배려는 환경뿐만 아니라 시간 축, 공간 축, 주체 축으로 확대되는 다양한 것으로서 '시간 축'의 타자는 현세대에 대한 미래 세대, '공간 축'의 타자는 타국·타 지역, '주체 축'의 타자는 다양한 이해관계자와 인간 이외의 다양한 생물종을 포함한다(이창언, 2020e: 255).

한국과 일본의 연구자들은 SDGs 이행·실천 과정에서 지속가능발전 규범에 관한 논의가 필요하다고 주장한다.

그 이유는 첫째, 지속가능발전 개념이 논쟁적이고 고정된 것이 아니기 때문이다. SDGs는 지속가능발전을 둘러싼 다양한 의견들을 크게 묶으면서 작성되었다. 그러므로 목표와 세부 목표, 지표는 광범위한 선택 품목(menu)으로써 수용될 수는 있지만, 체계적이고 구조적인 학습이 진행되지 않을 가능성이 있다.

둘째, '할 수 있는 것을, 할 수 있는 곳부터'라는 관점에서 지속가능발전을 수용하게 되면 기존의 관행을 뛰어넘을 수 없기 때문이다. 관성의 정당화 수단으로 SDGs가 사용된다면 SDGs는 지속가능한 사회를 위해서 필요한 상상력과 근본적인 대응을 연기 내지 무력화시킬 수 있다.

셋째, SDGs에 개발도상국이 안고 있는 과제뿐 아니라 선진국의 과제도 추가했다고는 하지만 여전히 국가 차원의 과제에 매몰될 수 있다. SDGs는 국가 정책이나 글로벌 기업의 대응 과제를 포함하지만, 중소기업 및 지역이 안고 있는 과제에 충분히 대응하지 못할 수도 있다(이창언, 2020e: 254). 지속가능발전을 한층 더 유의미한 것으로 만들기 위해서는 지속가능한 사회 본연의 자세, 또 그 본연의 자세를 이끄는 규범에 대한 논의와 공유(白井信雄, 2013: 69)가 실천 활동과 동시에 이루어져야 한다(이창언, 2020e: 253).

<그림 1-2> 지속가능발전 규범

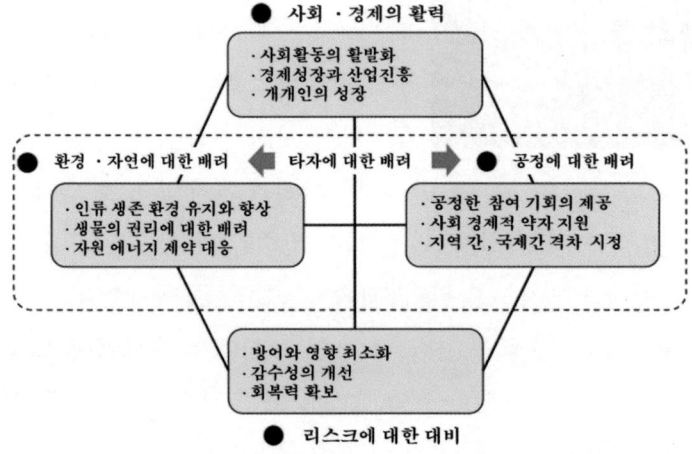

※ 출처: 白井信雄(2018: 153; 이창언 2020e: 255)

<그림 1-3> 『우리 공동의 미래』

지속가능발전(Sustainable Development, SD) 개념은 1970년대와 1980년대부터 제시되었으며 1990년대 리우선언에서 확립되었다. 1970년대 말부터 1980년대에 이르러 환경보호와 경제성장을 대립하는 관계로 볼 수 없다는, 상호 관계를 중시한 이론이 확산되었다. 1979년에는 쿠머(Coomer, 1979)가 환경보호를 하면서 경제성장을 지속하는 사회를 모색한 '지속가능한 사회(Sustainable Society)'라는 개념을 제창하였고, 1980년에는 세계 자연자원 보전 전략(World Conservation Strategy)이 환경과 경제의 상호 연계적 관점으로 자리 잡게 되었다. 이후 『브룬트란트 보고서(1987)』가 지구촌의 정치·사회적 변화의 흐름과 연계하여 지구 차원의 '지속가능발전'을 제기했다.

지속가능발전의 공론화는 1983년 유엔 총회에서 노르웨이 노동당 총재인 그로 할렘 브룬트란트(Gro Harlem Brundtland)를 의장으로 하는 '환경과 개발에 관한 세계 위원회(WCED: World Commission on Environment and Development)'의 창설이 것이 계기가 되었다. WCED 창설을 앞두고 그 당시와 같은 추세의 개발은 수많은 사람에게 가난과 질병을 안겨줄 뿐이며 이와 함께 환경의 질은 더욱 나빠질 것이라는 문제 제기가 있었다. WCED는 1987년 『우리 공동의 미래(Our

Common Future)』라는 보고서를 통해 지속가능발전 개념을 정의하였다. WCED 위원장이었던 브룬트란트는 "만약, 우리를 위해서 인간과 자연 시스템의 일부를 구하려고 한다면, 이 시스템 전체를 구하지 않으면 안 된다. 이것이 지속가능발전의 본질이다."라고 말했다.

『우리 공동의 미래』에서 '지속가능발전'은 "미래 세대가 그들의 필요를 충족시킬 수 있는 가능성을 손상하지 않는 범위에서 현재 세대의 필요를 충족시키는 발전(WCED, 1987)"이라고 정의하였다.[1] 이 보고서는 '필요'와 '환경 용량의 한계'라는 두 가지 핵심 개념을 담고 있는데, 첫째 (특히 세계 빈민들의) 필수적인 필요에 대한 개념이다. 빈곤은 사회적·문화적으로 결정되는 것이며, 모두가 합당하게 원할 수 있는 패턴으로 소비에 대한 가치의 방향을 다시 설정해야 한다고 주장했다. 특히 서구 선진국의 소비수준을 낮추어야 한다고 역설했다. 둘째, 현재와 미래의 필요를 충족시키기 위한 환경 용량에는 한계가 있다는 개념이다. 이는 현 상태의 기술과 사회조직을 유지하는 데는 한계가 있다는 것을 의미한다.

이처럼 『우리 공동의 미래』는 ① 전 세계 가난한 사람들에게 있어서 불가결한 요구의 개념, ② 기술·사회적 조직, 본연의 자세에 의해서 규정되는, 현재 및 미래 세대의 욕구를 만족시킬 만한 '환경적 능력의 한계'에 대한 개념으로 지속가능발전을 설명하고 있다. 지속가능발전은 인권의 관점에서 '발전'을 재구성하고 불균형 발전을 시정하고 발전에서 얻는 이익의 배분 방식에 대해 부언한 것이라고 할 수 있다. 그리고 '환경적 능력의 한계' 개념에 대해서는 지속가능한 최대 허용 어획량(MSY) 등에서 도입된 '환경용량'의 내용을 나타내는 '지속가능성'이 반영되어 있다.

『우리 공동의 미래』에서 밝힌 지속가능발전 개념은 이후 여러 세계적인 회의, 실천을 거치며 더욱 정교화된다. 2015년 9월 유엔 총회는 지속가능발전목

---

1 <우리 공동의 미래(Our Common Future), 일명 브룬트란드 보고서>, 유엔 환경계획(UNEP) 유엔환경개발위원회(WCED) 공동 채택, 1987

표를 회원국 만장일치로 합의·채택했다. 그리고 2020년 1월, 유엔은 SDGs 선포 5주년이자 유엔 창립 75주년을 맞이하여 2030년까지 SDGs를 달성하기 위한 10년의 야심 찬 행동을 결의한다. 'SDGs 달성을 위한 행동의 10년(Decade of Action)'은 전 세계인의 공동과제인 빈곤, 기아 종식, 성평등, 양질의 교육과 일자리, 기후위기 대응, 불평등과 빈부(재정)격차 해소에 이르기까지 지속가능한 해결책을 찾는 과정이자 사람, 지구, 번영, 평화 및 파트너십을 위한 로드맵이라고 할 수 있다. 이어 2021년 9월 10일 안토니우 구테흐스(Antonio Guterres) 유엔사무총장은 지구의 멸망과 우리 사회의 역사적 붕괴를 피하고, 더 친환경적이고 안전하며, 더 나은 미래를 실현하는 방법을 제시한 보고서를 발표했다.

『우리 공동의 미래』 발간 이후 2022년 3월 현재 SDGs를 이행하기 위한 움직임에 국제사회가 자발적으로 동참하고 있다. 독일은 총리가 위원장을 맡고, 내각 구성원 전원이 참여하는 지속가능발전 정부위원회를 구성했다. 일본은 총리가 본부장을 맡고 모든 장관이 참여하는 SDGs 실천 본부와 다양한 이해관계자가 참여하는 원탁회의, 시민이 함께하는 'SDGs 실시지침'을 발표하고 실천하고 있다. 한국도 2021년 겨울 지속가능발전 기본법을 재 제정(시행령 공포는 2022년 7월)하며 지속가능발전을 국가정책에 깊숙이 포함하는 움직임을 시작했다. 한국 사회에 『우리 공동의 미래』가 소개된 지 35년 만의 일이다.

005 | 환경과 발전에 관한 리우선언

'환경과 발전에 관한 리우선언(The Rio Declaration on Environment and Development, 일명 리우선언)'은 1972년 스웨덴의 스톡홀름에서 인간환경선언이 있은 지 20년 만인 1992년 6월, 브라질 리우데자네이루에서 지구인의 행동강령으로써 전 세계 국가의 대표가 서명하여 채택되었으며 27개 원칙으로 구성되어 있다(박영민, 2018: 75). 리우선언(Rio Declaration)은 '선언'이라는 형태를 취하고 있으므로 법적 구속력이 있는 문서는 아니지만, 환경입법에 큰 영향을 가지고 있는 문서이다.

리우선언이 국제환경법 상 중요한 권위와 영향력을 가지고 있는 것은 다음의 이유들 때문이다. 첫째, 리우선언은 일부를 제외하고 국가에 의무를 부과하는 문구로 쓰여 있다. 많은 원칙이 '국가는 …해야 한다(shall)'라는 명령형으로 시작되고 있는 것이다. 둘째, 리우선언은 선진국과 개발도상국의 국제 환경보호에 관한 규범에 대한 공감대를 형성하였다. 사실 리우회의에 참석한 모든 국가가 지구 환경의 회복과 보존이란 대의에는 공감하면서도 세부적 실천 의제 앞에서는 각국의 개별 이해관계에 따라 상호 의견 대립과 갈등도 없지 않았다. 이것은 지구촌 내부에서도 성장, 발전의 정도와 수준에 작지 않은 차이가 내재하여 있음을 보여주는 것이다. 즉, 선진국들은 "이미 완성된 국가 발전의 수준과 안정된 경제토대 위에서 환경보호에 보다 더욱 적극성을 보일 수 있지만, 아직 발전 수준이 부족한 국가들에 개발을 포기하고 환경보존에 더 적극성을 가지라고 말하는 것은 비현실적인 면이 없지 않기 때문이다(송채원 2014: 5)."

이해관계의 차이에도 불구하고 리우선언은 지속가능발전을 위한 '실체적 요소'와 '절차적 요소'를 확보하는 데 기여했다. 리우선언은 지속가능발전을 실현하기 위한 실체적 요소로서 내세운 ① 천연자원의 지속가능한 이용(제2원칙), ② 환경보호와 경제발전의 통합(제4원칙), ③ 발전의 권리(제3원칙), ④ 세대 내 및 세대 간의 형평(제3원칙), ⑤ 오염자 부담의 원칙(제16원칙) 등을 내세웠다. 이러한 원칙들은 인류 역사상 새로운 개념은 아니지만, 리우선언에서는 체계적으로 규정하고 있다.

<그림 1-4> 리우회의의 세번 스즈키

※ 리우회의에 어린이 지구환경 대표로 참석한 캐나다 출신 12살 소녀 세번 스즈키는 '세상의 모든 어버이께'라는 연설을 통해 미래세대를 위한 어른들의 실천을 촉구해 주목을 받았다. 스즈키는 "여러분은 오존층에 난 구멍을 수리하고, 죽은 강으로 연어를 다시 돌아오게 하고, 사라져 버린 동물을 되살리고, 사막이 된 곳을 푸른 숲으로 되살려 놓을 능력이 없습니다. 고칠 방법을 모른다면, 제발 망가뜨리지 마십시오! 여러분이 회의에 참석하고 있는 이유가 무엇이며, 누구를 위해 회의를 열고 있는지를 잊지 마십시오!"라고 일갈했다(글, 그림 출처: 환경부 홈페이지).

리우선언에서는 '사람'이 지속가능발전의 중심에 있다. 제1원칙은 "인간을 중심으로 지속가능한 개발을 논의하여야 한다. 인간은 자연과 조화를 이룬 건강하고 생산적인 삶을 향유하여야 한다."라고 하여 지속가능발전을 본격적으로 거론하였다. 이로써 "지속가능발전"이라는 용어가 일반인들에게도 친숙해지게 된다(송재일, 2016: 147). 그러나 여기서 말하고 있는 사람 중심주의는 사람

지상주의가 아니라 어디까지나 자연과 조화롭게 발전해 나가는 중심에 사람을 둔다는 의미로 이해해야 한다. 이에 대해 1972년 스톡홀름 선언은 "인간은 품위 있고 행복한 생활을 가능하게 하는 환경 속에서 자유, 평등(Equality)과 적당한 수준의 생활 보건을 향유할 기본적 권리를 가진다"라는 점을 명확히 했다(설계경, 2011: 153). 이와 함께 인간은 현세대와 다음 세대를 위해 환경을 보호하고 개선할 엄중한 책임도 지님을 천명한 것이다. 이 점에서 '인권 차별, 인권 분리, 차별대우, 식민정책 및 기타 다른 형태의 억압이나 외국 지배를 영속화하려고 하거나 추구하는 정책은 규탄되어야 하며 배척되어야 한다.'라는 스톡홀름 선언의 원칙 1을 이어받은 것이며, 환경이 사람의 생명을 지탱하고 사람에게 지적, 도덕적, 사회적 및 정신적 성장의 기회를 줄 수 있다는 인식에 기반한 것이다. 나아가 "인간은 여러 악조건의 복합작용으로 현재 심각한 위기에 처한 야생동물과 그 서식지를 보호하고 현명하게 관리할 특별한 책임"이 있다는 것이다. 따라서 "야생생물을 포함하는 자연의 보전은 경제개발 계획에서 중요한 위치를 정해야 한다"라고 강조한다. 리우선언은 1972년 스톡홀름에서 개최된 유엔인간환경회의(스톡홀름 회의)에서 채택한 '인간환경선언'에서 표명한 '인간의 역할 강화'라는 일관된 입장을 수용한 것이다.

006 | 요하네스버그 선언

2002년 8월 남아프리카공화국 요하네스버그에서 '지속가능발전세계정상 회의(World Summit on Sustainable Development, WSSD, 일명 Rio+10)'가 열려 '지속가능 발전'이라는 개념이 21세기 인류의 보편적인 발전 전략을 함축하는 핵심 개념 으로 자리 잡게 된다(환경부, 2004: 14; 김병완, 2005). WSSD는 1992년 브라질 리우 데자네이루에서 개최되었던 지구정상회의 이후 10년간 국제사회가 거둔 지속 가능발전 추진 성과를 평가하고, 향후 구체적인 추진계획을 마련하기 위한 자 리였다(오수길, 2003). 이 회의를 통해 국제사회는 지속가능발전을 이루기 위한 다음과 같은 소중한 결실들에 합의하였다.

그것은 첫째, 지속가능발전을 위한 정치적 선언으로써 '요하네스버그 선언 문(The Johannesburg Declaration on Sustainable Development)'을 채택하였다. 우리의 기원에서 미래까지(From our Origins to the Future)라는 부제를 단 이 선언문은 "경 제, 사회, 환경을 동시에 염두에 두는 '지속가능발전'을 실현하고자 하는 각국 의 정치적 의지를 다시 확인하자는 것이다(정희성, 2011)."

'요하네스버그 선언문'은 첫째, '정치적 약속'으로서 의제21의 구체적인 실 천계획인 '이행계획'의 내용을 담고 있다. 즉 정치적 선언에 따라 각 분야별로 어떻게 실제 행동으로 옮길 것과 관련한 내용이 포함되어 있다. 이행계획에는 빈곤퇴치, 지속가능하지 못한 생산과 소비 패턴의 개선, 자연자원의 보전 및 관리, 이행 수단 마련, 지속가능발전을 위한 제도적 기틀 마련, 에너지 분야 등 이 포함되어 있다. 둘째, 파트너십의 활성화를 보여주었다. 이 회의를 위한 준 비 위원회는 각국 정부, 국제기구, 이해 당사자, NGO 등이 파트너십을 형성하 여 추진하는 실천사업들의 내용, 형태, 조건 등을 논의해왔다(오수길, 2003: 2).

그것은 정부 간 협상을 통해 공식적으로 채택된 원칙이나 선언을 근거로 추진되는 사업에 관련된 이해 당사자들이 구체적인 계획을 세워 실행하는 협력사업으로 발전시키자는 것이다. 셋째, 지방의제 21에서 실천을 강조하는 '지방행동 21(Local Action 21)'을 발표하였다. 이 회의 기간 중 열린 각국 지방정부 대표단의 지방정부 회의에서 '지방정부 선언문'이 발표된 것이다. 이 선언문은 각국 지방정부가 그간 작성한 지방의제 21을 실제 행동으로 옮겨 실천해나갈 것을 적극적으로 표명한 것이다(이창언·오수길·유문종·신윤관, 2013: 37).

007 | 열린사회와 지속가능한 도시

프랑스 철학자 베르그송(Henri Bergson)은 그의 만년의 저서 『도덕과 종교의 두 원천』에서 '열린사회'란 열린도덕과 동적 종교를 기초로 하는 사회로 닫힌사회란 닫힌도덕과 정적 종교를 기초로 하는 사회로 규정했다.

베르그송은 "기계적인 불변적 관습에 의해 지배되는 사회"를 닫힌사회라고 말한다. 닫힌사회는 변화를 거부하며, 보수적이고 권위주의적인 사회이다. 닫힌사회는 자기중심적 성격을 강화함으로써 안정성을 성취한다. 따라서 닫힌사회는 자신을 유지하기 위해서 다른 자기중심적인 사회와 끊임없는 경쟁과 투쟁을 계속하게 되는 것이다. 닫힌사회를 유지하는 내적인 결속은 닫힌도덕과 닫힌 종교에 의해서 보장받는다.

여기서 '닫힌도덕'은 "변하지 않는 것으로 여겨지는 도덕"이다. 그것은 의무의 도덕이며, 책무의 도덕 즉, 사회적 압력으로 느껴지는 폐쇄적이고 배타적인 도덕이다. 이에 반해 열린도덕은 변화를 승인하며 변화를 긍정하는 도덕이다. 말하자면 그것은 우리의 생명을 한층 더 고양시키는 새로운 도덕의 출현을 환영하는 도덕이다.

칼 포퍼는 『열린사회와 그 적들』에서 신비적 직관에 기초한 열린사회 대신에 합리적 이성에 기초한 열린사회를 옹호한다. 인류애에 기반을 둔 열린사회 이념은 승인하지만, 비합리적 신비주의는 열린사회의 적이 될 수도 있다고 봤기 때문이다.

완전히 닫힌사회는 하나의 유기체에 그대로 비교될 수 있다. 이른바 국가유기체론이나 생물학적 이론은 상당한 정도까지 이 사회에 적용될 수 있다. 닫힌사회는 구체적인 개인들의 구체적인 집단으로서, 노동의 분업이나 상품의 교환과 같은 추상적인 사회관계에 의해서 상호관계하는 것이 아니라, 만져보고 냄새 맡고 바라보고 하는 구체적인 육체적 관계에 따라 맺어진 사회이다. 뿐만 아니라 대다수의 구성원들이 사회적으로 높아지기 위해, 그리고 다른 사람의 지위를 차지하기 위해 투쟁하는 열린사회에 반해, 닫힌사회란 이런 사회적 갈등과 계급투쟁 같은 것이 존재하지 않는 사회이다.

닫힌사회는 계급을 포함한 모든 제도와 규범을 신성불가침한 금기로 보는 소박한 일원론의 사회라고 할 수 있다. 이 사회에서는 규범적 규칙도 변경할 수 없는 반면, 자연적 규칙도 마술적인 도움으로 변경될 수 있는 것으로 해석된다. 이렇게 볼 때 소박한 일원론에 기초한 닫힌사회는 운명이 지배하는 사회라 할 수 있다. 금기나 주술의 세계로부터는 벗어났다 할지라도, 인간의 역사가 필연적인 법칙에 따라 지배되는 것으로 보는 사회도 닫힌사회이다. 여기서도 역시 운명이 지배하고 있기 때문이다.

닫힌사회는 국가가 크든 작든 시민의 삶을 규제하고 통제하려는 특성을 갖는다. 그러므로 닫힌사회는 정치적 전체주의 사회이다. 정치적 전체주의자들에 의하면 국가는 합리적인 목적을 가진 공동체라기보다는 더 높고 고상한 어떤 것, 즉 숭배의 대상이 되는 것이다. 정치적 전체주의를 특징으로 하는 닫힌사회에서 개인은 무엇이 옳고 그른지에 대하여 전혀 독자적인 판단을 내릴 수가 없는 반면, 국가만이 개인들의 판단에 대답을 제시할 권리를 갖게 된다.

칼 포퍼(Karl Popper)의 열린사회는 인간의 오류 가능성에 대한 인정에서 출발한다. 포퍼는 비판적 합리주의를 통해서 우리의 앎이 이성에 기초하고 있지만 이성의 절대성이나 무오류성은 있을 수 없다고 본다. 우리는 타인의 생각, 추측, 이론에 대한 성숙한 토론과 비판, 논증을 통해 보다 나은 앎에 접근할 필요가 있다는 것이다. 어떤 사상, 지식, 경험을 절대화하고 무비판적인 신앙화하는 것은 열린사회의 적(敵)이다. 열린사회의 독특한 특징 가운데 하나는 바로 결정주의적, 기계주의적, 법칙적 사고로부터의 탈피라는 점이다. 결정주의는 인간의 자율성과 창조적 선택 능력을 과소평가하고 인간을 힘없는 구조의 수인, 즉 꼭두각시로 만든다. 그 속에서 인간은 탈출할 용기를 잃은 채 자족하도록 길들여진다. 즉 인간은 명령이나 시나리오에 따라 기계처럼 움직인다. 포퍼는 역사주의가 인간을 이처럼 기계적으로 만든다고 말한다. 그가 말하는 역사주의는 전체 역사의 과정이 냉혹한 역사 법칙에 따라 필연적으로 전개되어 간다는 것을 의미한다. 그가 플라톤, 헤겔, 마르크스를 비판하고 그들을 가리켜 열린사회의 적들이라고 말하는 것은 그들 모두가 역사의 법칙을 강조하기 때문이다. 열린사회는 법칙에 종속된 인간, 법칙에 기계적으로 순응해 가는 사회를 비판하고 인간의 창의성이 발휘되고 개인의 잠재 능력이 개발되는 사회를 지향한다.

열린 지역사회, 지속가능한 도시를 만든다는 것은 변화의 역동성에 대한 높은 반응성, 행위자들의 이해관계자와 다양성에 대한 포용, 그리고 사회적 합의 형성 및 실행에 대한 효율성과 책임성 있는 사회적 능력을 갖추어야 한다(이창언·김광남, 2015). 교조에 얽매이지 않는 열정(passion), 비전(vision), 행동력(action)은 열린 지역사회를 향한 설계도이자 비전 실현의 추동력이다. 여기서 재차 강조할 점이 있다. 지역은 자율적 삶의 장일 뿐만 아니라, 그 이상의 복원과 창조의 중요성을 내포하고 있는 공간이다. 이는 열린사회, 지속가능한 도시의 생태적 토대가 지역 "내에서" 나온다는 사실의 재발견, 혁신적 정책적 대안이 갖는 중요성의 재발견, 네트워크 간 협력의 재발견이라는 것이다. 열린사회 또는 열린 지역사회는 현재진행형이다. 열린 지역사회는 구조와 개인 사이의 역전된 관계를 통한 탄식만으로 실현되지는 않는다. 새로운 의사소통 기술을 활용하여 사회혁신의 잠재력에 대해 이해하고, 계발을 통해 이를 실천할 때에 비로소 실현 가능하게 된다. 여기에 추가로 좋은 거버넌스 실현을 위한 연구와 실천이 뒤따라야 한다.

008 | 열린사회, 지속가능한 도시를 위한 다섯 가지 전제

　　열린사회는 불변의 규칙이나 전통적 권위에 의존하는 것이 아니라, 개인의 자유와 이성 및 박애의 신념에 의존한다. 즉 열린사회는 각자가 자신의 이성을 사용하여 판단을 내리며, 다른 사람의 자유를 인정하고 형제애 속에서 살 것에 대해 동의할 때만 존재하는 사회이다. 또한 열린사회는 개인들이 스스로 판단을 내리고 독자적인 결단을 내릴 수 있는 사회이다. 그러므로 열린사회는 개성을 허용하는 사회이며, 개인의 자유와 존엄을 최대한 보장하는 민주주의 사회이다. 따라서 독재자의 전횡이 정당화되는 전체주의는 열린사회의 적(敵)이다. 따라서 이와 같은 사회는 자유의 계속적인 확장과 그 내용의 심화가 사회적 협정이나 정치적 기술을 평가하는 최고 기준이 된다. 그런데 자유의 확장과 심화란 자유방임이나 국가의 긍정적 역할을 포기하는 것이 아니다. 개인의 인권, 자유의 신장, 그리고 국가의 공공성 확대 노력은 상반된 것은 아니다. 몸을 얼게 할 자유나 배고플 자유, 유아로 죽을 자유나 무지 속에 살 자유는 열린사회의 자유가 아니다. 열린사회는 개인의 복지를 구현하는 사회이다. 열린사회는 관용과 다양성에 기초한 자유로운 비판과 토론을 통해 문제를 해결하고 책임을 공유하는 사회를 말한다. 열린사회는 환경, 사회, 경제의 조화로운 발전(통합적 발전)을 지향하는 사회, 즉 지속가능발전이 구현되는 사회를 말한다. 지속가능한 도시는, 환경적 지속성뿐 아니라 사회지속성 및 경제적 지속성을 균형 있게 추구하는 환경과 개발이 조화롭게 공생하는 도시를 말한다.

　　열린사회, 지속가능한 도시를 향한 지역사회의 다양한 행위 주체 간 협력은 아래의 5대 지향을 제기하고 있다. 열린 지역사회는 일종의 지속가능한 도시와 유사한 개념으로 이해되기도 한다. 열린 지역사회는 베르그송과 포퍼의 열린사회의 개념에 대해 이를 지역사회에서 구체적으로 실현하기 위한 비전과 목표를 포함한다(이창언·김광남, 2015).

먼저, 열린 지역사회, 지속가능한 도시는 자립과 공생을 위한 녹색경제공동체를 지향한다. '경제'는 재화와 용역을 생산, 분배 및 소비하는 활동을 의미하며, 천연자원, 인적자원, 재정 등의 투입을 기반으로 한다. 경제의 작동 방식은 지구에서 인류 문명의 지속가능성 수준을 결정한다. 실효성 있는 지역경제는 재료의 수명주기 및 에너지 집약적인 기술에 대한 인간의 노동력에 대한 평가를 기반으로 한다. 그러므로 지속가능한 구매는 시장의 친환경화와 녹색 일자리 창출을 유도하고, 미래지향적인 산업을 지원하게 될 것이다. 녹색 도시경제는 사회적으로 포용적이어야만 한다. 따라서 열린 지역사회는 지역 경제를 친환경적이며 포용적인 경제로 전환해야 하며, 이는 지속가능한 도시의 선결 조건이라 할 수 있다. 녹색경제는 지역 주민의 생활양식 변화를 뜻하며, 이는 소비와 생산에 대한 다른 접근을 의미한다. 물론, 산업사회의 개인은 소비수준 정도에 따라 절제하기 어렵다. 따라서 녹색경제는 빈곤퇴치, 식량주권, 물 관리, 에너지 서비스에 대한 공평한 접근, 도시 회복력 증진, 지속적이고 공평한 성장 등과 관련이 있다. 녹색경제공동체는 글로벌 자본주의 시스템으로부터 발생하는 다양한 문제(상품 물신화, 개인화, 먹을거리 안전성 문제, 소외 등)를 극복하기 위한 전망을 갖는다.

둘째, 열린 지역사회, 지속가능한 도시는 참여와 책임성이 조화를 이루는 자치공동체를 지향한다. 우리 사회는 1990년대 이후 민주화와 다원화가 진전되고, 시민사회조직이 활성화되면서 공공부문과 민간 부문의 상호협력이 증진되는 긍정적인 변화가 진행되고 있다. 시민사회 기반의 지속가능성 과정은 지방 수준이나 국가 수준에서 핵심적인 시민사회 네트워크를 갖고 있다. 이것이 지방의 지속가능성을 촉진하고 대중의 인식을 제고하기 위한 활동을 일으킨다.그러나 이것이 곧 자치공동체의 형성을 보장하는 것은 아니다. 자치공동체는 비용-효과성 계산/위기관리 접근 방법과 시민사회 이니셔티브의 조화를 통해 형성될 수 있다. 전자는 개인의 리더십에 크게 의존한다는 특징을 가지고 있다. 지방정부 주도의 행정계획 성격을 띤 추진은 정책과 행정계획에 반영되는 사례가 많지만, 광범위한 참여를 이끌어내는 데 한계가 존재한다. 따라서 자치공동체 형성을 위해서는 리더(행정-시민사회)와 주민의 혁신할 수 있는 용기와 다른 사람들을 참여시킬 수 있는 능력을 확보하는 것이 중요하다. 동시에 근본적인 지방정책과 목표를 다시 정의하는 것에서 출발해야 한다. 이는 더욱 새롭고 지속가능한 기준을 정하여 열린 지역사회의 방향을 재설정하는 것이다. 그리고 부정적 요소의 최소화를 위해 지역사회의 참여와 추진 과정의 제도화가 강구되어야 한다. 열린 지역사회는 주요 행위자의 자발적 참여, 의사결정 과정에서 정보, 의사결정, 집행, 책임 공유를 가능케 하는 문화와 시스템이 구축되어야 한다. 열린 지역사회는 시민사회 주도의 역동성과 참여, 행정계획과의 조화를 이루는 것과 밀접한 관련이 있다.

셋째, 열린 지역사회, 지속가능한 도시는 미래세대를 배려하는 미래공동체를 지향한다. 열린 지역사회는 미래 세대의 건강과 안전, 복지를 참작한 도시계획, 현세대와 미래 세대가 존재할 수 있게 해준 노인 세대와의 협력을 포함한다. 열린 지역사회의 궁극적인 목표는 미래 세대의 건강과 행복은 물론 양질의 삶을 누리는 것이다. 그것은 위험은 낮추고 회복력을 갖추는 것으로, 재난과 기타 예측하지 못한 사태에 대한 대응능력을 갖추는 것이다. 회복력 구축에는 위험이나 취약성에 대한 노출 감소, 저항력과 견고성 증대, 긴급사태 대비 능력 등이 포함되어 있다. 열린 지역사회는 지역 기반 시설의 회복력 향상을 위한 의제를 수립해야 한다. 이 의제는 기후변화 적응, 재난 위험 감소, 긴급사태 대비 등을 포함할 수 있다. 지방정부는 경제적 기반의 풍족 여부와 관계없이 미래 세대의 참여를 모색하며 미래 세대의 활력, 건강, 평화, 안전, 교육, 문화, 그리고 좋은 거버넌스를 촉진해야 한다.

넷째, 열린 지역사회, 지속가능한 도시는 기후변화에 대응하며 순환과 재생이 가능한 생명공동체를 지향한다. 서두에서 살펴보았듯이 열린사회를 추동하는 힘은 절대적 기준이나 경직된 원칙이 아니다. 인류는 전 지구적 문명화 단계에 도달했다. 역설적으로 이것은 글로벌 상호 의존의 자각뿐 아니라 지구 한계를 넘어서는 위험 수준을 반영한다. 위험에 대한 인식과 이해는 지속가능성 확보를 위한 구조의 근본적 전환(transformation)을 가능케 하는 요인으로 작용한다. 열린사회로의 전환은 세계관과 가치의 전환, 상호부조와 연대를 향한 전환, 타 생물종과의 관계성과 자연 내에서의 인간의 지위에 대한 이해, 모든 지구생명체들의 존엄한 삶의 질의 극적인 변화를 의미한다. 그것은 기후변화 대응, 지역 생태계의 유지·발전, 녹지와 야생동식물 보전, 오염물질 등 생태계 유해 물질을 통제하는 요구를 반영하고 있다. 이는 지역주민 요구에 기반을 둔 지역 생산 자원 활용, 에너지의 효율적 활용 외에도 친환경 에너지 개발을 위한 지역 활동, 생태계와 균형을 이루면서 자족할 수 있는 규모의 도시계획을 포함한다.

다섯째, 열린 지역사회, 지속가능한 도시는 차별 없이 공평하며 모두가 행복한 이웃공동체를 지향한다. 형평성은 세계시민사회의 가장 중요한 도구이며, 열린 지역사회가 갖추어야 할 핵심적인 요건이다. 열린 지역사회는 세대 내 형평성, 세대 간 형평성, 그리고 인간과 자연 사이의 형평성을 요구한다. 이를 위해 단지 금전적인 요인이 아닌 형평성과 생태적 요소에 기초를 둔 개인과 사회적 의사결정 방식, 형평성이 실현될 수 있는 제도의 틀이 필요하다. 이에 형평성은 제도와 구조의 정당성이 구축되는 토대를 의미한다. 형평성의 토대에 대한 합의 없이는 동의에 기초한 열린사회의 상부구조와 새로운 질서의 창조가 불가능하다.

열린 지역사회는 정보와 자원의 공유, 다양한 행위자의 참여와 민주적 의사결정, 지방정부와 지역의 다양한 행위자 간의 긴밀한 관계를 재구성하고자 하는 열망을 반영한다. 열린사회를 향한 추진력은 정당성으로부터 나오는 바, 시민 참여에 더하여 형평성의 원칙이 지켜질 때 가능하다. 열린사회를 위한 전제인 형평성은 정보와 자원에 대한 접근성 보장, 배분의 정의가 실현되어야 한다. 나아가 소수의 정당한 요구가 배제되지 않도록 불공정한 체계에 대한 정정 요구권이 확보되어야 한다. 이는 지속가능발전 또는 지속가능발전목표의 지향과 밀접하게 연결되어 있다.

<그림 1-5> 지속가능한 지역공동체

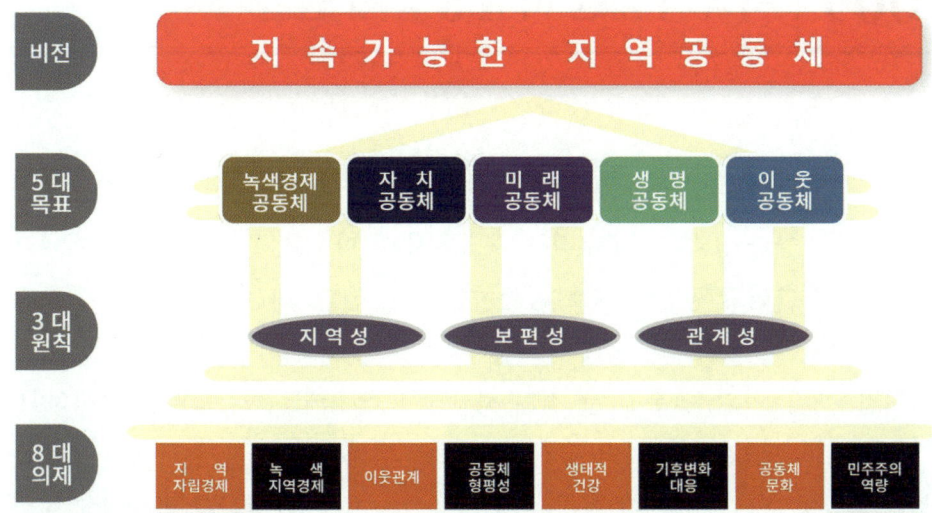

비전	지속가능한 지역공동체
5대 목표	녹색경제 공동체 / 자치 공동체 / 미래 공동체 / 생명 공동체 / 이웃 공동체
3대 원칙	지역성 / 보편성 / 관계성
8대 의제	지역 자립경제 / 녹색 지역경제 / 이웃관계 / 공동체 형평성 / 생태적 건강 / 기후변화 대응 / 공동체 문화 / 민주주의 역량

※ 출처: 이창언,오수길(2013)

009 | 지속가능한 마을공동체 만들기

'하늘과 물과 땅과 그 이치'라는 관점에서 본 마을은 물리적 환경이 아니라 사람, 자연 그리고 공간이 상호 공존하는 곳이 된다. 마을 동(洞)의 뜻에서 유래하고 있는 마을의 의미는 '같은 우물을 쓴다'는 뜻을 지닌다. 선조들은 큰길, 어귀길, 샛길, 안길, 골목길 등 길의 사용 여부에 따라 길의 의미를 구성하고, 그 길과 길이 연결된 하나의 공간을 마을로 이해했다. 따라서 과거의 마을은 구성원 간의 호혜적 관계가 형성된 사람 중심의 공동체, 공간과 공간이 연결된 관계의 공간공동체 그리고 자연에 순응하여 더불어 사는 생명지역공동체의 특징을 지닌다.

그러나 급격한 산업화, 도시화 과정을 겪으면서 동네 혹은 마을이라는 공간적 의미는 점차 약화 되었다. 1960년대 농업국가에서 공업국가로 전환하기 위해 진행된 한국적 근대화 프로젝트는 도시에서는 경제개발계획이, 농촌에서는 새마을운동이 국가재건의 핵심적 프로젝트였다. 조국 근대화 프로젝트로 시작된 한국의 압축적 성장은 마을에서 지역으로, 지역에서 도시로, 도시에서 부동산으로 공간에 대한 이해가 확장되어 가면서 물리적 환경 구축에 집중해 왔다.

산업화의 반작용으로 다양한 풀뿌리 운동이 전개되고 지속가능한 지역공동체를 만들기 위한 마을만들기 운동도 등장한다. '마을만들기'라는 용어가 우리 사회의 특정 실천사업을 지칭하는 의미로 사용되기 시작한 것은 1990년대 중반부터이며, 지금은 지역 활동가들이나 정부와 지방자치단체의 정책과 도시계획, 도시재생 현장에서도 널리 사용된다. 우리나라의 마을만들기 운동은 마을 디자인, 마을 가꾸기, 마을만들기, 마을 진흥사업, 생태마을운동, 마을공동체운동, 주민자치운동 등 추구하는 목적과 내용, 진행 방법, 대상 등에 따라 다양한 이름과 내용으로 전개되고 있다. 마을만들기는 주민참여예산이나 주민주도 마을계획과 같은 자치와 거버넌스 영역과 사회적기업, 협동조합운동 등 커뮤니티 비즈니스와 결합하면서 마을에 사회적 자본을 형성하고 건강한 생태계를 조성하기 위한 다양한 영역으로 확대되고 있다.

2000년대에 이르러 각 지방자치단체는 마을만들기를 공식 정책으로 받아들이면서 조례 제정, 관련 부서 설치, 중간지원조직 결성 등이 활발하게 진행되기 시작했다. 하지만 각 지방자치단체가 마을만들기를 정책의 주요 분야로 추진하면서 관료화된 마을만들기의 양상이 나타나기 시작한다. 일부 지방자치단체에서는 지나친 관 주도, 형식주의, 하향식 추진, 단기적 실적주의, 정치화 등의 문제로 주민이나 활동가들과 갈등을 빚었다. 중앙정부 차원에서도 역시 마을과 공동체에 대한 유사 중복 정책의 난무로 인한 중복지원, 성과주의, 예산낭비, 공동체성 약화 등의 부작용이 발생했다. 마을만들기의 필요성, 마을과 공동체, 주민주도 등에 대한 사회적 공감대는 확산되었지만, 아직 마을만들기에 대한 개념과 범위, 방식과 내용에 대해서는 오해나 편견으로 인한 쟁점이 있다. 한편, 그것들은 마을과 마을만들기가 다양성과 특수성을 지닌 영역이라는 점을 말해 준다.

최근 마을공동체운동의 권한과 책임을 확보하고, 계획적이며 안정적인 활동을 추진하기 위한 제도화 요구가 높아지고 있다. 이러한 요구에 부응하여 마을만들기 조례를 제정하는 지자체도 늘고 있다. 그러나 제도를 도입하는 데 그치지 않고 보다 장기적인 프로그램이 지속되어야 한다. 문화는 제도로 만들어지는 것이 아니라, 사람들이 참여의 경험을 축적하고 체화할 때 하나의 동질적 유전자가 형성됨으로써 정착되는 것이다. 그렇기 때문에 참여 문화는 긴 호흡의 여정이며, 인내를 가지고 추진해야 할 제도이다. 따라서 참여의 기본 원칙이라고 할 수 있는 개방성, 공평성, 투명성, 공개성, 권한 부여 등의 여러 요소가 담겨야 한다.

마을만들기는 거버넌스에 기반한 풀뿌리 주민자치운동인 동시에 진정한 마을의 의미를 복원하는 운동이다. 마을만들기의 시작과 끝은 주민과 마을이다.

그 어떤 제도와 정책적 장치에도 불구하고 가장 고려되어야 할 사항은 상호 협력적 관계를 유지하고 있는 주체별 역할 정립이다. 마을만들기는 물리적 환경 개발 중심에서 사람과 거주자 중심 그리고 현세대와 미래 세대를 고려한 생태적 삶의 공간을 이루어 가는 가치 발굴형 내생적 발전 양식이라고 할 수 있다 (이창언, 2015).

지속가능한 농촌마을공동체 홍동의 추진력

신자유주의 지구화, 글로벌 농식품 체계의 그늘이 점차 드러나면서 생태적으로 지속가능한 농업, 지역공동체의 의미, 사회적 경제의 잠재력과 가능성이 새로운 대안으로 부상하고 있다. 동아시아 인접 국가뿐 아니라 유럽과 미국에서도 모범적인 생활공동체 마을로 주목하는 곳이 있다. 충남 홍성군의 작은 농촌 마을 홍동면이다. 홍동면은 한국에서 가장 앞서 협동조합, 유기농업, 귀농·귀촌 운동을 주도한 곳이며 혁신적인 새로운 실험이 시도되고 있는 마을이다.

홍동은 왜 한국 농업, 농촌과는 다른 길을 선택했을까. 지속가능한 농업과 지역공동체를 일궈낸 힘은 어디서 나왔을까. 이러한 질문을 던지는 이유는 홍동의 실험이 어쩌면 한국의 농업, 마을 공동체가 나아갈 방향을 제시하는 잣대가 될 수 있기 때문이다.

<그림 1-6> 홍동 마을지도

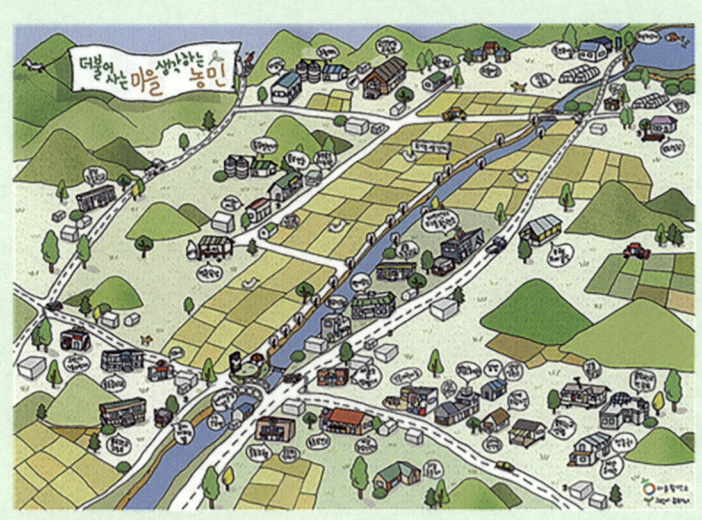

※ 출처: 마을활력소 홈페이지

홍동에서 지속가능한 마을, 인간과 생명이 공존하는 농업이라는 다양한 실천이 가능했던 데에는 홍동면 팔괘리에 있는 풀무학교에서 그 근원을 찾을 수 있다. 풀무학교(1958년)는 성서에 바탕을 둔 깊이 있는 인생관과 학문·실제 능력에서 균형 잡힌 정직, 하나님과 이웃, 지역과 세계, 자연과 모든 생명과 '더불어 사는 평민'(교훈)을 양성하는 것을 목적으로 설립되었다. 풀무학교의 건학정신은 지속가능한 지역공동체의 기반이 되었음이 틀림없다.

지금 홍동면에는 어린이집부터 초·중·고등학교, 농민기초대학과 평생교육기관인 밝맑도서관이 있다. 초·중학교는 공립이지만, 학부모가 같은 지역에 살고, 교육부 전원학교로 지정되어 방과후교실을 운영하기 때문에 지역의 모든 학교 간에 일관된 교육이 이루어진다. 홍동은 생애 첫 출발을 협동조직으로부터 시작할 수 있는 구조를 구축했다.

지속가능한 홍동의 첫 번째 추진력이 교육 인프라였다면 두 번째 추진력은 자연과 조화로운 삶을 꿈꾸는 사람들의 역할을 꼽을 수 있다. 1970~1980년대에는 풀무학교를 졸업한 지역의 일꾼들이 풀무신협, 풀무생협 등을 만들었다. 1990~2000년대 초반까지는 풀무생협이 다양한 활동을 이끌면서 유기농의 메카로서 입지를 확고히 다졌다. 2000년대 중반 이후에는 풀무학교에서 설립한 전공부가 풀무학교생협, 갓골생태농업연구소, 마실이학교 등 새로운 방식으로 지역과의 연계된 활동을 진행하고 있다.

홍동지역 1세대들이 문당리 마을공동체를 형성하면서 공동체의 기본적 사상과 물리적 기반을 형성하였다면, 2세대들은 지역사회에서 협동조합, 유기농, 문화, 생산 등에서 공동체를 형성하거나 생산자 조직을 만들어 지역 공동체 기반을 만들었다. 최근에는 외부에서 정착하거나 2세대 자녀들을 중심으로 3세대들이 홍동의 유기농업과 마을만들기를 새롭게 준비하고 있다. 특히 3세대 그룹들은 다른 지역 성공사례들에 대한 접목을 시도하여 지역공동체가 다양한 형태로 진화하고 있음을 보여주고 있다.

한편, 거버넌스 시스템과 네트워크 간 연계는 신뢰를 높여서 또 다른 협력적 기반을 만드는 선순환 구조를 형성하며 지속가능한 마을공동체의 추진력으로 작용하고 있다. 홍동면에는 2011년 지역밀착형 중간지원조직인 지역센터 '마을활력소'가 활동을 시작하면서 홍동면의 각 커뮤니티비즈니스 주체 간의 연계성을 높이고 있다. 2012년 11월에는 홍성협동사회경제네트워크(이하 홍성네트워크)가 발족하였다. 홍성네트워크는 사회적기업, 마을기업, 농어촌공동체회사, 자활공동체, 희망마을, 커뮤니티비즈니스, 협동조합, 지역공동체 운동기관 등 여러 기관, 기업, 단체가 참여하고 있다.

홍동은 내생적 발전전략을 수립하고 유기농업을 통해 자립경제 기반을 갖춰나가는 모범적인 사례로 평가되고 있다. 2000년도 '21세기 문당리 발전 백 년 계획'이라는 내생적 발전전략을 수립했다. 지역 특산물인 한우를 활용한 영농조합, 지역 이야기를 매개로 하는 출판사, 지역 농산물, 지역에 필요한 목공소를 공동 투자하여 설립하였으며, 중고서점, 우리 밀 빵가게 등 지역 자원이 협동조직을 통해 새로운 성장 동력이 될 수 있음을 보여주었다.

홍동의 실험은 현재 진형형이다. 앞으로 홍동이 지속가능한 지역공동체의 성공모델이 되기 위해서는 지방정부의 전략, 시민사회의 이니셔티브, 네트워크 간 연계와 협력(거버넌스), 제도화라는 여러 유형의 속성 중 가능한 많은 것을 결합시킴으로써 향상될 수 있을 것이다.

010 | 지속가능성 과정과 지속가능발전협의회

콘라드 오토 짐머만(Konrad Otto Zimmermann) 전 ICLEI(International Council for Local Environmental Initiatives, 지속가능성을 위한 세계지방정부협의회) 사무총장은 "지방 지속가능성 20년의 작업은 지방과 세계의 환경 상황을 개선하는 약 수만 개의 지빙 이니셔티브외 도시 계획을 마련했을 뿐 아니라 가장 중요한 성과로 많은 도시, 마을, 국가에서 참여적 거버넌스 문화를 도입하고 정착시켰다"고 평가하였다. 나아가 "비전을 수립하고 목표를 설정하고 절차를 검토할 때, 대중과 이해관계자들의 협의와 참여를 통합시키는 것이 기획 및 의사결정 과정의 관례가 되었고 이는 장기적인 측면에서 중요한 기반이 되었다"고 인정했다. ICLEI는 리우+20회의를 맞아 '지속가능성을 지향하는 지방성(locality)과 지방 정책의 개발에 영향을 주기 위한 장기적이고 다양한 부문의 의도적인 활동'이라는 뜻으로 '지방 지속가능성 과정(local sustainability process)'이라는 포괄적인 개념을 제시했다.

지방 지속가능성 과정의 중심에는 지속가능발전협의회가 있다. 지속가능발전은 행정과 지역 주민 등 9대 주요 그룹이 지역의 특성을 반영하여 지속가능한 지역 발전을 위한 의제를 수립·실천하는 것을 의미한다. UN은 여기에 참여하는 주요그룹을 'Major 9 Groups(G9)'라 하여 여성·청소년·원주민·NGOs·지방정부·노조·기업체·과학자·농민 등을 예시하고 있다. 지속가능발전은 '지속가능한 발전', '동반자 관계', '과정'이라는 세 가지 단어가 그 핵심 주제어라 할 정도로 지역사회의 모든 구성원의 협력을 강조한다. 이는 단순한 협조나 협력 또는 참여가 아니라 서로가 대등한 입장에서 힘을 모아 함께 나아가는 동반자 관계라야 한다는 것이다. 그리고 지속가능발전협의회는 다양한 그룹이 참여한 가운데 지속가능한 발전을 위한 장기적인 행동 계획을 준비하고 집행하여 목표를 달성해나가는 '과정'을 강조한다. 그 이유는 지속가능발전협의회의 추진 목적이 시민의 참여 과정을 통하여 지속가능한 지역공동체 비전과 목표와 구체적인 행동 계획을 내놓는 것에 있기 때문이다.

1992년 리우데자네이루에서 열린 지구정상회의와 지속가능발전협의회(전신 지방의제21)의 등장은 매우 밀접한 관계가 있다. 리우회의는 무분별한 지역 개발과 산업화로 인한 지구 환경 문제의 심각성에 대응하기 위해 '의제21'을 통해 지속가능한 지역공동체를 위한 행동계획을 수립하고 환경정책에 대해 새로이 통합적으로 접근할 이념인 「지속가능한 발전」을 제시했기 때문이다. 여기서 말하는 지속가능한 발전 이념은 근본적으로 적절한 환경보전 없이는 지속가능한 경제 발전은 불가능하다는 것을 전제로 생태적 지속성, 경제적 효율성, 사회적 형평성의 세 가지 측면을 포함하는 발전을 의미한다.

우리나라에서 지속가능발전협의회(전신 지방의제21)은 1992년 리우회의에 참가했던 국내 참가자들에 의해 간간이 소개되었다. 1994년 서울시정개발연구원이 여타의 기관과 공동으로 주최한 'Local Agenda 21과 지방정부의 대응에 관한 워크숍'에서 본격적으로 소개하였고 각 지역에서 추진기구 결성을 통한 준비에 이어 1995년 '녹색도시 부산21'이 발표되면서 그 모습을 드러내기 시작하였다. 1999년 9월 제주도에서 '제1회 지방의제21 전국대회'가 열린 이래 2000년 6월 '지방의제21전국협의회(현재 명칭은 전국지속가능발전협의회)'가 발족한다. 이어 2000년 '대통령 직속 지속가능발전위원회'를 발족시켰다.

지방의제21 조직은 ICLEI와 같은 국제적인 환경 관련 지방정부 협의기구와 긴밀한 만남을 통해 국제적으로도 그 위상을 확립해 왔다. 지방의제21은 1994년부터 일부 지방자치단체에서 시험적으로 추진되기 시작한 이래 현재 90% 정도의 참여율을 보여주고 있다. 한국의 지방의제21 참여율은 아시아에서 가장 높은 수준으로 평가받고 있다.

지방의제21전국협의회(현재 명칭은 전국지속가능발전협의회)의 창립과 활동은 이후 지방의제21의 확산과 조직화를 가져왔다. 전국지속가능발전협의회는 전국대회를 개최하고, 우수사례 공모전을 시행했으며, 정책포럼을 지속적으로 개최하였다. 그리고 산하 지역 협의회는 환경교육, 하천 살리기, 습지, 폐기물, 녹색구매, 마을 만들기, 기후변화, 녹색교통, 로컬푸드, 참여자치, 매니페스토, 거버넌스 등 다양한 분야와 영역에서 정책적 정리와 행동을 조직했고 「지속가능발전 기본법」 제정에도 기여했다.

지속가능발전 전문가들은 한국의 지속가능발전협의회 추진의 특징으로 첫째, 지역사회 NGO의 적극적인 참여와 주도적 역할로 추진되기 시작했다는 점, 둘째, 환경 분야 행정 관리라는 차원에서 추진되었다는 점을 꼽는다.

지금까지 지속가능발전협의회의 주된 성과는 다음과 같다. 첫째, 파트너십의 소중함을 일깨우는 계기가 되었고, 둘째, 현장을 중시하고 그 현장에서 실천사업의 가치를 깨닫게 하였으며, 셋째, 국내와 지역 내로 제한되었던 우리의 시야를 전 지구적 차원으로 넓혀 주었다는 것이다. 지속가능발전협의회 내부 문헌도 지역 차원에서의 '거버넌스 구축과 확대', '지속가능한 지역발전을 위한 노력의 확산'을 성과로 제시하고 있다.

이러한 성과에도 불구하고 지속가능발전협의회는 여러 면에서 한계를 가지고 있다. 그것은 첫째, 주민과 지역사회의 다양한 그룹의 이해(인지도, 영향력 포함) 부족으로 지역의 지속가능한 발전 전략과 연계된 활동으로 발전시켜 나가지 못하고 있다. 둘째, 법적·제도적 기반이 취약하여 지방자치단체장 교체, 지역 현안을 둘러싼 갈등과 같은 외부적 요인에 크게 영향을 받는다. 셋째, 추진 기구의 지역사회 통합력이 부족하다. 넷째, 이에 따라 활동이 지역 행정계획과 지역정책으로 수렴되지 못하고 보고서 수준에 머물고 있다는 점이다.

참여적 측면에서 볼 때 노동자·농민 등 사회적 소수자뿐만 아니라 지역 NGO와 전문가의 참여를 이끌어내지 못하고 있다. 내용적 측면에서 볼 때, 환경보전 분야 의제가 중심을 이루지만 지역개발 및 사회문화 분야 의제는 상대적으로 취약하다. 예산 집행 측면에서 볼 때 지자체장 개인의 관심과 의지에 영향을 받는 것으로 확인된다. 과업 성과 측면에서 볼 때 평가 지표와 평가 시스템이 제대로 갖추어지지 않아 성과에 대한 평가와 환류, 의제 수정이 지속적이고 체계적으로 이루어지는 데 어려움이 있다. 한편, 지속가능발전협의회의 목표로서 지속가능성에 대한 면밀한 검토와 내부적 합의에 대한 이견이 존재한다. '생태적·사회적' 지속가능성에 중점을 둔 지속가능한 발전과 생태적 한계에 대한 상징적 가치는 수용하지만, 지속적인 경제성장을 추구하는 지속가능발전 등이 아직 혼재한다. 그리고 지속가능성을 실현하는 수단인 '거버넌스' 수준이 높지 않다는 점도 근본적인 한계로 거론되고 있다.

011 | 지방의제21(지속가능발전협의회)의 도전과 성과

한국의 지속가능한 지역공동체를 자기 목표로 내건 활동은 '지방의제21'의 등장과 함께 본격화된다. 지방의제21의 등장과 활동은 매우 낯선 개념이었던 '거버넌스'를 우리 사회의 주요한 화두로 대두시키는 한편, 지방정부의 권력 분권화, 부서 구조 개혁, 전통적인 운영 절차의 혁신을 가져왔다. 거버넌스 논의는 여러 구조적 한계에도 불구하고 실제적인 문화적·제도적 혁신 즉, 새로운 사회계약인 공동책임의 새로운 윤리를 만들어 내는 데 일조했다.

지방의제21을 통해 조직된 다부문적 참여는 지역사회 문제에 대한 새로운 정의, 변화의 방향과 비전을 합의하고 갈등을 해소하는 데 기여하였다. 지방의제21은 개인의 의식과 생활양식의 혁신, 다양한 이해관계자 간 신뢰에 기초한 소통과 대화, 공공참여 문화의 증진을 통해 지방차원의 갈등을 줄이고 분권적 협력을 증진하였다.

지방의제21의 지난 20년 활동은 파트너십의 소중함을 일깨우는 계기가 되었고, 지역에서 실천사업의 가치를 깨닫게 하였으며, 국내와 지역 내로 제한되었던 우리의 시야를 전 지구적 차원으로 넓혀 주었다.

최근 한국의 지방 지속가능성 행동은 지방정부의 전략, 시민사회의 이니셔티브, 네트워크 간 협력과 제도화를 결합하여 새로운 비전 구축을 목표로 설정하고 있다. 그러나 여전히 넘어야 할 산, 건너야 할 강이 많다. 현 단계에서 나타나는 지방 지속가능성의 장애요인으로 거버넌스의 권한과 책임, 지속성 확보, 중앙수준의 지원 부족과 정권 변화에 따른 잦은 부침(浮沈), 지방 정책 전문가와 정보의 부족, 제도화의 문제, 기타 외부 조건들이 거론된다. 이는 여전히 수단으로서의 거버넌스와 목표로서의 지속가능성에 대한 다층적 합의와 제도화가 완숙한 단계에 이르지 못했음을 보여주는 한 예라 할 수 있다.

따라서 지방 지속가능성 10년 비전 구축은 성공스토리 못지않게 기회와 장애요소를 확인하고 발전 대안을 지방적 차원의 맥락 내에 위치시켜야 하는 과제에 직면해 있다. 사실, 지방 지속가능성 운동의 성과와 한계에 대한 엄밀한 평가에만 비로소 올바른 비전과 목표를 수립할 수 있기 때문이다.

앞으로 지방 지속가능성 운동은 지속가능발전의 지역적 측면의 중요성을 더욱 강조해야 한다. 지역적 체계는 지속가능발전 정책을 보완하여 효과적으로 국가적 차원의 구체적인 행동으로 변형될 수 있다. 지역성에 기초한 지속가능한 공동체 비전 구축을 위해서는 지역의 기본적인 정보, 지방 지속가능성 과정 참여 비율, 지역 수준의 주요 지방 지속가능성 틀과 과정, 지방 지속가능성 과정의 주된 추진력(주요 행위자와 획기적인 사건 등), 지방 수준에서 다뤄지는 주된 이슈, 지속가능성 과정의 성과와 참여 범위의 변화, 지방 지속가능성 과정의 영향과 미래, 성공스토리 등이 검토되어야 한다.

그리고 도시 규모, 제도적 환경, 발전의 맥락에 따른 차이는 분명히 존재하지만, 지속가능성의 보편적인 관점을 유지해야 한다. 지구화의 결과, 적절한 국가 간, 국가적 그리고 지역적 차원에서의 일관성 있고 통합된 계획과 의사결정의 필요성은 증대하고 있다. 지역의 지속가능성 촉진을 위한 주요과제는 지구적, 지역적, 지방적 현상으로 표현되는 지구 체제의 통합적인 부분으로서 시민사회의 초국적 정당성과 필요성을 인식시키는 것이다. 그러므로 의도적인 행동의 사례를 알려야 한다. 동시에 지구의 지속가능성 증진에 필요한 전환을 구현하는 방식으로 민주적인 지구적 거버넌스 과정을 성장시켜 나가야 한다. 그것은 세계 경제 거버넌스 시스템을 위한 제도적 틀, 지속가능한 에너지 시스템, 문화적 순수성과 다양성, 지속가능한 생산과 소비 촉진을 위한 조치를 포함한다.

지속가능한 지역공동체 비전의 수립을 위해서는 법적-제도적인 관계의 개선과 함께 지역 정체성과 관련한 문화적 요소, 구성원들 간의 신뢰 구조 및 권력관계를 재구성해야 한다. 수평적 네트워크와 파트너십의 사회적 자본은 제도 변화의 조건 충족과 밀접한 관련이 있다.

  새로운 지속가능한 지역공동체 수립을 위해서는 지역성, 보편성, 관계성의 원칙에 입각한 비전 구축, 지역사회 통합적 관리·평가 틀의 구축, 다양한 정책 프레임워크 간의 조화와 정책의 일관성 강화, 지속가능발전 관련 법과 제도 및 정책 개혁, 유엔 지속가능발전목표 교육과 실천, 전 세계적으로 SDGs 이행과정을 모니터링할 수 있는 데이터와 통계의 보완과 접근성 강화가 필요하다. 특히 지방의제21(지속가능발전협의회)은 지방정부와 협력하여 도시의 특성에 맞는 우선순위와 지표를 설정해야 한다.

<그림 1-7> 전국지속가능발전협의회 홈페이지

※ 지방의제21은 환경적으로 건전하고 지속가능한 지역사회를 만들기 위한 지구차원의 계획인 의제21과의 유기적 연계 속에서 지역의 경제사회, 환경적 요소를 통합적으로 고려한 새로운 행동 계획이자 구체적인 실천 프로그램으로 행정, 의회, 기업, 시민단체, 노동자, 농민, 전문가, 여성, 청소년 등 지역사회의 모든 구성원이 자발적으로 참여하여 토론하고, 합의하고, 자기분야에서 맡은 바 행동을 실천하며 파트너십과 거버넌스를 존중하는 21세기형 참여 자치운동이자 사회개혁 운동이다.

012 | 지속가능한 몸과 지구를 위한 길, 채식

  한국의 동물보호단체 연합인 '인도주의행동연합'은 중복인 지난 23일 서울 광화문 광장에서 '#StopIt 복날, 채식하는 날이 되다' 캠페인을 진행했다. 언론에서는 절기상 개식용 문제에 초점이 맞춰졌지만, 이들은 동물학대산업에 반대하며 "입장 바꿔 생각하면 다른 생명체를 먹을 수 없을 것이다"라고 말한다.

  1980년 설립된 세계적인 동물보호단체인 PETA(동물을 윤리적으로 대우하는 사람들)는 2003년 '당신 밥상 위의 홀로코스트(Holocaust on your Plate)' 전시회를 열었다. 이들은 "나치에 의해 7년 동안 학살당한 유대인의 수와 지금 미국에서 4시간마다 학살당하는 동물의 수가 같다"며 "동물과의 관계에서 모든 사람은 나치다"라고 말한다.

  "종이 다르다고 인간이 동물을 착취하는 것은 윤리적으로 용인될 수 없다"는 위 두 단체의 주장은 과도한 것일까? 양계장에서 사육되는 닭은 한 마리당 0.3㎡가 안 되는 고밀도의 공간에서, 양돈장의 돼지는 '스톨'이라는 가로 1.8m 세로 0.65m의 공간에서 엄청난 스트레스를 받으며 대량 사육되고 있다. 닭의 대량 산란을 유도하기 위해 성장촉진제와 고단백질 사료 공급, 항생제를 투약한다. 돼지들은 태어나서 죽을 때까지 스트레스에 노출된다. 태어나자마자 백신을 맞고 이빨과 꼬리는 철 가위로 잘리고 생후 3주도 안 되어 어미와 격리된다. 수퇘지는 상품가치를 높이고 노린내를 제거한다는 이유로 거세된다. 어미 돼지는 곧바로 인공수정에 들어가고, 쉴 새 없이 임신과 분만을 반복한다.

  공장형 축산에서 동물은 생명이 아니라 상품이다. OIE(세계동물보건기구)가 지정한 동물의 5대 자유인 갈증·배고픔·영양불량으로부터의 자유, 불안으로부터의 자유, 통증·부상·질병으로부터의 자유, 정상적 행동을 표현할 자유, 두려움과 고통으로부터의 자유는 전혀 허용되지 않는다. 공장형 축산은 생명체를 보살피고 기르는 것이 아니라 상품을 생산한다는 의미가 강하므로 출하 전까지 상품성을 유지하면 그만이라고 생각한다.

자연의 섭리를 거스르는 공장형 축산은 가축의 면역력을 떨어뜨리고 신종 바이러스를 창궐시켜 대량 살처분의 악순환을 반복시킨다. 2011년 3월, 한국에서 구제역이 발생한 지 100일 만에 소 16만마리, 돼지 330만마리 등 346만마리의 가축이 생매장 혹은 살처분으로 비명횡사하는 사상 최악의 재앙을 맞이했다. 그 과정에서 생명의 존엄이나 윤리 따위는 경제적 논리 앞에 철저하게 외면당했다.

채식주의자들은 건강한 몸과 지구의 지속가능성은 육식을 줄일 때 가능하다고 주장한다. 사실, 고기와 우유에 길든 음식 습관은 우리의 체형을 바꾸어 놓았다. 외형적 체격의 변화는 동물이 섭취한 사료에 포함된 성장호르몬과 무관하지 않다. 한국의 빠른 경제성장이 부의 왜곡과 사회적 불평등을 초래하고 있는 것처럼, 짧은 기간에 일어난 인체의 변화는 생활습관병(성인병)이라는 무서운 질병도 함께 불러왔다. 암과 고혈압을 비롯한 심혈관계 질환 그리고 당뇨병 등 각종 생활습관병과 알레르기성 천식, 비염, 아토피성 피부염 등 난치성 질환이 난무하는 것은 동물의 불행을 섭취하는 육식의 과잉으로 인한 결과이다.

지나친 육류 소비는 인간의 건강만을 위협하지 않는다. 지구온난화(Global Warming)로 인한 각종 이상기후와 생태계 파괴, 대기오염, 빙하 감소, 해수면 상승, 가뭄과 사막화로 우리 삶 자체가 재난에 노출되어 있다. 1인분의 쇠고기를 생산하기 위해서 22인분의 곡물과 4550리터 물을 소비해 온 인간의 어리석은 욕망이 스스로 위기를 자초한 것이다.

매초 1200평의 열대우림이 사라지고 있다. 육식하는 인류의 증가가 과도한 가축의 방목지를 요구하고, 그에 따른 산림 파괴 등 인위적 요인이 영향을 가중한다. 이제는 공장형 육류 생산과 소비가 지구의 위험을 어떻게 증가시키고 있는지 생각해야 한다.

최근, 채식 인구가 꾸준히 증가해 완전채식주의자(비건)는 50만~60만 명 정도라고 한다. 환경파괴나 동물 학대에 대한 반성에서 출발했건 건강이나 종교적인 이유이건 채식 인구가 많아지는 것은 반가운 일이다. 곡·채식은 개인의 건강은 물론 환경파괴를 막기 위해 인류가 선택할 수 있는 마지막 방법이다. 환경 위기의 시대, 과잉 육식은 건강하고 쾌적한 삶을 영위하는 데 도움이 되지 않는다. 참삶이란 생태환경과 내 옆의 이웃 그리고 모든 생명체와 함께하는 삶이기 때문이다.

013 | 지속가능발전과 문화

문화(Culture)는 '인류가 발전시켜 온 문화유산이나 모든 종류의 예술적 활동 혹은 창작물'로 정의된다.

최근에는 문화를 '인간과 지역을 둘러싸고 있는 모든 것(UNESCO, 1998)'으로 정의하고 있다. 이는 인류학적인 시선이라 힐 수 있다.

넓은 관점에서 보는 문화의 정의는 인간과 지역 사회를 구성하는 가치, 규범, 전통, 관행, 도덕 등을 포함한다. 유네스코(UNESCO)의 1995년 보고서에서 문화는 예술과 문학을 포함한 전통, 라이프스타일, 거버넌스, 인간의 기본 권리, 가치체계, 신념 등을 총체적으로 포괄하는 것으로 정의되고 있다.

2001년 11월 2일 파리에서 개최된 제31회 유네스코 총회에서 채택된 '문화의 다양성에 관한 유네스코 세계선언'에서 명시된 것과 크게 다르지 않다. '문화'는 사회 혹은 사회 집단의 정신적·물질적·지적·감정적 특성의 조합으로, 예술작품뿐만 아니라 무형의 것으로까지 확장하고 있다(이창언, 2024).

문화는 생활양식·공생의 방법·가치 체계·전통·신념을 포함한다(UNESCO, 2001). 유네스코가 제시한 문화의 관점은 그 대상을 예술작품으로 대표되는 구현화된 것뿐만 아니라 무형의 것으로까지 확장하고 있으며, 또한 전통문화뿐만 아니라 가치나 신념, 사람들의 생활이나 사회적 영위에 이르는 폭넓은 행위까지도 포함하여 생각하고 있다.

최근 다수 연구자는 '인간이 만든 제도와 그로 인한 인간의 행태까지도 문화적 속성'으로 포함하고 있다(Williams, 1997). 지속가능발전과 연관시켜 문화적 속성을 분류하면 '문화자본(culture as capital)'으로서의 문화, '삶의 방식(culture as process and way of life)'으로서의 문화, '지속가능한 사회 촉진제로서의 문화(culture as a vehicle for sustainable values)', '예술가치 창조(culture as creative expression)'로서의 문화로 나눌 수 있다(황광선·염지선, 2019: 289-290).

'자본으로서 문화'는 전통, 문화유산, 공간적 특성, 예술, 그리고 역사를 포함한다(Roseland, 2005). '삶의 방식으로서의 문화'는 시민의 가치관이나 행위 양식에 직접적인 영향을 미치는 것으로서 사회 안의 내재된 도덕적 가치·규범·관습 등을 포함한다(Davies & Fay, 2005). '지속가능한 사회 촉진제로서의 문화'는 우리 사회에서 접착제와 같은 역할(Rana·Pirancha, 2007)을 하는 것으로 다양한 이해관계자의 유대와 협력을 통한 사회문제 해법을 제공해 준다.

'예술가치 창조로서의 문화'는 사회와 주민들이 가지고 있는 창의성을 극대화시켜 예술작품으로 탄생시키는 역할을 수행한다.

문화의 개념을 지속가능발전의 관점에서 수행한 연구는 Hawkes(2001)를 통해 제기되었다. Hawkes는 지속가능발전에서 문화의 속성을 세 가지로 구분한다.

그것은 첫째, 사회 가치(social value)이며 둘째, 이러한 가치를 이룩해 나가는 모든 삶의 방식이다.

마지막으로, 이러한 가치를 추구하는 과정에서 발생하는 라이프스타일이다(Hawkes, 2001). Hawkes는 지속가능발전이라는 목표 아래에서 문화란 사회적 산물로 인간의 행태를 표현하고 지역사회를 구성해 나가는 모든 과정 아래에서 문화가 발전한다고 설명하고 있다.

즉, 지속가능발전 측면에서 문학적 속성은 생물처럼 지속적으로 변화한다는 것이다(황광선·염지선, 2019: 287-288).

한편, 지속가능성 담론에서 문화는 크게 두 가지 맥락에서 논의된다.

하나는 '문화적 지속가능성(Cultural Sustainability)'이라는 용례이다. 지속가능성의 대상으로서 문화를 논하는 경우다. 사회 수준에서 '문화의 지속가능성'은 지역의 문화정체성을 보존할 수 있는 능력이다.

다른 하나는 '지속가능성에서 문화(Culture in sustainability)'라는 용례이다. 이는 '광범위한 사회의 지속가능성 측면에서 문화의 역할' 또는 '모든 개발에 문화적 관점을 포함하는 것'을 의미한다(이철호·박소윤, 2020: 19). 지속가능성의 관점에서 문화의 역할은 문화다양성, 문화적 표현 및 자유, 문화유산, 문화 권리 및 참여, 협동과 협력, 문화교육의 활성화라는 차원을 모두 포함한다(이창언, 2024).

<그림 1-8> 문화 2030 지표

※ 출처: 유네스코

정의롭고, 살기 좋고, 포용적인 공동체의 건설과 빈곤 해결, 충실한 삶(Well-being)을 위한 더 가치 있는 해법을 만들기 위한 전략이자 일련의 문화적 과정과 방법들이다(이창언, 2021: 3072). 지속가능발전과 문화, 그리고 충실한 삶(Well-being)의 상호관계에 주목한다면 지속가능발전과 문화의 관계, 지속가능발전에서 문화의 의의는 다음과 같이 정리할 수 있다.

첫째, '지속가능발전'의 개념은 환경·경제·사회의 과제를 일체로 파악할 필요성을 지적함과 동시에 환경 친화적인 행위양식을 촉진하는 것으로서 문화와 예술의 중요성을 의미한다.

둘째, 문화적 지속가능성에 주목하는 논점은 문화가 개인의 창의성과 가치관 발전에 기여하는 역할을 중시한다. 여기서는 사람들과 문화예술이 지속가능발전의 목적이자 담당자이기도 함을 전제로 한다.

셋째, 경제정책의 기본적인 목표를 개개인의 충실한 삶(Well-being)의 실현이라는 인식의 전환을 가져오고, 세대를 초월한 알찬 삶의 향상과 사회·경제·환경과 문화와 예술의 연계성을 인식하게 만든다.

지속가능발전문화(Culturally Sustainable Development, CSD)는 고정된 개념이 아니라 시대적 상황과 조건에서 부단히 변화 발전하는 개념으로 환경, 경제, 사회의 발전은 물론 제도 혁신을 통해 인간과 자연의 조화, 인간과 인간의 관계 맺기 능력, 공감능력을 갖춘 세계 시민 양성을 지향한다(김진희, 2018: 59).

지속가능발전문화가 개개인의 능력과 가치관의 발전과 변화를 통해 지속가능한 사회 형성에 기여한다는 점을 염두에 둔다면 문화예술의 역할은 다음과 같이 정리할 수 있다.

그것은 첫째, 지속가능발전의 기반인 민주주의 발전에 기여하는 역할이다. 개개인의 행동에 의미를 부여하는 것으로서의 문화는 시민이 민주주의의 담당자로서 그 힘을 발휘하는 데 기여한다(Matarasso, 2015). 나아가 문화에 표현을 주는 활동으로서의 예술은 많은 사람들에게 표현의 장을 주고 삶의 자세를 고무한다. 이는 문화가 시민을 주체로 하는 거버넌스(Governance)로서 민주주의의 기반이 될 수 있음을 보여준다.

둘째, 경제적 지속가능성의 실현이다. 문화의 일부인 예술은 무언가 의미 있는 것을 착상하여 현실성을 갖는 것으로 바꾸는 창조행위로서의 측면을 가진다(Landry, 2015). 현대 경제에서 창조성이 풍부한 시민은 경제적으로 지속가능한 발전의 주역이 될 수 있다. 나아가 문화는 경제적 자원이 될 수도 있다.

셋째, 환경적인 지속가능성의 실현이다. 문화는 사람들의 세계관이나 생활 스타일의 토대가 된다. 따라서 지속가능발전 문화는 자원 낭비형의 경제성장을 우선시하는 문화로부터의 전환과 환경적인 지속가능성과도 양립할 수 있는 생활 스타일의 창출에 공헌한다(Brocchi, 2008).

넷째, 사회적 지속가능성의 실현이다. 현대사회는 경제적 격차의 확대와 더불어 다양한 문화적 긴장을 포함한 복합 관계에 있다(Gielen, P. and Elkhuizen, 2015). 상호 존중과 다양성을 전제로 한 문화는 이질적인 가치관과 관습을 배경으로 하는 사회적 격차 극복을 통해 사회적 지속가능성 실현에 기여한다.

　다섯째, 문화예술은 우리 사회, 특히 지역사회에 대한 정체성을 형성하는 역할을 통해 사회의 중요한 유대감 역할을 할 수 있다. 이는 우리 사회의 지속가능발전을 위한 시민의 주체적 참여를 고취한다(Charlton & Barndt, 2018). 대체로 문화는 시민이 창의성을 높이고 사회에 주체적으로 관여함으로써 '지속가능발전'의 바람직한 방향을 찾는 데 중요한 역할을 한다(久保庭慧, 2020; 이창언, 2024).

014 | 지속가능발전문화와 충실한 삶

1982년 세계문화정책회의 선언은 처음으로 문화를 유형문화뿐만 아니라 삶의 방식, 사회조직, 가치·신념 체계를 포괄하는 광범위한 개념으로 명시하였으며 이러한 문화 정체성의 개념을 연결시켰다는 점에서 중요한 의미를 갖는다(Blake, 2023).

지속가능발전을 위한 문화의 필요성이 적극적으로 요청된 것은 1992년 유엔 환경개발회의(UNCED)이다. 이 회의에서 채택된 의제21(환경과 개발에 관한 리우 선언)의 원칙 9와 원칙 10에는 지속가능발전에서 문화의 중요함을 언급하고 있다(김진희, 2018: 59). 이어 지속가능발전을 위한 요하네스버그 선언에서는 인류 연대감 구축의 중요성을 인지하면서, 인종, 장애, 종교, 언어, 문화 및 전통에 상관없이 세계 문명 및 민족 간 대화와 협력의 증진을 촉구한다(이창언, 2024).

문화가 사회, 경제, 환경에 이어 지속가능발전의 네 번째 기둥으로 자리 잡게 된 것은 유네스코 「세계문화다양성선언(The Universal Declaration on Cultural Diversity)」(2001)을 통해서다. 세계문화다양성선언이 명시한 "자연에 있어 생물 다양성이 중요하듯이, 인간에게는 문화 다양성이 필요하다"는 언설은 자연의 일부로서 인간의 지속가능성의 근원에 대한 인식을 함축한다(이철호·박소윤, 2020: 19).

국제사회는 지금까지 발전의 진정한 성공과정에서 문화가 중요한 공헌을 했다는 사실을 거듭 확인해 왔다. 1998년 발전을 위한 문화정책 정부 간 회의는 문화 다양성과 지속가능발전 개념을 제시했다. 2000년대에는 유네스코의 세계문화다양성 선언, 무형문화유산보호협약(2003년), 문화다양성협약(2005년)이라는 지속가능발전개념을 기본원칙으로 규정하였다.

<그림 1-9> 세계 문화다양성의 날

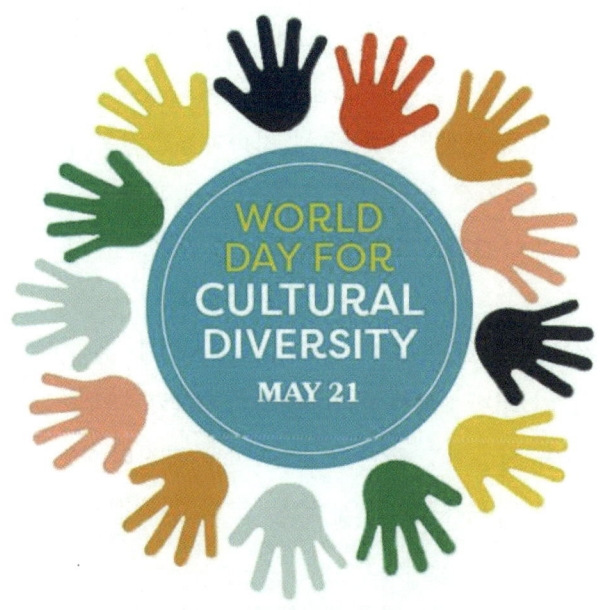

※ 출처 유네스코

　2개의 문화에 관한 국제 조약이 잇따라 성립하고 있으며, 그러한 가운데 문화를 '경제', '환경', '사회'와 나란히 지속가능발전의 한 측면으로 위치지우려 하는 논의도 볼 수 있게 되었다.

　세계지방정부연합(UCLG)의 2004년 문화의제 21은 도시의 문화적 특성에 따른 지속가능발전을 돕는 가이드라인을 제시했다. 2010년 UCLG는 경제, 사회, 환경과 함께 문화를 지속가능발전의 4번째 축으로 채택했다(이철호·박소윤, 2020: 19-20).

　2005년 유네스코는 지속가능발전교육을 매개로 지속가능발전에 대한 새로운 전환을 시도했다. 이는 지속가능한 발전 담론과 문화의 결합이었다. 유네스코는 개인의 가치관의 전환이 세계의 전환의 전제로 보고 이를 가능하게 하는 것이 ESD(지속가능발전교육)라고 제시했다.

　유엔은 2010년과 2011년 '문화와 발전 결의안'을 연속 결의했다. 이 결의안은 지속가능발전과 새천년개발목표(MDGs) 달성에 문화의 중요성을 천명했다.

2012년 리우+ 20정상회의는 지속가능발전에서 문화의 가치를 확인했다. 유네스코가 주도한 2013년 항저우 문화와 발전 국제회의는 지속가능발전의 동인으로서 문화를 포스트 의제에 포함시킬 필요성을 천명했다.

UCLC도 2015년 문화실천21을 통해 지속가능발전문화 실행을 위한 지침을 제시했다. 문화실천21은 문화정책, 공공정책에 관한 실행지침으로써 문화·권리·시민권, 지속가능발전문화, 지방정부의 책임이라는 세 가지 가치를 제시했다.

지속가능발전을 위한 도구(tool)는 정치, 제도, 경제, 문화 등 한 사회의 특성이 국가 간, 국가 내 지방자치단체 간, 지방자치단체 내부의 이질적이고 복잡한 환경을 고려하여 적용되고 활용될 때 의미를 가진다(이창언, 2020: 1734). 우리 삶과 분리되지 않는 지속가능발전의 실천, 그리고 긍정적 결과는 문화예술과 분리되어 설명할 수 없다.

COST(2015)는 문화예술이 지속가능발전을 이끌어 내고 완수하는 역할에 대해 다음과 같이 소개했다. 첫째, 문화와 예술은 개개인의 창조성을 높이고 자기표현의 원천이 되는 등 경제·사회·환경 분야와 구별되는 독자적인 역할을 가진다. 둘째, 문화는 사람들의 세계관 근저에 있는 것으로서, 다양하고 경쟁적인 요구를 균형 있게 하여 발전에 인간적인 의미를 부여한다. 셋째, 문화는 새로운 가치관과 생활방식을 창출하고 지속가능한 발전을 위한 새로운 패러다임을 제공한다(이창언, 2024).

이러한 관점은 경제성장을 가장 중시하는 정책방향에 대한 안티테제로서 '지속가능발전'의 실현을 위한 주체로서 개인과 집단의 역량강화나 가치관에 주목하여 문화의 역할을 파악한 것이라 할 수 있다. 이는 사회와 개인의 발전의 상호관계에서 문화의 지위와 역할의 중요성을 강조하고, 경제정책의 기본적인 목적을 경제성장이 아니라 개개인의 충실한 삶(Well-being) 실현으로 이행시키는 논의라고 할 수 있다(Sen, 1999; 石塚正彦 역, 2000). 심지어 국내총생산(Gross Domestic Product, 이하 'GDP')의 개발자인 사이먼 쿠즈네츠(Simon Kuznets, 1934)조차도 "GDP에 의해 정의된 국민소득의 측정을 통해서는 한 국가의 후생을 알 수 없다

(Kuznets, 1934)"고 말한 바 있다. 이러한 논의의 연장선상에서 세계적인 경제학자 조지프 스티글리츠 등은 GDP를 대체하는 척도로서 8가지 항목을 제시하고 있다. 그것은 물질적 소비뿐 아니라 건강, 교육, 일, 관계, 불평등, 환경 등에 영향을 받는 다차원적 개념이며, 따라서 이를 종합적으로 평가하는 것을 의미한다 (Joseph E. Stiglitz, Amartya Kumar Sen, Jean-Paul Fitoussi, 2010). 소득을 비롯한 물질적 생활 조건, 건강 유지, 교육, 일하는 것 등의 활동, 정치적 발언력, 사회와의 관계를 갖는 것, 현재와 미래의 환경, 미래에 걸친 경제적·물리적 안정성, 지속가능성 (경제적, 환경적)을 독립적으로 측정하는 것이다(이승준·김지원·조주령·구교준, 2021).

조지프 스티글리츠와 동료 경제학자들은 다음과 같이 말한다.

"그동안 우리 국민들은 '생산'과 '일'에 지나치게 몰두해 있었다. 이제는 앞만 보고 달려온 우리의 삶을 돌아보고, 혹시 우리가 생산하고 있는 것이 일본의 원전 같이 자기 파괴적인 것은 아닌가, 개발이라는 미명 아래 우리와 우리 후손들에게 생명줄 역할을 하는 자연을 마구 파괴하고 있는 것은 아닌지 질문을 던져볼 때다. 지금까지 우리 사회가 GDP를 나침반처럼 여기고 그 바늘이 가리키는 방향만 보고 달려 왔다면, 이제는 우리가 인간적으로 더 행복할 수 있는 길은 무엇이고, 그것을 향해 가려면 어떤 이정표를 따라가야 하는지 고민해야 할 때다(아마르티아 센, 조지프 스티글리츠, 장 폴 피투시 저, 박형준 역, 2011: 224-225)."

위 논의가 주목받는 이유는 무엇일까? 그것은 충실한 삶(Well-being)을 단순히 개인적인 만족감 수준이 아니라 사회나 정치에 적극적으로 관련된 주체로서의 인간상을 전제로 파악하고 있기 때문이다. 충실한 삶(Well-being)은 가치관을 포함한 문화 요소가 필수적이다. 동시에 사회가 지속가능한 방향으로 나아가기 위해서는 자원 낭비형 생활방식을 탈피할 수 있는 문화적 패러다임 전환이 필요하다. 이러한 지적은 사람들이 충실한 삶(Well-being)의 실현을 통해 지속가능발전의 주체가 될 수 있다는 것, 또 거기에서는 문화가 큰 역할을 한다는 것을 제기하는 것이다(이창언, 2024).

015 | 지속가능한 소비문화의 재설계

인간 삶의 중심에 문화가 있다. 문화는 무엇을 먹고, 아이들을 어떻게 키우고, 어떻게 일하고, 움직이고, 놀고, 공감할 것인지에 이르기까지 모든 선택을 이끈다. 안타깝게도 자본주의 시스템에 의해 확대 재생산된 문화유형인 소비주의는 우리 삶에 지배적인 패러다임으로 자리 잡았다. 시민은 어떤 것보다도 소비를 통해 자신을 정의하고 의류, 음식, 여행, 전자제품, 기타 여러 상품과 서비스를 더 많이 소유하고 이용하기 위해 애쓴다.

2008년 세계 전역에서 금속, 광물, 화석연료 그리고 바이오매스를 포함해 약 680억 톤의 원자재를 사용했다. 인류는 1.5개 행성의 생태용량을 사용한 셈이다. 물론, 모든 인간이 그 같은 수준으로 소비하지는 않는다. 동남아시아인은 같은 해 평균 3.3톤의 광물을 사용한 반면, 북미인은 8배에 준하는 평균 27.5톤의 양을 사용했다. 소비 부분에서의 이 같은 차이는 흔히 발전 수준의 차이로 설명된다. 소비경향의 증가는 자국 경제의 규모와 무관하게 언론, 정책결정자, 경제학자들에 의해 높이 평가된다. 그러나 이러한 평가는 소비자의 행복과 안정을 악화하는 요인으로 누적된다.

공평하고 지속가능한 소비수준을 조사한 롤랜드 슐츠와 탄자 루돌프는 인간이 자신의 욕구(음식, 교통, 물, 서비스 그리고 소지품을 포함해)를 충족시키기 위해 2천 와트(연간 17,520킬로와트시)의 에너지를 지속적으로 사용할 수 있다고 말한다. 이것이 현재 세계 평균 에너지 사용량이다. 하지만 이것은 불평등하게 배분되어 있다. 미국과 같은 선진국은 세계 평균 에너지 사용량에 비해 일인당 6배 많은 양을 사용한다. 미국은 자동차 산업 광고로 매년 310억 달러를 지출하며 화석 연료 낭비와 패스트푸드의 고당분, 고염도, 고지방의 소비 식사에 길들여진 결과 미국인의 2/3가 과체중, 혹은 비만으로 병을 앓고 있다. 비만은 과잉소비의 병폐 중 하나의 징후일 뿐이다. 더 큰 문제는 추가 의료비와 상실된 생산성으로 매년 2,700억 달러를 소비하고, 아이들에게도 영향을 미쳐 미국인의 평균 기대 생명을 단축시키고 있다는 점이다.

애완동물 소비 확산도 지구의 지속가능성을 약화시키고 있다. 우리나라도 1,000만 인구가 반려동물과 함께 거주하고 있다. 현재 세계 전역에서 애완동물의 사료에 매년 580억 달러 이상이 들어가며 미국은 매년 118억 달러를 추가 지출한다. 이 중 고양이 배설물 탈취제만 거의 20억 달러를 지출해 결과적으로 매년 수십억 파운드의 탈취제가 쓰레기 처리장에 가며 134억 달러가 사람들의 치료비용으로 지출된다. 문제는 수백만 마리의 개와 고양이는 차치하고 단 두 마리의 독일산 셰퍼드의 식이 수요량만 따져도 방글라데시의 한 개인보다 더 큰 생태발자국을 남긴다는 점이다.

과잉소비는 도시 확산, 교통, 자동차와 공장의 대기오염, 그리고 항우울제와 같은 의약품에 대한 의존성을 증대시킨다. 화석연료의 무분별한 사용과 육류 소비에 기인하는 화학약품과 플라스틱에 의한 오염이 민물고기와 어패류 등 중요한 생태계 서비스를 공급할 수 있는 지구용량을 고갈시키고 안정된 기후를 약화시키고 있다. 화석연료에 대한 우리의 무분별한 사용이 세계 평균 온도를 섭씨 2도까지 상승시켰고 이에 대한 정책과 삶의 양식의 극적 변화가 없다면 조만간 섭씨 4도 혹은 그 이상으로 온도가 상승할 수도 있다. 이 같은 기후변화는 정치 불안정은 물론이거니와 지금까지 선례가 없던 혹서, 거대폭풍, 대기근, 홍수, 인구이동 등을 야기하고, 이로 인하여 많은 사람들의 목숨을 위협하게 될 것이다. 실제로 미국인처럼 소비한다면 지구는 세계 인구의 1/3만을 유지할 수 있다.

사람들이 왜 그리 많이 소비하는가? 소비를 자연스럽게 느끼게 하는 일련의 문화적 규범, 가치, 전통, 상징 그리고 오랜 기간에 걸친 담론의 조작에서 비롯된다. 정책 결정자들은 법을 개정했고 마케팅 전문가와 매체들은 욕망을 부추겼고, 기업은 신상품을 만들어 공격적으로 판매하였고, 소비자들은 이 같은 생활방식을 내면화했다.

현재 수천억 달러 이상의 로비와 광고활동이 수행되고 있으나 무차별적 소비주의는 70억 명이 사는 지구의 지속가능한 문화적 대안이 될 수 없다. 궁극적으로 우리가 지구를 파괴하지 않고 공존의 문명을 창출하려면 지속가능한 소비문화가 재설계되어야 한다. 이것은 화석연료 산업과 글로벌 농식품체계, 식품가공업자, 자동차 제조업자, 광고 회사 등에 이르기까지 무수한 많은 이해관계의 장벽과 관행을 극복하는 것과 관련이 있다. 과잉소비를 부채질하는 소비유형이 지구 시스템의 번영과는 양립할 수 없다는 것을 전제로, 방법은 지속가능한 저소비 생활방식의 모델과 그러한 소비문화 유형을 되찾아 올 수단을 강구해야 한다. 아니면 지구생태계가 쇠약해져 소비문화가 막을 내리는 것을 보게 될 것이다. 따라서 우리는 예상되는 불행한 미래를 받아들이는 대신 소비문화를 지속가능한 재설계를 위한 도전을 시작해야 할 것이다.

016 | 지속가능한 사회와 평화

인류의 가장 오래된 꿈이 있다면 그것은 분명 '평화(平和)'일 것이다. 그리고 평화란 말처럼 사람들에게 사랑받는 말은 없을 것이다. 하지만 오늘도 '평화 수호', '국익 수호'라는 미명 아래 크고 작은 전쟁과 분쟁이 끊임없이 발생되고 또한 정당화되고 있디.

평화는 사회 모든 영역에서 발생하는 모든 형태의 폭력(무력에 의한 지배)에 반대하는 개념(Betty Reardon)이다. 평화는 전쟁, 무력 갈등, 군사적 점령, 외세 개입과 같은 폭력 방지와 강제력과 위협을 감소시키는 것을 의미한다. 동시에 사회·경제적 정의, 평등, 완전한 인권과 기본적 자유를 누릴 수 있는 것이다.

반면 전쟁은 무엇인가? 전쟁은 한마디로 비합리적 상황이다. 그것은 숫 인류적인 기본 가치가 완전히 무의미하게 되는 상황을 의미한다.

전쟁은 불신과 두려움의 어둠뿐 아니라 '살육'과 '파괴'를 정당화하고 약탈, 적의, 여성에 대한 강간 등 범죄에 대한 죄의식을 무감각하게 만든다. 또한 전쟁은 이성을 마비시켜 옳고 그름의 경계를 허물며 정의로운 어떠한 판단도 내릴 수 없게 만든다.

전쟁과 분쟁과 같은 상황에서 학살과 불의가 정당화될 수 있으며, 나와 적과 같은 이분법적 논리가 '세상'에 대하여 당연한 것으로 통용된다. '죽이지 않으면 내가 죽어야 하는 상황', 즉 홉스가 말하는 만인에 대한 만인의 투쟁의 법칙이 존재하는 정글이 바로 '전쟁'이다. 또한 비합리성을 강요하는 전쟁은 더 이상 국가가 시민복리를 증진시키는 사회기구라는 형식적 탈을 벗는 것조차 정당화된다.

전쟁 전후 과정은 폭력적 규율과 위계화된 권위에 바탕을 둔 국가주의, 군사주의가 가장 극단적으로 힘을 얻는 상황을 만든다. 즉, 전쟁을 통해 적국이든 아국이든 독재자의 강력한 리더십은 정당화되고 강화된다. 한국전쟁 이후 북한의 반미 규율사회, 남한의 반공 규율사회의 형성이 그 단적인 예이다. 물론 현재 석유와 패권을 위한 전쟁을 지지하는 일부 미국인의 비정상적 사고, IS를 위해 자살특공대로 자원하는 일부 이슬람인의 모습에서 우리는 전쟁의 또 다른 그늘을 보게 된다.

전쟁의 가장 큰 피해자들은 누가 뭐래도 여성과 아이들이다. 전쟁으로 인한 폭력은 국가 간의 무력 분쟁으로 나타나지만 본질적으로는 지배 집단이 여성과 소수자들에게 가하는 억압적인 힘이다. 이제까지의 전쟁에서 난민의 80% 이상은 여성과 어린이이었고, 여성을 전쟁의 약탈물로 만들어왔으며, 전시 중 여성에게 행해지는 강간, 구타, 그리고 학대는 전쟁이 성폭력의 가장 극단적인 상황임을 보여주었다.

순결을 잃은 여성들은 그 사회로부터 버림받고 영원히 매춘의 세계로 내 던져지기도 한다. 그리고 전쟁 중 여성들은 젠더(gender) 역할(돌봄)을 강요받는데, 피난민으로서 가족부양의 책임까지도 짊어지게 된다.

그런데 과연 여성과 노동자가 전쟁에 책임이 전혀 없다고 단정 지을 수 있을까?

물론 전쟁은 자본과 남성의 주도적인 역사로서 여성과 노동자들은 군사적 안보와 관련된 결정에 어떤 발언권과 책임은 가지지 못한다. 하지만 전쟁 만들기는 노동자와 여성 참여에 의존하기도 한다. 노동자들은 근대 이후 여전히 군수산업에 종사하고, 애국주의에 경도되어 전쟁과 파시즘을 지지한 노동운동의 역사가 있다. 이는 여성도 예외는 아니다.

여성은 '근본적으로 평화주의적'이라는 여성주의적 입장이 있다. 여성의 평화 지향성은 여성의 근본적인 친밀성에 기초한 돌봄이나 보살핌을 지향하는 본성을 보여주는 점에서 발견될 수 있다고 한다. 그러나 여기서 반론도 제기된다. 김귀옥은 여성에게 돌봄의 가치를 강조하는 담론은 전쟁과 같은 상황에서 전쟁에 협조하는 보수적인 논리에 이용당할 수 있고, 사회운동 및 노동운동에서 여성과 남성을 분리하는 논리로 이용될 수도 있으며, 전통적인 지지기반의 성별 분업의 논리를 강화할 수도 있다고 비판한다.

여성평화학자 정현백은 "여성이 평화지지자 혹은 전쟁 반대자로 정형화되어 있지만 여성들 역시 전투에 참여하기도 하고, 군대 내에서 동등한 지위를 누리려고 한다"고 말한다. 실례로 걸프전쟁, 르완다에서의 대량학살, 보스니아의 인종청소에도 여성들은 참여했다. 여성들은 방위산업이나, 무기 공장에서 일하며 간접적으로 전쟁을 지원하기도 했고, 군대 내의 하급 직종을 맡으면서 군대에서 필요로 하는 여성적 역할수행을 하기도 했다.

여성의 군사적 직업 참여나 이를 둘러싼 이익 공유에 찬성하는 일부 여성 지도자들은 군대로의 참여를 시민권, 개념과 연결시키고 있다. 더 나아가 군내에서 여성의 정치적인 고위직 진출을 위한 지원활동을 강조하기도 한다. 일부 우익 성향 개신교 여성 지도자들과 여성 신도들은 그들의 종교지도자를 따라서 북한과 이슬람에 대한 비평화적, 대결적 주장을 서슴지 않는다.

가부장적 위계와 질서, 군사주의를 반대해야 할 여성들이 오히려 남성의 모습을 답습하는 경우는 우리 사회에서 많이 확인되고 있다. 필자는 단순히 '성 역할'과 '젠더 특성' 즉, '여성이 남성보다 평화적인 본성을 갖고 있다'라는 명제의 이론적 확인과 강조를 넘어서 평화에 대한 여성들의 새로운 인식과 태도, 실천을 강조하고자 한다.

여성은 삶과 저항주체로써 전쟁과 평화에 대한 시각을 정립해야 한다. 이러한 첫 시도는 '여성'의 시각에서 평화를 바라보는 시각의 정립에서 시작되어야 한다. 동시에 일상의 삶에서 어떻게 평화를 만들어 나갈 것인가에 대한 끊임없는 자기 성찰과 노력이 적극적으로 모색되어야 한다. 그것은 '모든 억압과 폭력에 반대'하는 기본 전제에서 출발하여 '적(敵)은 곧 악(惡)'이라는 이분법을 끊임없이 재생산하는 '국가주의', '애국주의' 담론에서 탈피하여 '보편적 인간해방에 대한 지향' 속에서 세계주의적, 보편주의적 시각을 견지해야 한다는 것을 의미한다.

017 | 지속가능한 사회를 위한 민주시민교육

    우리나라는 1990년대 이후 시민사회단체가 중심이 되어 공공인재 육성을 위한 민주시민교육이 활성화됐다. 그동안 한국의 NGO는 시민대학, 청소년학교, 청년포럼, 여성아카데미, 환경캠프, 마을학교 등과 같은 각종 기획프로그램을 통해 민주시민교육을 실시해 왔다. 2000년 초반부터 대학에서도 정식 학위과정 개설이 늘어날 만큼 NGO학과 민주시민교육에 대한 관심이 높아졌다.

    민주시민교육은 NGO의 가치를 내포하고 있다. NGO는 민주주의의 질적 발전과 공간적 확산, 자본주의 순화를 위한 다양한 실험, 자원 활동의 광대한 민간에너지 개발, 사회혁신을 위한 시민운동, 사회적 약자의 권리옹호, 환경을 보호하는 균형적 삶, 국제연대를 통한 지구적 문제해결, 자율과 연대에 기초한 대안문명 등을 지향한다. 민주시민교육은 이러한 가치를 달성하기 위해 통합적이고 다학제적 성격을 지니고 있다. 따라서 다양한 분과 학문 간 통섭과 협업을 통해 진행되며 그 결과 정치·경제·문화 세 영역 사이의 사회적 과정의 움직임을 포착하는 데 매우 유용하다.

    한국의 민주시민교육은 시대와 대중의 변화를 읽어내기 위한 인식 틀의 전환을 시도해 왔다. 이러한 인식 틀의 전환은 변화된 한국 사회-한국 자본주의에 대한 인식, 변화를 추동해 온 사회적 가치와 이념을 의문에 부치고 개조하는 가치관 재정립으로 연결된다. 민주시민교육은 좌우의 이데올로기 대립상을 통한 정책형성과 국제정세 파악이라는 이분법적 패러다임을 거부하며 공론장을 통해 국가의 운용 방식을 변화시키고 개인을 조직화하는 것에 관심을 둔다.

    한국의 민주시민교육은 인식 틀 전환뿐 아니라 사회 구성원의 삶의 질 향상을 위한 공공성 강화를 위한 개혁 프로그램과 정책대안 능력을 높이는 다양한 실천 교육이 진행되었다. 교육 프로그램을 살펴보면 이익갈등이 드러나는 장소에 주목하고 시대의 변화에 따른 인간의 적응과 도전, 인간에 의해 창조된 제도와 특성들을 다루고 있다.

민주시민교육은 구조와 개인 사이의 역전된 관계에 탄식하기보다는 새로운 의사소통 기술을 활용한 사회적 혁신의 잠재력을 이해하고 더욱 잘 개발하려는 의지와 능력을 높이기 위한 인식, 수단, 방향, 방법을 연계하고 통합하는 역량과 실천을 포함한다.

그러나 이보다 더 중요한 것은 세상을 변화시키기 전에 나를 발견하고 나를 성찰하는 것으로부터 시작하지 않으면 안 된다는 점이다. 민주시민교육은 세상의 변화에 앞서 나를 발견하고 나를 성찰할 수 있게 해준다. 민주시민교육은 분노와 적대를 넘어 소통과 성찰과 협동의 사회로 전환할 수 있는 모티브를 제공한다.

무한 경쟁, 개인주의가 난무하는 우리 시대, 비판하고 따지고 주장하는 것 못지않게 겸허히 마음을 비운 듣기와 공감 능력이 필요하다. 변화의 강요에 앞서 변화의 씨앗을 뿌려놓는 것이 중요하다. 민주시민교육 활성화를 위한 정부의 지원과 제도화, 시민참여는 자율·연대·공동체·다원성·시민성·공공성·자원성·소수자 보호·의사소통과 같은 열린사회의 내적 동력과 가치와 같은 새로운 공적 윤리의 확대로 이어지게 될 것이다(이창언·김광남, 2015).

<그림 1-10> 세종형 민주시민교육 활성화 방안 연구 보고서

간 행 물 관 리 번 호
세종교육 2020-122

교육정책연구회 2020 - 2

세종형 민주시민교육
활성화 방안 연구

공동연구 이한진
김학서
유명희
한찬희
최승훈
연구자문 유경훈

SEJONG EDUCATION INSTITUTE
세종특별자치시교육원
교 육 정 책 연 구 소

※ 많은 지지체가 학생들이 미래의 올바른 민주시민으로 성장할 수 있도록 다양한 학교 민주시민 교육을 운영·지원한다. 세종시 교육청은 성숙한 민주시민 양성을 위해 ▲ 자율과 참여의 학교 자치활동 강화 ▲ 참여와 협력의 교육공동체 형성 ▲ 배움과 실천의 민주시민 교육과정 운영 등을 주요 목표로 선정하고 추진하고 있다

018 | 지구 지속가능성의 '경고등' 기후위기

오늘날 지구온난화는 이미 친근한 화두이다. 이상기후, 폭풍우 등 기상청 관측 사상 최초라는 표현을 자주 접하게 된다. 2020년은 관측 역사상 가장 뜨거운 해로 기록되고 있다. 2020년 세계경제포럼(WEF)은 '2020 세계위험보고서'를 통해 지구의 가장 큰 위험 요인을 기후변화에 따른 기상이변이라고 했다. 이대로 간다면 전 세계적 폭염과 호우, 그리고 산불 등과 같은 더욱 극심한 기후위기의 영향을 겪게 될 것이기 때문이다.

2021년 1월, 한국도 113년 만에 가장 따뜻한 겨울을 보냈다. 현재 추세에 획기적인 변화가 없다면 2100년까지 지구 평균 온도가 3~4℃ 상승할 것으로 예상된다. '기후변화에 관한 정부 간 협의체(IPCC) 제6차 평가보고서'에 따르면, 세계의 지상 기온은 산업 혁명기인 1880년부터 2012년까지의 기간에 평균 0.85℃나 상승했다. 기상청의 관측 데이터에 의하면 한국의 연평균 기온도 1898년부터 2014년에 걸쳐 세계 평균을 넘는 속도로 상승했다(이창언, 2022).

지구 기온이 2℃ 상승하면 전체 생물종 가운데 곤충 18%, 식물 16%, 척추동물 8%가 기후·지리적 서식지의 절반 이상을 잃게 된다. 동시에 세계 육지의 20~30%가 사막화된다. 지구 온도가 4℃ 이상 상승하면 해양에 인접한 도시는 수몰되며, 남극의 빙붕(氷棚, ice shelf)이 녹고 세계 곳곳의 해안은 침수된다. 그리고 시베리아 동토층 밑의 탄소 배출로 기온 상승이 가속화되고 기후변화의 위험이 '크거나 매우 큰' 수준이 된다.

과거 30년에 걸쳐 그린란드(Greenland)와 남극의 빙상 질량 감소로 빙하는 거의 전 세계에서 축소되고 있다. 이는 필연적으로 해수면 수위 상승을 동반한다. 실제로 1901년부터 2010년의 약 100년 동안 해수면 수위는 19cm 상승했다. 이와 같은 추세라면 21세기 중 최대 82cm까지 상승할 것으로 예측된다. 해면이 1m 상승한다면 일본 오사카의 해안선은 침수된다.

지구온난화는 단순히 평균기온의 상승뿐만 아니라 강수량에도 변화를 야기한다. 평균기온 상승과 함께 북반구 중위도 지역에는 강수량이 20세기 들어 계속해서 증가하고 있다. 해면에도 큰 변화가 나타나고 있다. 1971년부터 2010년에 걸쳐 해양 표층(0~700m)에서 수온이 상승했다. 인접국 일본 근해의 해면 수온 상승률은 세계 전체의 평균 해면 수온 상승률보다 큰 차이를 보인다. 해수면 수온 상승은 해양생태계를 교란하고 김, 꽁치, 홍어 등 어업에 큰 영향을 주고 있다. 2020년 11월 26일 UNEP(유엔환경계획)가 배출 격차 보고서 2020(Emissions Gap Report 2020)을 발표했다. 보고서에 따르면 지난해 전 지구 온실가스 배출량은 591억tCO2e(이산화탄소상당량톤)로 전년보다 2.6% 증가했다. 이는 2010년 이후 온실가스 배출량 평균 증가율 1.4%의 약 두 배로 추정된다.

보고서는 화석연료에서 벗어날 것과 에너지 효율 결합을 강조한다. 여기에 지금보다 더 강력한 기후 조치가 필요하며 이는 민간부문과 개인의 소비 행태 변화가 포함되어야 한다고 강조하고 있다. 소비 기반을 살펴보면 전 세계 배출량의 약 3분의 2가량이 민간 가구에 연계되어 있기 때문이다. 기후위기와 관련해서 반드시 짚고 넘어가야 할 부분은 부유한 사람들이 가장 큰 책임을 져야 한다는 점이다. 세계 인구의 가장 부유한 1%의 배출이 가장 가난한 50%의 점유율을 합친 것의 두 배 이상을 차지한다. 따라서 부유층은 파리협정(Paris Agreement) 목표치에 부합하기 위해 탄소발자국을 30배 줄여야 한다(이창언, 2022).

환경단체 BFFP(Break Free From Plastic 플라스틱으로부터 해방)가 작년 12월에 발간한 '브랜드 감사 보고서 2020'에서 코카콜라와 펩시코, 네슬리 등이 3년 연속 세계 최고의 플라스틱 오염원으로 선정됐다. 작년 3월 국제 NGO 티어펀드(TearFund)도 4개 초국적 음료기업인 코카콜라, 펩시, 네슬레, 유니레버가 매년 6개 저소득국가에서 50만 톤 이상의 플라스틱 쓰레기를 배출한다고 지적했다. 매일 축구장 83곳을 뒤덮을 수 있는 양이다.

기후위기는 우리가 생각하는 것보다 급격히 진행되고 있다. 따라서 긴급조치를 취하지 않으면 지구·인간·생명 종의 지속가능성은 불가능하다. 따라서 기후변화라는 단어보다 더 긴급성을 담은 단어가 통용되었는데 그게 바로 기후위기이다. 영어로는 'Climate risk', 'Climate crisis', 'Climate emergency' 등으로 불린다.

<그림 1-11> COP26

※ 출처: https://ukcop26.org / 2021.11.05
※ 2021년 영국 글래스고에서 개최된 제26차 유엔 기후변화협약 당사국총회(COP26)는 '글래스고 기후선언(Glasgow Climate Pact)'를 채택하였으며, 각국 정부 및 민간부문 참여자들은 온실가스 감축과 탈탄소 투자에 관한 선언을 발표하며 전 지구적인 기후변화 대응 노력을 강조하였다.

2019년 9월에 열린 기후변화에 관한 정부 간 협의체에서 유엔 사무총장은 "기후변화가 아니라 기후위기"라고 말한 후 각국의 움직임을 가속하도록 촉구한 바 있다. 이에 따라 전 세계에서 "기후 비상사태 선언"과 같은 다양한 형태의 공동행동이 조직되었다. 2021년 영국 글래스고(Glasgow)에서 열린 제26차 UN 기후변화대응협약가맹국회의(COP26)가 『글래스고 기후선언(Glasgow Climate Pact, GCP)』을 채택했다. 이 선언은 '파리 협약'의 실행과 기후위기 글로벌 공동행동 기준(Paris Rulebook)을 마련했다. 기후행동은 전 세계 지속가능발전목표 (SDGs) 이행 실천과 연동되어 실행된다. SDGs는 모든 나라가 기후위기에 대한 대응능력을 갖추게 되는 것을 목표로 한다. 이를 위해 국가와 지자체가 기후위기 대응에 대한 인적 제도적 능력 강화를 포함한 기후위기 대책을 수립해야 한 다고 요구하고 있다(이창언, 2022).

019 | 지속가능발전과 거버넌스

　지속가능한 지역공동체와 이행 수단인 거버넌스가 잘 작동하기 위해서는 목표, 구조(조직과 절차), 사람 모두가 변화하는 것에서 시작되어야 한다. 지속가능성은 결과만큼 과정이 중요하기 때문이다. 로컬 거버넌스와 지속가능한 지역공동제로 나아가기 위해서는 첫째, 시대와 디중의 변화를 읽어내기 위한 인식 틀의 전환(rethinking)이 필요하다.

　거버넌스적 문화와 행위 양식은 자신 혹은 자신이 속한 집단의 가치와 이념에 대해 질문하고 성찰하고 개조하는 가치관의 재정립과 맞닿아 있다. 거버넌스는 성찰과 상호부조에 기초한 지속가능한 사회의 전기를 만들어 나갈 수 있는 사유의 틀과 삶의 양식, 윤리가 무엇인지를 찾는 과정이기 때문이다. 둘째, 로컬 거버넌스와 지속가능한 지역공동체를 구현하기 위한 정책형성 역량개발 (reinventing)이 필요하다. 정책형성의 역량개발은 거시-구조적 사회변동은 물론 주민의 일상과 삶에 이르는 다양한 이슈와 요구에 대한 대응성 강화를 의미한다. 이것은 삶의 공간인 지역이 지속가능한 비전을 수립하고 제시하는 정책 능력을 높여야 한다는 것을 높여야 함을 의미한다.

　앞서 언급한 인식 틀의 전환과 정책형성 역량개발은 시대적 환경변화에 따른 요구에 부응하기 위한 통합적인 시각(사회-환경-경제-문화)과 마인드를 조성하기 위한 지역의 주요 행위자 간 관계 맺기 방식의 전환과 깊은 관련이 있다. 물론 '전환'은 자신(집단)의 특성과 문화라는 기존의 존재론에 대한 전면적 단절이 아닌 지속적 연관성의 차원에서, 새로운 역동성을 찾는 과정으로 이해되어야 한다. 그것은 시민사회·행정·기업의 조직문화, 행위 양식의 재설계 (restructuring)로 이어진다.

지자체의 민주적 거버넌스의 재설계는 심의 민주주의의 관점에서 다양한 부문과의 소통을 확장(행정)하는 한편, 지속가능 이니셔티브가 지역사회 내에서 나온다는 재발견, 지방정부의 재발견, 신뢰에 기초한 협력의 재발견(시민사회와 기업)과 직접 연결된다. 실질적으로 환경변화에 적응하면서 지속가능한 지역공동체 비전을 수립하기 위해서는 지역의 주요 행위자의 긍정적인 생활상의 변화(reorienting)와 적응능력(reskilling)이 강화되어야 한다. 지역이 자율적 삶의 장이 되기 위해서는 차이와 갈등이라는 이분법적 틀을 넘어선 관계의 재구성, 확장된 관계성(relationship)이 요구된다.

진정한 지속가능성은 구조와 개인 사이의 역전된 관계에 탄식하기보다는 새로운 의사소통 기술을 활용하여 사회적 혁신의 잠재력을 이해하고 개발하는 노력을 시도할 때 다가설 수 있다. 실질적으로 지속가능한 사회를 위해서 서로 다른 주장에 따라 보다 많은 관계 지점(공존과 만남)이 필요하고, 다양한 관점의 사고와 대화가 필요하다. 그것은 다양한 주체, 인식, 수단, 방향, 방법을 연계하고 통합하는 사회적인 역량과 실천을 강화하는 것이다. 특히 변화의 역동성에 대한 높은 반응성, 다양성에 대한 포용성, 그리고 사회적 합의 형성 및 실행에 대한 효율성과 책임성을 가진 사회적 능력(social capacity)을 함양해야 한다.

020 | 시간과 꿈을 배반하지 않는 삶, 그리고 사람다움, 지속가능발전

　제4차 산업혁명, 인공지능 시대의 개막 등이 연일 회자되고 있는 지금, 인류는 과연 어디로 가는 것일까? 알파고의 시대, 사람이 추구해야 하는 진정한 삶의 의미와 가치는 무엇인가? 라는 시대적 질문을 하지 않을 수 없다. 1999년 치음 상영된 매트릭스는 인공지능이 매트릭스라는 공간에서 사람의 의식을 통제하고 사람이 기계의 생존을 위한 새로운 에너지 자원으로 이용되는 충격적인 미래상을 보여준 바 있다. 매트릭스는 라틴어 어머니(mater)와 자궁(-ix)의 합성어로 '모체'이며, 수학과 컴퓨터에서 말하는 행렬(行列)이라는 의미를 담고 있다. 다시 말해 매트릭스는 개별 사람이 믿고 싶어 하는 현실에 포획된 일종의 보호막인 모체와 그 안에 있는 사람이 세상과 관계를 맺고 상호작용하는 인식 과정에 포함된 분별심을 컴퓨터 행렬로 적용한 것이라 할 수 있다.

　최근 자본과 언론이 앞장서서 최첨단 기계와 인공지능이 만들어 주는 신세계를 찬양하고 있다. 동시에 "기계가 사람의 능력을 넘어서고 있다", "사람의 직업뿐 아니라 사람에 의해 만들어진 각종 문명과 문화가 기계의 지배를 받게 되는 것은 아닐까", "살아있는 뼈와 살과 세포와 정신으로 구성된 '온전한 나'가 아닌 기계 부품으로 전락한 삶이 도래하는 것은 아닐까"라는 두려움이 고조되고 있다. 인공지능이 대세가 되는 지금이 아닌 무려 40년 전 이 문제를 전면으로 제기한 만화영화가 있었다. 마츠모토 레이지(松本零士)의 「은하철도 999」이다. 이 만화는 80~90년대를 살았던 지금의 중년 세대에게 우주적 상상력과 사람다움·시간·영생에 대한 성찰의 기회를 제공해 준다. 물론 그것은 추억을 가진 사람들이 중년의 삶을 살아내면서 마츠모토 레이지의 미래를 읽는 눈에 공감할 때 가능한 것이다.

<그림 1-12> 「은하철도 999」

※ 출처: http://www15.plala.or.jp/ 23.3.26
※ 「은하철도 999」는 마츠모토 레이지가 창작한 만화와 이를 원작으로 하는 애니메이션의 제목이자 동시에 작품 내 등장하는 열차의 이름이다. 일본어로는 銀河鉄道 スリー ナイン(긴가테츠도오 스리나인)이다. 기계인간이 되려는 호시노 테츠로(星野鉄郎 성야철랑, 철이)와 신비로운 여인 메텔이 기계 몸을 무료로 받을 수 있다는 안드로메다의 어느 별로 가기 위해 우주 공간을 달리는 열차인 은하초특급 999호를 타고 가는 여정을 그린 작품이다(나무위키).

　「은하철도 999」는 영원한 생명(영생), 기계의 몸을 얻기 위한 철이와 메텔의 여행기이자 엄마 잃은 철이의 성장기록이다. 서기 2221년을 배경으로 한 이 만화영화는 슬픈 눈빛, 허리까지 내려오는 찰랑찰랑 윤기 나는 금발, 가녀린 몸매, 검은 모자와 검은 옷을 입은 메텔과 밀짚모자를 눌러쓰고 자신의 키보다 더 큰 망토를 두른 작지만, 신념에 찬 눈빛을 가진 철이가 정거장(행성)을 하나씩 거치면서 시간과 영생의 의미를 깨우쳐 나가는 과정을 보여준다. 마츠모토 레이지는 철이의 길벗인 메텔을 "청춘의 상징이자 소년의 욕망이며 엄마와 같은 자기 안의 환영"이라고 정의한다. 이 만화는 기계 백작에게 죽임을 당한 엄마, 엄마의 유언에 따라 기계 인간이 돼 영원한 생을 얻기 위해 여행을 떠난 철이와 그의 조력자 메텔이 다양한 존재와 만나면서 세계와 사람을 보는 관점 변화에 초점을 맞추고 있다. 「은하철도 999」는 결국 '메텔의 이야기이자 철이의 사람다움을 찾아가는 이야기'인 것이다. 영화 매트릭스와 「은하철도 999」의 메텔은 라틴어 어머니(mater)라는 뜻이지만 매트릭스의 인공지능보다 메텔이 훨씬 '사람의 얼굴'을 가지고 있다. 슬픈 눈빛, 검은 옷으로 상징되는 메텔, 그 것은 여행 중 많은 생명의 죽음에 대한 애도를 포함한다.

마츠모토 레이지가 우리에게 말하고 싶었던 것은 한정된 삶 덕분에 더욱 소 중함을 느낄 수 있는 인간적인 삶이다. 「은하철도 999」는 가진 자, 못 가진 자 모두 영생(기계화된 몸)을 욕망한다, 그리고 영생을 얻지만, 삶의 의미를 잃어버린 기계 인간들을 통해서 유한한 삶을 긍정하고 그 시간을 위해서 최선을 다하라 는 메시지를 전달한다. 마츠모토 레이지는 "영생을 산다면 대충대충 살 것"이라 며 "시간은 꿈을 배반하지 않고 꿈도 시간을 배신하면 안 된다"라고 조언한다.

시간과 꿈을 배반하지 않는 삶, 사람다움이란 무엇일까? 그것은 분별심이 아닐까 생각한다. 나누고 쪼개고 분리하고 분석하는 분별심, 매트릭스 모체 안 에서 컴퓨터 행렬로 적용되는 분별심이 아닌 무엇이 귀중한지 아닌지를 구별 할 수 있는 분별심이 아닐까! 일례로 분별심은 자동차·아파트·다이아몬드와 쌀·공기·물 중 어떤 것이 귀중한지 판단할 수 있는 능력이다. 전자는 없어도 살 수 있지만 후자는 없으면 결코 살 수 없는 소중한 것들임을 깨닫는 것이 사 람다움이 아닐까! 하지만 현실은 정반대로 작동하고 있다. 자동차·아파트·다 이아몬드를 욕망하는 역설적인 삶, 이것은 사람다움이 아니다.

사람다움은 조화로운 삶, 협동의 삶이다. 고 신영복 선생님은 '삶'을 '사람의 준말'이라고 말한 바 있다. 그리고 진정한 '사람다움'은 연식(나이의 많고 적음)이 아니라 사색의 갈무리라고도 했다. 올바른 분별심을 갖는 공부(工夫: 사람이 도구를 가지고 있는 모양)가 은유(농사짓고 사는 삶)하는 것은 결국, 계절과 자연의 변화, 자연 과 사람의 조화, 사람과 사람의 관계 맺기를 이해하고 깨닫는 것이 아닐까!

'사람다움', 서양의 사상(가)에서 찾을 필요도 없다. 해월 최시형 선생이 말 씀하신 삼경[敬天(경천)·敬人(경인)·敬物(경물)]사상은 이를 잘 설명해 주고 있다. 하늘 과 땅과 세상의 돌이나 풀이나 벌레나 모두가 한울님을 모시지 않은 게 없다[天 地萬物 莫非侍天主也(천지만물 막비시천주야)]는 마음가짐과 실천으로부터 사람다움에 가까워질 수 있지 않을까!

해월의 시천주 사상을 삶으로 체현하고자 했던 장일순 선생은 일찍이 접화군생(接化群生)을 강조한 바 있다. 선생은 "모든 문제가 생명 속에 하나 둘 살아나는 것이므로 전체를 모시고 가는 하나의 생활태도로 '함께 사는 관계'를 키워가는 자세, 즉 만물을 다 껴안고 살리는 접화군생(接化群生)의 삶"이 진정한 사람다움이라고 했다. 문을 열고 아래로 흘러가는 물(開門流下: 개문류하)처럼 사는 삶, 만물을 먹이고 기르되 낮은 곳에 임하고 자기를 고집하지 않는 삶, (욕망을 실현하기 위해) 다투지 않는 삶이 사람다운 삶이라는 것이다(이창언, 2015).

마츠모토 레이지가 말한 시간을 배반하지 않는 꿈, 꿈을 배반하지 않는 시간은 작지만, 하늘과 소통하고 땅에 깊이 뿌리를 내리는 시간이고 꿈일 게다. 이와 반대로 화폐, 무기(핵), 힘, 성장과 발전의 신화는 기계화된 사람의 회색빛 욕망이다. "돈을 모시지 말고 생명을 모시고 쇠 물레를 섬기지 말고 흙을 섬기며, 눈에 보이는 겉껍데기를 모시지 말고 그 속에 들어 알짜로 값진 것을 모시고 섬길 때만이 마침내 새로운 누리가 열릴 수 있다"는 장일순 선생의 말씀이 삶으로 스며드는 것, 그것이 철이가 깨달은 사람다움이 아니었을까!

마츠모토 레이지의 「은하철도 999」(1977)가 기계제국을 욕망한다면 봉준호의 설국열차(2013)는 자연의 순환 질서를 왜곡한 인간 욕망을 상징한다. 두 열차는 반(反)생명, 비인간화(지배와 개조의 욕망)의 모순과 위험 그리고 이원론적 세계관과 화폐의 물신화를 엔진 삼아 지금도 폭주하고 있다. 「은하철도 999」의 주인공 철이가 기계화 제국의 숭배자이자 메텔의 어머니인 프로메슘과 괴물이 되어 버린 기계제국을 멸망시키고 다시 여행길에 올라선 이유는 무엇이었을까? 그것은 '더디게 흐르는 삶(시간), 느리게 스미는 관계(꿈)'에 숨겨진 깊은 뜻을 깨달았기 때문이 아니었을까!

이제 폭주 기관에서 내려 천천히 걸으며 꿈에 관해 이야기해야 한다. 그 꿈은 돈의 노예가 되지 않는 꿈, 소유와 힘의 논리, 경쟁과 지배의 논리로 살아온 왜곡된 자기 사랑의 삶을 참회하는 것에서 시작되어야 한다.

021 | '전환'의 의미

우리는 생명보다는 이윤, 협동과 화합보다는 적대와 갈등이 만연한 사회에 살고 있다. 지식과 정보의 양은 많아졌지만, 상식과 판단력은 부족하다. 학력은 높아졌지만 참된 학교와 선생님은 드물다. 정치제도는 선진화되었지만 민(民)을 심기는 정치인은 찾아보기 힘들다. 기업은 성장했지만, 빈부 격차와 불평등의 골은 깊어졌다. 문화산업의 발달로 오락거리는 많아졌지만, 자살하는 이들은 더 늘어났다. 고속철도의 속도만큼 사라지는 논과 밭, 숲과 갯벌 그리고 뭇생명. 세상이 각박해서인지 삶과 의식의 근본적인 전환을 강조하는 이야기가 심심치 않게 들린다. 그러나 우리 현실에 맞지 않는 서구 이론에 대한 탐닉과 공허한 실천이 난무할 뿐이다.

전환은 남의 문제(남 탓)가 아니다. 나는 무엇이 달라질 것인가? 어떻게 달라질 것인가? 라는 데에서 출발해야 하는 나의 문제이다. 우리 시대 문명의 전환은 새로운 정권의 창출로 정의되는 혁명이 아닌 공존과 만남의 세계, 새로운 삶의 공간을 통해 정의되는 변화여야 한다. 전환은 타자를 죽이고 존재를 망각시키는 온갖 욕망에서 벗어나 벌레 하나 풀하나 소중하게 대하는 것이라 할 수 있다. 전환은 '철두철미하게, 인간과 자연의 분리와 인간 소외를 가져온 근대 서양 철학과 사상'을 넘어서는 것이어야 한다.

'전환'이 또 하나의 상품이 되는 시대에서 진정한 전환의 의미를 깨우쳐 줄 수 있는 길잡이가 있다. 원주사람, 좁쌀 한 알 고(故) 장일순 선생이다. 그는 "오늘날 과학이라는 게 전부 분석하고 쪼개고 비교해서 보는 건데, 우리는 통째로 봐야 한다. 쌀알도 우주의 큰 바탕이 없으면 생길 수가 없듯이 벌레 하나도 이 땅과 하늘과 공기와 모든 조건이 없으면 존재할 수가 없다"라고 말한다. 그가 말하는 전환의 전제는 "돈을 모시지 말고 생명을 모시고, 쇠 물래(기계)를 섬기지 말고 흙을 섬기며, 눈에 보이는 겉껍데기를 모시지 말고 그 속에 들어 있는 알짜로 값진 것을 모시고 섬기는 것"이다. 여기서 '모시고 섬기'는 일은 여럿(사람과 사람, 사람과 자연)이 손잡고 협동하여 공동체를 이루며 사는 것을 의미한다.

전환은 낮게 임하는 것이다. 장일순은 "세상을 바꾸는 것은 지식이 아니라 사랑이며, 진실한 가슴과 실천으로 보여주는 감동"이라고 말한다. "가르치는 자와 배우는 자가 나뉘고 고정된 것이 아니며 교육의 본질은 인간다운 삶을 함께 배우고 느끼는 의식과 실천의 공감" 즉, 교학상장(敎學相長)을 강조한다. 그는 전환의 삶으로 '개문류하(開門流下 문을 열고 아래로 흘러가는 물)의 삶', '물처럼 사는 삶'을 피력한다. 그것은 만물을 먹여 기르는 것, 자기를 고집하지 않는 것, 낮은 곳에 처하는 것이다. 다시 말해 물은 만물을 잘 이롭게 하면서 다투지 않고 뭇사람(생명)이 싫어하는 곳에 처한다는 뜻이다.(이창언, 2015).　•

전환은 비움에서 시작한다. "내 것을 만들려고 세게 당기면 내 것이 되지 않고 쏟아질 뿐"이다. 여기서 비움은 이분법적인 구별이 사라진 것, 전일적으로 세상을 보는 일원론적 세계관을 의미한다. 그러나 장일순이 말하는 무소유가 곧 속세의 더러움을 피해 세속을 등지는 것은 아니다. 세속에 머물며 더러움을 없애는 방법, 자신의 소유에 얽매이지는 않으나 세상의 왜곡된 소유를 바로 세울 방법을 찾는 것이다. 그것은 가난한 사람(정신과 물질 포함)들 스스로 자생할 수 있는 능력을 키우고 협동하며 공생하는 방법이다. 무위는 유의에 대비되는 개념으로 풍요롭지만 정신적으로 가난한 시대에 가난하지만 정신적으로 풍요로운 공존공생의 삶을 추구하는 것이다.

장일순은 "자동차, 아파트, 옷이니 하는 것은 없어도 불편하기는 하지만 없어도 살 수 있다고 말했다. 오히려 물과 공기와 농사가 없어지면 인간들은 살 수 없게 된다는 것이다. 따라서 장일순은 우리의 삶이 물질적 가치만 추구해서 경쟁만 가르칠 것이 아니라 서로 도와주고 함께 어울려서 정신적인 가치도 공유할 수 있는 생명공동체로 나아가야 함을 주장한다. '모심'과 '합일(사람과 자연과 무한으로 합일하고 살아가는 것)', 그것이 장일순의 삶이자, 사상의 핵심이었다.

장일순 선생이 남긴 전환의 뜻은 그리 어려운 것은 아닌 듯하다. 아주 사소한 생활 속에서부터 함께 일하고 더불어 나누며 서로를 모시는 일, 그것이 바로 전환의 요체이다. 세상 살기가 아무리 험하고, 먹고 살기가 아무리 척박해도 무차별 경쟁과 죽임이 아니라 자연과 나누고 사람과 함께 하면서 사람다운 삶의 터전을 조금씩 넓혀 가는 길이다. 하지만 그렇게 쉬운 일을 정치인, 기업인, 그리고 우리 모두 잊고 산다(이창언, 2015)

인간의 오만과 횡포를 넘어 '공경과 협동'

무위당 장일순(張壹淳). 내게는 생소한 인물이었다 1970년대 민주화 운동가 김지하 선생의 스승, 초야서가(草野書家)나 문인화가 정도로 어렴풋이 인식하고 있었다. 15년 전 생명평화운동, 협동조합운동, 로컬푸드운동에 관심을 두기 전까지는 말이다. 무위당은 인위적으로 일을 만들거나 사욕으로 무엇을 시도하지 않으며, 내 것이라는 소유를 비우고, 자연의 순리대로 살아감으로써 일체의 근원과 합일하는 것을 강조했다. 그의 호가 말해 주듯이 '무위(無爲)'는 욕심·성냄·어리석음을 비운다는 뜻을 담고 있다.

<그림 1-13> 무위당 장일순 서화

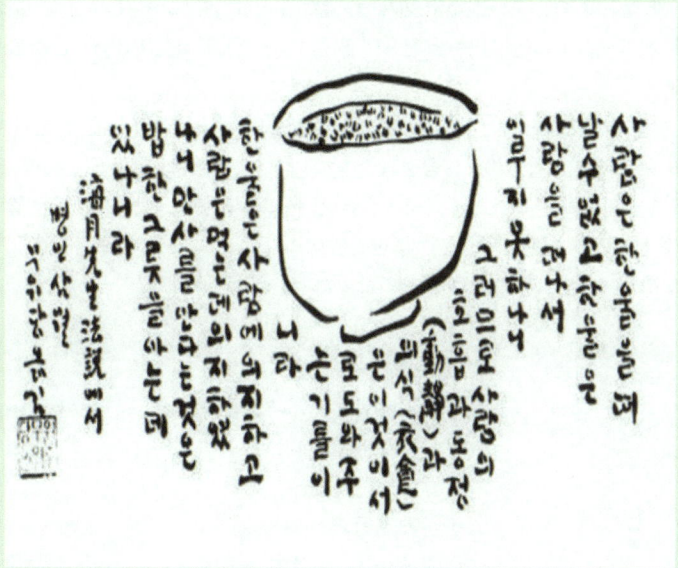

무위당은 '좁쌀 한 알에도 하늘과 우주가 숨 쉬고 있다'라는 뜻의 일속자(一粟子)로 자신을 지칭하기도 했다. 이는 자신을 낮추어 작은 생명의 씨앗이 되려는 뜻을 담고 있다. 무위당은 '조 한 알'로도 부족해 장서각(張鼠角)이라는 호를 쓰기도 했다. 스스로 쥐뿔에 견주었다.

홍순관의 노래 <쌀 한 톨의 무게>는 무위당의 '모심과 섬김사상'이 그대로 녹아 있다. 무위당은 '밥 한 그릇이 만사지(萬事知)다'라는 해월 최시형 선생의 '밥 사상'인 이천식천(以天食天)을 자신의 생명사상의 근본으로 삼았다. 자연과 농(農·밥)은 인간의 삶과 가장 기본적인 관계를 맺고 있기 때문이다. "자동차·아파트·옷이니 하는 것은 없어도 불편하기는 하지만 없어도 살 수 있지만, 농은 없어선 안 된다"는 것이다.

TV만 틀면 연일 정치인·학자들이 나와서 전환이니, 혁신이니 떠들어대고 있다. 그러나 이들은 돈, 쇠 물래, 강한 국가라는 껍데기만 붙들고 있고 알맹이인 생명·흙·밥·만물을 다 껴안고 살리는 접화군생(接化群生), 합일은 빠져 있다. 진정한 전환은 "인간을 포함한 새알 하나, 풀 한 포기, 돌 한 개 등 우주 만물에 내재한 '하늘'을 모시고 섬기는 것(무위당)"이어야 한다.

무위당은 '철두철미하게, 인간과 자연의 분리와 인간 소외를 가져온 근대 서양철학과 사상'을 비판한다. "오늘날 과학이라는 게 전부 분석하고 쪼개고 비교해서 보는 건데, 우리는 통째로 봐야 한다. 쌀알도 우주의 큰 바탕이 없으면 생길 수가 없듯이 벌레 하나도 이 땅과 하늘과 공기와 모든 조건이 없으면 존재할 수가 없다"고 말한다.

내게 무위당을 접하게 해준 가수 별음자리표는 <살기 위하여>라는 노래를 통해 공생공락(共生共樂)·대동(大同)의 삶을 이야기한다. '더 많이 갖기 위해 빼앗고 잃는 게 아니라, 더 강해지기 위해 죽이고 죽는 게 아니라' 이제는 '다르게 사는 삶, 다 함께 사는 삶'을 살자는 것이다. '다르게, 더불어 사는 삶'은 무위당이 말한 '속도·성장·경쟁이 아닌 관계를 중시하는 삶'일 게다.

홍순관과 별음자리표의 노래는 장일순 선생이 그랬듯이 현대사회가 낳은 경쟁과 투쟁의 논리, 인간의 오만과 횡포를 넘어서 '공경과 협동', '나락 한 알 속의 우주'의 의미와 우리네 삶을 성찰하게끔 안내해 준다. 오늘 아침은 <쌀 한 톨의 무게>와 <살기 위하여>를 들으면서 '일완지식함천지인(一碗之食含天地人·밥 한 그릇에 하늘과 땅과 사람이 들어 있다)', '느리게 스미는 삶, 더디게 흐르는 관계'에 대해 생각해보자.

쌀 한 톨의 무게는 얼마나 될까
내 손바닥 위에 올려놓고
무게를 잰다

바람과 천둥과 비와 햇살과
외로운 별빛도 그 안에 스몄네

농부의 새벽도 그 안에 숨었네
나락 한 알 속에 우주가 들었네

버려진 쌀 한 톨 우주의 무게를
쌀 한 톨의 무게를 재어본다
세상의 노래가 그 안에 울리네

쌀 한 톨의 무게는 생명의 무게
쌀 한 톨의 무게는 평화의 무게
쌀 한 톨의 무게는 농부의 무게
쌀 한 톨의 무게는 세월의 무게

쌀 한 톨의 무게는 우주의 무게

2

SDGs에 다가서기

ESG
SDGs

022 | SDGs(지속가능발전목표)

SDGs는 'Sustainable Development Goals'의 약어이며, 우리말로 '지속가능발전목표'라고 한다. '에스디지에스' 대신 '에스디지즈'라고 읽고 각 단어의 첫 글자와 마지막에 있는 Goals의 s를 맞추고 있다. SDGs에 대한 정의는 이미 제시했다. 하지만 각자의 비람과 지향을 담아 SDGs를 설명해 보는 것도 SDGs를 이해하는 데 도움이 될 것이다.

SDGs는 모든 국가, 도시가 합의·찬성 하에 유엔총회에서 채택될 당시 '우리의 세계를 전환한다'라는 야심찬 이상을 내건 국제적 수준의 행동규범이다. SDGs는 지속가능한 지구와 2030년까지 더 평등하고 평화롭고 포용적이며 번영하는 사회로 전환할 수 있는 국제적-지역적 틀(frame)을 제공한다(이창언, 2020e: 246).

첫째, S는 시민이 중심이 되어 SDGs 목표의 달성을 위해 모든 이해당사자와 협동하여 SDGs에 대응하는 것이다. 시민 개개인이 지구와 국가, 지역의 비전 수립과 목표 설정에 참여할 때, 실행가능한 행동계획이 될 수 있다. 지속가능한 사회는 문화 다양성, 관용, 상호존중 및 공동의 책임 윤리에서 나온다. SDGs는 이행에 있어 중소기업부터 협동조합, 다국적기업에 이르는 다양한 민간부문과 시민사회단체의 역할수행을 중시한다. SDGs는 '특히 최빈곤층과 취약계층의 목소리에 귀를 기울이며, 2년이 넘는 기간 동안, 강도 높은 여러 공개협의 과정을 거쳐, 전 세계 시민사회와 관련 이해관계자들의 참여를 통해 탄생한 결과물이다(우리 세계의 전환: 2030 지속가능발전 의제 6항).'

둘째, D는 다 함께 통합적인 해법을 찾는 것이다. 지속가능한 미래로 가는 길은 각 분야에 걸쳐 대담하고 상호 의존적인 행동이 필요하다는 사실을 인지하는 데 달려있는데, 이 모든 행동은 필수적이며 그 어느 하나의 행동만으로는 충분하지 않다. 복잡한 사회, 효과적으로 문제에 대처하기 위해서는 새로운 접근법이 필요하다. SDGs는 삶의 영역에서 이해당사자들이 주체가 되어 경제·사회·환경을 통합적으로 인식하고 협동의 원리를 살려 해법을 찾는다. SDGs를 위한 여정은 정부뿐 아니라 의회, 유엔 체제와 기타 국제기관, 지방정부, 토착민, 시민사회, 기업과 민간부문, 과학계와 학계 그리고 모든 사람을 포함한다. 상호 연대와 통합 지향성은 SDGs의 목적이 실현되는 데 결정적으로 중요하다. 이 의제의 전반에 걸쳐 우리의 포부를 실현한다면, 모두의 삶은 크게 개선될 것이고, 우리 세상은 훨씬 나은 모습으로 변모할 것이다.

셋째로 G는 지구의 미래를 생각하는 것이다. 미래 세대의 건강과 안전복지를 참작한 목표를 계획하고, 현세대와 미래 세대가 존재할 수 있게 해 준 노인 세대와 협력을 포함한다(오수길·이창언, 2013: 458). 지속가능한 지구의 궁극적인 목표는 지구환경의 보호와 미래 세대의 건강과 행복은 물론 양질의 삶을 누리게 하는 것이다. 활력이 넘치는 사회는 젊은 세대의 참여와 주체적인 활동이 활발함과 동시에 지속가능성 목표와 지표에 의한 계획의 진척 관리를 잘 수행하는 것이다. 미래 세대는 변화를 이끄는 중요한 행위자이다. 새로운 목표를 통해서 미래 세대의 무한한 행동 역량을 더 나은 세계 창조에 투입할 발판을 찾을 때 인류와 지구의 운명은 인류의 손안에 있게 될 것이다.

마지막으로 SDGs는 세계와 손잡고 실천하는 것이다. COVID-19 팬데믹, 기후위기 상황에서 알 수 있듯이 인류는 지구라는 행성 안에서 긴밀히 연계되어 있다. 한 도시, 한 국가의 노력만으로는 해결하기 어려운 문제가 너무도 많다. 강화된 글로벌 연대의 정신은 최빈곤층과 사회적 약자의 요구를 수용하며, 모든 국가, 모든 이해관계자 및 모든 사람이 참여하는 활성화된 세계적 연대를 통해 구현될 수 있다. 지속가능발전 글로벌 파트너십(Global Partnership for Sustainable Development)은 지속가능한 사회를 만드는 데 필요한 지식, 전문성, 기술 및 재원의 동원과 공유를 촉진한다.

SDGs는 지속가능한 전체 사회상을 구상하고, 이에 필요한 요건이나 도구

(tool), 서비스를 창출하는 사회혁신을 촉진한다. SDGs를 특징짓는 것으로써 '새로운 인권선언', '새로운 사회계약' 등의 이념이 유엔의 주요 문서 등에 제시되어 있다. 이는 SDGs의 채택 문서 제목인 '우리 세계의 전환: 2030 지속가능발전 의제(Transforming our World: The 2030 Agenda for Sustainable Development)'에 잘 드러나 있다. 여기서 구조적인 변화란 사회 전체가 연동되어 체계적으로 변화하는 것이며, SDGs는 필연적으로 관련된 모든 섹터의 연계와 협동을 필요로 한다(佐藤真久·関正雄·川北秀人, 2020: 8).

SDGs적 접근법의 특징은 목표 기반의 거버넌스(governance through goals)라고 할 수 있으며, 이는 장기간 국제사회 협동의 원칙이었던 '규칙에 따른 통치'를 넘어서는 시도로써 '자율분산·협조형 협동'을 만들어 가는 과정이다. 또한 파트너십 또는 거버넌스는 전환(transformation)의 도구라는 의미도 포함한다. 지금까지 채택한 기후위기 대응, 빈곤과 격차의 문제는 SDGs 목표 1과13에 제시되어 있지만, 그 이외의 목표나 세부 목표의 대부분과 관련이 깊고 목표의 이행·실천에도 영향을 미친다. 그리고 이 두 가지 과제의 공통점은 해결 방법이 임시방편이나 대증요법이 아닌 근본적인 해결책인 사회경제의 구조적인 변화를 일으키지 않으면 안 된다는 것이다(이창언, 2022).

<그림 2-1> 지속가능발전목표 포스터

※ 출처: 전국지속가능발전협의회 홈페이지(https://ncsd.go.kr/ 2023.03.26)

023 | SDGs의 합의채택 과정

SDGs는 92년 리우회의 이후 지속가능발전을 위한 노력의 결과물이라고 할 수 있다. SDGs는 1992년의 유엔 환경개발회의(UNCED), 즉 지구정상회담(Earth Summit) 이후 20년의 성과와 과제의 연속선상이라고 할 수 있다.

지속가능한 발전을 추구해 온 세계인들의 노력은 1972년 스톡홀름회의 UNCHE(인간환경회의)를 시작으로 1992년 리우회의(UNCED, UN환경개발회의), 2002년 요하네스버그회의 WSSD(지속가능발전정상회의), 2012년 또다시 리우회의 UNCSD(지속가능발전회의)를 거치면서 글로벌 거버넌스를 통한 많은 협약과 선언, 이행계획서로 발표하였으며, 교토의정서를 대체할 기후변화대응 관련 협약을 비롯하여 리우+20회의에서 제기된 '지속가능발전목표(SDGs)' 등이 나오게 된 것이다.

한편, 리우+20회의를 일주일쯤 앞둔 시점에서 ICLEI(지속가능성을 위한 세계지방정부)는 브라질 벨루오리존치에서 세계총회(World Congress)를 개최하여 지속가능한 도시, 복원력 있는 도시, 저탄소 도시, 생물 다양성 도시, 자원 효율적 도시, 녹색 도시 인프라, 녹색 도시 경제, 건강하고 행복한 공동체 등 여덟 가지의 핵심 주제를 논의하였다.

2012년 6월 20일부터 22일까지 브라질에서 열린 RIO+20 정상회의에 참석한 세계 각국의 정상들이 녹색경제(Green Economy)로의 이행에 합의하였으며, 지속가능발전목표 설정, 화석연료 보조금 폐지 촉구, UN 환경계획(UNEP) 역할 강화 방안 등을 포함하는 회의 결과 선언문인 '우리가 원하는 미래(The Future We Want)'를 채택하였다.

본래 리우+20회의는 ICLEI 주도로 개최되었지만, 세계총회 폐막식에서

ICLEI는 'ICLEI 세계총회가 리우+20회의에 보내는 메시지'를 통해 "유엔 체제 내에서 정부 이해당사자(governmental stakeholders)인 지방정부가 지속가능발전 추진자로서"의 역할수행을 하겠다고 선언하였다. 또한 리우+20회의가 끝난 후 ICLEI는 "20년 전 리우회의에 모인 각국 대표들이 채택한 의제21(Agenda 21)과 함께 ICLEI가 지방의제21의 선두에 섰고, 지속가능성을 향해 나아가는 글로벌 성공스토리를 만들어왔다."고 주장하며, "리우+20회의의 가장 주목할 만한 결과는 실제로 전 세계 및 지역에서의 자발적 약속일 수 있다."라고 평가하였다.

Rio+20 회의의 주요 결과는 크게 세 가지로 정리할 수 있다.

첫째, MDGs를 대체할 SDGs를 설정하기로 합의한 것이다. 이를 위해 실무 추진단을 구성하고, 2015년 MDGs의 평가 결과를 반영하기로 하였으며, 지속가능발전 이행을 위한 재원조달체계를 설립하고자 유엔 총회 산하에 '정부 간 과정'을 운영하기로 하였다.

둘째, 빈곤 근절을 위한 녹색경제와 관련하여 각국의 특수성을 고려하되 선진국의 개도국에 대한 개발 원조를 촉구하였다. 또한 "지속적이고 포용적인 경제성장과 혁신을 촉진하고, 모두에게 기회, 혜택, 권리를 제공하며, 모든 이의 인권을 존중해야 한다."라고 언급하였다. 그리고 "여성, 어린이, 청년, 장애인, 소규모 자작농, 자급자족 농민, 어민, 중소기업 직원의 복지를 증진하고, 특히 개도국의 빈곤층 및 취약계층의 삶과 권리를 증진"하는 것을 녹색경제 정책이 준수해야 할 사항으로 명시하였다.

셋째, 지속가능발전의 거버넌스를 국제적 차원에서 강화하기로 합의하였다. 유엔지속가능발전위원회(UNCSD)를 강화할 고위급정치포럼을 신설하기로 했고, 유엔환경계획(UNEP)의 위상과 권한을 강화하기로 하였으며, 지속가능발전위원회를 대체할 고위급정치포럼(High Level Political Forum, 이후 HLPF)을 신설하는 데 합의하였다. HLPF는 보편적이며 지속가능한 개발의제의 조율과 일관성 강화 및 이행 모니터링"의 중심적 역할을 담당하고자 했다. 그 결과 '우리가 원하는 미래(The Future We Want)'에 지속가능발전에 대한 각국 정상의 의지를 재확인하고, 지속가능발전을 저해하는 도전 요소에 대처하기 위한 국제협력의 강화를 명시하였다.

Rio+20 회의는 빈곤퇴치가 지속가능발전을 위한 최대의 과제임을 확인하였고 나아가 지속가능발전을 위한 경제, 사회, 환경의 3대 요소를 통합적으로 강화할 필요가 있음을 인식하였다. 그리고 지속가능한 경제발전, 사회의 형평성 증진, 환경보호를 주축으로 사람 중심의 지속가능발전을 추진하기로 하였다.

Rio+20에서 밝힌 'Post-2015 개발의제와 SDGs의 통합 노력'이 실질적으로 UN 기구를 통해 구현되고 있음을 보여주고 있다. 2012년 6월 '유엔시스템작업반'은 '우리가 원하는 모두를 위한 미래의 실현(Realizing the Future We Want for all)'이라는 제목의 보고서를 통해 새로운 개발협력 목표의 기본적 틀로 3개 기본원칙(인권, 평등, 지속가능성)과 4대 핵심 방향(평화와 안보, 포괄적 사회개발, 포괄적 경제개발, 환경적 지속가능성)을 제시했다. 그리고 2013년 UN 사무총장에게 제출한 『지속가능발전을 위한 행동강령(An Action Agenda for Sustainable Development)』을 통해 10대 목표와 30대 세부목표를 제시하기도 하였다.

Post-2015 개발의제 논의 중 주목할 것은 지속가능발전해결네트워크(Sustainable Development Solutions Network, 이하 SDSN)의 활동이다. 2013년 8월 민간 독립자문기구로 창설된 SDSN는 지속가능발전을 위한 혁신적이고 실질적인 해법을 모색하기 위해, 과학기술 및 민간기업, 국가전략 전문가들의 주제별 자문 활동을 기반으로 한다. 지속가능발전해결네트워크의 10대 목표는 개발도상국과 선진국의 '개발과 발전'을 구분했던 Rio+20의 26대 우선순위보다 '인류 전체의 과제로서 지속가능발전'의 보편성을 제시했다는 점에서 Post-2015 개발의제 논의에서 긍정적인 영향을 미친 것으로 평가되기도 한다.

SDGs 만들기 과정

※ 출처: 이창언 재구성

024 | SDGs의 의제수립 과정

Post-2015 개발 목표와 의제 수립 과정은 크게 두 갈래로 구분 지을 수 있다. 2010년부터 크게 2015년까지 유엔의 SDGs의 내용을 준비하고 협상을 통해 제정하는 과정과 2016년~2030년까지의 이행 및 모니터링 과정이다.

2010~2015년까지의 준비 과정은 사전 예비논의(2015~2012년), 의견 수렴 및 의제 설정(2012년 6월~2013년 7월), 의제 구체화 및 예시적 목표 제시(2013~2014년 12월), 목표 협상 및 채택(2015년~2030년)으로 구분된다. 2016~2030년 이행 과정은 국내 이행 준비(2016년)을 포함한 전반기 이행(2016~2017년)과 후반기(2028~2030년) 이행으로 구분된다.

준비기 첫 단계는 MDGs 이후의 개발 목표를 수립하기 위해 UN 사무총장을 중심으로 이루어진 Post-MDGs 설정 활동이고, 다른 하나는 Rio 정상회의 20주년을 기념하고 새로운 국제적 모멘텀 창출을 시도했던 Rio+20의 보고서와 결의안에서 시작된 SDGs 수립 과정이라 할 수 있다. 2015년 유엔 총회 산하의 OWG-SDGs 정부 간 협상(1월~7월)에서 구체적인 목표와 문안에 대한 합의가 도출된 것이다.

SDGs가 세상에 등장하는 과정은 2012년 6월 유엔시스템작업반이 제시한 새로운 개발 협력 목표의 기본적 틀인 3개 기본원칙(인권, 평등, 지속가능성)과 4대 핵심 방향(평화와 안보, 포괄적 사회개발, 포괄적 경제개발, 환경적 지속가능성)이 SDGs의 바탕이 되었다. 이를 토대로 유엔사무총장고위급패널, 유엔사무총장실, 지속가능발전목표 공개작업반이라는 유엔 내의 세 가지 기관은 각각의 보고서를 발간하여 새로운 개발 협력의 잠정 목표를 제시한다. 이 중 2013년 7월에 발간된 유엔 사무총장 보고서는 '불평등' 이라는 주제를 별도의 목표로 설정해야 한다는 국제 시민사회의 주장을 수용했다는 점에서 특별한 의미를 지닌다.

SDGs 합의 채택에서 유엔과 유엔 관련 기구의 역할도 컸다. UNEP는 환경 요소를 충분하게 포함할 것을 비롯하여 지속가능성(sustainability)에 대한 중요성을 강조하면서, post-2015 개발 어젠다의 목표를 지속가능한 발전으로 설정하였다. 지속가능발전의 3요소를 충족하는 '한정된 수의 통합된 목표(limited number of integrated goals)'와 서로를 보완하는 세부목표 및 지표를 수립하는 방안을 제시하였다. 나아가 지속가능한 소비와 생산에 대한 10년 계획(10 YFP)을 수립하였다.

HLPF(고위급정치포럼)는 예시적 목표를 12개로, 54개의 세부목표를 제시하며 SDGs를 구체화했으며 지속가능발전해결네트워크(SDSN)의 지도이사회(Leadership Council)는 2013년 6월 Post-2015 개발의제의 10개 목표(goal)와 30개 세부목표(target)를 포함한 보고서를 발표하고, 그 후 2014년 2월 100개의 지표(indicator)를 발표하면서 한 달 동안 서면을 통한 대중 자문을 수렴하였다. UN-Water는 post-2015 어젠다에 '물'에 대한 단독 목표 설정과 측정가능한 지표 설정을 주장하였다.

유엔 생물다양성협약(UNCBD)은 생물 다양성이 통합될 수 있는 네 가지 유형의 SDGs 목표를 제시하며 '아이치 생물다양성 목표(Aichi Biodiversity Targets)' 달성을 통해 지속가능발전을 이루는 데 있어서 유엔사막화방지협약(UNCCD), 유엔 기후변화협약(UNFCCC)과의 시너지 효과를 창출할 수 있음을 언급하였다. 유엔 기후변화협약 더반플랫폼 작업반(ADP)은 2020년 이후 모든 당사국에 적용되는 신기후체제 협상의 로드맵을 도출하였다.

2014년 2월부터 시작된 지속가능발전목표 공개작업반은 앞서 나온 다른 유엔 기관의 아이디어들을 포함하여, 새로운 개발 협력 목표를 만들었다. 총 13차례의 회의 끝에 공개작업반은 2014년 8월 17개 목표를 담은 문서를 유엔에 제출하게 된다. 이후 유엔 내부에서 정부 간 협상을 진행하여 최종적으로 합의된 내용이 바로 SDGs의 17개 목표를 담고 있는 '우리가 사는 세상의 전환: 2030년까지의 지속가능한 발전 의제(Transforming Our World: The 2030 Agenda for Sustainable Development)'라는 제목의 문서다.

국제시민사회 단체들은 2010년부터 'Beyond 2015'라는 캠페인 단체를 결성하였다. 이 캠페인의 이름은 MDGs 이상의 원대한 목표를 겨냥하고 있다는 의미를 담고 있다. 2012년부터 'Beyond 2015'는 유엔의 SDGs 수립과정에서 본격적인 활동을 전개하였으며 2015년을 기준으로 132개의 국가의 1,000개가 넘는 시민사회단체들이 함께 하는 국제적인 네트워크로 성장하였으며, action/2015 캠페인을 전개했다. 이는 2015년 기준으로 전 세계 2,020개가 넘는 시민사회단체들이 모인 캠페인 네트워크로 지속가능발전목표 구성에 전 세계 시민의 목소리 반영은 물론, 기후변화 대응에도 앞장서고 있다.

한국에서는 2012년 초부터 지속가능발전목표를 논의하기 위한 활동이 시작되었다. 주로 개발협력 분야의 협의체인 국제개발협력민간협의회(KCOC), 국제개발협력시민사회포럼(KoFID), 지구촌빈곤퇴치시민연대(GCAP-Korea) 이렇게 세 개의 단체가 주축이 되어 'Beyond 2015 Korea'를 결성한다.

SDGs 합의채택 전후 전국지속가능발전협의회의 적극적인 노력도 전개되었다. 전국지속가능발전협의회는 '2015 지속가능발전 정책포럼'을 통해 유엔 지속가능발전목표와 도시의 역할, 지방의제21의 역할을 논의하였다. 전국지속가능발전협의회는 SDGs를 달성하기 위해서는 각국 정부(지방정부), 시민사회, 민간기업 및 유엔 산하 기구들이 노력해야 함을 상기하며, 이행과정의 점검에서는 유엔 총회와 유엔 경제사회이사회(UN ECOSOC)와 이들이 주관하는 HLPF가 중추적인 역할수행을 할 것으로 기대한다.

025 | SDGs 가치와 지향, 핵심 키워드 그리고 세계관

　지속가능발전을 위한 2030 의제는 2030년까지 빈곤을 종식하는 것을 포함하여 지속가능발전 실현을 위한 야심 찬 글로벌 목표라 할 수 있다. UN 70차 총회 공식 문서 '우리 세계의 전환: 2030 지속가능발전 의제'는 서문(Preamble), 선언(Declaration) 59단락, 지속가능발전목표, 이행수단(Means of implementation), 후속 조치 및 평가(Follow up and review) 등 총 91항으로 이루어져 있다.

　지속가능발전을 위한 2030 의제에는 SDGs 목표1~6처럼 빈곤, 기아, 건강, 교육, 성, 물과 위생 등 MDGs에 내걸렸던 목표를 계승한 후 이를 더욱 구체화한 목표가 포함되어 있다. 지속가능발전을 위한 2030 의제에는 포용적이고 지속가능한 성장의 중요성에 대한 국제적인 인식과 다양한 발전 과제가 새롭게 추가되었다. 목표 7~16에 제시된 양질의 일자리와 경제성장과 산업혁신과 인프라 구축, 불평등 해소, 지속가능한 소비와 생산, 기후위기 대응, 나아가 평화의 실현까지 포함하는 일련의 목표는 MDGs에는 명확한 형태로 포함되지 않았다.

　'우리 세계의 전환: 2030 지속가능발전 의제' 서문, 첫 번째 단락에서는 SDGs가 "인간, 지구, 번영을 위한 행동계획"이라고 명시하고 있다(이창언 2021: 3066).

> 본 의제는 사람, 지구 및 번영을 위한 행동계획이다. 이 계획은 또 더 큰 자유 속에서 보편적 평화를 증진하고자 한다. 우리는 극빈을 포함한 모든 형태와 차원의 빈곤을 근절하는 것이 지속가능발전을 위한 최대의 글로벌 과제이자 하나의 필수 요건임을 인식한다.

지속가능발전을 위한 2030 의제 서문과 선언의 내용에서 SDGs의 특징과 지향을 명시하고 있다. 서문의 핵심은 '모든 형태의 빈곤과 기아의 종식', '누구도 소외하지 않는다', '21세기 인간과 지구를 위한 헌장'이라는 대목에 집중적으로 드러나 있다. <전문>에서는 SDGs가 "인류에게 그리고 지구에 대단히 중요한 분야에서 향후 15년에 걸쳐 행동을 촉진할 것"임을 밝히고 있다. 또한 SDGs의 달성을 위한 수단으로써 '거버넌스(Governance)'가 강조된다.

> 모든 국가와 이해관계자들은 협력적인 파트너십을 통한 행동으로 이 계획을 이행할 것이다. 우리는 빈곤과 결핍의 횡포로부터 인류의 해방과 지구를 보호하고 치유할 것을 결의한다. 우리는 세계가 지속가능하고 회복력 있는 방향 전환을 위해 시급하고 담대하며 혁신적인 조치를 취할 것을 다짐한다. 우리는 공동의 여정 속에서 그 누구도 소외되지 않도록 할 것을 서약한다.

> 이 새로운 의제의 범위와 포부를 고려할 때, 의제의 이행을 위해서는 글로벌 파트너십의 재활성화가 요구된다. 우리는 이를 위해 전념할 것이다. 이 파트너십은 글로벌 연대 정신, 특히 최빈곤층과 취약계층의 연대를 통해 효과를 발휘할 것이다. 이는 정부, 시민사회, 민간부문, 유엔 체계(United Nations system)와 관련 행위자의 결집과 모든 가용한 자원의 동원을 통해 지구적 차원의 적극적인 참여를 이끌어 냄으로서 모든 목표와 세부목표가 달성되도록 지원할 것이다(2030 지속가능발전의제 39항)

　전문 전반부는 SDGs가 지속가능발전(SD)이라는 다소 모호한 이념을 가시적이고 달성가능한 목표로 전환해 주는 정책 수단 또는 프레임워크(policy tool/framework)의 역할을 한다는 점을 알려준다(이창언, 2017: 176).
　SDGs는 절대빈곤을 포함한 모든 형태와 모든 차원의 빈곤을 근절하는 것이 전 세계의 최대 과제이자 지속가능발전의 필수 요건임을 인식한다. 또한 경제, 사회, 환경이라는 세 가지 차원에서 통합성과 균형성을 고려한 지속가능발전 목표 달성을 약속한다. 그리고 새천년발전목표의 성과에 기반하여, 그 미완의 과제를 다룰 것(2030 지속가능발전의제2항)"이라고 선언한다.

'2030 지속가능발전 의제' 4항에서는 "우리는 공동의 여정을 시작하며, 그 누구도 소외되지 않도록 할 것을 서약한다. 우리는 인간의 존엄성이 가장 근본이 됨을 인식하면서, 모든 국가와 전 인류 그리고 사회의 전 영역에서 모든 목표와 세부목표가 달성되기를 소망한다."라고 기술하고 있다. 여기서 언급하는 인간이란 모든 '개인'이지만 소외된 사람들을 염두에 두고 있다. SDGs는 개인의 잠재능력을 발휘하기 위해서는 존엄, 평등, 건강을 확보하는 것이 중요하다고 강조한다.

2030 어젠다는 SDGs를 달성하기 위한 '실시 수단(Means of Implementation, MOI)'에 대해서도 기술하고 있다. 이와 관련해서는 특히 정부, 시민사회, 민간부문, 유엔 기구를 비롯한 모든 행위자(주체)가 이용가능한 자원(자원)을 동원하는 「글로벌·파트너십」을 통한 대응의 중요성이 강조되고 있다. 2030의제는 ODA의 수치목표(GNI 대비 0.7% 등)를 언급했으며 ODA가 민간자금 동원을 위한 촉매 역할을 포함해 지속적인 역할을 할 것이며 기술이전 및 능력 구축 지원 등도 2030 어젠다의 '실시 수단'으로서 중요하다는 점이 강조되고 있다.

지속가능발전을 위한 2030 의제는 SDGs 달성 상황의 후속 조치와 또한 리뷰 과정을 규정하고 있다. 구체적으로 2030 어젠다의 글로벌 실시 상황의 후속과 리뷰를 목적으로 하는 '고위급정치포럼'을 4년마다 개최하는 것과 더불어 국가 차원, 지역 차원에서도 후속과 리뷰 실시를 권장하고 있다. 또한 이 프로세스는 SDGs의 달성 정도 측정을 위해 사용되는 지표에 대해서 유엔 통계위원회 아래 실무 회의의 검토를 거쳐 정비된다.

참고로 SDGs 3대 정책 키워드는 다음과 같다. 그것은 첫째, 지구 공동 대응과 로컬 차원의 실천이 양립할 것을 목표로 사고하고 행동하는 지구 차원의 규모 <Global scale>이다. 둘째, 미래상 도달을 위해 필수적으로 구체적인 전략을 끌어내는 <back casting>이다. 이는 지속가능한 미래 모습에서 역산하여 현재의 대책을 찾는 것을 의미한다(우선순위 탄력적). 셋째, SDGs 전체 테마로서 단 한 사람도 아무도 남겨두지 않는다 <No one will be left behind>이다(이창언, 2022. SDGs 교과서).

SDGs 중요 이념은 첫째, 누구도 소외하지 않는다(Leave No One Behind, LNOB)라는 포용(包容)이다. 둘째, 정부, 기업, NGO 등 주요 이해당사자들의 협치(協治)라고 할 수 있다. SDGs적 접근법의 특징은 목표 기반의 거버넌스(governance through goals)라고 할 수 있으며, 이는 장기간 국제사회 협동의 원칙이었던 '규칙에 따른 통치'를 넘어서는 시도로써 '자율분산·협조형 협동'을 만들어 가는 과정이다.

마지막으로 SDGs 세계관은 '지구의 한계(planetary boundaries)'를 인정하는 '지구 우선 세계관(Earth-First Universe)' 그리고 '누구도 소외하지 않는다(Leave No One Behind, LNOB)'라는 인권과 참여 원리에 근거한 '사회 포용 세계관(Socially Inclusive Worldview)', 그리고 바람직한, 지금과 다른 미래 사회를 지향하기 위해 세계의 전환(transforming our world)을 추구하는 '전환 세계관(Transformation Worldview)'이다. SDGs는 이런 세계관과 함께 '공유된 책임'을 강조하며 만국, 만인에게 적용되는 보편성과 형평성을 요구하는 '실천 세계관'을 갖고 있다(佐藤真久, 2020; 이창언, 2020e: 253).

026 | SDGs의 3개 기둥과 SDGs 웨딩 케이크 모델

SDGs는 지속가능발전의 3개 측면(경제, 사회, 환경)의 조화가 가진 중요성을 강조한다. 3개 기둥의 '통합적이고 불가분'한 관계가 의미하는 것은 각 목표 및 세부목표 달성은 개별적이지 않고 상호관련성을 고려하여 이루어져야 한다는 점이다. 이것은 서문 세 번째 문단의 마지막 단락에서 언급한 "통합적이고, 불가분하며, 지속가능발전의 세 가지 차원인 경제, 사회, 환경의 균형을 추구한다"라는 문장에서 확인할 수 있다.

> 우리가 오늘 발표하는 17개 지속가능발전목표(SDGs)와 169개 세부목표는 이 새로운 보편적 의제의 규모와 포부를 보여준다. 이 목표들은 새천년개발목표(MDGs)를 기반으로 구축하여 새천년개발목표가 달성하지 못한 것을 완성하고자 한다. 이 목표들은 모든 사람의 인권 실현과 성평등, 모든 여성과 소녀의 권익 신장을 추구한다. 이 목표들은 통합적이고 불가분하며, 지속가능발전의 경제, 사회, 환경이라는 세 가지 차원이 균형을 이루고 있다.

지속가능발전의 3개 기둥에 대한 명확한 설명은 SDGs 웨딩 케이크 모델이다. 이 모델은 스웨덴의 수도인 스톡홀름의 복원력 연구소(Resilience Institute)가 고안한 SDGs의 개념을 나타내는 SDGs 구조 모델이다. 이 모델을 고안한 스웨덴의 요한 록스트롬(Johan Rockström) 박사는 국제적으로 인정받는 글로벌 지속가능성 문제를 연구하는 연구자이다.

SDGs 웨딩 케이크 모델의 SDGs 17개 목표는 각각 웨딩 케이크 형태로 서로 밀접하게 관련된 세 개 차원으로 구성된다. 이 모델은 세 계층 구조로서 상단에는 경제 영역, 중단에는 사회 영역, 하단에는 환경 영역으로 제시된다. 먼저 상단의 '경제 영역'은 우리의 직접적인 삶과 교육 등과 연계되며, 중단 영역의 '사회적 영역'은 상단 영역의 경제발전의 토대로서 역할을 한다. 그런데 '사회적 영역'은 우리가 살고 있는 지역의 자연환경인 '환경 영역'에 의해 뒷받침된다. 이 환경 영역은 남반구, 북반구, 대륙 및 섬을 포함하여 지구상에서 우리 사회의 다양성을 창출한다. 환경 영역, 사회 영역 및 경제 영역의 최상단에는 SDGs 목표 17의 파트너십이 있다.

<그림 2-3> SDGs 웨딩케이크 모델

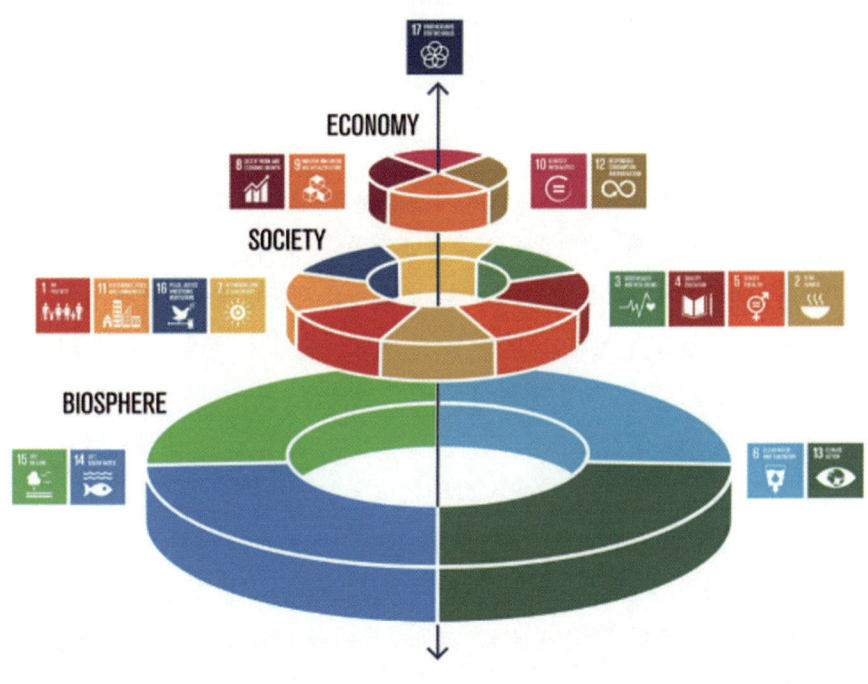

※ 출처: SDGs 교과서

SDGs 웨딩 케이크 모델은 다음과 같은 세 계층 케이크 시뮬레이션을 통하여 각 SDG의 목표를 구조적으로 배열한 모델이다. SDGs 웨딩 케이크 모델의 기초 형성의 첫 번째 단계는 "환경 영역"으로 환경 영역은 경제 활동과 사회 기반 시설을 모두 지원한다. 이와 관련하여 SDGs 목표 6의 깨끗한 물과 위생, 목표 13의 기후위기 대응, 목표 14의 해양생태계 보호, 목표 15의 육상생태계 보호를 의미한다. 이에 환경 영역 이해를 위한 키워드는 "환경 문제"와 "기후위기"라고 할 수 있다. "환경 영역"이 SDGs 웨딩 케이크 모델의 가장 하단에 놓여 있는 이유는 자연환경의 존재가 지구상에서 우리가 살기 위한 가장 필수적인 조건임을 의미한다.

SDGs 웨딩 케이크 모델의 중간 계층에 위치한 "사회 영역"에는 다음과 같은 SDGs 목표 8개를 포함하고 있다. 목표 1. 빈곤 종식, 목표 2. 기아 종식, 목표 3. 건강과 보건, 목표 4. 양질의 교육과 평생학습, 목표 5. 성평등, 목표 7. 깨끗한 물과 위생, 목표 11. 지속가능한 도시와 공동체, 목표 16. 평화, 정의, 제도 등으로 구성된다. 또한 "사회 영역"은 인간이 불편함 없이 살고, 일할 수 있는 세상 창조의 목표를 포함한다. 하지만 우리가 살아가는 생활환경이 '환경 영역'에 의해 준비되더라도 '건강 문제', '차별과 편견', '교육 환경' 등 우리 삶의 건강 유지에 필요한 사회 환경이 마련되지 않으면 지속가능한 사회 실현과 유지는 어려울 수 있다. 따라서 "사회 영역"의 SDGs 목표가 이뤄지면 지속가능한 사회에 필요한 "경제 영역"의 기반 조성 역시 자연스럽게 진행된다.

SDGs 웨딩 케이크 모델의 "경제 영역"은 "환경 영역"과 "사회 영역"의 두 계층에 의해 지원되며, 17가지 목표 중 다음 네 가지를 포함한다. 그것은 목표 8. 양질의 일자리와 경제성장, 목표 9. 산업 혁신과 인프라 구축, 목표 10. 불평등 해소, 목표 12. 지속가능한 생산과 소비 등이다. "경제 영역"은 사회적 관계를 맺고 일하는 사람들은 "양질의 일자리"와 사람과 국가에 대한 차별과 편견 제거를 통해 국가와 지구 발전에 기여할 수 있다고 본다.

SDGs 웨딩 케이크 모델은 지구환경이 지속 불가능하면 사회가 불안정하게 되고 경제성장도 불가능하다는 점을 강조하며 환경, 사회, 경제가 모두 연결되어 있다고 가정한다. 식품은 환경 영역에서 유래되고, 사회가 소비하며, 다양한 이해관계자와 파트너십을 맺는 것과 같이 SDGs는 지속가능하고 건강한 먹거리와 직간접적으로 연결되어 있다는 것을 알 수 있다.

기존의 발전 패러다임은 사회적, 경제적, 생태적 발전을 각각 별도의 부분으로 간주했다. 따라서 이 모델은 기존의 발전 패러다임에서 새로운 발전 패러다임으로의 전환을 목표로 한다. 그것은 경제가 지구 지속가능성 내에서 진화하고 사회적 공헌을 실현해야 함을 강조한다(이창언 2022: 174).

027 | SDGs의 3층 구조: 목표, 세부목표, 지표

SDGs는 2030년까지 보다 평등하고 평화롭고 포용적이며 번영하는 사회로 전환할 수 있는 국제적-지역적 틀(frame)을 제공한다. SDGs는 지속가능한 전체 사회상을 구상하고, 이에 필요한 요건이나 수단, 서비스를 창출하는 사회혁신을 촉진한다.

SDGs 목표는 지향해야 할 '세계상', 세부목표는 '구체적인 달성 목표', 지표는 '달성도를 계측하기 위한 평가 척도'를 의미한다(이창언, 2020e: 246).

유엔 정상회의에서 채택된 SDGs는 추상적인 선언처럼 보일 수 있다. 그러나 SDGs는 17개 목표와 169개 세부목표 설정과 목표 달성 정도를 이해하기 위한 실질적인 통계 데이터를 활용한다.

SDGs는 17개의 목표와 각 목표 아래에 더 구체적인 169개 세부목표로 구성되어 있다. SDGs의 진행 상황은 유엔통계위원회로부터 정량적·정성적 계측을 위해 230여 개 지표로 제안되었으며, 이에 SDGs는 목표, 세부목표, 지표의 3층 구조로 이루어져 있다.

"17개 목표와 이행수단의 세부목표들은 2030의제를 실현하기 위한 열쇠이며, 기타 목표의 세부목표들과 동등한 중요성을 갖는다(40항, 이행수단)."라고 명시되어 있다. "2030 의제는 목표와 세부목표 이행에 요구되는 수단을 다룬다(41항)." 또한 "SDGs 이행 진전과 관련하여 국가, 지역 및 글로벌 차원에서 후속 조치 및 검토에 대한 일차적 책임(47항, 후속 조치 및 검토)"이 있음을 강조한다. SDGs 각 목표와 세부목표는 정부 간 협상과 지속가능발전목표 공개작업반(Open Work Group on Sustainable Development Goals)의 제안15에 기초하여 만들어졌다(54항).

SDGs 각 목표와 세부목표는 각 국가의 현실 역량 및 개발 수준 차이를 고려하고 국가정책과 우선 과제를 존중하며, 통합적이고 불가분하며, 글로벌 차원에서 보편적으로 적용할 수 있다. 세부목표는 야심차고 글로벌한 특성으로 정의된다. 따라서 각국 정부는 이러한 야심 찬 글로벌 세부 목표들을 국가 계획 과정에서 정책과 전략에 어떻게 반영해야 할지 결정해야 한다. 이에 각 정부는 지속가능발전과 경제, 사회, 환경 분야에서 진행 중인 기타 관련 과정과의 연계성을 인정하는 것이 중요하다.

SDGs 17개 목표는 17개 영역을 단지 나열한 것이 아니라, 17개 목표체계 활용을 통하여 행정수요 파악과 지역주민 참여 독려로 목표의 우선순위를 정립한다는 의미에서 활용법이 더욱 중요하다. 지역주민 참여를 통해 우선순위 목표를 정립한다면 광역과 기초지방자치단체, 마을 단위에서 우선순위 목표가 나타날 것이며, 목표 달성이나 특정 문제 해결을 위해서 목표 간 연계, 해당 목표와 관련된 부서 간 협력, 나아가 관련 시민사회 영역과의 협력이 중요함을 인식할 수 있게 된다(충북지속협, 2020. 12; 이창언 2022: 164). 가령 빈곤 문제는 공공의료 관련 목표 3번(건강과 보건)만의 과제가 아니라 모든 목표와 세부목표의 빈곤 문제를 고려해야 한다. 1번(빈곤 종식) 목표는 전체 17개 목표별 관점에서 연계를 고려하여 재구성되어야 목표 달성이 가능하다.(one for all, all for one).

SDGs 17개 목표는 더 상세한 내용을 제시하는 세부목표가 첨부되어 있다. 이때 세부목표 수는 개별 목표에 따라 각각 정해진다. 목표 7(지속가능한 청정에너지)의 세부목표 수는 5개지만, 목표 17(글로벌 파트너십)은 19개의 세부목표로 되어 있다. SDGs의 세부목표는 총 169개이다. 따라서 정확한 SDGs의 내용 파악을 위해서는 17개 목표를 포함, 각각의 세부목표를 파악해야 한다. 특히 SDGs의 세부목표는 두 가지 종류로 첫째, 숫자로 표시된(1.1, 1.2) 세부목표 둘째, 숫자와 알파벳 소문자로 표시된(1.a, 1.b) 세부목표로 되어 있다. 전자는 17개 목표 내용을 좀 더 구체적으로 나타낸 것이고, 후자는 전자를 달성하기 위한 이행수단 정비에 관한 내용이다. 이행수단 정비는 구체적으로 자금조달, 기술 개발, 인재 육성 등을 들 수 있다(이창언 2022: 164-165).

"SDGs 이행을 위한 실천 지표는 크게 네 가지 글로벌 지표(global indicators), 지역권별 지표(regional indicators), 국가 지표(national indicators)와 국가 내 지역 지표(sub-national indicators)로 구분할 수 있다. 글로벌 지표는 SDGs의 모든 목표와 세부목표를 포함하는 반면 국가 지표, 국가 내 지표는 글로벌 지표와의 연관성을 유지하면서 현실에 맞게 일부 특정 주제에 대한 지표를 추가하거나 삭제할 수 있다. 이 작업은 각 국가 통계청을 중심으로 법·제도적 장치에 기반한 다양한 이해관계자와 데이터의 가용성과 난제, 개선 방안 등에 대한 논의를 통해 이어간다(진재현, 2017: 103)."

따라서 SDGs에 합의한 국가들은 SDGs 지표를 이용해 각 세부목표 달성 상황을 확인하고, 그 결과를 공표해야 한다 이후 모니터링 결과를 공표해야 한다. 무엇보다 앞에서 서술한 것과 같이 모든 SDGs 지표는 명확하게 정의되어 있는 것은 아니며, 각국 정부는 자국, 도시의 사정에 맞는 지표의 현지화 목표를 요구받는다(이창언, 2021: 3073-3074)

SDGs의 17개 목표는 사람(People), 번영(Prosperity), 환경(Plant), 평화(Peace), 파트너십(Partnership)의 5개 P 축으로 재구성될 수 있다.

빈곤과 기아 퇴치, 건강, 교육, 성평등 등과 연관된 사회 발전은 '사람'으로, 일자리와 경제성장 및 산업화, 불평등 감소와 연관된 '번영', 모든 사회와 미래 세대를 위한 기후변화 등 생태계 보호는 '환경'으로, 안전하고 평화로운 사회 및 정의, 거버넌스와 제도 구축은 '평화'에 함축되어 있다. 마지막으로 '파트너십'은 이행수단과 지속가능발전을 위한 글로벌 파트너십 촉진을 목표로 한다. SDGs는 "인류와 지구를 위하여 핵심적인 분야는 향후 15년에 걸쳐 행동을 촉진할 것"임을 밝히고 있다. 그리고 SDGs 목표 달성을 위한 수단으로써 '거버넌스'가 강조된다.

<표 2-1> UN SDGs의 5p 가치체계

5P	내용
인간 (People)	우리는 모든 형태와 차원의 빈곤과 기아를 종식하고, 모든 인간이 품위 있고 평등하게 건강한 환경에서 자신의 잠재력을 실현할 수 있도록 보장할 것을 결의한다.
지구 (Planet)	우리는 지속가능한 소비와 생산, 천연자원의 지속가능한 관리, 기후변화에 대한 시급한 조치 등을 통해 지구가 황폐화되는 것을 막고, 그리하여 현재와 미래세대의 필요에 부응할 수 있도록 결의한다.
번영 (Prosperity)	우리는 모든 인간이 풍요롭고 만족스러운 삶을 누릴 수 있고, 자연과의 조화 속에서 경제적·사회적·기술적 진보가 이루어지도록 보장할 것을 결의한다.
평화 (Peace)	우리는 공포와 폭력이 없는, 평화롭고 공정하여 포용적인 사회를 조성할 것을 결의한다. 평화 없이 지속가능발전은 있을 수 없고, 지속가능발전 없이 평화가 있을 수 없다.

5P	내용
협력 (Partnership)	우리는 강력한 글로벌 연대의 정신에 기초하고, 특히 가장 가난하고 취약한 계층의 요구에 초점을 맞추며, 모든 국가·이해관계자·사람들이 참여하는 가운데, 지속가능발전을 위한 글로벌 협력의 재활성화를 통해 본 의제의 이행에 필요한 수단들을 동원할 것을 결의한다.

※ 출처: 이창언(SDGs 교과서)

2030 지속가능발전 의제의 구조는 다음과 같다.

<표 2-2> UN 2030 지속가능발전 의제의 구조

구분	내용	
서문	인간, 지구, 번영, 평화, 협력의 5P 의제	
선언	머리말	
	비전	
	공유 원칙과 약속	
	오늘날의 세계	
	새로운 의제	
	이행수단	
	후속조치와 검토	
	세계의 변화를 위한 행동 요구	
목표	17개 목표, 169개 세부목표, 230개 지표	
이행수단과 파트너십		
후속조치와 검토: 국가 차원, 지역 차원, 세계 차원		

SDGs는 세부목표들 간의 유기적 연계성(Nexus)을 가진다. 유엔 SDGs 17개 목표 및 169개의 세부목표와 관련된 문제는 다른 세부목표들과 인과 구조적으로 복잡하게 얽혀 있어 문제들 간 유기적 연계성을 고려한 융합적 접근과 협업에 의한 문제 해결 전략이 필요하다.

<표 2-3> 유엔 SDGs 목표들 간 연계성 구조 예시

목표		G1		G2			...		
G1-1		G1-2	G1-3	G2-1	G2-2	G2-3	·	·	·
G1	G1-1		●	●		●	●	●	●
	G1-2	●							
	G1-3	●							
G2	G2-1								
	G2-2	●							
	G2-3	●							
·	·	●							
	·	●							

도시 혁신을 위한 SDGs 17개 목표는 모두 중요하지만, 실질적인 이행 계획 고도화를 위해서 'SDGs의 지역화(localizing SDGs) 전략'에 따라 재구성될 수 있다.

<그림 2-4> 이클레이 도시의제와 SDGs 연계

※ 출처: 이클레이 / 24.08.17

지속가능성을 위한 세계 지방정부 이클레이는 '이클레이 약속과 전략비전 (2021-2027)'을 통해 지속가능한 도시, 지역 모델 구축, 지속가능성을 모든 글로 벌·지역 발전의 기본 철학으로 구축 확장, 시급한 안건의 해결, 전 지구적 문제 해결을 위한 집단적 노력 추진 등의 4대 약속과 저탄소 도시, 자원순환도시, 자연기반의 도시, 회복력 있는 도시, 사람중심의 공정한 도시를 5대 도시비전으로 제시하고 있다(ICLEI, 2021). 지속가능한 도시, 자원효율과 생산적인 도시, 저탄소 도시, 생물다양성 도시, 지속가능한 지역경제와 구매, 회복력 있는 도시, 행복하고 건강하고 포용적인 도시, 지속가능한 도시-지역 협력, 스마트 도시를 지향하는 이클레이 10대 도시의제(ICLEI. 2018a)는 SDGs 11번 목표와 연결되어 있고 SDGs 현지화(Localize)에 기여한다(이창언, 2024a; 이창언b).

029 | 지속가능한 세상을 위한 유엔의 역할과 과제

안토니우 구테흐스 유엔사무총장은 2021년 9월 10일 유엔 총회에서 일련의 선택을 통한 인류의 돌파구 확보와 사회의 역사적 붕괴를 피하며, '더 친환경적이고 안전하며 더 나은 미래를 실현할 수 있는 대안을 제시한 보고서 <우리의 공동 의제>'를 발표했다.

<우리의 공동 의제>는 세계 지도자들이 '유엔 창립 75주년'을 맞아 제시한 열두 가지 약속을 진전시킬 수 있는 조치(행동)에 대하여 제안한다. 이와 같은 유엔의 선언 발표는 2020년 9월 유엔 창립 75주년을 맞아 국가 및 정부의 정상들이 채택한 '정치선언'의 이행을 위한 조치라 할 수 있다. 이 정치 선언(A/RES/75/1)에서 유엔은 지난 75년 동안 많은 성과를 거두었지만, 초기 유엔 창립자들이 구상한 세계는 아직 실현되지 않았음을 아쉬워했다. 불평등, 빈곤, 기아, 무력 충돌, 테러리즘, 위험과 불안, 기후위기, 그리고 심각한 전염병으로 인하여 사람들은 피난처와 안전을 찾기 위해 길을 찾아 나서야 한다는 것이다. 특히, 저개발 국가의 낙후와 완전한 탈 식민지화는 이루어지지 않았다고 전한다.

COVID-19 대유행에서 증명된 바와 같이 유엔 회원국들은 상호 연결된 글로벌 과제 해결을 위한 핵심은 다자주의의 활성화라는 것을 인식하였다. 이에 회원국들은 다자주의가 선택이 아니라 필수라는 데에 동의했다. 또한 유엔을 중심으로 더 평등하고 회복력 있는 지속가능한 세계 재건과 인류 생존을 위해 2030 의제(SDGs) 이행이 필요하다는 점을 인식했다.

사회계약과 관련 <우리의 공동 의제>는 보편적 권리와 기회에 주목한다. 보편적 교육, 주택, 양질의 일자리, 소득 보호뿐만 아니라 보편적 건강보장은 "가능할 뿐만 아니라 필수적인 것"이며 국경을 넘어 구체적인 협력을 주도할

'2025년 사회정상회의'를 제안한다. 유엔사무총장은 "인권에 대한 새로운 관심은 '온라인 생활'과 같은 새로운 도전에 적용하는 것은 새로운 사회계약의 핵심 요소"임을 강조한다.

유엔사무총장은 "글로벌 거버넌스가 고매하거나 추상적으로 들릴 수 있지만, 실상은 그렇지 않다"라고 말한다. "인류는 붕괴를 겪을 것인가, 돌파구를 찾을 것인가"라는 질문에 대해, "선택은 우리의 몫이지만, 다시는 이런 기회를 못 가질 수 있다"라고 의미심장하게 답변한다. '유엔 2.0'은 데이터 분석 및 정보통신 기술과 접근의 개선, 혁신 증진과 디지털 전환, 전략적 선견지명을 통한 행동과 참여, 이행 및 성과에 집중, 관료주의 축소 및 협업 문화 촉진 등을 제시한다. 그리고 유엔의 주요 우선순위는 지속적인 경제성장과 지속가능발전 촉진, 국제 평화 및 안보 유지, 아프리카의 개발, 인권증진 및 보호, 인도적 지원의 효과적인 조정, 정의와 국제법 증진, 군축, 마약 통제, 범죄 예방 및 테러 퇴치 등으로 설정한다(UN, 2021. 9. 30.).

2023년에도 유엔의 역할은 대단히 중요하고 지속되어야 한다. 이를 위해서는 유엔 회원국과 지구촌 시민 모두가 유엔 헌장의 목적·원칙 및 국제법이 공정한 세계의 기초임을 인식해야 한다. 그리고 군비관리, 비확산 및 군축에 관한 제 합의와 틀을 지지하고, 민주주의와 인권을 존중하며 민주적 거버넌스와 법의 지배 촉진을 실현해야 한다. 동시에 모든 분야는 성평등, 여성 참여 및 여성과 여아의 권리를 증진하고 폭력, 인권침해, 부패, 주변화, 모든 형태의 차별, 빈곤, 배제, 교육과 고용의 결여를 포함한 불평등의 근본 원인에 대처해야 한다.

2023년은 유엔을 보다 포용적인 기구로 만들기 위한 노력이 강화되어야 한다. 지역기관, NGO, 시민사회 등 모든 관련 주체와 제휴 강화가 하나의 방법으로 작동될 수 있다. 마지막으로 유엔과 유엔 회원국은 미래세대인 청년의 목소리에 귀 기울이고 함께 일하려는 자세를 가져야 한다. 청년은 평화와 지속가능발전을 위한 필수적인 요소이다. 청년의 유의미한 관여를 통해서만 지구의 미래 상황을 개선할 수 있다.

030 | MDG와 SDGs

2015년은 지속가능성 관점에서 대단히 중요한 해였다. 2015년 말 종료되는 유엔의 새천년개발목표(Millennium Development Goals, 이하 MDGs)를 이어받는 이른바 '포스트 2015'를 목표로 '2030 지속가능발전목표가 시작되는 해이기 때문이었다.

지난 15년간 국제사회는 지구촌의 빈곤 퇴치와 삶의 질 향상을 위해 수립된 새천년개발목표(MDGs) 달성을 위해 많은 노력을 기울여 왔다. 개발협력 분야의 국제규범인 MDGs를 통해 역사상 가장 단시간 내 빈곤 감소가 이루어졌으며, 특히 개발도상국의 초등교육과 보건 분야에서 주목할 만한 성과를 거두었다.

그러나 MDGs는 빈곤 해결을 위한 불공정 무역과 금융정책 등 구조적인 문제 해결과 공여국의 역할에 대한 구체적이고 실질적인 목표에 대해서는 취약하였으며, 인권, 민주적 거버넌스, 환경 및 군축과 평화 등과 같은 이슈와 정책 일관성의 중요성은 반영되지 않았다는 평가도 있다.

2015년 8월, 국제사회가 합의한 SDGs는 전 지구적인 개발의제로서 국가 간 합의와 주요 그룹의 참여로 폭넓은 논의를 전개하기 위해 노력했다는 점에 큰 의의가 있다.

과거 MDGs는 제정 과정에서 유엔 사무국 중심이었다면, SDGs는 유엔 회원국 중심이며, 규범 대상도 개도국에서 개도국과 선진국 모두를 포함하고, 다자간 이해관계를 포함하여 장기적 이행평가 메커니즘을 가지고 있다는 점에서 한 단계 진일보한 국제규범이라 할 수 있다.

사실 MDGs의 8개 목표는 상호 연관성이 모호하여 목표 사이의 시너지 효과를 높이는 전략과 정책이 부족했다는 비판을 많이 받았다. 이에 SDGs의 17

개 목표, 169개 세부목표는 이러한 비판 수용을 통하여 한 차원 업그레이드하였다.

SDGs는 2012년 6월의 Rio+20 이후 2년여에 걸쳐 193개 UN 회원국 정부 대표들 및 전 세계 각급 시민사회단체들이 연구, 협의, 협상을 통해 개발해 온 목표 세트다. SDGs는 빈곤 퇴치라는 MDGs 기조와 함께 포용성(Inclusiveness), 보편성(Universality), 평등(Equality) 등의 새로운 기조를 강조하며, 사회 발전, 경제성장, 환경보호의 3대 분야를 포괄한다.

SDGs는 국내·국제적 불평등 감소, 남녀 차별 철폐 및 성평등 달성부터 지속가능한 산업화 추진, 육상과 해양의 생태계 보호, 수자원·에너지 관리 향상 및 신재생에너지 확대, 기후위기 해결을 위한 긴급행동, 분쟁지역의 평화 달성 및 세계 난민 수용 등 광범위한 주제들을 아우르고 있다.

SDGs 달성을 위해 일은 세대 간 형평성, 삶의 질 향상, 사회적 통합, 그리고 지구촌 구성원의 책임성을 높여야 한다. 물론, 현재 이와 같은 모든 정책 목표들은 한 번에 실현될 수 없지만, 경제·사회·생태 환경을 토대로 SDGs 실행을 위한 청사진 마련은 중요하다.

유엔의 SDGs 합의·채택을 앞두고 한국 역시 SDGs 이행을 위한 다양한 논의가 활발히 진행되었다. 전국지속가능발전협의회의 '2015 지속가능발전 정책 포럼'에서 유엔 지속가능발전목표와 도시의 역할, 지방의제21의 역할이 주요한 화두였다. 포럼의 평가는 "SDGs는 법적 구속력이 있는 문서는 아니나 지속가능한 사회를 위한 제도와 정책의 내용과 방향을 이끄는 주요 규범으로 작용할 것"이라 하였다.

포럼 참가자들은 SDGs 목표 달성을 위해서 각국 정부(지방정부), 시민사회, 민간기업 및 유엔 산하기구들의 노력에 대해 상기하며, 이행 과정 점검에서 유엔 총회와 유엔 경제사회이사회와 이들의 주관하에 고위급정치포럼(HLPF)의 중추적 역할수행을 기대하게 되었다.

SDGs 국내 이행을 위해서는 "국내의 다양한 지속가능발전 정책 프레임워크 간의 조화와 정책 일관성 강화, 지속가능발전 관련 법과 제도 및 정책 개혁,

SDG 국내 이행 거버넌스 구축, SDGs 국내 교육이 강화(이성훈, 국제개발협력시민사회포럼)"되어야 한다. 이와 함께 전 세계적으로 SDGs 이행과정을 모니터링할 수 있는 데이터와 통계를 보완하고 이에 대한 접근성을 높이는 것도 중요하다.

특히 지방정부는 20여 년간 지방 지속가능발전을 주도해 온 지방의제21(지속가능발전협의회)을 강화하고 도시의 특성에 맞는 우선순위와 지표를 설정해야 한다. 그리고 지속가능발전 기본법과 기본 조례는 명확하게 적용·실천되어야 한다. 이와 함께 SDGs의 달성을 위해 도시의 실정에 맞게 목표가 재조정되고, 시민이 쉽게 이해할수 있도록 지속가능발전교육(ESD)을 강화해야 한다. 한국적 SDGs의 (지방적) 실천을 위해서는 무엇보다도 글로벌 복합위기 대처를 위한 개발 패러다임의 근본적인 혁신이 요구된다. 이를 위한 '지속가능발전'은 생태학적 지속 불가능성에 대한 불안한 미래 대응을 위한 개념으로 구축해 나가야 한다.

031 | 유엔과 SDGs

2020년은 유엔의 SDGs 선포 5주년이자 유엔 창립 75주년이 되는 해였다. 유엔 사무총장은 2020년 1월 UN75 활동을 시작했다. 그 목적은 75주년을 축하하는 것이 아니라 코로나 위기 시대의 전 지구적 글로벌 과제와 현재 확대되고 있는 불평등과 격차 해소를 위한 것이었다.

유엔은 75주년 기념 표어를 '우리 미래를 함께 만들자(Shaping our future together)'로 정하고, '우리가 원하는 미래, 우리가 필요로 하는 유엔(The Future We Want, The UN We Need)'을 제창했다.

2023년 9월까지 전 세계에서 다양한 직종에 있는 100만 명 이상의 회답이 있었다. 이 회답의 응답자 87% 이상은 오늘의 과제 해결을 위하여 반드시 글로벌 협력이 중요하다고 응답했다. 또한 그들은 유엔의 혁신도 요구했다. 다양성 존중, 포용성, 투명성, 책임성, 실효성의 향상이 필요하다는 것이었다.

응답 결과는 2023년 9월 21일, 유엔 창설 75주년 기념 정상회의에 채택된 '유엔 창립 75주년 기념 선언'에 반영됐다. 선언은 SDGs를 전면에 내세우고 이를 제때 실행할 것, '파리협정'의 약속에 따라 온실가스 배출량 통제, 지속가능 소비와 생산 모델 실현을 각국에 촉구했다. 또한 평화적 수단을 통한 분쟁과 안보의 해결, 유엔 헌장과 인도주의적인 국제법 준수, 글로벌 군축을 재천명했다. 또한 선언은 국가 간 불평등으로 인하여 대중의 글로벌 거버넌스 체계에 대한 불신임 초래, 배타주의, 인종주의, 비포용 요소 극복을 위한 다자주의를 강조한다.

이외에 '아무도 소외하지 않는다'라는 전제하에 "여성과 소녀의 권익을 중심에 두고, 다양한 그룹 간 소통과 신뢰를 높이며, UN 혁신과 지속가능한 재정 지원 보장, 파트너십 증진, 청년들과 함께 일하며 미래를 준비할 것"을 결의했다.

1945년 유엔 창설 이후 각국 정부는 유엔을 통해 평화·안보, 발전, 인권 등 3대 축 중심으로 글로벌 도전과제 해결을 위한 시스템을 구축해 왔다. 'UN75' 활동과 '유엔 75주년 기념 선언'은 기후 거버넌스가 사실상 유엔의 4대 축의 하나로 설정되었음을 보여주었다. 또한 특정 국가 주도의 패권주의를 넘어서기 위한 혁신적 의지를 보여준다. 유엔의 창설 75주년을 맞이하여 '다자주의'를 보다 평등하고 탄력적이며 지속가능한 세계를 만드는 접근법으로 인식하고, 인류 생존을 위해 2030어젠다(SDGs) 이행이 필요하다는 선언문을 채택한 것이다.

2015년 9월 유엔 총회는 지속가능발전목표를 회원국 만장일치로 합의·채택했다. 그리고 2020년 1월, 유엔은 SDGs 선포 5주년이자 유엔 창립 75주년을 맞이하여 2030년까지 SDGs 달성을 위한 10년의 야심찬 행동을 결의한다. SDGs 달성을 위한 '행동의 10년'은 전 세계인의 공동과제인 빈곤 종식, 기아 종식, 성평등, 양질의 교육과 일자리, 기후위기 대응, 불평등과 빈부(재정)격차 해소에 이르기까지 지속가능한 해결을 위한 과정이자 사람, 지구, 번영, 평화 및 파트너십을 위한 로드맵이라고 할 수 있다.

DGs 달성의 '행동의 10년(Decade of Action)'은 첫째, SDGs를 위한 더 큰 리더십, 더 많은 자원 및 더 현명한 해법을 확보하기 위한 글로벌 조치. 둘째, 정부, 도시 당국의 정책, 예산, 기관 및 규제 프레임워크전환을 위한 지역 조치. 셋째, 청소년, 시민사회, 언론, 민간부문, 노동조합, 기업, 농민, 학계 및 기타 이해관계자의 의식 전환과 협동을 위한 조치(UNSDG/Decade of Action)를 포함한다.

또한 '행동의 10년' 지향하는 세 가지 표방은 첫째, 모든 장소의 모든 사람이 참여할 수 있도록 노력하는 것이다(Mobilize everyone, everywhere). 둘째, 긴급성·즉효성 있는 대담한 조치를 하는 것이다(Demand urgency and ambition). 셋째, 새로운 발상과 해결책을 촉진하는 것이다(Supercharge ideas to solutions).

※ 2030년 약속을 이행하기 위한 야심찬 글로벌 노력이 진행 중이며, 이는 더 많은 정부, 시민 사회, 기업을 참여시키고 모든 사람이 글로벌 목표를 자신의 것으로 만들 것을 촉구하는 것이다. '행동의 10년(Decade of Action)'은 빈곤과 젠더부터 기후 변화, 불평등, 금융 격차 해소에 이르기까지 전 세계의 가장 큰 도전 과제에 대한 지속가능한 해결책을 가속화할 것을 촉구한다.

　　현재까지도 세계는 불평등, 빈곤, 기아, 무력 분쟁, 테러, 불안정성, 기후변화 및 팬데믹으로 고통받고 있다. 이러한 도전에 대한 대응을 위하여 기존 강대국 주도의 유엔이 아니라 다자주의의 재활성화가 필요하다. 유엔 역사상 최대 과제인 코로나19와 같은 팬데믹은 죽음과 질병, 세계적 경기후퇴를 가져왔다. 이는 개발도상국 못지않게 선진국 정부의 무능함을 보여주었다. 따라서 전 세계는 협력과 연대를 통해서 이러한 위기 상황에 대처할 수 있어야 한다. 다자주의는 단순한 선택지가 아니라 지속가능한 세계로 나아갈 수 있는 더 나은 부흥을 끌어내기 위해 필수 불가결한 것이다. 평화와 안전, 개발 및 인권은 유엔의 세 축과 상관관계에 있다. 유엔은 SDGs가 모든 국가와 도시의 일정표에 따라 실행될 때 지구와 인류는 지속가능하다고 보는 것이다.

　　2021년 9월 10일 안토니우 구테흐스 유엔사무총장은 지구의 멸망과 우리 사회의 역사적 붕괴를 막고, 더 친환경적이고 안전하며, 더 나은 미래를 실현할 수 있는 대안을 제시한 보고서를 발표했다. 일명 '우리의 공동 의제'는 세계 지도자들이 '유엔 창립 75주년'을 맞아 제시한 열두 가지 약속을 진전시키는 조치(행동)를 제안하고 있다.

그것은 1. 누구도 소외되지 않고, 2. 지구를 보호하고, 3. 평화를 증진하며 갈등을 예방하고, 4. 국제법 준수와 공정성을 확보하고, 5, 여성과 소녀들을 중심에 두고, 6. 신뢰 구축에 나서며, 7. 디지털 협력을 강화하고, 8. 유엔을 혁신하고 강화하며, 9. 지속가능한 자금조달을 보장하는 한편, 10. 지구촌 동반자 관계를 강화하고, 11. 청년에게 듣고 청년과 함께 일하며, 12. 지속가능한 세계를 준비하는 것이다.

한계에도 불구하고 유엔은 국제적 정통성을 가진 기구이며, 유엔 이외에 전 지구인을 통합할 수 있는 권력과 규범적 영향력을 가진 국제적 기구는 존재하지 않는다. 유엔은 전쟁의 참상으로부터 미래세대를 구하기 위해서 창설되었고, 탈 식민지화, 자유의 촉진, 지속가능발전 규범 형성, 인류의 질병 근절과 건강 보건 증진, 세계 곳곳에서 발생하는 분쟁의 완화, 인도적인 지원, 교육, 인권 보호에 힘써 왔다. 현재도 100만 명 이상이 70개 이상의 유엔 평화유지 활동에 종사하고 있는 것이 이를 방증한다. 유엔 헌장은 주권 평등과 분쟁의 평화적 해결을 포함한 원칙을 명확하게 하여 국제법 기반을 제공할 수 있다.

032 | 유엔 지속가능발전보고서

　세계 각국은 SDGs 지표에 근거한 진척 상황 확인 작업이 진행되고 있다. 원칙적으로 각국의 동일한 지표를 이용한 데이터 수집을 통해 SDGs 목표와 세부목표별로 각국 상황을 비교할 수 있다. 지속가능발전해결네트워크(SDSN)와 독일의 베텔스만 재단(Bertelsmann Foundation)은 세계 각국의 SDGs 달성 상황을 분석한 보고서 'Sustainable Development Report'를 발표하고 있다(이창언, 2020d: 266).

　'지속가능발전보고서'는 유엔의 SDGs 글로벌 지표와 각 국가의 자발적인 진행 평가 보완을 위해 매년 발행된다. 데이터 분석 시 우리는 경제협력개발기구(OECD)와 유엔 식량농업기구(FAO)와 같은 국제기구의 공식 데이터와 민간 연구기관 및 시민사회의 비공식 데이터 사용을 통해 좀 더 시기적절한 정보를 활용할 수 있다.

　이 보고서는 국가 순위에 따라 초점을 맞추는 경향도 있지만 지속가능발전보고서의 진정한 가치는 모든 SDGs 목표를 다루고 유엔 193개 회원국의 데이터를 소급하여 SDGs 17개 목표 달성도와 진척도, 국가별 순위와 지역별 달성도를 소개하고 있다는 점이다.

　SDGs 17개 목표는 231개 유엔 SDGs 지표를 근거로 매년 그 이행 상황이 점검된다. 글로벌 차원에서 유엔사무총장 주도의 「The Sustainable Development Goals Report」 발간을 통한 유엔 고위급정치포럼(매년 7월 개최)에서 이행 수준을 점검한다.

　물론 지역 차원에서도 자발적 이행점검 실시를 한다. 한국이 속한 아시아

태평양지역에서도 매년 3월 「Asia and the Pacific SDG Progress Report」를 발간하며, 아태 지속가능발전포럼(Asia-Pacific Forum on Sustainable Development, APFSD)을 개최한다. 개별 국가들도 정기적으로 SDGs 이행 여부를 점검하고 있으며 그 결과를 유엔 HLPF에서 자발적 국별 보고서 형태로 발표한다. 이때 각 국가는 전체 점수에 의해 순위가 매겨진다. 전체 점수는 SDGs 17개 목표 달성을 위한 국가의 총진전을 측정한다. 점수는 SDGs 성취도의 백분율로 해석된다. 점수 100은 모든 SDGs가 달성되었음을 나타낸다.

<지역 및 소득 그룹별 SDG> 대시보드는 SDGs의 목표 1(빈곤), 2(기아) 및 10(불평등)이 얼마나 심각한지 보여준다.

<그림 2-6> 지속가능발전보고서

The Sustainable Development Goals Report
2024

United Nations

※ 출처: UN 해비타트

<그림 2-7> SDGs 대시보드

SDG Dashboards and Trends
Click on a goal to view more information.

Dashboards: ● SDG achieved ● Challenges remain ● Significant challenges remain ● Major challenges remain ○ Information unavailable
Trends: ↑ On track or maintaining SDG achievement ↗ Moderately improving → Stagnating ↓ Decreasing •• Trend information unavailable

Status of SDG targets for Korea, Rep. (% trend indicators)

※ 출처: 지속가능발전부고서

　　초록색은 '목표를 달성했음(SDG achievement)'을, 노란색은 '과제가 남았음'을, 오렌지색은 '중요한 과제가 정체되어 있음'을, 빨간색은 '주요 과제가 남았음'을 의미한다. 또한 목표별 진행(변화·동향)이 4종류의 화살표로 표시되어 있다. 화살표는 각각 다음과 같이 의미한다. 먼저 녹색 화살표는 2030년까지 목표 달성의 순조로운 비율 점수증가와 목표값 초과했음을 의미한다.

　　노란색 화살표는 적당한 개선을 보여준다. 오렌지 화살표는 정체하고 있음을 의미한다. 2030년까지 목표 달성을 위해 필요한 속도 50%를 밑돌고 있다는 것이다. 빨간색 화살표는 점수가 감소하고 있음을 의미한다. 한편 막대(-)는 데이터가 없음을 의미한다.

　　라틴 아메리카 국가들 사이에서, 특히 600만 명이 이주한 베네수엘라의 계속되는 빈곤 악화로 인하여 빈곤, 기아, 불평등이 "중대한 도전" 과제로 대두되고 있다. 국제 NGO OXFAM은 2023년 5월, "코로나로 인해 일부 민간기업이 큰 이익을 얻었지만 불균형은 더 심각해졌다"라는 사실을 발표한 바 있다(SDGs 市民社会ネットワーク). 전 세계 상위 10%가 부(富)의 76%를 소유할 때 하위 50% 손에 쥐어진 자산은 2%에 불과하다(World Inequality Lab, 2021). 상위 20인의 억만장자는 사하라 사막 이남 아프리카의 전체 GDP보다 더 많은 부를 소유하고 있다(OXFAM INTERNATIONAL, MAY 2022)는 것이다.

033 | SDGs와 자발적 국가보고(VNR)

    SDGs는 지방, 국가, 지역 및 글로벌 차원의 정기적이고 포괄적 검토에 적극 참여할 것을 약속한다. 따라서 후속 조치와 검토와 관련하여 기존 네트워크의 제도와 방법을 최대한 활용한다. 그리고 국가보고서를 통해 이행 성과를 평가하고 지역과 글로벌 차원의 도전과제를 파악한다. 지역 차원의 회담과 글로벌 검토와 더불어, 국가보고서는 다양한 차원의 후속 조치를 위한 권고 사항에 반영되고 있다(지속가능발전 의제 77항).

    물론, SDGs 체제에서 정부가 선진국의 정책과 지표를 적극적으로 수행하거나 혹은 수행하지 않는다고 해서, 국제사회 또는 국제기구로부터 인센티브 또는 패널티를 받는 것은 아니다(이창언·오유석, 2017: 177-178). 그러나 지구촌 전역에서 SDGs 이행을 위해 많은 정부와 지방정부가 자발적으로 참여하고 있다. 그중 하나가 자발적 국가보고(Voluntary National Review, VNR)라고 할 수 있다. VNR은 지속가능발전을 위한 2030 의제의 후속 조치 및 검토의 일부라고 할 수 있다.

<그림 2-8> 자발적국가검토(VNR)

※ 출처: 지속가능발전 지식 플랫폼
※ 자발적인 국가 검토(VNRs)는 2030 의제의 이행을 가속화하기 위한 목적으로 성공, 도전 및 학습된 교훈을 포함한 경험의 공유를 촉진하는 것을 목표로 한다. VNRs는 또한 SDGs의 이행을 위해 정부의 정책과 제도를 강화하고 다자간 이해 관계자 지원 및 파트너십을 동원하려고 한다.

SDGs는 '모든 국가가 2030년까지 이행에 대한 체계적인 후속 조치와 검토에 참여할 것을 약속'하는 헌장이며 '통합적인 후속 조치 및 검토는 견고하고, 자발적이며, 효과적이고, 참여를 장려하는, 투명한 과정(2030 의제 72항)'을 강조한다. 이를 위해 국가가 이끌고 주도하여 국가 및 지방 차원의 포괄적인 이행 성과 검토를 정기적으로 실시할 것을 장려(2030 의제 79항)한다. 나아가 '지역 차원에서의 포괄적인 검토 과정은 지역 차원의 검토에 기반하고, 지속가능발전에 관한 고위급정치포럼(HLPF) 등에서 이뤄질 글로벌 차원의 후속 조치 및 검토(2030 의제 80항)'를 동반한다.

유엔 경제사회이사회 주관의 고위급정치포럼은 2013년 7월 9일 총회 결의안 67/290에 따라 정기적인 검토를 하였다. 검토는 회원국 차원에서 자발적으로 이뤄지고, 보고서 작성 권장, 선진국, 개발도상국 외에도 관련 유엔 기관 및 시민사회와 민간 부문 등 관련 이해관계자의 참여 속에 이뤄진다. 검토는 국가 주도로 이뤄지며, 각료급과 그 외 고위급 인사가 참여하도록 한다. 이는 주요 그룹 및 관련 이해관계자들의 참여 속에 파트너십을 구축할 기회가 된다(2030 의제 84항).

'지속가능발전을 위한 2030 의제' 84항에 명시된 바와 같이 지속가능발전에 관한 고위급정치포럼(HLPF)의 정기적 검토는 선진국과 개발도상국 모두에 의해 자발적으로 주도되며 주요 그룹의 참여와 파트너십 활성화를 위한 플랫폼을 제공해야 한다. HLPF는 매년 7월에 경제사회이사회(ECOSOC) 주관으로 8일간 개최되며, 4년마다 국가원수 및 정부 수반 차원의 회의가 유엔 총회 주관으로 개최된다.

VNR은 2030 의제 이행의 가속화를 위해 성공, 도전 및 교훈을 포함한 경험 공유를 가능하게 한다. 따라서 국가 및 하위 국가 차원의 포괄적이고 참여적이며 투명하며 철저한 검토 프로세스를 수반할 때, 증거 기반일 때, 가시적인 교훈과 해결책을 도출할 때, 주도적인 SDGs 구현을 통해 구체적인 행동과 협업이 뒤따를 때 가장 의미가 있다. '2030 의제 시행' 7년이 되는 2023년의 시점에서 VNR은 시행 중인 정책과 전략의 이행과 영향을 보여주는 유용한 도구가 될 수 있다.

VNR은 그 자체가 목적이라기보다 각국의 목표와 목표 이행 진척 상황과 단점을 평가하고 혁신하는 과정이다. VNR은 SDGs의 국가적 구현을 위한 촉매제 역할과 조정 및 정부와 사회 전체적인 접근방식 강화를 위해 유용할 수 있다. 따라서 이행 진행 상황에 대한 모니터링과 평가 강화를 통해 도움이 더 필요한 분야를 파악할 수 있다. 또한 2030 의제 및 SDGs 시행에 대한 정부와 사회 인식을 높이기 위한 강력한 커뮤니케이션 도구가 될 수 있다.

VNR은 보편적이면서 통합된 성격과 지속가능한 발전의 모든 차원을 존중할 수 있는 방식으로 2030 의제 이행 과정을 추적한다. 74항에 포함된 모든 수준에 따른 후속 조치와 검토 안내의 원칙은 검토가 실질적이고 지식기반일 뿐만 아니라 모든 사람에게 개방적이고 포괄적이며 참여적이고 투명하며, 특히 가장 가난하고 취약하며 가장 소외된 사람들에게 초점을 맞춰여 한다는 것이다(이창언, 2022).

<그림 2-9> 소말리아 자발적 국가보고서

※ 출처: https://hlpf.un.org/countries/somalia

034 | SDGs와 자발적 지역보고(VLR)

지속가능발전목표의 주류화, 현지화를 위한 전략 실행은 민간영역의 유기적인 협력체계를 구축하고 중앙-지방정부와 일상적 협력 창구를 강화해 나갈 때 성과를 낼 수 있을 것이다. 이때 자발적 지역보고(Voluntary Local Review, VLR)는 자발적 국가보고(VNR)에서 확인된 국가 의 다양한 도시 수준의 상황 파악이 어려운 VLR의 맹점을 보완할 수 있다. SDGs가 '누구도 소외하지 않는다'를 위해 보다 포용적인 발전 모델을 향한 노력을 기울이고 있다는 점은 긍정적이다. 하지만 이는 자원과 노동력이 제한된 지자체로서는 극복할 수 없는 과제로 보일 수 있다. 그렇지만 SDGs 이행을 위해 사회, 경제 및 생태적 변화를 동시에 촉진할 수 있는 현지화 정책을 통해 지자체의 정책적 대응력을 극대화하는 것이 중요하다.

VLR은 지방정부의 SDGs 구현에 관한 진행 상황을 자발적인 검토 과정으로 정의한다. 또한 VLR은 정책, 프로그램, 데이터, 기관 설정 및 이해 관계자 참여를 위한 메커니즘을 포함한 2030 의제를 지방 수준에서 구현하고 고도화한다. VLR은 지자체 업무에 관한 조감도를 제공, 기존 전략 간 시너지 효과를 찾고, 정책 격차 파악을 통하여 지역사회 다양한 이해 관계자의 파트너십을 구축하는 데 도움이 된다. 일례로 브라질 상파울루는 "VLR이 2030년 SDGs 달성을 위한 도시 계획을 안내하는 나침반"이라고 평가한다. VLR이 기존 정책을 통합하고, 그 영향의 확대를 추진하며, 장기적인 전략적 정책 수립을 약속한다는 것이다.

지구환경전략연구소(Institute for Global Environmental Strategies, 이하 IGES)는 VLR 프로세스가 거버넌스(협치)에 미치는 영향, VNR과 VLR의 연계와 통합에

관한 연구를 수행해 왔다. IGES는 VLR의 비교 분석을 통해 VLR이 도시와 지역사회에 의미 있는 기회를 제공한다는 점을 밝혀냈다. IGES는 VLR의 수행이 가져오는 효과에 대해 다음과 같이 말한다.

첫째, 지자체가 주민의 이해와 요구를 경청하고 이를 지역 정책 수립에 반영할 수 있도록 한다. 둘째, 지자체와 지역사회의 자기 성찰과 혁신을 촉진한다. 셋째, 데이터 중심적이고 우리가 원하는 미래 달성을 위한 행동계획에 사용할 수 있는 프로세스를 제공할 수 있다. 넷째, 지속가능발전에 관한 글로벌 대화에 현지 주민의 의견을 반영한다.

현재 VLR을 수행하는 지자체만큼이나 다양한 VLR의 형태가 존재한다. 그러나 VLR은 지방정부가 SDGs 진행 상황을 보고하는 단순한 수단이 아니라 지방 행동의 구체화를 위한 행동계획이자 실시 지침이라는 점을 상기해야 한다. VLR은 지속가능발전에 관한 철학과 가치, 관점과 태도로서 내 고장은 물론 다른 모든 도시에 대한 지속가능성의 도전, 성공과 실패에 관한 학습을 장려하고, 이를 통해 내 고장 SDGs 전략을 분명히 세울 수 있는 해법을 찾는 과정이어야 한다.

VLR은 지자체 행정 내 부서 간 협력(동)을 장려함으로써 지방 지속가능성을 촉진하고 증폭할 수 있는 동력을 제공한다. SDGs가 제공하는 통합적인 관점은 VLR을 통해 행정 내부와 행정과 지역사회의 이견을 조정하고 통섭과 융합을 극대화하는 동시에 지속가능한 도시 만들기 목표를 향해 작동하는 유사한 정책(중복 정책)을 찾고 연계해 준다. 이러한 과정은 SDGs 17개 목표에 대한 행동을 실행 예산과 제도로 재정비하고, 이를 통해 지방 지속가능성 과정이 더 효율적으로 만들어질 수 있다. 일례로 스페인 바르셀로나는 VLR이 행정 부서 간의 협력을 발전시키는데 공직자의 목적의식을 촉진했다고 평가한다.

주목할 만한 것은 VLR의 새로운 비전과 내러티브(narrative) 창출이다. 지속가능발전을 더 공고히 하기 위해 가능한 한 많은 사람과 소통을 통해 다가서야 한다. VLR은 지자체의 글로벌 사회와 소통 참여를 통하여 시민에게 더 많은 책임과 권한을 제공할 수 있다. VLR을 통하여 지자체는 기존의 소외된 사회

집단과 소통할 수 있는 플랫폼을 구축할 수 있고, 주민의 목소리를 경청하고, 주민의 마음에 감동이 될 수 있는 이야기를 전달하는 통로를 구축할 수 있다.

최근 VLR에 참여하는 도시가 증가하고 있다. IGES는 광범위한 VLR 채택과 프로세스의 성공 요소로 "지방 SDGs 이행·실천 과정에서 데이터에 대한 접근성, 혁신적인 지자체장과 지방의회의 제도적 지원 및 행정 내 SDGs 전담팀 구성과 다양한 이해관계자로 구성된 SDGs 추진 기구의 존재 여부"라고 제언한다. 아래 그림은 2018~2021 VLR 현황표이다.

<그림 2-10> 2018~2024 VLR 제출 현황

※ 출처: IGES
※ VLR(Voluntary Local Review: 자발적 지자체 리뷰)는 유엔이 합의 채택한 '지속가능발전목표(SDGs)' 달성을 위한 세계 각 도시가 그 대처 상황에 대해 자발적으로 공표하는 보고서이다.

VLR은 도시마다 다양한 전략을 갖고 있지만 대체적으로 아래의 10단계 프로세스를 거친다.

- 1단계: 준비 작업 및 인식 제고: VLR 전환을 시작할 준비를 합니다.
- 2단계: 플랫폼 구축: 조치를 취하고자 하는 주요 이해 당사자를 모읍니다.
- 3단계: 비전 설정: 2030년까지 여러분의 이상적인 상태를 상상합니다.
- 4단계: 데이터 수집: 정보에 입각한 진단 및 계획을 수립하는 데 필요한 모든 데이터 수집합니다.
- 5단계: 진단: 특히 미래 비전과 관련하여 현재 자신의 위치를 파악합니다.
- 6단계: SDG에 맞춰 조정: SDG의 혁신적 잠재력을 지자체에 제공합니다.
- 7단계: 행동 계획: 비전을 달성하는 방법을 계획합니다.
- 8단계: 진행 상황 추적: 진행 과정 모니터링을 수행합니다.
- 9단계: VLR 보고서로 제출: 2030 의제 이행/실천에 전념하고 있음을 알립니다.
- 10단계: 옹호하고 소통: 여러분의 여정에 대해 알립니다.

종합하면, VLR은 지역의 독특한 맥락, 자원(resource), 도전, 기회를 고려한 기획과 실행, 평가, 모니터링 과정이다. VLR 수행은 지자체 리더들을 위한 지속가능발전 로드맵으로서 주민 삶의 질 개선, 새로운 경제·사회·환경적 기회 촉발, 지방정부와 의회 정책 구체화, 정책 평가, 모니터링을 통한 시민참여와 정책 정당성 확보에 기여한다. 지자체와 지방의회의 VLR 활용은 SDGs 구현 강화와 2030 의제 실행을 위한 헌신성을 보여줄 수 있다.

035 | SDGs와 문화적 여백

지속가능발전에 있어 전통적인 세 가지 측면(3E's) 외에도 문화 활력(cultural vitality)을 지속가능발전 정책을 위해 고려해야만 하는 가치라고 할 수 있다 (Hawkes, 2001). 문화는 지속가능발전이라는 집을 지탱하는 기둥이며 집을 둘러 싸고 있는 풍경과 같다. 문화적 속성은 우리 사회를 지탱하는 공인된 3개 기둥 (환경, 사회, 경제) 외에 지속가능성의 한 기둥이면서 기존 기둥의 상호연계와 작용 을 촉진하는 매개체로서 역할을 수행한다(황광선·염지선, 2019: 288).

그런데 2015년 9월 채택된 SDGs에 도구적 관점의 문화가 교육, 도시, 소비 와 생산 등의 목표에 세부목표로 제시되었으며, 지속가능발전을 위하여 생활 을 증진하고 해결하는 수단으로 포함되어 있다. UNESCO와 UCLG는 상호 국 제회의와 협약을 선언했다. 이들은 Post-2015가 지속가능발전문화를 충분히 포함해야 함을 강조했다. 하지만 실제 채택된 SDGs의 주요 핵심 의제로 반영 되지 못했다. 국제 사회가 공동 대응해야 할 발전의제로서 책정된 SDGs 안에 문화가 하나의 중심적인 주제로 고유의 목표로 설정되지는 못했으며, '문화'는 '경제', '환경', '사회'라는 다른 3가지 측면과 관련된 각 목표에서 산발적으로 언급되는 것에 그쳤다.

2030 지속가능발전 의제 첫머리의 제8항에서는 '인종과 민족, 문화적 다양 성을 존중하는 세상'을 꿈꾼다고 서술되어 있다. 또한 제36항에 보다 직접적으 로 문화에 대한 언급이 이루어지고 있다. 여기에는 "서로 다른 문화에 대한 이 해, 관용, 상호존중, 세계시민의식과 공동의 책임에 대한 윤리를 강화할 것을 서약하고, 세계의 자연적, 문화적 다양성을 인정하고, 모든 문화와 문명이 지속 가능발전에 기여할 수 있으며 결정적 조력자라는 점을 인식한다"라고 명시되

어 있다.

문화와 관련한 SDGs 목표는 '4-7. 2030년까지 지속가능발전 및 지속가능한 생활방식, 인권, 성평등, 평화와 비폭력 문화 확산, 세계시민 의식, 문화적 다양성 존중 및 지속가능발전을 위한 문화의 기여에 대한 교육을 통해 모든 학습자들이 지속가능발전을 촉진시키는데 필요한 지식 및 능력을 함양할 수 있도록 보장한다. 8-9. 2030년까지 일자리를 창출하고 지역의 고유문화와 특산품을 홍보할 지속가능 관광을 진흥할 정책을 개발하고 이행한다. 11-4. 세계문화 및 자연유산 보호 및 보존 노력을 강화한다. 12-b. 지속가능발전이 일자리를 창출하고 지역 문화와 상품을 홍보하는 지속가능 관광에 미치는 영향을 모니터 할 수 있는 방안을 개발하고 시행한다.' 등이다. 즉 SDGs 17개 목표 중 네 개의 세부목표에서 문화와 관련해 언급되어 있을 뿐이다.

물론 문화에 고유한 목표의 도입은 실현되지 않았지만, SDGs 개별 목표 중에 문화에 대해 언급된 부분이 있다. 또한 SDGs 안에 문화적 요소를 읽을 여지가 전혀 남아 있지 않은 것은 아니다. 하지만 유네스코를 중심으로 하는 주요 행위자들이 SDGs에 문화적 목표를 도입하는 데 실현하기 위해 쏟은 노력에 비추어 볼 때, 얻어진 성과가 불충분함을 인정하지 않을 수 없다고 말한다. 따라서 '문화'와 '발전'이라는 다의적인 개념의 통합성을 설득력 있게 정리하고 지속가능발전에 문화의 중요성을 설득해 나가야 한다. 그리고 세부적으로는 공공정책에 문화적 관점을 포함시키는 노력이 중요하다.

※ 출처: 유네스코

SDGs에 문화적 요소 도입의 '실패'를 정치과정론의 관점에서 해석한 논의들은 국제개발원조의 주요 공헌자이자 의제 설정의 중요 행위자였던 유럽, 북미 여러 나라의 저항이나 망설임에서 원인을 찾고 있다.

Antonios Vlassis에 따르면 2030년 어젠다 협상 과정에서 유네스코와 기본적인 시각을 공유하는 아시아, 중남미, 아프리카, 태평양 여러 나라를 중심으로 하는 연대의 움직임과 이러한 움직임을 뒷받침하는 문화 관련 NGO의 지원에도 불구하고 이러한 결과로 귀결된 데에는 다음과 같은 요인들이 작용했다.

그것은 첫째, 다국 간의 틀을 통한 문화 영역에 대한 개입 기피 현상. 둘째, 문화의 추상적 성질. 특히 정량화가 불가능한 문화·예술의 특성과 문화에 대한 정부의 재정 지출의 인색함. 셋째, 발전 목표에 문화를 도입하고 주류화하는 것이 개발도상국에 대한 문화 상대주의 훼손이라는 오해와 이로 인해 성평등, 인권 보장 등의 다른 영역의 목표를 저해하는 요인이 될 수 있다는 경계심. 넷째, 다른 정책적 과제와 비교했을 때의 문화에 대한 선호도가 낮다는 유럽 및 북미 국가들의 선입견 등이다.

지속가능발전 개념의 일련의 논의 전개에서 문화는 '거처'라는 지위를 부여 받았음에도 그 '거처'가 등한시되거나 경제, 사회, 환경 등의 다른 요소의 그늘에 숨어 버렸다. 그렇다면 문화의 관점에서 지속가능발전목표를 포착하는 것은 어떻게 가능할까?

그것은 먼저 통합원칙(principle of integration)의 관점에서 SDGs와 문화를 재정립하는 작업을 수행해야 한다. 関根久雄은 "사회의 문화와 문화적 다양성은 '지속가능발전', '지속가능발전목표'와 어떻게 연결되어야 하는가?"라는 질문을 던지고 있다(関根久雄, 2021).

유네스코는 SDGs의 구체적인 실시 조치 안에 문화적 요소를 도입하는 형태로 방침을 전환하고 있다. 유네스코는 우회적이지만 더 공세적으로 세계유산협약, 무형문화유산협약, 문화다양성협약 등 문화유산, 문화다양성 보호를 위한 법적 틀을 만들어냈다.

이는 SDGs의 실시를 위한 규범적 기반으로서 제도를 활용하기 위한 조치였고, 이러한 접근법은 SDGs와 기존 국제법의 접합지점을 설정하고, 확립된 국제법 규범과의 충돌을 피하면서도 문화 의제의 위치를 확립하겠다는 의지로 평가할 수 있다.

유네스코 외에도 세계지방정부연합(UCLG)은 SDGs의 각 목표에 문화가 어떻게 관련되어 있는지를 제시하면서 도시나 지방자치단체가 무엇을 해야 하는지를 예시한 행동 문서를 작성하고 사례를 공유하고 있다. 지속가능한 유럽도시를 향한 선언인 올보헌장은 도시가 지속가능발전을 위해 생활양식과 소비 그리고 공간적인 형태를 변화시키는 과정을 천명하고 있다.

또한 문화의제 21(Agenda 21 for culture, United Cities and Local Governments-Committee on culture 2004)은 환경문제에 이어 문화적 다양성이 위기에 처해 있다며, 지방정부는 민주주의의 기초를 이루는 것으로서 문화 진흥에 적극적으로 관여해야 하며, 또한 전체 정책 분야에 문화가 관여할 것을 제시하고 있다.

최근에는 지속가능한 도시의 각 측면에 있어서 문화의 중요성과 도시 정책 내에서 문화 정책이 완수해야 할 독자적인 역할이 강조되는 동시에 구체성 있는 정책 대안 모색의 필요성이 제시되고 있다. Culture21: Actions는 지속가능발전문화의 관점에서 SDGs에 문화와 관련된 명확한 목표와 대상, 지표를 포함할 것을 촉구하고 있다.

036 | 불평등·격차와 SDGs

2015년 유엔은 지구촌 구성원이 2030년까지 달성해야 할 17개 목표를 담아 지속가능발전목표를 채택했다. SDGs는 2030년까지 세계 전역에서 빈곤과 기아 근절, 국가 내 그리고 국가 간 불평등 해소, 평화롭고 공정하며 포용적인 사회 조성, 인권 보호와 성평등의 촉진, 여성과 여아의 역량 강화, 지구와 천연 자원의 항구적인 보호를 보장할 것을 결의했다.

또한 각 국가의 역량과 발전 정도의 차이를 고려하고, 지속적이며 포용적이고 지속가능한 경제성장과 공동의 번영을 추구하고, 모두를 위한 양질의 일자리를 증진할 것을 결의했다.

SDGs가 꿈꾸는 세상은 "인권과 인간의 존엄성, 법치, 정의에 대한 보편적 존중이 있는 세상, 평등과 비차별의 세상, 인종과 민족, 문화적 다양성을 존중하는 세상, 모든 사람이 잠재력을 온전히 실현할 수 있고 동등한 기회를 통해 공동의 번영에 기여할 수 있는 세상을 우리는 기대한다.

아이들에게 투자하며 모든 아이가 폭력과 착취 없이 성장하는 세상, 모든 여성과 여아가 완전한 성평등을 누리고, 여성과 여아의 권익 신장을 저해하는 법적, 사회적, 경제적 장벽이 없는 세상, 가장 취약한 계층의 요구에 부응하는 공정하고 공평하며 개방적이며, 관용과 포용적인 사회가 있는 세상(2030 지속가능발전의제 8항, 우리의 비전 중)"이다.

2030 지속가능발전의제는 누구나 정의에 대한 동등한 접근권을 누릴 수 있는, (발전에 대한 권리를 포함한) 인권에 대한 존중과 모든 측면에서 효과적인 법치와 선정(善政), 효율적이며 합리적인 제도에 기반한 평화롭고, 공정하며, 포용적인 사회 조성의 필요성을 인식한다.

또한 2030 의제는 불평등, 부패, 열악한 거버넌스 및 불법 자금, 무기 거래 등 폭력과 불안, 불의를 야기하는 요소를 다루고 있다. SDGs는 분쟁의 해결과 방지에 있어, 그리고 평화 구축, 국가 재건에 있어 여성의 역할을 보장하는 등 분쟁 후 국가를 지원하기 위한 노력을 배가하며, 식민 지배 및 외부 세력의 점령 하에 사는 이들의 완전한 자결권과 경제, 사회적 발전과 환경을 저해하는 방해 요인들을 제거하기 위해, 국제법에 따른 효과적인 조치와 행동을 취할 것을 촉구한다(2030 의제 35항).

<그림 2-13> SDG 10번 목표와 세부목표

※ SDG 10은 지구, 국가, 도시에서 연령, 성별, 장애, 인종, 민족, 출신, 종교 또는 경제적 또는 기타 지위에 따른 불평등뿐만 아니라 소득의 불평등을 줄일 것을 요구한다.

SDGs는 세계인권선언과 인권 국제법과 관련된 기타 국제문서들의 중요성을 재확인하며 유엔 헌장에 따라 모든 국가가 인종, 피부색, 성, 언어, 종교, 정치적 또는 기타의 의견, 민족적 또는 사회적 출신, 재산, 출생, 장애 또는 기타 신분에 의한 어떠한 종류의 차별도 없이 모든 인간의 인권과 기본적 자유를 존중, 보호, 증진할 책임이 있음을 강조한다(2030 의제 19항).

SDGs 17개 목표 중 평등이 들어가는 목표는 두 개다. 목표 5(성평등 달성과 모든 여성 및 여아의 권익신장), 목표 10(국내 및 국가 간 불평등 완화)에는 평등 달성과 불평등 완화가 담겨져 있다. 평등, 불평등, 격차, 차별 해소를 포함한 SDGs 목표와 세부목표는 다음과 같다.

- 4-7

2030년까지 지속가능발전 및 지속가능한 생활방식, 인권, 성평등, 평화와 비폭력 문화 확산, 세계시민 의식, 문화적 다양성 존중 및 지속가능발전을 위한 문화의 기여에 대한 교육을 통해 모든 학습자들이 지속가능발전을 촉진시키는데 필요한 지식 및 능력을 함양할 수 있도록 보장한다.

- 5-1

모든 곳에서 모든 여성과 여아에 대한 모든 형태의 차별을 종식한다.

- 5-c

모든 수준에서 성평등 및 모든 여성과 여아의 권익신장을 위해 실질적인 정책과 집행 가능한 법을 채택하고 강화한다.

- 10-3

차별적인 법, 정책 및 관행 등을 철폐하고 이와 관련된 적절한 입법, 정책 그리고 조치를 강화하여 동등한 권리를 보장하고 성과에 있어서 불평등을 감소한다.

- 10-4

특히 재정, 임금, 그리고 사회보장에 대한 정책 등을 채택하고 점진적으로 평등 확대를 달성한다.

- 16-3

국가 및 국제적 수준의 법치를 증진하고, 모든 사람에게 정의에 대한 평등한 접근을 보장한다.

- 16-b

지속가능발전을 위한 비차별적인 법 그리고 정책을 증진하고 시행한다.

- 17-10.

도하 발전의제의 최종협상결과 등 보편성, 원칙, 개방성, 비차별성, 공평성에 기반한 세계무역기구(WTO)의 다자무역 체제를 증진한다.

세상에 사는 사람은 모든 면에서 평등해야 한다. 하지만 우리 사회에서 불평등은 존재하며 국가 내 또는 국가 간에서도 그 격차는 커지고 있다. 이러한 이유로 UN이 채택한 SDG 10번 목표는 "사람과 국가 간의 불평등 해소"와 "차별 해소"라는 목표를 설정했다. 이 목표는 연령, 성별, 장애, 인종, 민족, 출신, 종교, 경제적 지위 또는 기타 상황에 관계없이 모든 이들에게 권한을 부여하고, 사회적, 경제적, 정치적 포용을 촉진하는 것을 목표로 한다.

　<세계 불평등 보고서 2022>에 따르면 세계 상위 1%의 부유층이 소유한 자산은 세계 전체 개인 자산의 37.8%다. 반면 하위 50%의 사람이 소유한 자산은 전체의 2%에 불과하다. 현재 전 세계적으로 7억 명이 넘는 사람들이 빈곤 속에 살고 있으며 그 중 약 1억2000만 명이 극심한 빈곤에 처해 있다. 특히 남아프리카, 사하라 사막 이남 아프리카, 남아시아 등 개발도상국에서 빈곤층의 비율이 높다.

　한편, 선진국에서도 여전히 가난한 사람들이 존재하며 그 비율은 해마다 증가하고 있다. 국제통화기금(IMF)이 발표한 자료에 따르면 남수단은 1인당 GDP가 가장 낮다. 남수단과의 국경 분쟁은 2011년 남수단이 독립한 직후인 2012년에 심화되었다. 2013년에는 쿠데타 시도가 있었고 보안은 안정적이지 않았다. 2016년 통일 과도정부가 수립되었음에도 불구하고 국내 혼란은 계속되고 있다.

　개발을 저해하고 경제가 붕괴되는 반복적인 내전으로 인해 인구의 약 62%가 식량 부족에 시달리고 약 550만 명이 국내외에서 실향민이 되었다. 식량, 안전한 물, 교육 등 이용할 수 있는 기본 서비스가 부족하고 불충분하다. 남수단 공화국에서는 인도적 지원이 필요한 사람들이 많기 때문에 지원의 필요성이 계속 증가하고 있다.

　지속가능발전목표 10번 목표는 '사람과 국가 간의 불평등 해소'라는 목표를 설정하고 있는데 이는 국가들 사이에서, 그리고 국가와 도시 사이에서 불평등을 바로잡기 위한 과제이다.

　불평등 해소를 다루는 목표 10은 국가 내 및 국가 간 불평등 해결을 위한 10개의 세부목표를 두고 있다. 국가의 소득을 높이고, 모든 사람에게 권한을 부여하며, 사회 경제적, 정치적 포용을 촉진하고, 평등한 기회를 보장하며, 결과의 불평등을 줄이는 것을 포함하여 불평등을 시정하고 지속가능한 경제성장을 촉진하는 것을 목표로 한다.

　세부목표에서는 세계 금융시장/금융기관 모니터링과 글로벌 경제·금융제도 확대 등 한 나라뿐만 아니라 국제사회 전체의 문제로 불평등을 다루고 있다. 그리고 계획적인 이민정책 실시와 이주노동자 송금비용 인하 등 이민에 대한 타깃이 정해져 있는 것도 특징이다. 다음은 SDGs 10번 목표의 세부목표이다.

- 10-1
2030년까지 소득 하위 40% 인구의 소득성장률을 국가 평균보다 높은 수준으로 점진적으로 달성하고 유지한다.

- 10-2
2030년까지 나이, 성별, 장애, 인종, 민족, 출신, 종교 혹은 경제적 또는 기타 신분에 관계없이 모든 사람의 사회, 경제, 정치적 포용을 강화하고 증진한다.

- 10-3
차별적인 법, 정책 및 관행 등을 철폐하고 이와 관련된 적절한 입법, 정책 그리고 조치를 강화하여 동등한 권리를 보장하고 성과에 있어서 불평등을 감소한다.

- 10-4
특히 재정, 임금, 그리고 사회보장에 대한 정책 등을 채택하고 점진적으로 평등 확대를 달성한다.

- 10-5
세계금융시장 및 기관에 대한 규제와 모니터링을 개선하고 이와 같은 규제의 이행을 강화한다.

- 10-6
더 효과적이고 신뢰할 수 있으며 책임 있는 합법기관이 될 수 있도록, 국제경제 및 금융 기구 의사결정에서 발전도상국을 위한 대표성과 발언권 강화를 보장한다.

- 10-7
계획되고 잘 관리된 이주정책을 통해 질서 있고 안전하며 정기적이고 책임 있는 인구의 이주와 이동을 촉진한다.

- 10-a
세계무역기구 협정에 따라 발전도상국이 특히, 최빈발전도상국에 대한 특별, 차등 대우 원칙을 이행한다.

SDGs가 꿈꾸는 세상은 인권과 인간의 존엄성, 법치, 정의에 대한 보편적 존중이 있는 세상, 공정과 비차별의 세상, 인송과 민속, 문화석 다양성을 존중하는 세상, 모든 사람이 잠재력을 온전히 실현할 수 있고 동등한 기회를 통해 공동의 번영에 기여할 수 있는 세상이다. 그러나 오늘날 세상에는 많은 차별이 존재하고 있다. 차별은 성별, 연령, 장애, 인종, 민족, 종교 등 어떤 이유로든 발생할 수 있으며, 이는 사람, 국가 내 또는 국가 간 차별을 유발한다. 이에 전 세계에서 발생하는 다양한 문제에 대해 2030년까지 달성해야 할 목표를 설정하고 해결하기 위해 노력하고 있다.

037 | 격차 해소와 공정한 사회를 위한 SDGs의 노력

세계은행의 정의에 따르면 2015년 현재 하루 1.1달러 미만으로 생활하는 사람들이 가장 가난한 것으로 간주되었다. 이 기준은 국제 빈곤선이라고 불리며 MDGs(Millennium Development Goals)의 가장 중요한 지표였지만 MDGs 이후 새로운 글로벌 목표인 SDGs로 옮겨갔다.

개발도상국이 빈곤 상황에 놓인 이유는 첫째, 교육 격차이다.

2023년 현재 인터넷 보급률에 있어 선진국(80%)과 개발도상국(15%)의 차이는 현격하다. 인터넷 보급률이 현저히 낮은 개발도상국에서는 정보에 대한 접근성이 떨어지고 선진국과의 정보 격차가 벌어지고 있다. 적절한 교통 인프라가 없고, 학교에 갈 수 없으며, 재정적으로 가난하고, 적절한 교육을 받을 수 없는 어린이들에게 관심을 기울일 필요가 있으며, 이러한 격차를 바로잡는 것은 개발도상국의 발전으로 이어진다. 2030년까지 17개 목표를 달성하기 위해서는 개발도상국의 경제발전이 주요 전제 조건으로 요구되기 때문에 개발도상국의 경제발전 없이는 SDGs 달성이 어렵다.

따라서 개발도상국과 선진국이 남북문제를 해결하기 위해 협력하고 소통하는 것이 중요하다. 2015년까지 MDGs에서 달성하지 못한 문제가 많았다. 새로운 SDGs에서는 MDGs로 달성할 수 없었던 도전을 극복해야 한다.

참고로 개발도상국이 빈곤 상황에 놓인 이유는 첫째, 교육 격차이다. 정보에 대한 접근성이 떨어지고 가족 부양 등의 이유로 교육의 기회를 제때 제공받지 못해 선진국과의 교육 격차가 벌어지는 악순환을 겪고 있다. 둘째, 인프라 격차이다. 부족한 인프라가 경제발전에 부정적 영향을 미치기 때문에 선진국과 개발도상국 간의 인프라 격차는 경제적 격차를 유발한다. 셋째, 부패이다.

공공기관(경찰 등)과 반사회적 세력(조직폭력, 마약 등 범죄조직, 부패한 경제인) 간의 결탁은 독재국가나 개발도상국에서 흔히 볼 수 있는 심각한 문제이다. 넷째, 선진국의 원조 부족이다. 자금이 한정된 개발도상국은 인프라 개발에 필요한 자금을 확보하기 어렵기 때문에 선진국은 적극적으로 지원을 제공해야 한다. 다섯째, 지정학적 위험도 한 요인이 될 수 있다.

지정학적으로 아프리카 국가들은 세계 소득 불평등을 해소하기 위해 어떤 조치를 취해야 하는가?

첫째, 금융 시장과 금융 기관에 대한 규제 및 감독 개선이다. SDGs의 목표 중에는 '세계 금융 시장 및 금융 기관의 규제 및 모니터링을 개선하고 이러한 규정의 이행을 강화하는 것'이 있다. 리먼 쇼크 이후 금융 기관에 대한 글로벌 규제를 기반으로 하며 세계 경제를 안정시켰다. 그러나 다른 한편으로는 금융 시장의 유동성이 감소하고 성장이 저해될 수 있다. 또한 기업과 개인이 자금 조달에 불리한 입장에 있는지 조사하는 것도 필요하다. 이러한 요인들이 현재의 소득 불평등을 야기할 가능성이 있으므로 국제 협력을 유지하면서 규제 및 모니터링을 개선해야 할 때이다.

둘째, 개발 원조와 격차를 줄여야 할 지역에 대한 외국인 직접 투자 촉진이다. 최빈국과 아프리카 국가, 작은 영토와 저지대 섬 국가를 가진 작은 섬 개발도상국, 내륙개발도상국과 같이 외부로부터의 도움이 절실하게 필요한 국가들이 있다. 공식 개발 원조 및 외국인 직접 투자를 포함한 재정 흐름은 각국의 계획과 프로그램에 따라 필요하다. 소득 격차를 바로잡는 것은 국가 간뿐만 아니라 국가 내에서도 중요하다. 이 경우 인프라 개발, 인적 자원 개발 및 기술 제공이 필요하지만 단일 국가가 이러한 비용을 충당하는 것은 매우 어렵다. 따라서 선진국은 개발 원조와 직접투자를 적극적으로 제공함으로써 상황을 개선하고 국내 경제 성장을 촉진하며 소득을 늘려 전 세계적으로 소득 격차를 줄여야 한다.

셋째, 안전한 이주를 촉진할 필요가 있다. 앞서 언급했듯이 세계에서 문제가 되는 이주민과 이민에 대한 충분한 정책을 가진 나라는 그리 많지 않다. 이런 식으로 오는 사람들에게 안전한 이주를 제공할 수 있는 환경을 조성하지 않으면 만족스럽게 일하고 소득을 얻을 수 없어 소득 불평등이 발생할 것이다. 세계 소득 불평등을 줄이기 위해서는 이주민과 이주민 방문객에 대한 통제된 이민 정책을 시행하고 질서 있고 안전하며 지속적인 이동성과 이동성을 촉진하는 것도 중요하다.

넷째, 공정 거래이다. 불공정 거래도 소득 격차의 원인이다. 최빈국과 개발도상국은 선진국과 공정한 가격으로 거래할 것으로 기대할 수 없으며 생산자는 종종 적절한 가격을 받지 못한다. 이 경우 아무리 많은 작업을 수행해도 격차가 좁혀지지 않고 확대될 뿐이다. 이에 대응하여 세계무역기구(WTO)의 합의에 따라 특별대우 원칙 이행과 같은 조치가 시행되고 있다.

그 중 하나는 비관세를 통해 수출을 늘려 수입을 늘리는 것이다. 특히 개발도상국에서는 앞서 언급한 불공정 무역으로 인해 빈곤 속에 살도록 강요받는 사람들이 여전히 있다. 우리가 할 수 있는 일 중 하나는 이 사람들에게 직접 다가갈 수 있는 공정 거래에 참여하는 것이다.

038 | SDGs는 평등이 아닌 공정을 중시한다

오늘날 세상에는 많은 차별이 있다. 성별과 나이 등 모든 면에서 일종의 차별이 있으며 희생된 사람들이 있다.

이러한 차별을 없애기 위해 유엔정상회의에서 채택된 SDGs에 따라 다양한 대처가 이루어지고 있다. 한국도 예외는 아니며 많은 차별이 문제로 언급되었다.

유엔은 2015년에 지속가능발전목표를 채택했다. SDGs에 따라 전 세계에서 발생하는 다양한 문제에 대해 2030년까지 달성해야 할 목표를 설정하고 해결하기 위해 노력하고 있다. 이러한 문제 중 일부는 차별을 없애기 위한 것이다.

차별은 성별, 연령, 장애, 인종, 민족, 종교 등 어떤 이유로든 발생할 수 있으며, 사람들 사이에서, 국가 내에서 또는 국가들 사이에서 차별을 유발한다. 차별이 일상화된 사회에서 어린이들은 자신과 다른 것에 대한 편견이 강해지고, 이는 차별과 따돌림으로 이어진다. 어린이들이 교육이나 가정에서 자신과 다른 사람들 사이의 차이점을 인식하고 받아들이는 법을 배우지 않으면 편견을 갖고 자랄 것이다.

어린 시절에 구축된 가치관은 성인이 되어서도 변하지 않을 수 있으며, 이는 국가 내외의 차별, 배제, 적대감으로 이어진다. 차별과 편견은 부모에서 자녀로, 세대에서 세대로 전승될 수 있으며 각 나라에서 나타나고 있다.

이는 선진국과 개발도상국 간의 소득 격차와 경제적 격차를 야기하고 지속가능한 사회 건설을 방해하는 요인이다. 이러한 문제를 해결하기 위해 SDGs는 '사람과 국가 간의 불평등 해소'를 목표 10으로 설정했다.

하지만 SDGs가 말하는 불평등에 대한 시각은 기존의 관점과는 다르다.

SDGs는 전통적 관점의 평등 보다는 공정의 관점에서 격차의 문제에 접근한다.

평등(Equality), 공평(Equity), 공정(Justice)은 유사한 단어로 보이지만 미묘한 차이가 있다. 평등(平等)은 '모두가 같다'는 뜻이다. 또 그런 모습을 나타낸다. 대중 앞에서 어떤 특정한 것에 치우치지 않고 모든 사람이 같다는 뜻이다. 평등이란 '편견이나 차별이 없고 모든 것이 한결같고 같은 것'이다. 모든 이가 똑같은 것을, 같은 양만큼 널리 퍼지게 하는 것을 의미한다. 공평이란 '치우지 않고, 편향이 없는 것'이다. 모두에게 같은 것을 같은 양만큼 주는 것이 아니라 결과적으로 같은 상황으로 만드는 것을 의미한다. 공정에는 두 가지 의미가 실려 있다. '공평하고 사곡이 없는 것', '명백하고 옳은 것'이다.

단지 편향이 없다고 할 뿐만 아니라 편향이 없고 부정이 행해지지 않는 것을 가리킬 때 사용한다. 세 가지 말에는 공통적으로 '쏠림이 없는 것'이 전제가 되어 있다. 각각의 말이 의미하는 미묘한 차이를 의식하여 구분하면 아래와 같다.

<그림 2-14> '평등', '공평', '공정'

'평등'과 '공평', '공정'의 차이는 세심하게 바라보지 않으면 큰 차이를 못 느낄 수 있다. 하지만 '평등'은 사소한 경우를 고려하지 않고, 전원이 같다는 점을 강조한다는 점에서 '공정'과는 다르다. 예를 들어 여럿이 음식을 나눌 때 연령과 몸 상태를 고려하지 않고 모든 사람에게 같은 양을 나눠주는 것이 '평

등'이다.

공평이란 모든 것을 똑같이 취급한다는 뜻이다. 판단과 처리 등이 어느 한 방향으로 치우치지 않거나 그런 경우를 말한다. '공평하다'는 뜻의 '공'자는 '사물에 대한 견해와 처리 방법 등이 편파적이지 않고 정확하다'는 뜻이다. '공평'과 '공정'은 '사물을 평등하게 대하는'의미에서 차이가 없지만 '공평'은 '사물을 두둔하지 않는다'에 치중하고 '공정'은 '부정과 기만은 없다'에 치중한다. '평등'은 각 상황의 차이를 고려하지 않고, '공정'은 이러한 기초 위에서 모든 사람이 같은 결과를 얻을 수 있다는 것을 말한다. 마찬가지로 음식의 경우 각 연령과 몸 상태 등을 고려해 각각 해당하는 양을 배분하는 것이 '공정'이다. 지속가능발전목표는 평등한 사회를 지향하지만 더 엄밀히 말하면 공평과 공정한 세상에 무게를 두고 있다.

3

SDGs, ESD,
SDGs 거버넌스의
현지화

ESG

039 | 빈곤과 SDGs

빈곤은 사회적인 문제다.

TV를 켜면 뉴스에 온통 사건과 문제, 이에 대한 원인 분석이 쏟아진다. 100분 토론 역시 여러 사회 이슈에 대해 다양한 논점의 전문가들은 패널로 등장하여 자신만의 주장을 편다. 일례로 어떤 이들은 빈곤 문제의 원인에 대하여 '자기 책임론'을 주장한다. "노력하지 않으니까, 나약하니까 빈곤한 것이다. 죽을 각오로 덤비면 무엇이든 할 수 있다"고 한다.

빈곤의 원인이 한 개인의 불행한 성장 배경이나 게으름과 의지박약, 사회관계망(social network) 붕괴 등으로 치부하는 개인적인 접근방식으로 취한다면, 빈곤 해결을 위한 정책 방향 역시 개인적인 수준에 머무를 수밖에 없다. 즉 개인적인 노력이나 '가족'이라는 자구적 안전망을 통해 빈곤을 예방하거나, 스스로 극복해야 할 문제로 취급될 수 있다.

많은 사회학자들은 경제적 요인과 비경제적(정치·사회·문화적) 요인은 상호 간 미치는 영향에 의하여 제각기 빈곤 형성 및 재생산 과정 개입이라고 본다. 일례로 '사회적 배제이론'은 빈곤 형성 및 재생산에 끼치는 영향 요인들 모두를 사회적 배제 메커니즘의 구성요소로 삼고, 이들이 어떻게 작동하고 있으며 이들 간의 상호작용을 통해 사회적 배제가 어떻게 심화되고 있는가에 주목한다.

사회적 배제이론은 적절한 소득과 자원, 노동시장, 기초적인 서비스, 사회적 관계에서 배제와 같은 사회적 배제를 일차원적 현상이라고 보지 않고, 서로 다른 차원에서 동시다발적으로, 또는 연쇄적인 발생에 의한 다차원적인 사회현상으로 파악한다. 따라서 빈곤 해결을 위하여 빈곤 예방, 빈곤층 보호, 빈곤 퇴출, 그리고 자활, 빈곤 대물림 방지를 포괄하는 매우 복합적이고 중층적인 대안이 만들어져야 한다는 것이다.

지구화는 빈곤을 심화시킨다.

빈곤문제는 지구화와 무관하지 않다. 현재 전 세계 인구는 75억 명에 달한다. 제3세계 국민은 선진국 국민보다 32배 낮은 소비수준을 영위하고 있다. 유엔 인권위원회 식량특별조사관으로 활동했던 사회학자 장 지글러는 다음과 같이 말한다. "가난한 나라의 국민은 부자 나라의 발전에 필요한 비용을 대기 위해서 죽도록 일을 해야 한다. 남반구가 북반구, 특히 북반구의 지배층을 위해 돈을 댄다. 오늘날 북반구가 남반구를 지배하는 가장 강력한 수단은 부채를 제공하고 그에 대해서 받는 대가"이다.

현재 전 세계에서 5초마다 10세 미만 어린이 한 명이 기아 또는 영양 결핍으로 죽어가고 있다. 2007년 기아로 사망한 사람의 수가 같은 해 일어난 모든 전쟁 사망자를 더한 수보다 많다는 것은 자못 충격적이기까지 하다. 제3세계는 부채와 기아의 악순환에 멍들어 가고 있다. '국제앰네스티'에 따르면, 25만 명 이상의 서아프리카 지역 아이들은 카카오 농장에서 일하지만, 대부분 아이들이 초콜릿을 한 번도 먹어본 적이 없다는 것이다.

그러나 선진국이나 그 반열에 올라 있는 한국도 빈곤 문제에서 벗어나 있지 않다. 한국은 IMF 이후 '신자유주의적 구조조정 → 고실업의 고착화 → 분배 구조의 악화와 소득의 양극화 → 교육 기회의 불평등화 → 빈곤 세습'으로 이어지는 빈곤문제의 악순환이 반복되고 있다. 흙수저 및 헬조선과 같은 유행어는 한국 사회의 또 다른 측면의 우울한 현실 반영이라 할 수 있다.

SDGs와 빈곤 종식을 위한 실천

지난 15년간 빈곤 해결을 위한 지구적 노력이 없었던 것은 아니다. 새천년 개발목표(MDGs)는 절대빈곤의 해소를 핵심 목표로 설정하였다. 유엔 지속가능 발전목표는 MDGs의 빈곤 퇴치의 기조를 이어받는 한편, 이를 한 단계 업그레이드를 통하여 빈곤의 다면성과 사회보호(social protection)의 개념을 세부목표들로 제시하고 있다.

빈곤의 사전적 개념은 '가난하여 살기가 어려움', '내용 따위가 충실하지 못하거나 모자라서 텅 빔' 등으로 정의(표준국어대사전, 2022)되나, SDG 1에서 지칭하는 '빈곤'은 이보다 더 포괄적이고 복잡하고 다양한 문제이다. 빈곤은 객관적 기준에 미달되는 상태인 '절대적 빈곤', 비교 대상과 비교하여 부족한 상태인 '상대적 빈곤', 당사자의 주관적인 판단에 의해 결정되는 '주관적 빈곤'의 3가지 유형으로 나눌 수 있다(이창언 편, 2023).

SDGs에서 빈곤은 '핵심적인 능력, 즉 건강하고 장수하는 삶, 지식, 경제적 자원 그리고 지역사회 참여 가능성 등을 박탈당함(유엔 개발계획)', '경제적 기회, 교육, 보건과 영양의 권한부여 및 안전에서의 인적 박탈 상태(세계은행)'를 의미한다. SDGs는 빈곤의 근본적인 원인으로 불평등, 인권, 평화, 환경, 에너지 문제의 중요성을 강조하고, 빈곤 문제 해결 방안으로 경제성장, 생산/소비 개혁, 일자리, 지속가능 농업발전, 인프라 개발과 산업화, 거버넌스와 제도 개선 등을 제시한다.

SDGs <목표 1>은 5개 세부목표와 2개의 이행수단 관련 세부목표 등 총 7개 세부목표로 구성되어 있다. 먼저 '2030년까지 전 인류의 절대빈곤 퇴치'(1.1)를 위해 '하루 $1.25(구매력평가지수 PPP) 이하의 인구 비율(성별, 연령 집단별로 세분화됨)'은 세부 목표의 검토 지표로 제시된다. 그러나 SDGs의 검토 지표는 현실적으로 조정될 것으로 보인다. 2015년 9월 세계은행(WB)이 빈곤층 기준선을 일일소득 1.25달러에서 1.90달러로 상향 조정했기 때문이다. WB 기준으로 측정하면 하루 수입 1.92달러를 기준으로 추산한 세계 빈곤층 규모는 기존 대비 1억 4800만 명이 더 늘어나게 된다.

세부목표(1.2)는 '2030년까지 남녀노소를 불문하고 국가별 빈곤 정의에 따라 모든 면에서의 빈곤인구 50% 감축'이다. 연령 집단별로 세분화 된, 국가 빈곤선 이하에서 살아가는 인구 비율과 다차원 빈곤 지수(MPI)는 검토 지표로 제시되어 있다. 그러나 이 지표가 소득빈곤 이외 빈곤의 깊이나 빈곤층 내의 불평등, 차상위 인구의 빈곤 심각성과 같은 빈곤 다면성을 포착하는 데 한계가 있다는 주장도 있다. 따라서 실제적인 빈곤의 현황을 파악할 수 있도록 지표를 보완하는 작업, 모니터링할 수 있는 데이터와 통계를 보완하고 이에 대한 접근성을 높이는 실천이 뒤따를 것으로 본다.

SDGs는 경제, 환경, 문화와 사회 등 여러 요인을 고려한 통합적 발전 전략을 취하고 있다. 세부목표(1.3)는 '최저생계유지 등을 포함한 나라별로 적절한 '사회보호 최저선(social protection floors)' 설정과 정책이행, 빈곤층과 취약계층에 실질적인 혜택 제공'이다. 이 세부목표 실행을 위한 효과적인 사회보호 프로그램계발과 역량 강화, 서비스 접근성 확대는 빈곤경감과 사회적 취약성을 해소하는 데 기여하게 될 것이다. 세부목표(1-4)는 '모든 남녀, 특히 빈곤층과 취약계층이 경제적으로 활용가능한 자원과 기초 서비스에 대한 평등한 권리'를 강조하며 '기타 자산에 대한 소유권 및 통제권 보장(1-4)'을 제시한다.

SDGs <목표 1>의 특징과 과제

SDGs <목표 1>은 '빈곤층과 취약계층의 회복력 구축' 외에도 '기후 관련 재해와 기타 경제·사회·환경적 충격과 재난에 대한 노출과 취약성 경감(1-5)'을 세부목표로 제시한다. 이는 SDGs가 사회 발전, 경제성장, 환경보호의 3대 분야의 조화를 지향함을 확인하게 해 주는 대목이다. SDGs의 특징은 목표 달성의 원칙으로 세대 간 형평성, 삶의 질 향상, 사회적 통합, 그리고 지구촌 구성원의 책임 등을 강조한다.

한편, SDGs 17개 각 목표는 세부목표 이행을 위해 필요한 자원의 확보, 정책프레임워크 수립이라는 책무를 강조한다. <목표 1>도 이행 수단과 관련해서 '빈곤 종식을 위한 개발 협력 강화를 포함한 다양한 자원의 활용보장(1-a)'과 '친빈곤적이며, 성차를 고려한 개발 전략을 기초로 국가적·지역적·국제적 차원의 건전한 정책 프레임워크를 수립(1-b)'을 세부목표로 제시한다.

나라와 지역의 실정에 맞는 건전한 정책 프레임워크 배경에는 일시적인 재원 확보와 단순한 시혜 차원의 국제원조만으로는 빈곤문제를 극복할 수 없다는 인식이 전제된 것이다. 지금까지 대부분의 제3세계 원조는 현지에서 멀리 떨어진 선진국의 수도에서 계획되고 원조 자금의 대부분은 원조 기관의 유지비와 인건비 등으로 쓰였다. 예산의 지원도 대도시 근처 농촌에 집중되어 정작 원조가 필요한 가난한 지역에는 지원의 손길이 미치지 못했다. 특히, 지원하는 쪽의 편의에 따라 개발 원조가 이루어지기 때문에 주민 스스로 지역의 미래상 설계에 대한 의지를 약화시키고 원조에 대한 의존심을 키우는 부정적인 결과를 낳기도 했다.

향후 15년간 국제사회가 공동으로 가져가야 할 새로운 개발 목표인 SDGs가 빈곤 종식에 어떤 기여를 할 것인지는 아직 정확히 모른다. SDGs는 지나치게 사회발전 중심으로 접근했던 MDGs(새천년개발목표)의 한계를 극복하고 불균형을 해소하려는 노력을 기울였지만, 여전히 세부 목표와 지표가 모호하고 구체성이 떨어진다는 문제를 지적받고 있으며, 책무구조의 한계도 존재한다. 하지만 SDGs는 지구, 국가, 지방 지속가능성의 새로운 전기를 만드는 기회임에 틀림없다. 따라서 SDGs에 대한 이해와 공유를 바탕으로 한국적-지방적 맥락에서 재구성하고 SDGs 실행을 위한 청사진을 마련해야 한다.

040 | 기아와 지속불가능한 농업의 백신 SDGs

 기아와 영양실조는 세계 빈곤자들에게 잔인한 현실이다. 유엔 식량농업기구(FAO)에 따르면, 지난 2020년 전 세계적으로 기아가 급격히 증가해 약 7억 2,000만 명에서 8억 1,100만 명으로 추산되고 있다. 전 세계 영양실조 인구는 전체 인구의 약 9.9%로 2019년도의 8.4%에 비해 급증했다. 아프리카는 전체 인구 중 21%가 영양실조 인구로 분류 된다. 2020년에는 전 세계 10명 중 1명이 기아에 시달리고 있었다. 약 3명 중 1명이 정기적으로 충분한 식량을 얻지 못하고 있다. 식량 가격의 급등에 따른 영향은 2020년 전 세계 47%의 나라에 미치고 있다. 2020년 선진국의 5세 미만 아동과 비교해 1억 4,920만 명의 아동 발육 상태는 매우 좋지 않다. 이에 2030년까지 아동 발육 저해를 50%까지 줄이기 위해서는 연간 감소율을 두 배로 늘려야 한다(연간 2.1%에서 3.9%로). 한편, 우크라이나 위기는 세계 최빈곤층의 식량 부족 촉발의 원인이 되었다. 이는 우크라이나와 러시아는 전 세계에 밀 30%, 옥수수 20%, 해바라기 종자 제품 80%를 수출하고 있다. 반면 세계 15억 명 인구는 비만 혹은 과체중을 겪고 있다. 이로 인한 당뇨, 심장 및 혈관질환 등과 같은 심각한 질병 위험에 노출되어 있다.

 FAO에 의하면 기아(Hunger)는 정상적이고 활동적이며 건강한 삶을 살기 위해 필요한 최소한의 열량의 식사를 섭취하지 못하는 것이라 정의하고 있다. 또한 건강한 삶을 위한 안전하고 영양가 있는 식품을 정기적으로 섭취할 수 없는 상태를 식량 불안 상태라 하며, 단계를 나누어 이들을 모니터링하고 있다. 이에 따르면 2021년 전 세계 7억 200만~8억 2,800만 명이 기아에 시달렸으며, 전 세계 인구 3명 중 1명에 해당하는 약 23억 1천만 명이 중간 또는 극심한 수준의 식량 불안을 겪었다. FAO는 지속가능발전목표의 이행 실천을 통해 '기아 종식과 지속가능한 농업(SDGs 2번 목표) 실현의 중요성을 강조한다(이창언 편, 2023).

SDGs는 2015년 9월 25일 유엔 회원국이 만장일치로 합의한 사람, 지구 및 번영을 위한 행동계획이다. SDGs는 17개 목표, 169개 세부목표, 230여 개 지표로 구성되어 있다.

SDGs 17개 목표 중 "모든 형태의 기아와 영양실조를 근절하고 식량 안전보장"을 담은 목표는 2번 목표이다. SDGs 2번 목표(기아 종식과 지속가능한 농업)는 8개의 세부목표가 있다. SDGs 목표 2의 세부목표는 안전하고 영양가 있는 충분한 음식에 대한 접근 보장(2-1). 5세 미만 아동의 발육 저해에 대응(2-2) 강화이다. 5세 이하의 영양실조 상태에 놓인 어린이는 2019년 세계에서 21%(1억 4,400만 명)로 2000년 수치가 32%를 감안하면 여러 가지 개선 필요성이 대두되고 있다. 따라서 2030년까지 목표치 3% 달성을 위해서 지속적인 노력이 필요하다.

<그림 3-1> SDG 2번 목표와의 연계성

※ 출처: IAEA 홈페이지(https://www.iaea.org/)

기아 종식을 위해서 기후위기, 기상이변, 가뭄, 홍수 및 기타 자연재해에 대한 적응력 강화와 지속가능한 식량 생산 시스템 보장과 복원력 있는 농산물 관리의 실행(2-4)이 중요하다. 동식물의 유전적 다양성의 유지(2-5) 역시 세부목표로 설정되어 있다.

SDGs 2번 목표 달성을 위한 방안은 소규모 농업 생산자의 생계 및 생산 능력 향상, 농업 생산자의 토지, 기술 및 시장 접근에 대한 동등한 접근 보장과 같은 지속가능한 농업 모델 홍보를 포함한다. SDGs 목표 2는 이행 수단으로서 국제협력과 무역구조 및 시장의 정비를 통한 식량 생산 촉진을 제시한다. 인프라 및 기술 분야에 대한 투자 보장을 위한 국제 협력은 기아 종식과 농업 생산성을 높일 수 있다.

또한 SDGs 목표 2의 실행과 달성은 세부목표에 추가로 식량 가격과 관련된 금융투기, 토지수탈 등에 대한 민주적 통제부터 식문화의 성찰까지 포함될 수 있다. '더 나은 식량시스템' 구축은 더 많은 식량 생산량만을 의미하는 것은 아니다. 전 세계 90억~110억 명의 사람들은 기존 생산된 식량만으로 살아갈 수 있다. FAO, IFAD, WEP 공동연구 보고서에 따르면 기아의 본질은 식량 생산량 부족보다는 소비 패턴, 토지와 다른 천연자원, 자본금과 시장, 분배 네트워크의 불균형 때문에 발생 된다고 하였다.

국가 차원의 SDGs 2번 목표 달성을 위해서 첫째, 식량의 안정성을 높여야 한다. 국내 생산 및 수입을 통해 적절한 품질과 공급량의 확충, 식량자원의 독점적 생산뿐만 아니라 자원 획득 권리, 적절한 영양소, 위생, 건강 측면을 고려한 식량을 효율적으로 활용해야 한다.

둘째, 농업 기반 시설을 확충해야 한다. 기아는 영양분의 부적당한 섭취와 낙후된 농업 기반 시설과 관련이 있다. 작물 수확 후 저장 및 가공기술력을 높여야 한다.

셋째, 농민이 공정한 가격을 받을 수 있는 시장 접근성을 높여야 한다. 농업 협동조합과 같은 제도는 수익은 물론, 공동생산과 판매를 통해 상부상조하는 농촌 공동체이자 사회 집단의 역할을 하기에 지역사회의 경제력 외 사회서비스 네트워크 향상에 기여할 수 있다.

넷째, 농지의 적정한 규모와 질의 보호 못지않게 미래세대와 식량 체계 간 연계성 강화가 주요 과제로 설정되어야 한다. 농지가 없으면, 농민이 되려는 젊은이들의 수가 줄어들게 되고 그러면 농업의 지속가능성은 불투명해진다.

모든 사람의 식량에 대한 접근성 확보를 위해 농업은 지속적인 발전이 필요하다. 이를 위해서는 농업 생산성 상승, 소규모 농가의 소득 향상, 토지, 기술, 시장에 대한 접근의 기회균등, 지속적인 식량 생산 시스템, 농업 부문에 대한 투자 증가 등이 요구된다.

우리는 우리 가족이 먹을 수 있는 충분하고 안전하며 영양가 있는 음식을 원한다. 기아가 없는 세상, 지속가능한 농업은 우리의 경제, 건강, 교육, 평등 및 사회 발전에 긍정적인 영향을 미칠 수 있다. 이것은 모두를 위하여 더 나은 미래를 만드는 핵심 요소이다. 또한 기아가 인류의 발전을 제한하면 교육, 건강 및 성평등과 같은 다른 SDGs를 달성하지 못할 것이다.

FAO는 COVID-19 확산과 함께 세계의 기아 인구는 더욱 증가되어 팬데믹 발생 이전에 비해 약 1억 5000만 명이 증가하였으며, 전 세계 인구 중 중간~심각한 수준의 식량불안을 겪은 사람이 약 3억 5천만 명 증가했다(2021년 기준)고 말한다. 이들을 위한 체계적이고 안정적인 식량 공급이 이루어지지 않으면 2030년까지 SDG 2번 목표의 달성은 어려워질 것으로 전망한다(이창언 편, 2023).

041 | SDGs와 보건, 복지, 웰빙

건강한 삶은 환경, 경제, 사회 기둥과 연계되어 있다.

건강과 보건은 개인의 삶뿐만 아니라 사회 발전의 원동력이다. 지속가능한발전은 현세대와 더불어 미래세대의 행복한 삶이 가능할 수 있는 것을 의미한다.

지속가능성은 지속적인 건강과 보건을 보장해야 하는 과제를 포함한다. 그리고 건강과 보건은 국제-국가-지역의 정책과 분리되어 있지 않다. 보건의료는 지속가능발전의 3대 축인 환경, 경제, 사회 측면에 모두 밀접하게 연결되어 있다. 지속가능한발전과 건강 증진을 위한 보건의료는 상호 간 원인이자 결과다.

세계 보건기구(World Health Organization)는 건강의 의미를 '질병이나 허약함이 없는 것뿐만 아니라 신체적·정신적·사회적으로 안녕(安寧)한 상태'라 정의하고 있다. '건강권'에 대해서는 성취할 수 있는 최고 수준의 신체적·정신적 건강을 누릴 권리(the right to the highest attainable standard of physical and mental health)라 정의하고 있다. WHO는 1974년 '건강'의 의미를 확장하여 단순히 질병이 없는 상태가 아니라 보다 광범위한 차원의 웰빙(Well-Being)으로 확대하였다. '행복'이나 '삶의 만족'을 추구하는 웰빙은 현대를 살아가는 인간이 어떻게 살아가야 하는가에 대한 해답으로 제시되었다. 육체적·정신적 건강의 조화를 이루는 라이프스타일이나 문화로 일상에서 사용되는데 외국에서는 웰빙과 같은 개념으로 웰니스란 용어를 보편적으로 사용하고 있다(이창언 편, 2023).

<그림 3-2> SDG 3번 목표

※ 지속가능발전목표(SDGs) 3번 목표는 건강한 삶을 보장하고 전 연령대의 복지를 촉진시키는 데에 중점을 두고 있다. 세부목표 3.8인 보편적 의료보장(Universal Health Coverage, UHC)을 달성하는 것은 의료비에 대한 재정적인 위험 보호와 필수 의료 서비스에 대한 접근, 모두가 안전하고 효과적인 고품질의 약과 백신을 적절한 가격에 제공받을 수 있을 것을 포함한다. 이는 SDGs의 건강 관련 다른 목표들뿐만 아니라 전체 목표를 달성하는 데 있어서도 핵심적이다(이창언 편, 2023).

건강은 개인 문제가 아니라 사회구조적인 문제다.

건강은 개인 문제가 아니라 사회문제이다. 개인 수준의 건강 역시 교육수준, 직업, 소득수준, 지위와 같은 사회경제적인 위치와 무관하지 않으며, 다양한 사회경제적인 위치에 따른 건강상의 차이가 나타난다. 이를 사회·경제적 건강 불평등이라 할 수 있다. 건강의 사회적 결정요인은 '사람이 태어나고 살아가는 과정에서 삶의 환경과 질병에 영향을 주는 모든 요인'을 의미한다.

건강은 한 사회의 사회정책, 정치 등의 거시적인 요인뿐 아니라 의료서비스, 어릴 적 생활환경을 포함한 생활환경 요인, 질병에 대한 감수성, 흡연, 음주, 운동과 같은 건강 관련 행동, 생물학적인 위험 요인들, 삶의 물질적 환경, 정신·사회적 요인, 주거의 불안정, 부채 등의 재정적 스트레스 요인을 포함하는 개념이다.

의료 산업화는 건강 불평등을 심화한다.

한국은 심각한 건강 불평등 문제를 겪고 있다. 저소득계층과 고소득계층의 연간 진료비용 차이는 점점 벌어지고 있다. 고소득계층의 노인은 저소득계층보다 내원이나 입원율이 높다. 특히 교육수준 및 재정 자원에 의하여 의료서비스 이용이 결정된다. 특히, 암 등과 같은 심각한 질환 환자는 의료 이용 불평등 격차가 두드러진다.

신자유주의 지구화 흐름 속에서 한국은 의료 산업화를 적극적으로 추진하고 있다. 그러나 의료계 안팎에서 국민의 의료불평등 격차는 매우 커질 것임을 예견한다. 의료산업화는 의료서비스와 관련된 산업화를 의미하며, "영리법인 의료기관 설립의 허용"과 "민간의료보험의 활성화"가 주요 정책 수단이다. 건강서비스의 탈국가화, 탈규제화, 자유화는 기존 보건의료제도를 시행하는 국가들을 위협하고 있다. 특히 탈국가화된 민간의료보험이 보편적으로 실행되고 있는 미국의 보건의료체계는 국민의 건강 수준을 위협하고 있다. 미국은 전 국민의 15%가 의료보험에서 배제되어 있으며, 이로 인하여 연간 약 200만 명이 의료비로 파산하고 있다.

SDGs 3번 목표는 인간의 보편적인 권리로서 건강권을 인식하고 있다.

목표 3은 개별적인 보건 이슈 해결이 아니라 인간의 보편적인 권리로서 건강권을 인식하고, 이를 9개의 세부목표(target)와 4개의 세부실행목표로 구체화했다. 목표 3은 개발도상국 경우 여전히 큰 문제인 모자보건과 전염병 문제뿐만 아니라 모든 국가에 큰 위협 요소인 비전염성 질병, 담배, 약물남용, 교통사고 등을 포함하고 있어 변화하는 국제 보건 이슈를 적절히 담아내었다고 평가된다.

구조적으로 보면 신생아, 아동, 모성이라는 보건 취약계층을 위한 세부목표 2개, 전염성 질병, 비전염성 질병 등 질병 예방과 관리를 위한 세부목표 2개, 건강한 삶을 위협하는 외부 요소인 약물남용, 교통사고, 공해와 오염을 줄이기 위한 세부목표 3개, 필수 보건 서비스인 성 생식보건과 보편적 필수 보건 서비스 보장을 위한 세부목표 2개, 국제적인 공조가 필요한 담배 규제, 의약품 지적 재산권, 의료 인력, 국제 보건 위험 관리를 강제하기 위한 세부실행목표 4개를 설정하였다(오충현, 년도).

보편적 의료 보장 서비스(Universal Health Coverage, UHC) 및 건강과 보건 관련 지속가능발전목표 달성을 위한 모든 회원국의 노력을 지지하기 위한 보편적 의료보장 고위급회담 선언문은 지속가능발전목표 3번의 이행이 궁극적으로 확장해야 하는 것이 무엇인지 보여주고 있다.

한국의 UHC 수준은 빠르게 개선되어 주요 선진국 중에서 한국보다 UHC 서비스 보장지수가 높은 국가는 캐나다와 영국뿐이다. 다만, 보건의료 종사자의 수는 인구 1,000명당 임상 의사 2.5명, 임상 간호사는 4.2명으로 OECD 국가와 비교하면 부족한 편이다. 또한 지불 능력 대비 의료비 지출 수준이 10% 또는 25%를 넘어가는 가구가 어느 정도 되는지를 분석하는 과부담 의료비 지출 가구 비중은 다른 OECD 국가와 비교해 가장 높다.

WHO를 중심으로 한 국제사회는 결핵환자와 그로 인한 사망자를 줄이기 위한 전략을 운용 중이며, 이를 통해 결핵 발생률을 2025년까지 50%, 2023년까지 80%까지 줄이고자 한다. 한국의 2019년 결핵 발생률은 인구 1만 명당 59명으로 이는 OECD 국가 중에 가장 높은 수치이다. UHC 및 건강과 보건 관련 지속가능발전목표 달성을 위한 모든 회원국의 노력을 지지하기 위한 보편적 의료보장 고위급회담 선언문은 지속가능발전목표 3번의 이행이 궁극적으로 무엇을 확장해야 하는지 보여주고 있다.

'모든 사람이 가장 높은 수준의 신체적, 정신적 건강을 누릴 권리'를 재확인한 선언문에서는 △ 사회·경제·환경 및 기타 보건 문제의 통합적 관리 △ 노년층의 삶의 질 개선을 위한 노력의 확대 △ 국가별 상황과 우선순위에 맞춘 전통적인 의료 서비스와 보완 의료 서비스 간 적절한 통합 방법의 모색 △ 양질의 저렴한 필수보건 서비스의 평등한 제공과 접근성 확대를 강조하고 있다. 이의 성공적인 달성을 위해서는 국가와 지역사회 차원에서의 이행 전략의 수립, 사회적·경제적·인적 자원의 육성과 역량 강화 등의 대비와 관리가 전제되어야 한다.

건강한 삶의 보장과 모든 세대의 복지 증진은 공공성의 증진이라는 관점을 견지할 때 비로소 가능하다. 건강과 복지의 평등한 제공과 접근성의 확대를 위해서는 지역사회의 보건 및 의료자원의 분포에 대한 충분한 검토가 필요하다. 여기에 더해 의료 수요에 대한 조사와 현황 파악이 우선되어야 한다(이창언 편, 2023).

지역에서 건강한 삶의 보장과 모든 세대의 복지 증진을 위한 과제들.

목표 3에 대하여 지역이 재구성하고 실현하기 위한 몇 가지 전제에 대한 합의, 실태 파악, 그리고 이를 반영한 구체적인 지표 제시가 필요하다. 먼저 '건강한 삶'에 대한 정의와 합의가 필요하다. 건강한 삶은 물질적, 비물질적 요소 모두를 포함한다. 어떤 이는 건강한 삶은 단순히 아프지 않은 상태, 수명이 늘어나는 것이겠지만 어떤 이에게는 정신과 육체적인 스트레스를 덜 받고, 아프지 않으며 행복하게 사는 것일 수 있다. 건강은 충분한 의료시설과 서비스 제공만이 아니라 환경적, 경제적, 사회적 요소와 관계를 맺고 있다. 따라서 질병 관리와 공동체적 이웃 관계를 만들기 위한 노력이 시도되어야 한다.

지역의 현실에 적용가능한 지표 개발은 시급하다. 목표 3의 신생아 사망률, 아동 사망률, 모성 사망 비율은 이미 달성되었기 때문에 가족계획 및 모자보건 프로그램 성과를 세계적으로 공유하는 노력이 뒤따라야 한다. 한국은 지구화, 기후변화로 인한 전염성, 비전염성 질병 예방 및 치료, 약물남용 및 교통사고로 인한 사망 감소, 유해 물질, 환경오염과 관련된 현황을 파악하고 적용가능한 목표와 구체적인 지표를 제시해야 한다. 일례로, 지역은 약물남용자에 대한 주삿바늘 혼용, 약물남용 치료 프로그램, 약물남용 예방 프로그램, 알코올중독 유병률, 교통사고 사망자 수 등의 체계적인 통계 확보를 해야 한다.

지구화와 교통 발달은 사람들의 국가 간 잦은 이동과 전염성 질병의 전파를 빠르게 하고 있다. 또한 기후변화 역시 신종 전염성 질병을 증가시키고 있다.

따라서 이에 대한 국가-지역사회는 적극적으로 대비와 관리에 관심을 가져야 한다. 지자체는 질병 관리 대응체계 정비를 통해서 전염성 질병의 지역사회 유행 예방뿐 아니라 유입 가능성이 있는 전염병에 대한 충분한 대비와 관리에 힘써야 한다.

환경오염으로 인한 건강 손실과 질병 사망 비율은 각각 24%와 23%에 달한다고 한다(2004년 WHO의 자료). 유해 물질과 공기, 물, 토양의 오염은 사람과 생물종(식·동물)에게 치명적이다. 그러나 여러 지자체는 환경오염과 건강의 상관관계에 대한 체계적인 통계 확립을 하지 못하고 있다. 지금부터라도 공단, 상업지구, 주거 지역만이 아니라 군사 시설(미군기지 포함)에 대한 정밀한 환경오염 실태에 대한 조사가 이루어져야 한다.

지자체는 지역주민을 위한 서비스 개발, 의료기관의 투명한 운영과 의료 질 관리를 위한 장기적이고 체계적인 대응체계를 구축해야 한다. 건강한 삶의 보장과 모든 세대의 복지 증진은 공공성의 증진이라는 관점을 견지할 때 가능하다. 즉, 주민에게 제공되는 의료서비스는 치료에 국한되지 않고 질병 예방, 치료, 재활 등으로 포괄적이어야 하며 공급되는 의료서비스의 질적 수준을 보장해야 한다.

지자체는 의료 불평등을 줄이기 위해 공공의료시설을 더욱 확충해야 한다. 의료생협 설립을 지원하는 것은 좋은 대안이 될 수 있다. 의료생협은 지역사회에서 정신질환자들을 위한 정신보건서비스, 장애인들을 위한 재활서비스, 영세 사업장 건강관리를 위한 지역산업보건서비스를 제공할 수 있다. 의료생협이 활성화되면 치료 중심의 대형종합병원에서 수용하기 힘든 예방과 재활 중심 의료서비스 확대를 통하여 지역사회 의료서비스의 질을 높일 수 있다.

개인 건강은 지역사회 건강과 직결된다. 지역사회의 건강을 변화시킬 힘은 현실과 주민에게서 나온다. 지역은 실정에 맞는 SDGs 실현을 위해 지금부터라도 건강과 보건 관련 각종 통계, 각종 정보 공유와 이에 기초한 현실적 지표 계발을 시작해야 한다. 동시에 건강과 보건과 관련한 지역적 역량 강화를 위해 지역적인 보건 위협 대응체계(보건의료 거버넌스)를 구축해야 한다.

042 | 모두를 위한 양질의 교육과 평생학습

모두, 포용, 양질, 평생학습 기회 증진.

Education for All 즉, '모두를 위한 교육'은 취학 전 아동의 복지 및 교육 개선, 모든 아이를 위한 양질의 무상 초등 의무 교육 달성, 성인과 어린이를 위한 생활 기술 훈련 및 교육의 증진, 성인 문맹률 50% 개선, 초·중등교육에 대한 남녀 격차 해소와 교육 성평등 달성, 모든 면에서 양질의 교육의 질 향상(UNESCO, 2015, Global Monitoring Report, GMR)을 포함한다. 이는 SDGs 목표 4의 총 7개 세부목표와 3개의 이행 방법으로 구성되어 있다.

'포용적이고 공평한(inclusive and equitable)'은 SDGs의 기본 정신으로, 지난 시기 개발이 소수 국가, 소수 계층 혹은 민족에 편중된 혜택을 낳았다는 반성에 의거, SDGs 전체 목표에서 강조되고 있는 용어이다.

'양질의 교육(quality education)'은 교육 기회의 제공을 넘어 교사 훈련, 학교 설립, 학습자료 제공, 학습 프로그램의 혁신을 포함하여 교사가 양질의 학습을 제공하는 데 그들의 동기, 힘, 지식, 기술을 이용할 모든 기회를 주는 것과 관련이 있다. 양질의 교육은 한 사회의 교육 문화 및 교육재정 확보 의지, 제도에 영향을 받는다.

'평생학습 기회(life-long learning opportunities)'는 SDGs가 MDGs(새천년개발목표)와 달리 선진국을 포함한 교육 목표를 가지고 있음을 보여준다. 선진국은 이미 초등교육, 교육에서 성평등 달성의 목표에 도달했기 때문이다. 이때 평생교육은 생존을 위한 기술 습득 보다는 적극적 시민성 함양에 무게를 두는 교육이다. '높은 수준의 민주주의'는 시민적 덕목과 시민의 참여에 달려 있고 이는 결국 시민성 교육을 전 사회적으로 시행할 때 가능하다.

평생학습은 평생 동안 지식, 기술 및 역량의 지속적인 습득을 강조하므로 SDG 4 달성에 필수적이다. 그리고 다음과 같은 방법으로 지속가능발전에 중요한 역할을 한다. 평생학습은 첫째, 개인이 진화하는 직업 시장, 새로운 기술 및 변화하는 사회적 요구에 적응하도록 돕고, 자신의 경력에서 관련성과 경쟁력을 유지하도록 한다. 개개인의 성장, 자신감, 자각을 촉진하고 사회에 의미 있게 기여할 수 있도록 한다. 둘째, 모두에게 접근 가능한 학습 기회를 제공함으로써 다양한 그룹 간의 사회적 통합, 이해 및 존중을 장려하여 보다 통합적인 사회에 기여한다. 셋째, 다양한 연령대 간의 지식과 경험 공유를 촉진하고 사회적 결속을 높이며 세대 간 격차를 해소한다. 넷째, 복잡한 글로벌 문제를 해결하고 지속가능발전을 추진하는 데에 필수적인 창의성, 비판적 사고 및 문제 해결을 장려한다. 다섯째, 민주적 절차에 참여하고 지역사회 개선에 기여하는 정보에 입각한 책임감 있는 시민, 참여하는 시민을 양성한다(이창언 편. 2023).

교육은 밥이고 생명이다.

전 세계적으로 법과 조약은 교육을 기본적인 인권으로 공인하고 있다. 그 이유는 교육이 개인의 삶과 사회에 미치는 영향력 때문이다. 저소득 국가의 모든 아동이 학교에서 기초 읽기 능력을 습득한다면, 1억 7천 1백만 명의 아동은 빈곤에서 벗어날 수 있다. 이는 세계 빈곤층의 12%에 해당한다. 그리고 국가 인구의 평균 학력이 1년 증가하면, 1인당 연간 국내총생산(GDP)은 2%~2.5% 증가한다.

교육을 받은 사람은 질병에 대해 더 잘 알고, 예방책을 따르며, 건강 관리 시스템 이용률이 높다. 따라서 교육 개선은 질병, 특히 HIV/AIDS와 같은 감염성 질병의 발병을 줄이는 강력한 방법으로, 교육을 통하여 HIV 예방 인식을 증가시킬 수 있다.

교육의 힘은 투표율과 정치 참여, 타자에 대한 공감과 협동을 강화하는 데 기여하고 있다는 명백한 증거도 있다. 남미 14개국의 투표율을 보면 교육받지 않은 사람보다 초등교육을 받은 사람은 5%, 중등교육을 받은 사람은 9%로 투표율이 더 높았고, 제3세계에서 중등교육을 받은 시민은 초등교육만 받은 시민보다 서명, 불매운동을 할 가능성이 2배 더 높다고 한다. 그리고 남미에서 중등교육을 받은 사람은 초등교육을 받은 사람보다 다른 인종에 대한 배타성을 47% 더 적게 드러내는 것으로 나타났다.

특히 여성에 대한 교육은 엄청난 변화를 초래한다. 여성 대상 교육은 취업 기회를 높이고, 건강을 유지하게 하며, 사회 활동에 참여하게 할 뿐 아니라, 자녀 건강에도 지대한 영향을 미치며, 인구의 안정적인 증가를 돕는다(2013/4 EFA 세계현황보고서)

SDGs와 지속가능한 평생교육의 기회 제공

4.1과 4.2는 보편적 초등교육 달성 확대를 통하여 양질의 중등교육, 초등교육과 연계된 유아 교육에 대하여 4.3과 4.4는 적정비용의 양질의 기술교육, 직업교육 및 대학 과정을 포함한 고등교육에 대한 청소년과 성인의 접근성 제고를 주문한다. 4.5는 성차별 해소, 취약계층이 교육과 직업 훈련을 받을 수 있는 동등한 접근성을, 4.6은 문해력과 수리력에 대한 성취도를 언급하고 있다. 4.7은 교육 분야 목표 중 가장 특별한 목표라 말할 수 있다.

SDGs 목표(세부목표7)는 "2030년까지 모든 학습자들이 지속가능발전교육 및 지속가능 생활방식, 인권, 성평등, 평화와 비폭력 문화 증진, 세계시민의식, 문화다양성 및 지속가능발전을 위한 문화의 기여 등에 대한 이해를 높이는 교육을 통해 모든 학습자가 지속가능발전목표 달성에 필요한 지식 및 기능을 습득할 수 있도록 보장"할 것을 명시하고 있다. 따라서 글로벌 시민성(Global Citizenship) 함양 교육은 한국을 비롯한 OECD 국가 교육의 핵심적 과제이다.

이것은 지속가능발전교육(Education for Sustainable Development), 글로벌시민교육(Global Citizenship Education), 개발교육(Development Education), 글로벌교육(Global Education), 글로벌학습(Global Learning)이라고 다양한 이름을 붙일 수 있다.

한국에서는 시민사회단체와 전국지속가능발전협의회 지역 조직이 민주시
민교육, 지속가능발전교육, 시민환경대학, 환경캠프, 마을학교 등 다양한 이름
으로 수행하고 있는 교육과 많은 부분이 유사하다. 이 교육은 민주주의의 질적
발전과 공간적 확산, 자본주의 순화를 위한 다양한 실험, 자원 활동의 광대한
민간에너지 개발, 사회혁신을 위한 시민운동, 사회적 약자의 권리옹호, 환경을
보호하는 균형적 삶, 국제연대를 통한 지구적 문제 해결, 자율과 연대에 기초
한 대안 문명 등을 지향한다. 이 교육은 좌우의 이데올로기 대립 상을 통한 정
책형성과 국제정세 파악이라는 이분법적 패러다임을 거부하며 공론장을 통해
국가 운용방식(modus operandi)을 변화시키고 개인을 조직화하는 것에 관심을
둔다.

SDGs 4번 목표의 세부목표7(4.7)은 SDGs의 시작과 함께 그 중요성이 부각
될 것으로 보인다. SDGs 달성을 위한 필수적인 지속가능발전교육은 SDGs 체
제에서 전 지구적 책임(Global Responsibility)과 권리, 상호 존중의 윤리와 협동의
문화를 창조한다는 점에서 대단히 중요하고 특별한 교육이라고 할 수 있다.

SDG 4의 이행을 촉진하기 위해서는 다양한 정책 및 규제 프레임워크가 필
요하다. 주요 프레임워크는 다음과 같다.

첫째, 정부는 양질의 교육을 촉진하고 교육에 대한 평등한 접근을 보장하며
소외된 지역 사회의 요구를 해결하는 교육 정책을 개발해야 한다. 정책은 또한
제공되는 교육의 질을 향상시키기 위해 교사의 훈련과 지원을 우선시해야 한
다. 둘째, 정부는 모든 아동, 특히 소외된 지역 사회의 아동이 양질의 교육을 받
을 수 있도록 교육 재정에 투자해야 한다. 여기에는 학교 건물, 교과서 및 디지
털 리소스와 같은 교육 인프라에 대한 투자가 포함된다. 셋째, 교육의 형평성
을 촉진하는 정책은 모든 아동이 양질의 교육에 동등하게 접근할 수 있도록 보
장하는 것이 중요하다. 정부는 성별 격차를 해소하고 장애아동의 통합을 촉진
하며 소외된 지역사회에 교육 기회를 제공하는 정책을 개발해야 한다. 넷째,
데이터는 SDG 4를 달성하기 위한 진행 상황을 모니터링하고 교육 정책 및 프
로그램이 효과적인지 확인하는 데 중요하다. 정부는 의사 결정이 증거에 기반

하도록 보장하기 위해 교육 데이터 수집, 분석 및 보고에 투자해야 한다. 다섯째, 정부, 시민사회 단체 및 민간 부문 간의 협력 및 파트너십은 SDG 4를 달성하는 데 매우 중요하다. 파트너십은 자원을 동원하고, 교육 혁신을 촉진하며, 다양한 이해관계자 간의 조정과 협력을 개선하는 데 도움이 될 수 있다.

이러한 프레임워크 외에도 UNESCO 및 UNICEF와 같은 국제기구는 SDG 4를 달성하기 위해 교육 정책을 홍보하고 정부에 기술 지원을 제공하는 데 중요한 역할을 한다(이창언 편, 2023).

043 지속가능한 지역사회를 만드는 교육 접근법 : ESD(지속가능발전교육)

현재 우리를 둘러싼 문제는 그 어느 때보다 전문적이며 다양하고 복잡하다. 또 지구화의 진전에 따라, 직면한 문제 해결은 국경을 초월한 협력·협조를 필요로 한다. 나아가 전 세계적으로 발생하는 기후위기는 우리의 생명은 물론 지구환경 또는 지구의 자연환경 존속 자체를 위협하고 있다. 지구온난화, 생물종다양성 위기는 하나밖에 없는 지구의 지속가능성과 밀접한 관련이 있다. 이러한 위기를 반영하듯 세계 각국은 유엔 기후변화협약에 따라 온실가스 배출량 감축에 나서고 있다.

이처럼 전 지구적인 문제에 직면한 미래세대에 기존 지식·정보를 제공하는 교육을 넘어 과제 해결 도출을 위한 교육의 필요성이 대두되고 있다. 지구의 지속가능성을 위해서는 필요한 자질과 역량이 요구되며, 이를 육성하기 위해서 교육 본연의 자세가 무엇인지 함께 생각하고, 다양한 이해관계자의 공동 실천을 통해서 공유해 갈 교육이 기획·실행되어야 한다는 것이다. 지구와 모든 이들의 생존을 위한 실천은 환경뿐 아니라 경제와 사회를 통합적으로 인식하는 동시에 모든 분야의 지식을 동원할 필요가 있고 동시에 국제적인 연계가 필요하다. 따라서 '교육'을 통하여 지구-국가-도시의 지속가능성을 위한 추진력과 효과는 배가 될 수 있다.

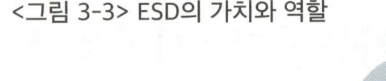

<그림 3-3> ESD의 가치와 역할

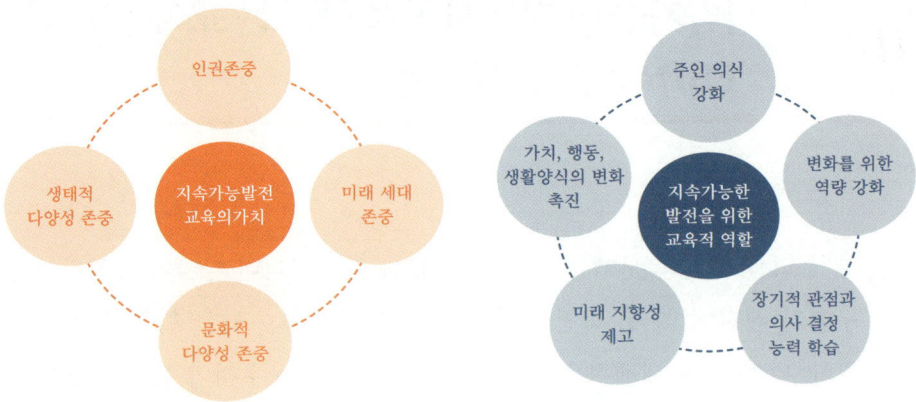

※ 출처: 당진시(2022)

　　지속가능발전교육(Education for Sustainable Development, 이하 ESD)는 '현대 사회 문제와 해법으로서 지속가능발전을 자신의 과제로 인식하고, 가까운 곳에서 실행하는(think globally, act locally) 가치관과 실행력을 목표로 하는 학습이나 교육 활동'으로 정의된다. ESD는 지구상에서 발생하는 다양한 사회문제가 먼 훗날 일어날 일, 남의 일이 아니라 자신의 생활과 밀접히 관련되어 있다는 점을 인식하고, 그 해법을 찾는 것에 중점을 둔다.

　　본질적으로 지구-국가의 지속가능성은 지역사회, 일상의 문제로 이어지기 때문에, 배움을 실생활이나 사회혁신으로 연결하는 것이 ESD의 본질이다. ESD는 배우고 가르치는 삶의 연쇄를 강조한다. 따라서 ESD는 일방적인 교사 주도 수업이 아니라 그룹 활동과 같이 협동적인 활동이나 체험적인 활동에 중점을 둔다.

　　지속가능한 사회를 만드는 교육 접근법은 지역이 가지는 사회적·문화적 배경, 학습자의 인식과 행동의 발달 단계를 고려하며 환경·사람·사회를 배려하는 관점과 태도 강화를 주요 과제로 설정한다. ESD가 중시하는 역량과 태도는 ① 비판적으로 생각하는 힘 ② 미래상을 예측하고 계획을 세우는 힘 ③ 다면적 종합적으로 생각하는 힘 ④ 소통하는 힘 ⑤ 다른 사람과 협력하는 힘 ⑥ 관계를 존중하는 태도 ⑦자진해서 참가하는 태도라고 할 수 있다.

ESD를 실행해 온 많은 학교에서 ESD는 학생의 정서발달과 자기 긍정성 함양에 기여하고, 주체성과 협동 역량을 높이며, 학교와 지역사회의 연계를 촉진하고 있다. 지구촌 교육전문가와 당국자들은 학교와 지역사회에서 실행되는 ESD가 "사회문제의 배경과 본질, 상호연계성 이해, 다면적이고 종합적인 견해를 중시한 체계적인 사고력, 비판력을 중시한 대안적 사고력, 데이터나 정보를 분석하는 능력, 커뮤니케이션 능력, 리더십 향상에 기여하고 있다"고 평가한다.

　참고로 ESD는 SDGs 4번 목표인 '양질의 교육과 평생학습'에 제시되어 있다. SDGs는 2030년까지 지속가능발전교육 및 지속가능한 생활양식, 인권, 성평등, 평화 및 비폭력적 문화추진, 지구시민, 문화 다양성과 문화의 지속가능발전에 관한 기여 등에 대한 이해를 높이는 교육을 통해 모든 학습자가 지속가능발전목표 달성에 필요한 지식 및 기능을 습득할 수 있도록 한다(4.7). 그동안 유엔이 '모든 이를 위한 교육(Education for All, EFA)'을 중심으로 초·중등교육 단계에서 미취학 아동 퇴치에 힘을 모았다면 유엔 SDGs는 '교육의 질 향상'에 주안점을 두고 있다.

044 | ESD, ESDGs, 지속가능발전대학

지속가능발전교육(Education for Sustainable Development, 이하 ESD)은 지속가능발전의 개념, 내용, 그리고 절차 등에 대한 학습 과정과 더불어 지속가능발전을 달성하기 위하여 학습자들의 능력과 의지를 길러주는 과정의 교육을 의미한다. 즉 개인에서 가정, 학교, 지역사회, 국가, 국제사회에 이르기까지 지속가능성과 관련된 쟁점을 이해하고 진단하고 이해하기 위한 교육을 의미한다.

ESD는 문제나 현상의 배경을 이해하고, 다각적이고 종합적인 견해를 중시한 체계적인 사고력(systematic thinking), 비판력을 중시한 대안의 사고력(critical thinking), 데이터 및 정보를 분석하는 능력, 의사소통 능력, 리더십 향상 등의 능력과 상호 존중, 다양성 인정, 비 배타성, 기회균등, 환경 보존과 같은 태도를 강화시켜 준다.

최초 ESD의 공식 국제문서 등장은 1992년 리우 정상회의에서 채택된 어젠다21의 제36장이다. 여기서 ESD는 지속가능발전을 위한 교육 쇄신으로서 정규교육을 포함한 교육, 공공인식 및 훈련을 통해 인간과 사회는 잠재력을 완전히 발휘할 수 있는 과정임을 서술하고 있다. 10년 후 열린 요하네스버그정상회의(리우+10)에서 '유엔 ESD 10년(UN Decade of Education for Sustainable Development, 2005-2014: DESD)'이 제창되어 2005년~2014년에 걸쳐 세계적인 ESD 확산을 도모했다. 이후 세계 각국 정부가 참여하는 ESD 국가위원회(National Committee)를 설립함으로써 교육, 경제, 외교정책 분야에서 ESD의 이념을 반영하게 했다.

유네스코는 ESD의 지속적인 확산을 위하여 2016년부터 2020년까지 약 5년 동안 ESD를 위한 국제실천프로그램(Global Action Programme, GAP)을 실행하였다.

GAP은 ESD의 10년 성과의 확산을 목표로 실시되었다.

GAP은 ① 정책추진 ② 학습 및 교육환경 ③ 교사의 역량 향상 ④ 청년의 권한과 역량 강화 ⑤ 지역 수준에서 지속가능한 해법 제시 강화라는 다섯 가지 우선 행동 분야를 설정한다. 2015~2018년에 걸쳐 적어도 다음과 같은 큰 성과를 얻었다.

전 세계적으로 약 900개의 ESD와 관련한 전략적인 정책의 책정, ESD 추진을 위한 1,400개 이상의 프로그램 실시, 약 15만 개 학교와 2,600만 학습자들에 대한 지원, 200만 교사와 4만 6,400여 개의 교육기관 지원, 340만 명의 젊은 리더에 대한 지원, 약 76만 명의 연수자(트레이너) 육성, 5,600개 이상의 시민사회단체의 ESD 활동 촉진, 2,300개 이상의 로컬 ESD 활동 구조 구축 등이었다. 유네스코는 2019년 11월 열린 제40차 유네스코 총회에서 GAP의 종료 시점에 즈음해 '2030을 위한 지속가능발전교육(ESD for 2030)'을 채택하였다.

ESD와 세계시민교육(Global Citizenship Education, GCED)은 '2030 지속가능발전의제'의 일부분으로, 지속가능발전목표 4번 교육 부문에 편입되어 있다. 특히 세부목표 4.7은 ESD와 지속가능한 생활방식, 인권, 성평등, 평화와 비폭력 문화증진, 세계시민의식, 문화다양성 존중에 우선순위를 두고 있다. ESD와 GCED를 증진하는 데 있어, 상호 연결된 세 가지의 학습 영역인 인지적, 사회·정서적, 행동적 영역은 가치 기반의 총체적인 접근방식, 즉 변혁적인 학습을 발전시키는 데 있어서 필수적인 것으로 여겨진다. 'ESD for 2030'의 주요 과제는 파트너 찾기, 네트워크 간의 연계화, 특히 이를 한층 더 촉진하기 위한 지역 네트워크 확립이었다.

ESD는 환경친화적이고 건강하며, 포용적이고 평등한 세계·국가·도시, 일, 고용, 기업가 정신, 시민성을 고양하기에 좋은 환경과 리더십, 커뮤니케이션 능력을 제고하는 과정이다. ESD는 형식, 비형식, 무형식 전달 메커니즘과 다양하고 유연한 학습 경로를 제공하고, 학습에의 진입 및 재진입을 가능하게 함으로써 대학 구성원만이 아니라 국가와 지역사회에 거주하는 모든 연령층과 모든 교육 단계에 평생학습 기회를 제공한다. 이는 모든 사회와 모든 계층의 학습 요구를 고려함으로써 평등과 포용을 촉진할 수 있다. 이를 위해서 대학뿐 아니라 지역사회에서 ESD는 전공, 교양 교육은 물론, 과학과 기술, 가족, 고용, 산업 및 경제발전, 이민과 통합, 시민정신, 사회복지와 공공재정 관련 정책을 포괄할 수 있는 범 영역적 접근이 반드시 필요하다.

2015년 9월 유엔이 합의한 '우리 세계의 전환: 2030 지속가능발전 의제'는 모든 SDGs의 지역적 맥락에 따른 ESD 구현을 포함하고 있다. 따라서 ESD, SDGs 교육을 지역화하고, 지속가능한 도시 조성과 2030 의제 달성을 위한 기본 원리로 평생학습이 자리 잡아야 한다는 요구가 있다. 학습 도시는 특히 SDG 목표 4(모두를 위한 포용적이며 공평한 양질의 교육 보장 및 평생교육 기회 증진)와 SDG 목표 11(지속가능한 도시와 공동체)의 달성에 대응하고 있다.

이러한 시도의 일례는 2016년 이후 여러 지자체에서 시도되고 있는 '지속가능발전대학'의 운영이다. 지속가능발전대학은 지역사회의 지원, 수강생 개인의 준비된 상태, 적합한 자료와 시설의 구비, 주요 이슈에 관한 지식과 정보를 제공하는 자료와 교육과정, 양질의 교육을 촉진하는 평가를 포함한 수요자 중심의 교육 접근법을 이수한 교사들을 통한 교과과정, 사회 내에서 긍정적인 참여와 국가별 교육목표와 연계된 지식, 능력, 태도를 포함하는 산출물이라고 할 수 있다.

SDGs 채택 이후 한국은 평택을 시작으로 전국 각지에 지속가능발전대학을 설립 운영하고 있다. 지속가능발전대학은 SDG 목표 4번인 '양질의 교육'을 충족시키려고 했다는 점에서 지방 ESD(지속가능발전교육), ESDGs 교육으로 규정할 수 있다.[1] 여기서 '양질의 교육'은, 양질의 학습자(Quality Learners), 양질의

---

1 ESDGs(Education for Sustainable Ðevelopment Goals)는 '지속가능발전을 위한 교육(ESD)'에 기반하면서 ESD뿐만 아니라 더 넓은 범위의 이슈, 목표를 포함한다. 또한 대학, 지역사회가 어떻게 SDGs에 참여할 수 있는지에 초점을 둔다. ESDGs는 사람들에게 전공과 상관없이 SDGs가 포착한 문제를 해결하고 사회에 필요한 변화에 기여할 수 있는 기술, 지식, 사고방식을 제공하는 교육으로 정의한다. ESDGs의 목표는 학습자가 지속가능한 미래를 형성하는 적극적인 행위자가 되도록 권한과 동기를 부여하는 것이다. ESDGs 활동은 기존 대학, 지역사회의 표준 관행이 아닌 다양한 혁신적 학습 방식으로 진행된다. ESDGs의 고유 요소는 지속가능발전에 대한 교차 인식, SDGs 활용 능력, 전문지식과 기술의 융복합 능력, 혁신의 동기, 협업 등을 들 수 있다(SDSN, 2020). ESDGs가 효과적이기 위해서는 맞춤형 교육 지원 사업이 필요하다. 사람들의 의식은 하루아침에 바뀌지 않는다. 또한, 실천도 한꺼번에 도약하지 않는다. 이는 눈높이에 맞는 지역사회 SDGs 접근 방법과 도구를 제공해야 하는 근거가 된다.

환경(Quality Learning Environment), 양질의 자료(Quality Content), 양질의 교육과정(Quality Process), 양질의 산출물(Quality Outcomes)을 포함한다.

전국 각지의 지속가능발전대학 기획과 운영 시스템 접근 시도는 추진 기관(지역 지속가능발전협의회 서비스)의 교육과정, 교수·학습(지속가능발전대학 서비스), 인적 역량 형성(지속가능발전대학 준비 스텝의 서비스), 시설(운영 서비스), 파트너십(지역사회 지원 서비스)에 관한 이해를 제고시켜 주었을 뿐 아니라 교육환경의 개선과 서비스 질의 향상을 가져왔다. 지속가능발전대학을 함께 준비한 지방자치단체와 지역 대학은 SDGs 추진력으로서 인적·재정적 자원과 전문적 지식과 정보, 교육 장소(강의, 워크숍, 졸업식)를 제공했다. 그리고 다양한 직업군, 성별, 연령대를 포용하며 평생교육의 기회를 확대했다(이창언, 2020a: 413).

지속가능발전대학은 전국지속가능발전협의회 지역 조직의 위상 제고와 조직혁신을 촉진했다는 평가를 받고 있다. 즉 지속가능발전대학 과정을 통해 시정 거버넌스의 필요성과 중요성이 확산되었으며, 후속 조치로 협치 조례, 지속가능발전 조례를 제정하고, 협치 위원회와 지속가능발전위원회를 설치하는 등 제도화와 SDGs 이행체계 구축에 기여했다. 그러나 넘어야 할 산도 높고 건너야 할 강은 깊다. 그리고 여러 과제와 교훈도 남겼다.

한국은 여러 지자체의 지속가능발전대학을 다양한 이해관계자가 준비하고 이를 통해 지역 ESD(지속가능발전교육)의 성숙도를 높이기 위해서 ESD에 대한 총체적 시스템(whole-system approach) 접근이 필요하다. 이 총체적 시스템 접근을 위한 영역 프레임워크는 거버넌스(정책/의사결정/재정과 예산/모니터링과 평가), 교육과정(과정/교수/학습), 인적 역량 형성(리더십/전문성 신장/인적 자원), 시설과 운영, 파트너십 등 다섯 가지 영역 요소에 대한 촘촘한 계획 수립, 모니터링 평가와 피드백을 통한 개선이 가능하도록 시스템을 구축하는 것이다(Connelly, 2013: 88-90).

지방자치단체는 예산뿐 아니라 SDGs 교육과 실천의 성공적 이행을 위해 매우 중요한 데이터 수집과 모니터링 제공에 있어 중요한 역할을 담당해야 한다. 2030 의제(SDGs: 지속가능발전목표)에 대한 책임과 투명성 담보를 위해 적절한 도움과 자원, 그리고 기술적인 노하우와 역량 개발이 필요하다. 지속가능발전

대학 개최를 위해서 지방자치단체, 기업, 대학, 중간지원조직, 시민사회단체는 협력하여 공동교육프로그램을 개발하고, 맞춤형 교육 지원사업을 통해 지역사회 SDGs 접근 방법과 도구를 제공할 수 있어야 한다. 지속가능발전대학은 지방자치단체의 리더와 주요 의사결정자, 공무원, 도시회복력 및 적응분야 전문가들, 시민사회단체 활동가들로부터 SDGs 지표 개발과 평가를 하도록 하고, 파트너십을 강화할 수 있는 지역사회 SDGs 플랫폼(SDGs platform) 구축의 촉진자로 설계되어야 한다.

SDGs 플랫폼이 장기적인 종합 도시계획 메커니즘(collaborative municipal planning mechanism) 역할을 하기 위해서는 지역 소재 대학의 역할이 중요하다. 또한 ESD 교육의 지속성과 내용성 확보, 이슈화, 재원 확보를 위해서는 지역사회 지속가능발전대학 네트워크 구축을 진지하게 검토해야 한다. 한편, 지역사회는 협력을 통한 지역대학의 통합적 관리 틀로서 지속가능도시센터(가칭)를 설립하는 것도 생각해 볼 때다.

이를 통해 중간지원조직의 난립, 중복사업, 예산 낭비 방지 효과를 기대할 수 있다. 센터는 ESD 커리큘럼 개발과 학위, 비학위 교육프로그램 제공 외 지역의 지속가능발전 전략을 둘러싼 정책 개발, 의사결정 컨설팅, 학술 연구의 수준 향상과 지방자치단체와 대학의 사회서비스 능력 제고와 실행에도 기여할 수 있다(이창언, 2020a: 415).

현재 지역사회의 여러 가지 여건을 고려할 때 SDGs의 현지화를 위한 전제는 지속가능발전대학을 준비하는 한편, 다양한 이해관계자가 참여하는 ESD 네트워크(명칭은 네트워크 구축의 필요성이 공유된다면 후속 모임에서 진행)를 구축하는 것이다. 이는 ESD의 포괄적, 참여적 과정을 확대할 수 있는 한 방안이 될 수 있다. ESD 네트워크는 분과학문 간 연계와 지역사회 ESD 네크워크 간 연계를 통해 지역사회 현실에 부응할 수 있는 지속가능발전 커리큘럼 혁신과 개발, 체계적인 커리큘럼 개발, 시민과 이해관계자가 참여하는 교육과정과 교육프로그램의 기획과 제공 등을 할 수 있다.

045 | ESDGs(지속가능발전목표 교육)와 대학혁신

고등교육은 국가경쟁력을 좌우할 수 있는 핵심 요소이며 미래 사회를 이끌어갈 수 있는 인재 양성을 위한 최종적인 교육 단계이다. 따라서 변화하는 사회 모습에 대하여 발 빠른 예측과 선제적 정책 변화가 필요하다. 이에 최근 글로벌 환경의 변화는 미국 패권주의 약화, 양극화 심화와 고용 없는 성장의 지속, 국제적 이동 증가와 인구 구조의 변화, 4차 산업혁명과 초연결사회의 도래 등으로 요약할 수 있다.

최근 지구촌의 많은 대학은 ESD(지속가능발전교육)나 SDGs를 통해서 고등교육의 위기 극복을 위한 노력을 하고 있다. SDGs 교육·연구·실행은 '지속가능한 사회-대학' 형성을 위한 국제-지역적 사회혁신 역량을 높이기 위한 중요한 수단으로 인식했기 때문이다. UN SDSN(유엔 지속가능발전 해법 네트워크)은 대학이 SDGs 교육·연구·이행을 통해 얻을 수 있는 효과를 다음과 같이 제시한다. 그것은 새로운 교육·연구 수요 확보, 협치형 대학운영과 혁신, 외부 섹터와 협력, 글로벌 대학 이미지와 인지도 제고, 새로운 자금조달 접근성 확보 등이다(이창언, 2020b).

유럽은 이미 발트해 지역대학과 고등교육 기관을 아우르는 국제 네트워크인 발트대학교 프로그램(BUP)을 통해 개방적이고 포용적인 조직으로서 대학 교육과정의 상을 제시한 바 있다. BUP에서 학생과 파트너는 양질의 교육과 다양한 컨퍼런스를 제공받고 정부·기업·시민사회와 공동 교육·연구 프로젝트를 수행한다.

또한 이웃 나라의 중국과 일본 대학은 SDGs 교육과정 개설, 지역, 부문의 경계를 넘어 타 기관, 섹터와 연계한 학제 간 연구, 국경을 넘는(Cross-Border) 교육, 지역 거점대학 육성에 박차를 가하고 있다. 도쿄대학의 '미래사회 이니셔티브(FSI)'는 SDGs를 매개로 한 벤처 생태계 확대, 기업과 공동연구 성과의 사업화, Society 5.0 실현을 위한 지역사회 협력, 지역연구기관 설치, 대학을 거점으로 한 지역 스마트화 보급, 지역에 걸맞은 데이터 활용형 산업 창출, 해외 산학협력 등을 과제로 설정했다.

특히 세계적인 대학평가기관인 타임즈 고등교육(Times Higher Education, THE)의 세계대학 영향력 순위 발표는 대학의 SDGs 참여를 독려하고 있다. '세계대학 영향력 순위'는 평화적이고 포용적인 사회 건설 목표를 지표 평가로 구성되어 있다. 이는 SDGs 이행에 대한 기여도 측정을 통한 대학 평가를 의미한다. 또한 ESG(환경, 사회 거버넌스)와 지속가능경영보고서 참여 기업의 확대, '지속가능성을 위한 세계지방정부 협의회(ICLEI)'의 야심 찬 활동 역시 SDGs를 통한 대학혁신의 촉진제로서 작용한다. 문제는 한국 대학의 혁신 의지다. 21세기 한국 대학은 도시 내의 섬이 되어서는 안 된다(이창언, 2020b).

046 | 대학 ESDGs와 연구 영역

대학과 SDGs 교육을 연계한 직접적인 SDGs 목표는 목표 4 '포용적이고 공평한 양질의 교육 보장과 모두를 위한 평생학습 기회 증진'이며 세부목표로 4.2 '적합한 기술을 지닌 청소년과 성인의 수 확대', 4.3 '양질의 교육에 대한 평등한 접근 보장', 4.5 '모든 수준의 교육과 직업훈련에 평등한 접근 보장', 4.7 '지속가능발전 증진을 위해 필요한 지식과 기술 습득 보장'이다. 이행수단은 4.a '모두를 위한 안전하고 비폭력적이며, 포용적이고 효과적인 학습 환경 제공', 4.b '고등교육 장학금 확대', 4.c '자격을 갖춘 교사 공급 확대'에 포함되어 있다(Takayanagi, 2018: 64; 이창언, 2020b: 135).

최근 대학은 SDGs 교육의 다음과 같은 점에 주목하고 있다. 첫째, 디자인 역량(Design Capability) 강화를 위해 다양한 교육 매체와 방식, 흥미를 촉발하는 교육 기제를 활용한다는 점이다. 이에 온라인 교육, 링크와 Real World Web 활용, 학생과 청소년을 위한 교육과정 개발이 시도되고 있다. 그리고 대학과 지역 투어, 이에 투어를 위한 캠퍼스 조성사업, SDGs 이벤트, 캠페인, 학생과 교원을 위한 리더십 프로그램, 국제 인턴십 등 다양한 참여자 중심의 교육프로그램을 진행하고 있다(이창언, 2020b: 135).

둘째, SDGs와 직업교육, 직업훈련이 연계된다는 점이다. SDGs 4.3, 4.4, 4.5에서 연속적으로 강조되듯이 교육 영역에서 직업교육을 중요하게 다루고 있다. 직업교육은 횡단 이슈(Crosscutting issue)로서 목표 8 '지속적·포괄적·지속가능한 경제성장과 생산적 완전 고용과 양질의 일자리 증진'의 세부목표 8.2, 8.3, 8.5, 8.6, 8.b, 그리고 여성의 직업능력 강화(목표 5), 불평등 해소(목표 5) 등과 연계된다. 세대, 계층, 성, 지역 형평성과 새로운 산업의 경향성을 예측한 교육

(목표 4)이 시도되고 있다. 그리고 개발도상국은 SDGs 이행·실천에 기여할 수 있는 프로그램, SDGs를 매개로 외국인 유학생, 졸업생 교육, 국제 캠퍼스 조성과 학술 교류 프로그램뿐만 아니라 국제장학금 자금 원조, 해외 대학과 SDGs 공동 대응을 위한 국내 연수 프로그램 운영 등 개발도상국 대학과 교류사업을 활발하게 진행하고 있다(이창언, 2020b: 135-136).

SDGs와 ESDGs 교육은 대학 구성원들에게 '통합적 문제 해결 역량' 강화에 기여할 수 있다. '지속가능성의 핵심역량(Key Competencies for Sustainability)'은 문제 해결 수행을 가능하게 하는 지식·기술·태도의 복합체로서 지속가능성을 위협하는 구조적 또는 새로운 도전과 기회와 관련된 해결 능력을 의미한다(이창언, 2020b: 136). ESD를 통해 우리 삶의 터전인 자연과 사회, 문화에 관심을 가지고 제대로 인식(인식 능력)하고, 자신 머리로 생각하며 판단하고(비판적 사고 능력), 배움을 지향하며 행동하는(실천력) 능력과 태도가 강화될 수 있다.

대학의 SDGs 연구와 직접 연관된 세부목표와 이행수단은 목표 9 '회복력 있는 사회기반시설 구축, 포용적이며 지속가능한 산업화 증진과 혁신 도모' 중 9.5에 언급되어 있다. 이 세부목표는 과학 연구의 혁신 강화와 1백만 명 당 연구개발(R&D) 종사자 수, 공공·민간 연구개발 지출 증가와 산업 분야의 기술 역량 향상을 목표로 한다. 이행수단인 9.b와 목표 12 '지속가능한 소비와 생산' 중 이행수단인 12.a는 과학적 연구를 위한 사용 가능 자원 투입의 필요성, 정책을 위한 환경 확보, 개발도상국의 기술 개발, 연구 혁신 지원과 과학기술의 역량 강화를 강조한다. 목표 17 '이행수단 강화와 지속가능발전을 위한 글로벌 파트너십 재활성화' 중 세부목표 17.6은 전 세계적인 기술 촉진 메커니즘 등을 통해서 지식을 공유할 것을 제안한다. 17.8은 후발 개발도상국을 위한 정보통신 기술(ICT)을 비롯한 실현 기술의 이용 강화를 목표로 한다(이창언, 2020b: 137). 12.a와 유사한 맥락에서 목표 14 '지속가능발전을 위하여 대양, 바다, 해양자원 보전과 지속가능한 이용' 중 세부목표 14.4, 14.5, 이행수단 14.a는 과학적 정보에 기초한 해양관리 계획의 이행, 과학적 지식과 연구역량 강화를 강조한다. ICT 혁신은 삶의 질 향상에 기여하며, 과학-경제-사회 사이에 선순환적 협력이 이루어진다면 더욱 포용적이며 공평한 미래 사회를 위한 포석이 될 수 있다(이창언, 2020b: 137).

'SDGs 이행을 위한 과학기술혁신(STI for SDGs)'은 4차 산업혁명 시대와 SDGs 시대의 만남을 선도할 수 있다. 대학은 '과학, 기술과 이노베이션(Science, Technology and Innovation: STI)'을 통해서 SDGs를 실천하는 혁신적 기업과 지방 정부의 사회적 공헌을 유도, 학생들의 현장 경험을 강화하며 대학 연구의 전문화와 다양화를 촉진하려고 한다. 이를 통해 대학 집행부는 재정 확충과 인지도 상승을 모색할 수 있다.

SDGs 연구는 전통적인 분야별(정부, 기업, 시민사회) 접근과 새로운 분야 간 협력, 특히 과학, 정보, 기술 섹터와의 제휴가 빈번해지는 연구 영역이다. SDGs 이행과 실천을 위한 과제는 광범위하여 학제 간 연구, 실증연구, 현장연구를 강화하고 있다. 대학의 SDGs 연구는 지역과 도시의 사례연구(case study)를 촉진하며 대학 구성원과 외부 그룹을 위한 SDGs 커리큘럼, 학술정보, 관련 전문가 네트워크 구축에 기여한다. 또한, SDGs 정보 축적과 공유할 아카이브 구축도 가능하게 한다.

SDGs 연구가 보다 활성화되기 위해서는 학제적 연구를 통한 연구방법론의 공동설계와 공동실행, 공동평가를 위한 통합적 시스템 설계, 연구의 인센티브 구조 구축, 예비연구자를 위한 연구비, 장학금 제공을 위한 기반 조성 계획이 마련되어야 한다(이창언, 2020b: 137).

047 | 대학 ESDGs의 의미와 효과

우리나라 대학 교양 교육 차원에서 지속가능발전교육(Education for Sustainable Development, ESD)와 SDGs 교육 확산의 가장 기본적인 실천은 지속가능발전교육 관련 과목 개설을 점점 확대하는 것이다. 그리고 장기적으로 BUP처럼 교양학부나 교육대학, 대학원 과정에 '지속가능발전교육'을 하나의 모듈로 구성하는 '지속가능발전교육' 전공을 개설, 운영하는 방식도 고민할 수 있다. 기초과정은 '지속가능발전교육의 토대', '지속가능발전의 문제와 지구적 학습' 모듈을 포함해야 하며, 심화 과정과 전문화 과정은 '지속가능발전교육 직업실습', '지속가능발전교육 견학', '지속가능발전교육의 이론적 윤리적 토대'의 모듈을 포함한다.

한국은 특수한 상황과 여건, 문화 역량 정도를 고려해야 하지만 전제는 대학 내 책임 있는 수행 주체를 확보하고, ESD와 SDGs 추진계획과 전략을 수립해야 한다. 일본은 SDGs 대학센터에서 이러한 역할수행을 하고 있다. 대학센터는 해당 대학의 건학 정신, 가치와 지향을 지속가능발전과 연계시켜 확산시키며 대학 성원(학생, 교수·교직원)과 타 섹터의 성장을 돕는 역할수행을 한다. 또한 센터는 지역의 지속가능발전 전략을 둘러싼 연구와 다양한 그룹의 의사결정 컨설팅, 정부(지방)와 주요 기관의 사회서비스 능력·실행을 지원한다.

지속가능발전센터 또는 SDGs 센터는 분과학문 간 연계, 국내외 네크워크 간 연계(국내외 지속가능발전네트워크, UN대학, ESD 기관, ICLEI, 해외 대학, 대학 센터, 지속가능발전 학과, 연구소 등)를 통해 지속가능발전 커리큘럼의 혁신과 개발을 진행하고, 장기적으로는 전문적인 학위 프로그램(체계적인 커리큘럼, 교육과정, 복수 석사학위 프로그램)을 수립하고 제공해야 한다.

ESD와 ESDGs에 대한 총체적 시스템 접근이 모색되어야 한다. 이를 위해 대학 교육 리더 세미나(Education Leader Seminar) 실행이 필요하다. 이 세미나는 교육 리더들에게 ESD와 ESDGs 정보를 전달하고, 동기를 부여하며, 지속가능한 지역사회와 학교 시스템을 변화시키는 데 필요한 지식과 전략을 제공하는 것을 목표로 한다. 그리고 학교 시스템의 일차적 기능은 교수와 학습에 있는 만큼 ESDGs를 위한 교수와 학습을 지원하기 위한 역량 구축이 세미나의 주된 초점이다.

이 세미나는 △ 대학의 수준에서 SDGs 이행과 실천에 대한 센터(대학)의 필요성을 이해하고 △ 대학 시스템의 모든 측면에 ESD를 통합하기 위한 변화관리 전략을 개발하며 △ SDGs를 실행하는 데 있어 리더로서 역할을 명확하게 하고 △ 동료 교수, 직원, 학생, 지역사회가 SDGs에 대한 함께 이해하고 소통하며, SDGs와 관련된 자문과 지원, 그리고 아이디어를 위한 자원에 대해 인지해야 한다.

요크대학 지속가능아카데미(York University: The Sustainability and Education Academy: TSEA)의 '총체적 학교 접근(whole-school approach)'에서 제시된 '총체적 시스템 접근(whole-system approach)'은 대학 교육시스템 재정립에 기여할 수 있다. 이 영역 프레임워크는 ESD, ESDGs와 관련한 기관 내부의 기획과 실행 상황을 측정하고 실행하기 위한 틀을 제공한다. 이 틀은 진척 상황에 대한 점검을 통해 시스템 차원에서 추가적인 지원이 필요한 부문을 파악하고 성공적인 실천을 공유하는 쪽으로 활용될 수 있다.

대학 ESD, ESDGs 교육과정 설계와 SDGs 이행 실천을 위한 이해당사자 그룹과의 거버넌스의 구축과 세밀한 교육과정[교수/학습(학교 서비스)], 인적 역량 형성(인적 자원/직원 서비스), 시설(운영 서비스)과 파트너십(지역사회 지원 서비스) 등은 통합적으로 점검되어야 한다. ESD, SDGs에 효과적으로 부합하는 교육시스템의 임무와 목표 선언, 고위직 교육 리더들을 대상으로 한 ESD, SDGs 교육프로그램 이수, 각자의 관할 영역에 있는 부서가 지속가능성에 적절히 대응할 수 있도록 각 부서들의 교육 재정립 계획 수립, 다양한 교육연수 및 교육프로그램에

ESD 정착 지원, ESD, SDGs 교육 예산의 우선 순위화 등을 적극적으로 모색해야 할 것이다.

유엔 지속가능발전해결네트워크는 대학이 SDGs를 통해서 얻을 수 있는 이익을 새로운 대학 연구와 교육에 대한 수요 확보, 대학 내부의 거버넌스 운영 및 혁신, 그리고 외부 협력체계 구축, 글로벌 대학 이미지·인지도·영향력 제고, 새로운 자금조달 접근성 확보를 통한 대학 자립력 강화로 규정한다(SDSN, 2017). SDGs는 대학의 △ 교육 △ 연구 △ 대학 내부의 거버넌스 문화와 윤리 확산과 운영의 혁신 △ 사회적 공헌이라는 네 가지 측면에서 효과적이다.

이를 나열하면 '대학 SDGs'는 첫째, 학제 간 및 학제 전반에 걸친 연구를 통해 대학과 사회의 혁신을 위한 솔루션을 제공할 수 있다. 둘째, 국제-국가-지역 차원의 정책 제언과 실행력을 확보함으로써 연구기관으로서 고유한 지위를 유지할 수 있다. 셋째, 기업, 지자체, 대학, 연구기관, 시민사회단체 등 다 부문적 협력을 통해 연구 역량을 구축할 수 있다. 넷째, 지속가능발전을 위한 교육을 통해 대학 교양, 전공 교육의 다양화, 대학 교양 교육의 목적 실현, 책임감과 능력을 갖춘 인재 양성, 역동적인 학생들이 주축이 된 SDGs 실천 등을 통해 대학 역량 강화에 도움이 된다. 다섯째, 고질적이며 낡고 관료적인 대학 운영을 혁신하고 SDGs와 연계된 거버넌스 및 운영을 모색할 수 있다. 여섯째, 모든 대학의 혁신 활동은 대학 보고서에 통합하여 평가받을 수 있다. 마지막으로 사회적인 공헌을 위한 다 부문적 참여와 대화, 그리고 행동을 통하여 사회문제 해결의 중요한 기관으로서 위상을 제고할 수 있다는 것이다.

SDGs는 대학을 포함 공식 교육기관에서의 지속가능발전을 위한 교육을 방해하는 장애물(자금 부족, 동기부여의 결여)을 극복할 수 있는 기회이다. 특히 자금 문제와 관련이 있다. 정부 기관, 국제 은행, 자선사업 기업가 같은 자금 조달자들은 SDGs의 성취와 관련된 사업을 지원한다.

<그림 3-4> 대학이 SDGs, ESG 실천시 얻는 효과

048 | 지속가능발전 도시와 대학

SDGs 이행을 위한 지방정부의 노력과 지역대학의 역할

지속가능발전 고위급정치포럼과 함께 열린 'SDGs의 지역화 로드맵' 이벤트(2016년 7월 15일)에서 지방정부 대표와 유엔 기구는 SDGs 달성을 위한 지방정부 이해당사자의 역할을 논의하였다. 여기에서 SDGs 목표와 세부목표 설정부터 이행 수단 결정, 측정과 모니터링 지표 사용에 이르기까지 2030 의제 달성은 지역적 맥락을 고려하는 과정으로 'SDGs 지역화(localizing SDGs)'를 핵심적인 주제로 선정하였다.

현재, 국내 지방 차원의 SDGs 실행을 위한 설계는 여러 곳에서 진행되고 있다. 국내 지방정부 SDGs 추진 현황 중 광주광역시 사례가 있다. 광주광역시는 광주 5차 의제를 통해 총 16대 과제와 62개 실천 과제를 구체화했다. 인천 남구는 34개의 남구형 지속가능발전 지표를 선정하였고, 9개의 대표 지표를 도출하였다. 수원시는 수원시 지속가능발전 전환 체계의 통일성과 통합성을 고려한 수원형 이행 목표(SDGs) 작성을 2016년 9월부터 2017년 12월까지 기간을 설정하여 준비하였다. 충청남도는 현재 기존의 정책자문위원회에 지속가능발전위원회 기능을 부여하고 지속가능발전협의회와의 연계를 강화하고 있다.

이 중 지속가능발전협의회는 지역 차원에서 진행하는 SDGs 실행의 4개 단계를 상정하고 있다. 1) 이해당사자 그룹 이외 이웃, 지역을 포함한 모든 그룹의 관심을 고려한 맞춤형 메시지를 전달하는 '포용적이고 참여적인 과정', 2) 글로벌 목표 및 세부 목표를 지역의 목표 및 세부 목표로 전환하는 '지역 SDGs 의제 설정 과정', 3) 목표기반(goal-based) 계획을 수립하고 혁신적인 파이낸싱과 실행 메커니즘을 설치하는 'SDG 실행 계획 수립 과정', 4) SDGs 이행의 성과와 한계를 분석하고 대안을 모색하는 '모니터링 및 평가 과정'이다.

한국적 SDGs의 재구성과 실천은 우리 사회의 사회적 자본과 신뢰에 기반한 지역 역량을 먼저 구축하지 않는다면 창조적 실현이 불가능하다. SDGs 실현 수단인 로컬 거버넌스는 복잡하고 다양한 환경 변화에 대한 반응, 즉 공동체의 외부 환경에 국가가 적응해 가는 경험의 증명서라 할 수 있다. 지역 차원에서 지방정부의 정책과 제도 설계는 통합적이며 총체적인 접근을 통하여 통합과 보완 전략을 모색해야 한다. 그리고 지방정부는 잠재력 극대화를 통해 지방 지속가능발전을 핵심적으로 추진하고 촉진할 수 있도록 지방의 다층적인 거버넌스 시스템을 효과적으로 구축해야 한다. SDGs 이행과 실천이 체계적이고 총체적이며 통합적으로 추진되기 위해서는 지방정부가 지속가능발전협의회, 지역시민사회, 지역대학과 경험과 지식을 체계적으로 교환하고 공유할 수 있는 파트너십을 구축해야 한다. 여기서 지역대학은 SDGs 추진력으로서 자원과 정보를 제공하고 지속가능성을 위한 세계지방정부 네트워크 이클레이(ICLEL)가 제시한 10대 의제와 SDGs 도시 의제(목표 11 지속가능한 도시와 공동체)를 중심으로 지방 지속가능발전의 내용적 틀을 새롭게 조정하는 데 기여할 수 있다.

지역대학은 지식·인적 자원, 공간·시설 자원, 그리고 경제적 자원 등 다양한 자원을 보유하고 있는 기관이다. 동시에 대학은 교육, 연구와 함께 봉사의 사회적 임무를 가지고 설립된 기관이기도 하다. 최근 한국은 지역주민의 역량 강화를 통하여 지속가능한 도시를 위한 다양한 사업을 진행하고 있는데, 이 과정에서 대학과 지역사회 간 협력을 통해 대학의 다양한 자체 자원을 활용하자는 목소리들이 높아지고 있다. 하지만 지역사회의 당면한 문제 해결에 있어 대학이 가진 다양한 자원들을 어떻게 활용할 수 있을 것인지, 즉 구체적으로 '어떤 협력'을 '어떻게 실현'하여 '어떤 문제' 해결에 기여할 수 있을지에 대한 고민은 부족한 실정이다.

최근, 인구감소, 지방인재의 유출 및 지방 도시 쇠퇴, 고령화 등의 변화된 환경 속에서 대학이 자체 자원을 지속가능한 도시와 지역재생을 위하여 활용해야 한다는 여론이 강화되고 있다. 한편, 학령기 인구감소, 국공립대학의 법인화 등의 영향으로 대학은 교육 소비자 확대, 대학의 경쟁력 강화, 대학의 존재감 향상을 위한 과제에 직면해 있다. 대학의 교육, 연구, 봉사의 세 가지 주요 사회적 임무 중, 기존의 교육·연구와 더불어 '사회에 대한 기여'의 중요성에 대한 목소리가 점차 높아지고 있다.

최근 대학은 기존 인재 육성(교육)과 지식 생산(연구)의 책무와 함께, 도시재생의 핵이 될 수 있는 대학, 평생학습의 거점이 되는 대학, 사회의 지적 기반으로서 대학의 역할 등 지속가능한 도시, 지역재생의 핵심적인 역할 또한 담당할 것을 요구받고 있다. 일본의 Center of Community(이하 COC) 사업 경험은 지역 대학교에도 좋은 사례가 될 수 있다.

지역대학들은 일본 요코하마의 사례와 같이 「대학·도시 파트너십협의회」를 설립하고, 이를 통해 대학의 지적 자원과 인재를 활용하여 지역 과제 해결 및 지역 경제 활성화를 위해 대학, 지역, 행정, 기업 간 연계를 도모해야 한다.

<표 3-1> 대학과 지역사회의 협력과정

대학발전위원회	대학·도시 파트너십 협의회 구성	지속가능 지원센터 설립	통합적 관리틀 구성	피드백
대학과 지역사회 전문인력참여	비전과 목표의 공유 책임주체 설정	지역사회 네트워크 형성	제도화	평가(환류)

이 협의회는 지역 소재 대학교 센터장과 지자체장 및 관련 부서 국장, 그리고 관내 중간지원 조직 대표들로 구성된 성공적인 대학-지역사회 협력을 위해 중요한 역할수행을 해 나가야 한다. 이 협의회 실행위원회(실무담당자)는 시청 자치교육과 내에 대학-지역사회 협력팀 구성을 통하여 대학 관련 업무에 관한 전담 소통 창구이자 각 대학과 시청의 연결고리 역할을 해야 한다. 동시에 시청뿐 아니라 대학 내 설치된 전담 조직의 원활한 연계를 위해 노력해야 한다. 일본 요코하마 시립대 경우, 2009년 「지역공헌센터」를 설치, 대학-지역사회 협

력 활동을 전담하고 있다.

대학 지속가능도시센터의 상과 역할

평택대학교와 국제대학교 등 지역 소재 대학은 지속가능한 도시 실현을 위한 민관산학 거버넌스에 대한 전반적 업무(기획·연구·교육·실행)를 수행하는 '지속가능도시센터'를 설치될 필요가 있다. 이 센터는 지역 소재 대학교와 지자체-의회-중간지원조직-시민사회를 연결하는 조직으로 지속가능한 지역공동체 비전 모색과 실행을 위한 다양한 인문학, 지역학, 도시계획 수립, 연구, 교육, 공동사업의 평가기관이자 수행기관이 될 수 있다. 가칭 '○○대학교지속가능도시센터'는 시민-대학생의 자발적인 공익활동을 촉진하고 건전한 성장을 지원함으로써 지역대학과 시민의 공익활동 증진과 지역사회의 지속가능한 발전, 중간지원조직 간 연계와 네트워크 구축에 기여할 수 있다.

'(가칭) ○○대학교 지속가능도시센터'는 경제성장·사회 안정과 통합·환경보전의 균형을 이루며 성장할 수 있는 지속가능한 도시와 사람됨을 지향한다. '(가칭) ○○대학교 지속가능도시센터'의 역할은 지속가능 도시와 관련한 다양한 주제(일자리, 복지, 급식, 먹을거리, 도시재생, 사회적 경제 등)에 대한 '융·복합 서비스 제공(수요자 맞춤형 교육 서비스 제공, 현장 중심의 융·복합사업 확산 등)', '지역공동체 만들기(공유와 나눔의 지속가능한 지역경제 교육과 생태계 구축, 대학생시민 중심의 도시재생과 주거복지 교육과 대학생-시민 주도의 실행, 환경 친화형 건강 도시 조성)', '협치 플랫폼 구축(지역사회 다양한 지역 주체 네트워크 구축, 국내·외 도시 네트워크 강화, 다양한 중간지원조직과 시민이 참여한 지식 공유의 장 마련, 정보 공유형 사업기반 구축)', 대학생과 시민을 대상으로 하는 '지속가능발전교육(ESD)' 등을 설정할 수 있다.

'(가칭) ○○대학교 지속가능도시센터'는 명실상부하게 지자체와 시민사회의 거버넌스적 참여를 끌어내기 위해서 지역주민의 삶과 직결된 사회·경제·환경의 통합적 관리 틀 구축과 공동관리 능력을 강화해야 한다. 지역대학은 자체 실행 역량, 거버넌스 역량에 대한 점검과 강화, 건강한 협업 구축을 위한 전략을 수립해야 한다. 여기서 '목표 숙고하기', '시민참여 끌어내기와 네트워크 구축하기', '정책구조에서 기회 활용하기'와 같은 전략은 하향식-상향식, 개혁적-근본적 접근을 이어주는 방식을 제공한다.

대학이 선도하여 지역사회 중간지원조직의 통합적 관리 틀을 구축하는 '지속가능도시센터'가 되기 위해서 무엇보다도 인재 확보가 중요하다. 지역 소재 대학교는 지속가능발전과 거버넌스 이론과 실행 능력이 있는 인력(전임교수와 사무국)과 통합적 관리 공간(공동 활동 공간)을 확보해야 한다. '○○대학 지속가능도시센터'는 수원시지속가능도시재단 사례와 같이 지자체는 예산 지원 방식을 고려할 수도 있다. 지자체와 대학이 협력하여 '대학지속가능도시센터'를 설립하는 단계에서 지원, 필요한 자원의 연계, 운영 업무지원, 비영리민간단체와 중간지원조직 지원을 위한 관리정보시스템 구축, 통합적 관리 틀 모색 등 다양한 사업을 수행할 수 있다.

<그림 3-5> 수원시 지속가능도시재단 조직도

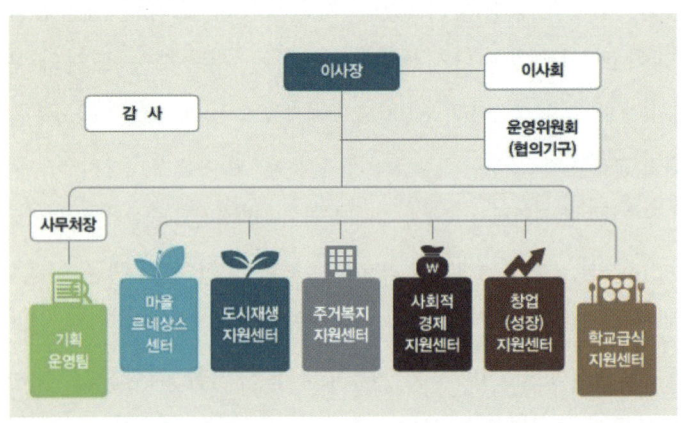

'(가칭) ○○대학 지속가능도시센터 기반정비 단계'에서 지역사회 비영리민간단체, 사회적 기업, 협동조합을 설립할 수 있는 환경을 정비하고 설립에 필요한 정보 및 자원을 제공할 수 있다. 이를 통해 대학의 학생과 동문 창업 지원 허브가 될 수 있다. '대학지속가능도시센터 자원 연계 단계'에서는 설립된

비영리조직, 사회적 기업과 협동조합 설립에 필요한 정보를 제공하고 장소·시설·기자재 등을 제공하거나 예산을 지원하며, 중간지원조직 간 정보교환 및 상호작용, 상담·컨설팅 업무를 잘 수행할 수 있도록 필요한 자원 발굴·중개 기능 등을 담당할 수 있다.

'(가칭) ○○대학교 지속가능도시센터'는 지속가능발전교육 확산을 위한 유엔지정 지역거점 전문교육센터(RCE)가 되어야 한다. 여기서 'RCE'란 지속가능발전(Sustainable Development) 구현에 필요한 지속가능발전교육(ESD) 확산을 위해 유엔대학(UNU)이 세계 각지에 조직한 지역전문교육센터이며 지역 전문기관들의 네트워크를 일컫는 말이다.

세계 RCE(Regional Centers of Expertise) 추진은 2002년 제57차 UN 총회에서 2005~2014년을 '유엔지속가능발전교육의 10년(DESD)'으로 제정하고 2005년 제33차 UNESCO 총회에서 유엔지속가능발전교육 10년을 위한 국제 이행 계획이 승인되면서 시작된 UN대학(일본 동경소재)은 2016년 전 세계의 127개 도시를 RCE로 지정했다.

국내는 2005년 통영시가 세계 8번째 RCE로 지정됐고, 2007년 인천은 국내에서 2번째로, 2011년 울주군, 2012년 인제군, 2014년 창원시는 5번째 도시로 지정됐다. 이웃 나라 일본은 규슈 후쿠오카현 기타큐슈시는 세계적으로 대표적인 'UN 지속가능발전교육도시'다. 기타큐슈시는 1960년대 5개 도시가 통합하여 오늘날 세계적인 다핵도시의 모델을 만들고, 반환미군 탄약고는 녹지와 문화공간으로 조성하여 평화적 활용에 기여하며, 대표적 공해 도시에서 세계적인 환경 도시로 발전한 창조적 도시재생의 모델로 알려져 있다.

'(가칭) ○○대학교 지속가능도시센터'는 유엔 지속가능발전목표의 지역적 재구성과 실행을 선도하는 센터로서 역할수행을 해야 한다. 2015년 9월 193개국 정상이 참석한 UN 개발정상회의에서 '지속가능발전목표'는 채택되었다. SDGs 이행을 위해 국제사회는 자발적으로 동참하고 있다는 점을 간과해서는 안 된다.

도시 지속가능발전목표의 세부 목표
Targets to drive urban sustainable development

	11.1 주거	11.2 교통	11.3 도시계획	11.4 문화유산	11.5 취약성	11.6 환경	11.7 공공 공간
11.1-7 주제별 세부 목표	2030년까지 적정 수준 및 가격대의 안전한 주택과 기본적 공공서비스를 사회구성원 모두에 제공	대중교통 확대를 통해 도로 안전을 제고함으로써 2030년까지 적정 비용의, 안전하고 접근이 용이한 지속가능한 교통 체계를 사회구성원 모두에 제공. 이 때 취약계층, 여성, 어린이, 장애인, 연장자 등의 필요에 특히 주목 할 것	2030년까지 지구촌 모든 국가에서 포용적이고 지속가능한 도시화, 그리고 참여적이고 통합적인 지속가능한 주거지 계획 및 관리를 위한 역량을 강화할 것	전 세계의 자연유산과 문화유산을 보호하고 지키기 위한 노력을 강화할 것	2030년까지 물로 인한 재난 등 재난으로 야기되는 사망자 및 피해자 수를 대대적으로 감소시키고, 국내총생산에 영향을 미치는, 경제에 대한 직접적 손실을 대폭 축소시킬 것. 이 때 빈곤층 및 취약계층 보호에 역점을 둘 것	2030년까지 도시의 1인당 환경 악영향을 감소시킬 것. 이때 대기 질과, 지방정부 및 기타 폐기물의 관리에 특별히 유의할 것	2030년까지 안전하고 포용적이며 접근이 용이한 녹지 및 공공 공간을 특히 여성과 아동, 연장자와 장애인을 포함한 모든 이에게 제공할 것

	11.a 도시-농촌 관계	11.b 통합 정책	11.c 정부 역량
11.a,b,c 이행 도구	국가 및 광역 차원의 개발 계획을 강화함으로써 도시, 도시 주변부 및 농촌 지역 간 경제, 사회 및 환경적 연계를 적극적으로 제공할 것	2020년까지 사회통합, 자원 효율, 기후변화 적응과 완화, 재난에 대한 회복력 등을 대비한 통합적인 정책과 계획을 채택하고 이행하는 도시와 주거지 수를 대폭 늘리고, 아울러 재난과 위기에 대한 통합적인 관리 계획을, '2015-2030 재해경감을 위한 센다이 기본계획'에 맞추어 모든 차원에서 개발하고 이행할 것	재정과 기술 지원을 포함, 최빈국들에 지역의 자재를 활용한 지속가능하고 회복력 있는 건축물 건설을 지원할 것

2015 ── 2030

SDGs 체제에 새로운 미래가 있음은 분명하다. 정부 출연 연구기관은 국제적인 정책 수요와 비교해 한국 사회는 어떤 정책이 필요하고, 어떤 산업에 어떠한 준비가 필요한지 미리 연구해야 할 것이다. 이에 정부는 부처별로 해당 목표에 관한 정책을 수립하고 있다. 특히 주거, 교통, 도시개발, 안전 등의 분야를 담당하는 국토교통부는 관련 정책 및 산업을 중심으로 대비를 서두르고 있다. '○○대학교 지속가능도시센터'는 유엔과 한국 정부 그리고 지자체와 중간지원조직과 협력하여 11.1(주거)뿐 아니라 ▷ 11.2(교통), ▷ 11.3(도시개발), ▷ 11.4(문화와 자연유산), ▷ 11.5(자연재해), ▷ 11.6(환경), ▷ 11.7(공공공간과 범죄), ▷ 11.a(통합적 개발계획), ▷ 11.b(재난위험관리체계), ▷ 11.c(건축물, ODA) 등과 관련된 연구와 교육·지역사업을 기획하고 실행해야 한다. 이 과정에서 국내뿐 아니라 해외 ODA사업 연계를 통하여 대학과 지역사회 창업과 취업을 제공할 수 있다.

'(가칭) ○○대학교 지속가능도시센터'는 지역 소재 대학교의 혁신과 지속가능성을 위한 사업, 즉 대학 교육 커리큘럼·대학 교육 조직 개혁 수행을 할 수 있다. 다시 정리하면 '지속가능도시센터'의 세부 과제는 첫째, 대학과 지역의 연계 강화에 의한 지속가능한 도시, 인문학 도시, 마을만들기 방법 추진. 둘째,

실천적인 사회인 육성 추진 및 사회활동 참가 촉진. 셋째, 학교 구성원(학생·교수·교직원)과 동문 등을 위한 환경정비 및 시민과의 만남·교류 촉진. 넷째, 시민에게 개방된 대학, 연속된 녹지의 확보 등 지속가능한 도시와 조화된 대학 캠퍼스 형성. 다섯째, 지속가능한 도시에 적합한 대학과 지역의 연계 촉진을 위해 노력해야 할 것이다.

049 | SDGs 5. 성평등과 모든 여성의 역량 강화

　지구 곳곳에서 여성은 남성보다 두 배 이상의 시간을 무임 가사노동과 돌봄 노동을 하고 있음에도 기본적인 재산소유권, 자원 접근권, 재정 지원 및 금융제도 접근권을 보장받지 않은 상태가 지속되고 있다. 경제 활동을 하는 여성은 남성의 65%에 해당하는 임금을 받고 있다.

　전 세계 여성의 35%는 일생에서 한 번 이상 성폭력을 겪고 있고, 약 1억 4천만 명의 여성이 성기 절제의 고통을 겪고 있으며, 매일 800여 명의 여성이 예방가능한 임신과 출산 관련 합병증으로 사망하고, 전쟁 중 강간과 살인, 조혼과 인신매매 피해를 보고 있다(경제협력개발기구 OECD 2014).

　조혼이 만연한 나라에서 남아 100명당 여아 60명만이 중등교육을 마친다. 가부장 사회일수록 높은 산모 사망률, 질병 치사율, 낮은 기대수명이 특징이다. 북아프리카와 서아프리카 여성 중 5%, 사하라 이남 아프리카 여성의 5~30%, 남미 여성의 25%만이 토지 소유권을 가지고 있다(유엔 여성기구 UN Women 2012).

　전 세계 장관급 고위 공무원 중 여성 비율은 17%, 여성의원 비율은 20%에 불과하다. 기업과 입법기관 고위 직원 중 여성 비율은 아프리카 21%, 남미 37%에 그친다. 민간기업 고위직에 여성 진출은 특히 더 열악하다, 2014년 세계 500대 기업 중 여성의 최고위직 진출 비율은 4%에 불과하다(유엔 통계처 UNSD 2015).

　「지속가능발전 보고서 2022」에서는 현재 속도로 국가 정치 리더십에서 여성과 남성이 대등하게 대표가 되려면 40년이 더 걸릴 것으로 예상한다. 국회에서의 여성 비율은 2015년 22.4%에서 2022년 26.2%로 소폭 상승했지만 여전히 만족할 만한 수준은 아니다(이창언 편, 2023).

한국 사회는 어떨까? 한국은 20세기를 지나면서 여성의 삶이 크게 달라졌고 예전보다 여성의 사회 진출은 증가했다. 하지만 여전히 여성의 삶은 힘겹다. 대부분 여성이 육아를 전적으로 책임지고 있으며 성 상품화와 비정규직화로 고통받고 있다.

2022년 민주연구원이 발간한 '불평등 보고서'에 따르면 남녀 임금 격차는 비교 대상 10개 국가 중 가장 높고, 남녀의 인적자본 차이보다 설명되지 않는 차이, 즉 차별에 의한 차이가 가장 크다. 한국 여성은 남성과 달리 연령이 높아져도 임금이 증가하지 않으며 근속 년수에 따른 임금 프리미엄이 비교 대상 국가 중 가장 높은 것으로 확인된다. 세계경제포럼(WEF)이 2023년 6월 20일(현지시간) 발표한 '2023년 세계 성 격차 보고서'(Global Gender Gap Report 2023)에 따르면, 한국의 성 격차 지수(Gender Gap Index, 이하 GGI)는 0.680으로 전년 대비 0.009 하락했다. 이는 조사대상 146개국 중 105위에 해당하는 것으로, 지난해(99위)보다 6계단 하락한 것이다. 한국의 GGI 순위는 지난 2019년 108위에서 2022년 99위로 상승하며 성 격차가 좁혀지는 추세였으나, 올해 들어 하락 반전하며 성평등 후진국이라는 평가에서 벗어나기는 더욱 어려워졌다. 세부적으로 보면, 경제 부문에서의 격차가 가장 큰 것으로 나타났다. 실제 한국은 보건 부문에서 46위로 가장 높은 순위를 기록했으며, 그 뒤는 정치권력 분배 88위, 교육 성취 104위 등의 순이었다. 경제참여·기회 부문은 114위로 지난해(115위)보다 한 계단 상승했지만, 여전히 가장 낮은 순위를 기록했다(출처: 이코리아(https://www.ekoreanews.co.kr). GGI는 2006년부터 세계경제포럼(WEF : World Economic Forum)26)에서 매년 발표하는 지수로서 경제, 교육, 건강, 정치에 대한 성 격차를 통해 국가별 성평등 정도를 파악하고 있다.

「한국의 SDGs 이행 보고서 2023」속 여성들은 여전히 지방정치에서 낮은 비율을 차지하고 있다. 2005년 공직선거법 개정 이후 지방의회 여성 의원 비율은 꾸준하게 증가했지만, 지방 정부의 최고 의사결정권자이자 지방행정을 총괄하는 여성 자치단체장은 아직 탄생하지 않았다. OECD 국가들의 중앙정부 최고 관리직 여성 비율을 보면, 한국은 8.5%로, 4.2%인 일본과 함께 최하위 수준이다. 이는 한국의 바로 앞 순위인 벨기에(21.1%)와도 큰 차이가 날 정도로 매우 낮은 수준이다. 여성 농민의 토지 소유 비율 또한 남성에 비해 현저히 낮으며, 농촌 마을의 책임자인 이장의 비율은 여성이 9.4%, 남성이 90.6%로 나타나고 있어 여전히 한국 농촌에 가부장적 문화가 강하게 남아있음을 알 수 있다(이창언 편, 2023).

사회적으로 여성문제는 한 사회조직 내에서 여성이 차지하는 역할과 관계되는 문제이다. 여성문제는 생물학적 특성으로 인해 여성들이 사회에서 받는 불평등 또는 차별적 모순구조나 문제구조이다. 따라서 여성문제는 성차별적인 구조를 전면적으로 개혁하고, 여성폭력, 성적·재생산 권리, 여성의 경제권 및 역량 강화를 이룰 수 없다면 해결될 수 없다.

SDGs 목표 5는 남녀 고용률 지표만으로 성평등을 이룰 수 없다는 전제하에 성평등과 여성 역량 강화는 반드시 포함되어야 할 우선 분야로서 폭력으로부터의 자유, 능력과 자원, 여성의 목소리·리더십·참여를 제시하고 있다. SDGs 목표 5 <성평등과 여성 역량 강화>는 독자적 목표로서 9개의 세부목표를 포함하는 한편, SDGs 여러 목표 안의 세부목표(Target)에 반영된 이중구조(Twin-track)로 설정되어 있다.

Goal 5. 성평등 및 여성과 여아 역량 강화는 6개의 세부목표와 3개의 이행수단 관련 세부목표 등 총 9개 세부목표로 구성되어 있다. 6개의 세부목표는 여성과 여아에 대한 모든 형태의 차별 철폐(5.1), 모든 여성과 여아에 대한 인신매매, 성 착취 및 모든 형태의 폭력 철폐(5.2), 아동결혼, 조혼, 강제결혼 및 여성 성기 절제 등 모든 악습 철폐(5.3), 공공서비스, 인프라, 사회보장정책의 제공, 그리고 가구와 가족 내 공동책임 도모를 통한 무급 및 가사노동 가치 인정(5.4), 모든 의사결정에 여성의 완전하고 효과적인 참여 및 동등한 리더십 기회 보장(5.5), 국제인구개발회의(International Conference on Population and Development, ICPD)와 베이징 행동강령에 부합하는 성적, 재생산 보건과 재생산 권리에 대한 모든 사람의 동등한 접근 보장(5.6)이다.

국제사회는 여성의 인권과 자유를 제한하는 중대한 인권침해 행위 중 하나인 여성폭력 예방과 근절을 위한 전략과 개발에 많은 노력을 기울여 왔다. 1993년 유엔 총회 결의로 채택된 여성폭력철폐선언, 1995년 북경행동강령 주요 관심분야 D. 여성에 대한 폭력, 2000년 여아와 여성에 대한 성매매 처벌과 관련의정서(일명 팔레르모의정서, the Palermo Protocol), 2000년 채택된 「여성과 평화 안보에 관한 유엔안보리 결의 1325호」 등은 모두 여성폭력과 관련한 국제사회의 의지 표명과 여성폭력 근절의 내용을 담고 있다(김은경 외 2014).

하지만 이러한 국제사회의 관심과 노력에도 불구하고 여성에 대한 폭력과 차별은 여전히 심각하며 모든 국가와 사회에 만연해 있다. SDGs 목표5는 인신매매와 성 착취를 비롯해 조혼, 강제 결혼, 여성 할례와 같은 유해한 관행, 무급 돌봄 노동과 가사노동, 공공서비스, 인프라, 사회보장정책, 의사결정 과정에서 여성 차별과 배제 등을 모두 여성 및 여아를 대상으로 하는 차별로 규정하고 있다.

<그림 3-7> SDG와 여성의 권익신장

※ 출처: https://pixabay.com
※ 5번 목표의 달성은 남녀의 동등한 권리 보장을 통하여 지속가능발전목표의 완전하고 유기적인 달성을 가능하게 하는 밑바탕이다. '어느 누구도 뒤처지지 않게 한다(Leave No One Behind)'는 SDGs 원칙에 가장 부합하는 5번 목표의 달성 현황을 점검하고, 변화에 적극적으로 대처해야 한다. 새로운 젠더 규범과 갈등 해소의 전략을 모색하는 적극적인 자세가 필요하며 포용과 존중이 전제되어야 한다. 성평등 달성 및 모든 여성과 여아의 권익신장은 한 부문만의 노력이 아닌 사회 전체의 공통적 이해와 인식을 바탕으로 하는 종합적 접근과 노력이 필요함을 되새길 필요가 있다.

SDGs 목표5는 성평등 달성 및 모든 여성과 여아의 역량 강화를 위한 이행 수단으로 여성에게 법이 보장하는 경제적 자원, 토지, 자산, 재정서비스, 상속 및 자연 자원에 대한 평등한 권리를 주기 위한 개혁 수행(5.a), 여성 역량 강화를 위해 ICT를 포함한 기술사용의 확대(5.b), 모든 수준에서 여성과 여아의 역량 강화 및 성평등을 도모하기 위한 건전한 정책과 강제력 있는 법안의 채택과 강화(5.c)를 제시한다. 세부목표 5.1/5.2/5.3은 폭력으로부터의 자유, 5.4/5.6/5. a/5.b는 능력과 자원, 5.5/5.c는 여성의 목소리, 리더십과 참여로 구분할 수 있다(정금나, 2015).

SDGs 목표 5는 9개의 독자적 세부목표를 포함하는 한편, SDGs 여러 목표 안의 세부 목표(Target)에 반영되어 있다. 그것은 Goal 1. 빈곤 퇴치(1.2), Goal 2. 기아해소와 식량안보(2.2, 2.3), Goal 3. 보건증진(3.1), Goal 4. 교육보장과 평생 학습(4.1. 4.2. 4.3, 4.4, 4.6, 4.7. 4.A), Goal 6. 물과 위생(6.3), Goal 8. 경제성장과 일자리(8.5,8.8), Goal 10. 불평등 해소(10.2), Goal 11. 도시(11.2, 11.7), Goal 13. 기후변화와 대응(13.b), Goal 17. 이행수단과 글로벌 파트너십(17.18)에서 확인된다.

다양한 분야에서 각기 다른 위치와 집단에 속한 사람들의 실질적인 평등 보장을 위해서 성평등에 기반한 젠더 분석은 유효한 시너지 효과(성차별 해소와 양성평등 확대)를 낸다(UN Women 2013; 정금나 재인용). 이는 젠더에 관한 세부목표가 SDGs 10개 목표 내 범 분야 이슈(이중전략 접근)로 된 이유이다.

성차별이나 성 불평등은 특정 성이 다른 성에 비하여 하찮게 여겨지거나 비하한다거나 폄하되고 비난하게 되는 등의 부정적 인식을 말한다. 또 생물학적인 성별 기준으로 차별 대우를 받는 것은 성차별 또는 성 불평등이라 한다. 성 불평등은 계급불평등, 인종차별과 함께 가장 대표적인 불평등 체계이다. 이러한 불평등은 가부장제, 성별 분업, 차별적 성 규범 등 다양한 형태와 방식을 통해 사회 내에 구조화되어 있다.

한국은 과거에 비해 여성 지위는 많이 향상되었지만, 여성의 삶은 여전히 고단하다. 유사한 능력을 지녔음에도 여성보다는 남성이 먼저 채용되고 승진되며 동일한 노동에 대한 임금도 더 많이 받고 있다. 맞벌이 부부의 경우, 여성은 집안 살림, 양육과 부양의 책임을 많이 지고 있다. 이혼한 여성과 남성에 대한 사회적 인식의 비대칭적 판단, 맞벌이 가정에서 자녀의 비행에 대한 아버지와 어머니의 책임 비율의 차이, 외도의 처벌과 인식에서 남성과 여성의 차이 등을 살펴볼 때 같은 상황을 놓고도 여성은 남성보다 더 큰 비난의 대상이거나 부정적 인식의 대상이 되는 경우가 비일비재하다(김봉화·김민정, 2013).

성차별 또는 성 불평등은 가부장제, 성별 분업, 차별적 성 규범 등 다양한 형태와 방식을 통해 사회 내에 구조화되어 있다. 성차별은 역사·문화적인 고착화로 가부장적 사회제도와 여성에 대한 차별적 시각, 그런 구조와 인식을 용인하는 사회문화적 요인이 결합 되어 있다. 따라서 성평등 달성 및 모든 여성과 여아의 역량 강화는 여성만의 문제나 한 부문만의 노력이 아닌 사회 전반의 공통적 이해와 인식을 바탕으로 하는 종합적 접근과 노력이 필요하다.

한국 사회는 성평등 달성 및 모든 여성과 여아의 역량 강화를 위해 우선적으로 빈곤, 건강, 교육과 훈련, 무력분쟁에 관한 대응 방안이 모색되어야 한다. 이에 SDGs 목표 5는 유용한 접근 방법을 제시해 주고 있다.

050 | SDGs와 깨끗한 물과 위생

옛 선현들은 물(水)은 만물을 먹여 기르고, 자기를 고집하지 않고, 낮은 곳에 처하는 세 가지 성질을 가진다고 생각했다. 상선약수 수선이만물이부쟁(上善若水 水善利萬物而不爭) 즉, 물(水)은 만물을 이롭게 하면서 다투지 않는다는 점을 높이 사서 최고의 선(善)으로 여겼던 것이다(노자 도덕경 8장).

사실, 물에 대한 접근법은 도덕률보다 훨씬 더 인류 생존에 필수적이다. 고대 이집트 문명에서부터 메소포타미아 문명, 황하 문명에 이르기까지 인류 문명의 위대한 유산은 강 유역을 따라 발생하고 번창하였다. 사람이 마시고 식량을 재배하기 위해 필요한 물이 충분치 않으면 어떤 사회도 지속될 수 없기 때문이다.

그러나 여기서 한 가지 문제에 봉착하게 된다. 물이 유한하지 않다는 점이다. 우주에서 찍은 지구 사진은 엄청난 양의 물을 품고 있는 파란 행성으로 보인다. 물론, 지구가 품은 물은 인류에게 광범위한 혜택을 제공하지만 97.5% 정도가 염분이 많아 식수나 관계에 사용할 수 없는 바닷물이다. 염분을 제거하더라도 우리가 사용할 수 있는 범위는 넓지 않다. 나머지 2.5%의 대부분은 빙하, 만년설로 갇혀 있거나 해수면의 아주 깊은 곳에 존재한다. 지구의 모든 물 중 아주 적은 1%가 담수이고, 태양력에 의한 수문학적인 순환으로 매년 새로 생겨나는 것이다.

문제는 강수의 약 64%는 증발이나 증산(식물, 곡식, 풀, 나무에 의한 물의 사용)으로 다시 대기로 돌아간다. 강수의 나머지 36%는 강, 개천, 지하 대수층에서 바다로 흘러간다. 이 유출수가 바로 관개, 식수, 발전, 제조에 사용되는 물이지만 이 가운데 19%는 너무 멀어 도달하지 못하거나 42%는 홍수로 흘러넘치고 있다.

최근 인간이 초래한 기후변화를 살펴보면, 건조지역은 더 건조하게, 습지는 더 습하게 만들며 수리학적 변동성을 더 극단화하고 있다. 지구의 물 순환이 점차 변화되면서 극심한 가뭄, 홍수, 기타 이상 징후가 보편화되고 있다.

오늘날 지구의 담수량은 시저가 로마를 통치할 때와 같지만 그 이후 인구는 2억 7천만 명에서 70억 명으로 증가하였다. 불행하게도 물에 대한 인간의 수요 충족과 생태계 수요 충족이 동시에 이루어지지 않고 있다. 2013년 기준으로 7억 8천만 명(인류의 1/10 이상)이 식수, 요리, 세면에 필요한 안전한 물을 공급받지 못하고 있다. 가뭄과 함께 주기적으로 발생하는 건조기 동안, 곡식에 물을 댈 관계수에 접근할 수 없어 기아와 빈곤도 극심해진다.

물은 전기와 종이에서 햄버거, 청바지에 이르기까지 대부분 생산을 위해 필요하다. 하지만 인간은 물 사용뿐만 아니라 물 오염의 주범이다. 핵발전소, 공장, 농장, 골프장 잔디밭 유출수, 생활하수에 의하여 많은 강, 개천, 대수층, 해안지대로 해로운 방사성 화합물, 중금속, 질소비료, 화학 살충제가 흘러 들어간다.

물은 세 가지 중요한 속성으로 인해 다른 자원과 구별된다. 물은 생명에 필수적이고, 대체재가 없고, 대량으로 전 세계에 운반할 수 없으므로 지구-국가-지방적 차원의 적정한 관리가 필요하다. 전 세계적으로 물 사용 현황을 보면 물의 지속가능성은 불가능해 보일지 모른다. 다행스럽게도 세계 인구의 증가와 산업 발달로 늘어나는 물 수요에 대처하기 위한 수자원 확보가 국가의 중요 정책 과제로 대두하고 있다.

1972년 UN 인간환경회의 및 1977년 UN 마르델플라타 물 회의 이래 1992년 리우환경개발회의, 2002년 지구정상회의 및 2015년 한국에서 개최된 제7차 세계물포럼 각료회의에 이르기까지 물과 환경 문제에 대한 국제적인 합의와 개선 노력은 계속해서 진행되고 있다. 현재 24억 명의 인구는 적절한 위생 시설이 없이 살아간다. 따라서 물과 위생 분야 개선을 위한 국제적인 노력은 물 관리뿐 아니라 인간의 건강과 환경에 해로운 영향을 최소화하기 위하여 폐기물에 대한 적절한 관리와 처리를 포함하여 진행되고 있다. 지구적-국가적-지방적 차원의 물, 위생환경, 위생행태에 대한 보편적 접근은 빈곤 해결과 직결될 뿐만 아니라 지속가능한 사회, 경제적 발전을 위한 필수적인 요소로 인식되고 있다.

그러나 물과 위생에 대한 접근성의 중요성에도 불구하고 다른 분야에 비해 크게 주목받지 못한다. 과거 UN은 인류의 이용 가능한 물은 존재한다고 가정함에 따라 수자원 관리 및 폐수관리 부분에 대한 통합적 접근 노력을 시도하지 않았다. 이런 인식을 반영하듯이 MDGs(새천년개발목표)는 식수와 위생 접근성에 관한 자료 수집과 분석에서 형평성, 이용 가능성, 물리적 접근성과 경제적 지불 가능성에 초점을 두지 않았으며, 따라서 지표수의 광범위한 오염이나 과도한 사용에 대한 구체적인 목표나 지표 제시가 없었다.

SDGs(목표6)의 첫 번째 특징은 물과 위생에 대한 보편적 접근성(Universal Access)을 기본 기조로 한다는 점이다. 이는 "2030년까지 모두를 위한 적정가격의 안전한 식수의 보편적이고 공평한 접근(6.1)", "용수 효율의 대폭 증대, 물 부족 해결을 위한 담수의 추출과 공급 보장(6.4)", "취약한 상황에 놓인 사람들의 필요에 주목하면서, 모든 사람이 충분하고 공평한 위생 설비에 접근(6.2)"이라는 세부목표에서 확인할 수 있다. SDGs(목표6)의 보편적 접근성은 접근성이 낮은 취약계층, 주변부와 시골, 특수 집단의 이용 가능성, 취약계층에 대한 형평성 있는 접근에 무게를 두고 있다.

SDGs(목표6)의 두 번째 특징은 통합수자원 관리의 총체적 접근법에 따르고 있다는 점이다. SDGs의 수자원 관리는 물에 대한 서로 다른 사용자 간 균형과 물과 관련된 서비스를 전달하는 생태환경 보호를 강조한다. 산림 황폐화, 습지 오염, 지속가능하지 않은 물 사용, 산업개발을 통한 물 흐름 변경 등은 수자원 상태에 상당한 영향을 준다. 따라서 담수 자원의 장기적 활용은 '환경적 물 주기(water cycle)'를 보장하는 생태계가 반드시 보호될 때 가능하다. "2030년까지 산, 숲, 습지, 강, 지하수층, 호수를 포함한 물과 관련한 생태계를 보호하고 복원한다(6.6)는 세부목표는 물이 모든 사회·경제 개발의 기초이자 공공재라는 인식이 전제되어 있다. SDGs(목표6)는 생태보호라는 가치적 측면에 머물지 않고 물을 환경적으로 지속가능한 방법으로 관리·저장·전달할 때 지구생태계의 지속가능성이 담보된다는 점을 거듭 강조한다. "오염 감소, 쓰레기 무단투기 근절, 유해화학물질과 위험물질 방류 최소화, 미처리 하수 비율 절반 감축, 전 세계적인 재활용과 안전한 재사용 대폭 확대를 통한 수질개선(6.3)"이 가능하기 위해서 정기적인 측정, 관리가 수반되어야 한다는 것이다. SDGs의 수자원 관리는 상시적인 물 관리, 물 채집 기술 개발, 홍수 피해 방지를 위한 식수와 위생서비스 개선, 수생태계의 오염부하를 줄이고 하천 등으로 유입되는 오염물질의 양을 일상적으로 점검하는 것과 기후변화 적응 능력을 높이는 것을 포함한다.

　　SDGs(목표6)의 세 번째 특징은 물 및 위생 관련 활동과 프로그램에 국제협력, 지역사회 참여와 역량 강화에 역점을 둔다는 점이다(6a, 6b). 통합수자원 관리의 총체적 접근법 실현을 위해서 지구-국가-지역사회의 모든 분야에서 지역주민의 수요와 관심이 반영되어야 하며 주민에게 특정한 역할이 부여되어야 한다. 이는 수자원 관리를 위한 주민역량, 지역사회 거버넌스 역량 강화를 포함한다. 즉, 수자원과 위생에 대한 정보 접근성 제고, 주민참여와 의사결정과정에서의 권한과 책임성을 높이는 것을 의미한다. 한편, SDGs(목표6)는 국제적인 다양한 층위의 기관, 기구의 물 안보와 관련한 공동협력의 중요성을 강조한다. 일례로 전 세계적으로 276개 수원은 국경을 접하여 형성되어 있고 이에 따라 물 관련 분쟁도 수시로 발생하고 있다. 이런 상황에서 국제적으로 더 강력한 협력이 없으면 높은 물 수요로 인한 갈등으로, 물 전쟁은 필연적이다. SDGs(목표6)가 "2030년까지 적절한 초 국경 협력을 포함하여 모든 수준에서 통합적 수자원 관리의 이행(세부목표 6.6)"을 제시한 이유가 여기에 있다 지구적인 수자원, 호수, 대수층을 보호하기 위해서는 국제 물 및 환경법을 광범위하고 강력하게 적용해야 국가 간, 이용자 간 긴장과 갈등을 해소하고 균형을 맞출 수 있기 때문이다.

051 | SDGs와 지속가능한 생산과 소비

우리 시대는 대량생산, 대량소비, 대량 폐기가 계속되어 매우 편리한 사회이지만, 자원 고갈이나 환경 악화, 지역 사람들의 인권침해 등과 같은 다양한 문제가 발생하고 있다. 행정이나 기업 등 다양한 주체가 임하고 있지만, 특히 소비자의 행동이 없다면, 해결할 수 없는 과제가 증가하고 있다.

경제 활동의 토대는 소비 동향에 따라 좌우된다. 각국의 소비자는 SDGs를 활용해, 그 대응을 강화할 수 있다. 이를 계기로 주체적인 움직임 중 녹색은 인간적인 소비자를 증가시켜 나가는 것을 핵심으로 한다. 최근 지속가능한 소비, 사회 및 환경을 생각한 '윤리적 소비'가 주목받는 이유이다.

윤리적 소비는 나의 소비 행위가 다른 사람, 사회, 환경에 어떤 결과를 가져올지 고려하여 환경과 사회에 바람직한 방향으로 소비하는 행위를 뜻한다(황현택, 2014: 123). 그것은 인간과 동물, 자연과 환경을 착취하거나 해를 가하지 않는 윤리적으로 생산된 상품을 구매하여 소비하는 것으로, 친환경 소비(에너지 절감 제품사용, 유기농 제품소비, 동물보호 소비 등)뿐 아니라 생산자에게 정당한 값을 지불하는 공정무역, 로컬푸드, 공정여행 등을 포함한다(유홍식, 2012: 24).

이처럼 윤리적 소비는 '생산을 배려하는 소비'로써 공정 무역을 통한 제3세계 생산자와 우리 사회의 약자(장애인, 저소득층)에 대한 지원과 연대 그리고 지속가능한 국내 농업을 통한 식량 자급과 환경 보전을 중요한 내용으로 한다(김태환, 2019: 42).

최근 여러 도시에서 윤리적 소비가 활성화되고 있다. 식품 손실과 CO_2 삭감, 종이 사용, 비닐봉지 사용, 플라스틱 사용량 줄이기, 택배 배달 줄이기 등의 소비자 행동이 대표적인 예라 할 수 있다. 생산 지역 소비나 복구 지원 등 다양한 소비와 관련한 소비자의 의식적 행동이 증가하고 있다. 이를 '지역에 대한 배려'라고도 하며, 이 외에 '사람에 대한 배려', '사회에 대한 배려', '환경에 대한 배려', '동물에 대한 배려' 등을 강조하는 윤리적 소비는 자주 언급된다(이창언, 2022).

SDGs(지속가능발전목표) 실천을 위하여 소비자들은 자기 취향과 이익 추구에 따른 소비에 있어 이웃과 사회를 고려하여야 한다. 가해자도 피해자도 없는 소비, 합리적 의사결정이 가능한 소비자, 더 좋은 시장과 더 좋은 사회 발전을 위해 적극적으로 참여하는 소비자가 될 수 있도록 노력해야 한다. 지속가능한 사회를 위해 소비자가 자신의 역할을 다하기 위한 올바른 소비를 할 수 있도록 지원이 필요하다.

왜냐하면 지금 어떤 문제가 일어나고 있는지에 대한 정보를 얻지 못하면 행동하기 어렵기 때문이다. 소비자로서 시민의 역할도 중요하지만, 정부 역시 법과 제도를 정비하여 이를 지원해야 한다.

최근 각국 정부(지자체)는 지속가능발전목표 달성을 통해 안전하고 안심할 수 있는 사회를 만들어 가기 위하여 소비자 기본계획에 따른 다양한 시책을 추진하고 있다.

소비자 기본계획은 ① 소비자 안전 확보 ② 신뢰할 수 있는 라벨 표기 및 적용 ③ 공정 거래 실현 ④ 소비자 주역의 선택과 행동을 할 수 있는 사회 환경 조성 ⑤ 소비자 피해 구제 및 권익 보호 틀 정비 ⑥ 국가 및 지방소비자행정 체제 정비 등의 조치 ⑦ '어린이 안전사고 예방', '윤리적 소비 역량 강화', '음식물쓰레기 감축 방안 강구', '지킴이 네트워크 운영' 등이 있다(이창언, 2022).

이는 SDGs를 직접적으로 반영하는 시책으로 이를 효과적으로 달성하기 위해 다양한 이해관계자와 긴밀한 협력체계(관계부처 네트워크, 연락회의, 협의회 등)를 구축하여 SDGs 13, 14번 목표를 더 효율적·효과적으로 달성할 수 있도록 노력해야 한다(허민영, 2020: 15).

'지속가능한 소비'를 위해서는 '지속가능한 생산'이 불가결한 것이다. 이를 고려하여 SDGs는 '지속가능한 생산과 소비(목표 13)'를 명기하였다. 기업은 생산 과정에서 발생할 수 있는 과제와 대처에 대해 충분한 정보를 제공해야 한다. 또한 SDGs·ESG를 통한 대응은 기업 브랜딩(branding)의 좋은 수단이 될 수 있다. 하지만 브랜딩 효과만을 위한 SDGs·ESG의 안일한 활용은 양날의 칼로서 작용할 수 있다(이창언 2022).

기업의 인식 전환과 혁신을 위한 조치 못지않게 소비자와 시민도 변해야 한다. '미닝아웃(Meaning Out)'이란 말이 있다. 정체성을 드러낸다는 '커밍아웃(Coming Out)'과 '신념(Meaning)'이 합쳐진 의미이다. 즉 소비를 통해 소비자 자신의 가치관이나 신념 표출 행위를 일컫는 것이다. 기업이 환경보호에 기여하는지, 제품이 윤리적으로 생산되는지 등을 고려한 구매 결정은 바로 '착한 소비'를 의미한다.

소비자들은 기업 상품과 서비스 구매를 넘어서 기업의 철학과 가치를 점검하고 기업의 사회적 책무에 대한 철저한 감시활동을 전개해야 한다(이창언 2022).

052 | 협동조합과 SDGs

2020년 8월 12일, 109개국 311개 협동조합으로 구성된 국제협동조합연맹 (International Cooperative Alliance, ICA)은 향후 10년의 전략계획을 공표했다. 이 전략계획은 협동조합 간 협력 촉진, 선진 기술 분야 등에서 협력 추진, 2030년을 목표로 하는 유엔 지속가능발전목표(SDGs) 실행을 위한 협동조합의 실행 지표 마련, 국제 표준화 기구(International Organization for Standardization), ISO)의 협동조합 인증 검토와 협동조합 교육 추진 등의 내용을 담고 있다.

네 가지 핵심 전략계획은 다음과 같다.

> 1. 협동조합의 정체성 증진
> 2. 협동조합 운동의 성장
> 3. 협동조합 간의 협력
> 4. SDGs 공헌(이행·실천)

여기서 정체성은 평등, 공정, 연대 등 협동조합의 가치를 높이는 활동과 ISO인증 검토를 통하여 초중등학교 교육과정에 협동조합 교육을 포함할 수 있도록 노력하는 것을 의미한다.

경제·사회·환경 변화에 따라 운동의 성장을 위해서는 혁신성을 강화하고 신기술 활용과 청년들의 참여를 이끌어 내는 것이 필요함을 의미한다. 따라서 각국 조직 이사회는 청년 인재 등용에 힘써야 한다는 것이다.

협동조합 간 협력은 자원을 증가시키고, 기업가 정신을 촉진하고, 더 효율적인 최선의 방법(기술, 부가가치 향상, 무역)을 모색하는 것과 관련이 있다. ICA는 글로벌 협력체계를 갖춘 플랫폼을 개발하고, 공통 관심 분야에 따른 정보 교류의 장을 만드는 데 주력하고 있다.

마지막으로 SDGs 이행·실천을 위해서는 SDGs의 핵심 지표 확인과 협동조합에 대한 인식을 모니터링하기 위한 구체적인 지표뿐 아니라 협동조합에 관한 명확한 성장 기준 개발이 필요하다.

지구촌 협동조합을 대표하는 세계 최대 규모의 비정부기구 국제협동조합연맹이 주최하는 'ICA 2021 세계협동조합대회(World Cooperative Congress, 이하 ICA 2021 대회)'가 2021년 12월 서울에서 개최된 바 있다.

ICA 2021 대회는 ICA 창립 125주년과 1995년 맨체스터 대회에서 채택된 협동조합의 정체성 선언 25주년을 기념하는 의미 있는 대회로 지속가능발전목표에 대한 협동조합의 공헌 강화 등을 다루었다.

지속가능발전목표(Sustainable Development Goals, SDGs)에 대한 협동조합의 공헌 강화 등을 의제로 하여 진행되었다. 서울 대회는 1992년 도쿄 대회 이후 비유럽권에서 열리는 두 번째 대회로, 이 대회의 큰 주제는 '협동조합 정체성-모두를 위한 지속가능발전을 향하여'였다. 이 대회는 지속가능발전목표(SDGs) 실현의 주요 수단으로서 협동조합의 정체성에 대한 이해를 심화하는 기회가 되었다.

2025년은 유엔이 지정한 '세계 협동조합의 해'이다. 유엔이 협동조합의 사회·경제 발전에 기여한 공로를 기리기 위해 2012년을 협동조합의 해로 지정한 이후 두 번째다. 한국의 경우 2012년에 협동조합기본법이 제정되었다. 법 제정 이후, 국내에는 2만3천개가 넘는 협동조합이 설립됐으며, 협동조합 당 평균 6.8명의 직원을 고용하고 있다.

13년 만에 유엔은 '협동조합의 해'를 왜 다시 지정하게 된 것일까. 지난해 9월, 구테흐스 유엔 사무총장은 국제사회가 2030년까지 달성하기로 한 지속가능발전목표 달성률이 불과 15%에 그쳤다고 밝혔다. 2030년까지 6년이 채 남지 않은 상황에서, 지속가능발전목표 달성을 위해 협동조합을 비롯한 사회적 경제의 역할에 유엔이 주목하고 있다는 해석이다. 협동조합이 고용과 일다운 일, 건강과 복지, 교육과 기술훈련 등 사회서비스 제공에 있어 지속가능한 경제 실천을 가능케 한다고 본 것이다(신효진 기자, 한겨레신문, "지속가능한 발전, '협동조합'에 달렸다…UN도 인정", 2024.07.04.)

053 | 기후위기와 SDGs

　해수면 상승, 장마, 홍수, 산불, 찜통더위, 기상이변 등 이미 전 세계적으로 기후위기가 나타나고 있다. 한국도 예외 없이 호우, 산사태의 증가, 태풍의 대형화 등 이상기후를 경험하고 있다. 세계 연평균 기온은 19세기 후반 이후 100년 당 0.72℃의 비율로 상승했다. 2014년 IPCC 제5차 평가보고서에 따르면 지구의 평균기온은 산업혁명 이전 1880년에 비해 0.85℃, 이산화탄소 농도는 산업혁명 이전과 비교하여 약 40% 상승했다. 유엔 IPCC(기후변동에 관한 정부 간 패널)는 최악의 경우 21세기 말(2081~2100년) 세계 연평균 기온이 20세기 말(1986~2005년)과 비교하여 2.6~4.8℃ 상승할 것으로 예측했다.

　전 세계적으로 지구온난화의 영향은 이미 강우량의 변화를 비롯해 다양한 자연 재난으로 나타나고 있다. IPCC는 2030년까지 1억 명 이상의 새로운 빈곤 형태와 수많은 야생 동식물의 멸종을 경고하였다. 기후변화의 영향으로 발생한 재해의 경제적 손실은 연간 평균 1,000억 달러가 넘고 매년 약 2억 명 이상의 사람들이 피해를 받고 있다. 이로 인한 재해 대비에 매년 60억 달러의 투자가 필요하게 된다. 평균기온이 1도 상승할 때마다 곡물 수확량은 약 5%씩 감소한다. 그런데 지구온난화로 인해 가장 큰 영향을 받는 것은 사회적 약자들이다. 기후위기는 생물종뿐 아니라 농업 생산, 식수의 확보, 생태계 보존, 에너지 공급과 산업 인프라 등 모든 분야에 심각한 파괴를 수반한다. 따라서 기후위기에 대처하지 않는다면 지속가능한 지구는 불가능하다.

　기후위기 대응과 지속가능한 사회를 위해 전 세계는 2015년 9월 SDGs를 만장일치로 채택하였다. <세상의 변혁: 2030 지속가능발전 의제>는 '기후변화'를 우리 시대의 가장 큰 도전과제 중 하나로 규정한다. 선언에서는 "지구 온도와 해수면의 상승, 해양 산성화 및 기타 기후변화가 많은 국가들에 심각한 영향을 주며, 많은 사회와 지구의 생물학적 지원 체계의 생존이 위험에 처해 있다"고 하면서 기후위기의 심각성을 강조했다.

SDGs 17개 목표 중 13번 목표에서 기후변화에 대한 구체적인 대책이 집중적으로 제시되었다. SDGs 목표 13은 모든 국가-도시의 기후 관련 위험과 자연재해에 대한 회복력과 적응력 강화(13.1), 국가-도시 정책·전략·계획에 기후변화 대응조치의 통합(13.2), 기후변화의 완화, 적응, 영향 감소, 조기 경보 등에 관한 교육, 인식 제고, 인적·제도적 역량(13.3) 강화 등의 내용이 담겨있다.

지구온난화의 가장 큰 원인은 전 인류가 배출하고 있는 이산화탄소, 메탄, 이산화질소, 염화불화탄소 등과 같은 온실가스이다. 이 중 온실가스 총배출량의 약 76%를 차지하는 이산화탄소는 지구온난화에 가장 큰 영향을 미치고 있다. 현재 이산화탄소 배출량은 지구 전체의 산림 등의 생태계가 흡수할 수 있는 이산화탄소 양의 두 배 이상이다. 비록 온실가스 배출량 증대가 멈추더라도 이미 나타난 기후변화의 영향은 수 세기에 걸쳐 지속될 것이다. 제도, 기술, 생활양식의 전환이 시급한 이유가 여기에 있다.

기후위기 대응을 위한 SDGs 이행·실천 과제는 탈탄소화와 연계된다. 기후변화 문제 해결을 위하여 기온 상승의 원인이 되는 온실가스를 감축해야 한다. 탈탄소화는 대량의 탄소 에너지를 이용하는 기업의 윤리·사회적 책임과 관련이 있다. 기업은 온실가스 배출량 데이터와 중요한 기후 리스크 정보를 공유하고, 온실가스 삭감 목표 설정과 절감 대책을 제시해야 한다. 온실가스 배출량 삭감과 적응대책 프로젝트, 관련 연구개발 진행을 위해서 이산화탄소 배출량에 따른 세율 부과에 카본 프라이싱(Carbon Pricing)을 도입해야 한다. 이를 통해 기업은 얼마나 많은 온실가스를 배출하고 있는지를 파악할 수 있고 그에 대한 대책 강구를 하게 될 것이다.

SDGs는 지속가능한 소비와 생산, 삶의 양식의 전환을 강조한다. 기후변화에 대한 대책으로 대량소비를 조절하는 경제시스템 구축은 기후변화의 완화와 적응을 위한 중요한 방법이다. SDGs는 지구 천연자원을 지속가능한 방식으로 관리하며 모든 사람이 기후위기에 대응하여 모든 사람들이 라이프스타일을 전환해야 한다고 강조하고 있다. 물론 더 근본적으로 화석연료 사용 감축, 재생에너지 사용 확대, 에너지 효율 제고와 함께 청정에너지 연구와 기술 개발에 대한 접근을 촉진할 수 있는 각계의 협력을 강화해야 한다. SDGs는 에너지 기반 시설과 청정에너지 기술에 대한 투자 증진을 제언한다.

유엔 IPCC에 따르면 지구 온도 상승을 1.5도로 제한하려면, '2030년까지 2010년 대비 45% 이상의 온실가스 감축'이 이루어져야 하고, 2050년까지 순 배출 제로가 달성되어야 한다. 기후위기 비상행동(2020.07.15.)은 "2050년 탄소중립(Carbon Neutral)은 인류 생존과 직결된 문제이며. 지구 온도 1.5도 제한은 사실 보수적이고 완곡한 권고일 뿐이며, 지금 이 시기를 놓치면 반전의 기회가 없다"라고 말한다.

최근 여러 도시에서 지속가능발전협의회·NGO·주민들이 지방정부·시의회에 '기후위기 대응을 위한 조례' 제정과 민관 공동의 기후위기 대응체계 수립을 촉구하고 있다. 지자체·시의회·시민사회·기업은 기후위기와 SDGs에 관한 일상적 교육과 행동, 기후위기 대응을 위한 통합적 관점(SDGs)에 입각한 제도적 장치를 마련해야 한다. 기후위기로 인한 전 세계 곳곳에서 발생하는 기휘위기로 인한 재난과 감염병은 지구가 인류에게 보내는 '경고등'임을 절대 간과해서는 안 된다.

054 | 탄소중립 실현을 위한 지자체의 노력

최근 전 지구적 기후위기에 대처하기 위해 우리나라 지방정부와 시민사회는 탄소중립 실현에 팔을 걷고 나서고 있다. 이에 2020년 7월 고양시는 기후위기 대응 조례를 제정했다. 고양시 조례 내용을 보면, 온실가스 총배출량의 감축 목표를 정해 기후변화대응 종합계획에 포함하고, 이를 달성하기 위한 분야별 연차별 시행계획을 수립하여 시행하고, 해마다 추진 사항 점검을 하기로 했다. 또 전문가와 시민 의견 반영을 위하여 기후변화대책위원회를 설치하여 운영하고, 기후변화 대응책 추진에 소요하는 재정 문제에 대한 내용을 담았다.

2020년 9월 16일, 제주도의회 포스트 코로나 대응특별위원회는 제주도 조례에 명시된 '기후변화'라는 용어를 '기후위기'로 일괄 개정하는 조례안을 발의했다. 2021년 11월 7일, 제주도는 탄소중립 선도 '글로벌 기후연합체' 가입행사에 참석해 제주의 탄소중립 비전과 의지를 표명했다.

또한 서울 도봉구는 2020년 10월 19일 기후위기 대응방안 마련을 위한 협치 공론장을 개최하기도 했다. 11월 6일 경기 광명시는 기후위기 대응 조례를 제정하고 공표하였다. 조례는 광명시 SDGs와 연계한 점검이라고 할 수 있다.

최근 지방자치단체와 의회는 기후위기 대응을 위한 공부가 한창이다. 2020년 12월 20일 창원시의회는 의원 연구단체로 '기후위기·그린 뉴딜 정책연구회'를 만들었다. 2019년 조례 제정이 있었고 곧 창원시 기후변화대응위원회를 발족할 계획이다. 창원시는 조직체계 정비, 읍·면·동과 함께하는 탄소중립 마을만들기 등도 준비 중이다.

경남도의회도 2020년 12월 21일 본회의에서 '경상남도 기후위기 대응을 위한 특별위원회 구성 결의안'을 만장일치로 통과시켰다.

김해시는 시민참여를 바탕으로 비 산업 부문인 가정·상업·수송 부문 온실가스 감축 실천 운동에 나섰다. 시는 △ 탄소중립 생활 실천 운동 확대 △ 탄소중립 실천 교육 강화 △탄소제로 1.5 캠페인 △ 탄소중립 실천을 위한 '생활 속 꿀팁' 홍보 △ '기후 행동 1.5℃ 챌린지' 등 5대 전략별 34개 세부과제를 제시했다.

한편, 전라남도는 2021년 3월 2050 탄소중립 비전을 발표하고 약 9,000만 톤의 온실가스 감축을 목표로 에너지, 산업, 산림 등 전 분야에서 전체적인 감축을 지향하고 있다. 또한, 12개 기초지방정부가 모여 있는 전라남도는 협력체계를 잘 구축하여 탄소중립을 달성하고 탄소중립을 위한 기술 개발, 탄소 포집 등 산업공정 개선, 중앙 및 지방정부의 동시적인 재정 지원, 시민 인식 제고를 통하여 탄소중립을 달성하고자 한다.

특히 강조하고 싶은 시민단체 활동은 '탄소 사냥꾼'으로, 시민들은 탄소 흔적 지우기 운동을 자발적으로 하고 있어, 도 차원에서 이를 지원하고 있다고 밝혔다.

또한 전라남도는 철강, 석유화학, 여수산단이 있는 곳으로 탄소 배출의 81%가 일부 지역에 집중되어 있어, 공정 과정에서 탄소 발생을 제한하는 것이 매우 중요하다고 판단하여, 중앙정부와 협력을 통해 나무 심기를 진행하는 등 탄소 발생원을 줄이는 노력을 하고 있다(이클레이 한국사무소 2021. 11. 4.).

2021년 1월 26일 대전시 유성구의회도 '기후위기 대응 촉구 결의안'을 만장일치로 채택하는 등 전국적으로 기후위기 대응이 활발하게 진행되고 있다. 2022년 1월 4일 부산 동구는 기구 개편을 통해 '기후환경정책계'를 만들고 부산 기초단체 중 처음으로 산업통상자원부와 협력해 지역 특성에 맞는 에너지 기본계획을 수립 중이다.

2022년 9월 6일 경기도(도지사 김동연)와 경기환경에너지진흥원(이사장 김현권)이 주최하고 경주대학교 SDGs·ESG 연구센터(소장 이창언 교수)가 주관하여 '한·중·일 탄소중립 공동협력을 위한 지방정부의 역할'이라는 주제로 탄소중립 국제 포럼이 열렸다. 이날 발표에 따르면 경기도는 2022년을 탄소중립 원년으로 선포하고 탄소중립 추진체계를 마련하고 있다. 경기도는 탄소중립 기본조례 제정, 탄소중립위원회 운영, 탄소중립 추진계획 체계화를 통하여 도민과 함께 하는 탄소중립을 실천하겠다는 야심찬 계획을 실행하고 있다.

일례로 온실가스 감축과 기후위기 적응을 위하여 신재생에너지 전환, 탄소중립도시를 향한 전략 수립, 친환경 자동차 보급 확대, 온실가스감축 인지를 위한 예산 도입, 탄소중립지원센터 설립 지원, 탄소중립 펀드 조성 등의 활동을 기획, 실천하는 중이다.

이처럼 한국의 많은 지자체는 도시 운영 및 지역사회 수준에서 온실가스 배출량 감축, 탈탄소 확대, 기후변화 적응 및 회복력 증진을 위한 계획을 수립하는 등 탄소중립을 위한 실천과 모니터링을 확대하는 데 동참하고 있다.

실제로 시급한 조치가 요구되는 상황을 해결하기 위해 기후 비상사태를 정치적으로 선언한 지방정부도 늘어나고 있다.

이는 기후변화에 관한 정부 간 협의체(IPCC)에서 '지속가능발전목표를 실현하기 위한 적응과 완화를 접목하여, 복합적인 시스템 속에서 변화를 관리하기 위해 반복적이고 지속적으로 발전하는 과정'과 맥을 같이 하는 것이라 할 수 있다.

055 | 생물종 다양성과 SDGs

    1962년 레이첼 카슨은 미국에 살포된 살충제나 제초제로 사용된 유독물질이 생태계에 미치는 영향을 분석하여 「침묵의 봄」을 출판했다. 이 책에서 그는 지구에 닥칠지도 모르는 무서운 '침묵의 봄'을 경고했다. 60여년이 흐른 지금, 인류는 「지구생명보고서 2022」를 통해 또 다른 경고장을 받아들었다. 인간의 활동으로 야기된 기후변화를 포함한 급속한 환경 악화가 지구에 서식하는 많은 생물들에게 생존의 위협으로 작용하고 있음을 경고하고 있는 것이다(김지현, 2023).

    40억 년이라고 하는 긴 역사 속에서 지구상의 생물은 환경에 적응하여 3,000만 종이 넘는 다양한 생물종으로 진화했다. 이들 생물종은 모두 개성이 있고, 직간접적으로 서로 의지하며 살아왔다. 그러나 지난 50년 동안 지구상의 2/3 이상 생물종이 사라졌다.

    기후변화와 환경오염, 산림 파괴 등의 원인으로 지난 세기부터 생물종의 멸종 속도가 110배나 빨라졌고, 거기에 인간도 포함될 수 있다는 우려가 커지고 있다. 지구의 6번째 대멸종을 우려하는 시각이 팽배한 가운데, 세계자연기금(World Wide Fund for Nature, WWF)은 인류와 생물, 자연이 심각하게 생존을 위협받고 있음을 「지구생명보고서」를 통해 밝히고 있다(김지현, 2023).

    1998년 이후 2년마다 발표되는 세계자연기금(WWF) 보고서(2020)에 따르면 1970~2016년까지 포유류, 조류, 양서류, 파충류, 어류의 모니터링 개체 수는 평균 68% 감소했다. 반면에 인간에 의한 소비는 지구가 생산할 수 있는 범위의 약 60%를 초과했다고 한다. 이는 인간이 현재와 같은 생활을 유지하기 위해서는 1.6개의 지구 자원이 더 필요함을 의미한다.

지난 50년 동안 지구상의 2/3 이상의 야생동물들이 지구상에서 사라지고 있고, 그 속도는 점차 빨라지고 있다. 심화되고 있는 기후위기와 생물다양성의 감소는 인류에게 닥친 커다란 위기임에 틀림없다. 여기서 말하는 생물다양성 (biodiversity)은 '육상·해상 및 그 밖의 수중생태계와 이들 생태계가 부분을 이루는 복합생태계 등 모든 분야의 생물체간의 변이성을 말하며, 이는 종내의 다양성, 종간의 다양성 및 생태계의 다양성을 포함'한다고 정의된다. 즉, 생물다양성이란 지구상에 존재하는 생물종(Species)의 다양성, 생물이 서식하는 생태계 (Ecosystem)의 다양성, 생물이 지닌 유전자(Gene)의 다양성을 총체적으로 이르는 말인 것이다(김지현, 2023).

생물다양성을 위협한 원인 중 하나는 식량 생산, 산업화를 위한 토지이용이 야기한 변화였다. 지구 무빙지대의 75%는 이미 현저히 변했고, 바다는 오염되었으며, 습지대 면적의 85%가 사라졌다. 이와 함께 글로벌 무역 및 소비 확장, 인구 증가, 급속한 도시화, 남획, 오염, 해안 개발 및 기후위기는 육지와 바다에 부정적인 영향을 미치고 있다.

생물다양성은 생태계 내에 존재하는 생물종의 다양한 정도, 풍부한 개성과 상호 연결을 의미한다. 생물종 개체군 규모의 변화는 생태계 전반의 건강을 보여주는 척도이자, 지구 시스템 고장의 적색신호를 확인하는 지표이다.

따라서 생물다양성 감소는 우리에게 다음과 같은 교훈을 준다.

첫째, 자연이 보내는 SOS 신호를 무시해서는 안 된다. 인류는 2차 세계대전 이후 빠르게 성장하는 세계 경제로 인한 삶의 질은 현저하게 향상되었다. 하지만 이면에는 지구의 운영 시스템이 지닌 안정성을 희생시킨 대가라고도 할 수 있다. 산업혁명 이후, 인간은 숲, 초원, 습지 그리고 다른 중요한 생태계들을 파괴했으며, 뭇 생명의 행복을 위협했다. 현재 지구 생물종의 멸종 속도는 자연 상태의 약 100~1,000배에 달한다. 인간은 생태용량(biocapacity) 초과로 자연 자원을 과용하고 있다.

둘째, 자연과 인간은 상호 연결되어 있다. 전 세계 자연 시스템의 인위적 변경은 인간의 건강과 삶의 질 측면에서 문명을 물거품으로 만들어 버릴 수 있다. 바다와 강에 사는 물고기, 꿀벌, 작은 새에 이르기까지 야생 동물의 감소는 인류의 영양, 식량안보, 수십억 명의 생계에 영향을 미친다.

셋째, 더 늦기 전에 상생의 길로 나서야 한다. 전 세계 국가, 도시(지방정부) 리더들은 '회복으로 전환(Bending the Curve)'을 시도해야 한다. 기술적·경제적 조치를 넘는 생산과 소비 방식의 전환, 자연의 지속가능한 관리·보전에 관한 혁신적인 정책을 모색해야 한다.

유엔 회원국들이 만장일치로 채택한 지속가능발전목표(이하 SDGs)가 이러한 생물다양성 문제에 대한 해법이다. 생물다양성은 SDGs 14(해양생태계)와 SDGs 15(육상생태계)를 통해 명시적으로 강조되어 있을 뿐 아니라 다른 여러 목표를 폭넓게 뒷받침하고 있다. 예를 들어, 생물다양성은 식량안보와 영양 개선(SDG 2), 깨끗한 물(SDG 6)의 핵심 요소이기도 하다. 아이치 생물다양성 목표는 SDGs 내 다수의 목표에 직접적으로 반영되어 있다. 생물다양성보전과 지속가능한 이용은 '2030 의제' 전반을 지탱하는 토대로 간주한다.

생물다양성협약 사무국은 SDGs가 생물다양성 해법의 대안임을 강조한다. 일례로 "기후위기 대응(SDGs 13)은 지속가능한 생산과 소비(SDGs 12), 해양생태계 보호(SDGs 14), 육상생태계 보호(15)와 연계"된다는 것이다. 나아가 "양질의 교육(SDGs 4)과 정의·평화·제도(SDGs 16)는 의식과 행동의 전환, 필요한 제도 수립, 인적자본 확산이라는 생물다양성 문제 해결을 위한 근본적 조건과 토대를 구축했다"고 평가한다.

생물다양성은 환경 문제를 넘어 생명에 대한 사회적 윤리와 도덕과 관련된 사안이자 도시 지속가능성, 인류의 자기보존(self-preservation)과 연계되어 있다. 생물다양성은 식량, 섬유, 물, 에너지, 의약품, 유전물질 등을 제공하고 기후 변화, 수질 오염, 수분 작용, 홍수, 해일을 조절하는 데 필수적이다. 나아가 인류의 감수성, 신체적·심리적 경험, 영감과 상상력, 정체성 형성 등과 같이 삶의 질과 문화적 온전성(cultural integrity) 유지에 기여한다.

최근 경주국립공원 토함산지구에 멸종위기 2급 벌매가 발견되며, 23종의 멸종위기 생물의 서식이 확인되었다. 그러나 현실에서 생물종 다양성을 둘러싼 이해관계는 복잡하다. 따라서 다 부문적 참여, 상호연계성, 이해관계 조정을 고려한 SDGs 접근법을 참고할 필요가 있다. SDGs는 환경·경제·사회의 통합적 관리를 위한 논의 틀과 방법론을 제시하기 때문이다.

인간을 포함한 모든 생물들이 함께 잘 사는 자연의 지속가능성을 위한 SDGs 15번 목표의 달성은 모든 지속가능발전목표의 온전한 달성을 가능하게 하는 밑바탕이기도 하다. 예를 들자면 SDG 15.9 세부목표는 '2020년까지 국가 및 지역별 계획, 개발 과정, 빈곤 감소 전략 및 회계 계정에 생태계 및 생물다양성의 가치를 반영한다'고 명시하고 있다. 이를 통해 생태계의 보존과 생물다양성의 확보가 SDG 1번 빈곤 종식의 달성에 기여할 수 있음을 알 수 있다. 또한 '지속가능한 산림관리를 위한 재원을 조달하기 위해, 모든 수준에서 모든 자금원을 활용하여 충분한 재원을 확보하고, 개발도상국이 산림 보호, 재식림과 같은 산림 관리를 강화할 수 있도록 적절한 인센티브를 제공한다'라고 명시한 세부실행목표 15.b의 달성은 SDG 10번 국가 간 불평등 완화에 기여할 수 있다(김지현, 2023).

056 | SDGs 이행을 위한 주민참여예산제

주민참여예산제도는 시민체감도 향상 및 행정 주요 목표와 연계하여 이행 과정 점검 및 실효성 제고를 위해 지속가능발전목표(SDGs)에 입각하여 실생활과 시정 목표를 연결하여 지속가능한 운영 기반을 조성할 수 있다.

주민제안과정에 SDGs를 도입해야 하는 이유는 주민의 다양한 아이디어 및 제안을 행정 업무상 분류체계에 따라 접근할 것이 아니라 객관적인 분류체계에 따라 활용할 수 있어야 한다는 점과 참여예산 과제 발굴이 시정 목표와 연속적인 관계 속에서 장기적인 발전과 연계될 수 있어야 한다는 것이다.

참여예산 제안 발굴 및 분류를 위해 지자체는 지속가능발전목표 기본계획 수립에서 제시한 과제에 대해 지속가능발전위원회, 협치회의, 주민참여예산위원회 등과 함께 공동으로 공론화 과정을 거쳐 주민 의견을 수렴하여 참여예산 제안을 발굴하고 분류하고, 다음과 같은 세부사항을 포함한 세부 주제를 선정할 필요가 있다.

- 포용적이고 지속가능한 경제성장과 양질의 일자리 확대
- 친환경적이고 편리한 사회기반시설 확충과 포용적인 산업화
- 빈곤문제 해결을 위한 사회보장시스템
- 주민 모두의 건강한 삶 보장과 웰빙 증진
- 건강하고 안전한 물관리
- 지속가능한 소비와 생산양식의 생활화
- 지속가능한 농촌개발 및 건강한 먹거리 제공

보다 많은 주민 참여를 위해 완성된 사업 계획안뿐만 아니라 지역문제 해결을 위한 의견과 제안이 가능하도록 보완이 필요하며, 세부 주제와 연계한 위원

회 및 민간네트워크는 가용가능한 자원 연계 및 활용성을 고려해야 한다.

심화된 주민제안 발굴 및 촉진을 위한 다양한 계층의 주민 참여의 공론장은 1회성 이벤트가 아닌 숙의 공론 과정으로 운영하여 세부 주제별에 따른 지속가능발전목표와 연계할 수 있는 과제를 도출해야 한다. 주제별 전문가 강의 및 모둠활동을 통해 주민은 자신의 거주지역 전체 문제로 확대해 논의함으로써 의제 발굴과 정책 개발의 연속성을 발휘할 수 있다.

지자체 참여예산위원회를 통해 반영된 제안은 실효적인 검토와 실질적인 이행점검을 위해 위원회와 민간이 함께 참여할 수 있는 기획단을 구성하여 이행점검 사항을 도출해야 한다. 이를 통해 행정 주도 사업의 집행이나 단순 공모사업에 관련된 사업이 단순 나열이 아닌 주민 참여에 바탕을 둔 주민주도 정책 실현 과정으로 정착될 수 있다.

주민참여예산제도는 단순히 참여예산 제안에 국한된 것이 아니라 정책기획, 개발, 예산의 편성과 집행, 점검과 결산에 이르는 예산 과정에 보다 다양한 방식으로 주민 참여의 기반을 만들 수 있다.

이는 세부 주제별 이행과제 점검을 통해 민과 관의 역할과 참여, 정책의 실질적인 성과분석을 통해 지속가능한 과제를 도출하고, 보완할 수 있게 한다.

<표 3-2> SDGs와 연계한 주민참여예산제 실행과정

주민참여예산 SDGs 목표 연계	제안의 다양성 모색
· 주민의견 수렴을 통해 세부목표 결정 · 세부주제를 관장하는 주체 발굴	· 아이디어 제안 · 유관 위원회 및 민간 네트워크가 참여하는 공론 운영 · 숙의공론을 안건 채택

숙의공론을 통한 의제 발굴	제안채택 및 실행계획 수립	이행과제 점검
· 주제별 전문가 강의 및 모둠활동 · 민관거버넌스를 통한 의제 적합성 사전 검토 · 의제 제안	· 적격여부 검토 및 주민의견 수렴 · 주민총회 · TF구성 및 실행계획 수립	· 민·관 거버넌스를 통한 과제별 세부 이행사항 점검

057 | SDGs 선언

지역 차원의 SDGs(지속가능발전목표) 추진력 중 하나는 시민사회의 주도성 (initiative)이다. 지속가능성에 입각한 시민참여와 실천은 재정 절감과 직결되고 지속가능성이 높은 정책을 바탕으로 지역사회 통합력을 높여준다(당진시, 2020a; 이창언, 2020; 이창언, 2022: 451).

SD 주체들은 시민을 지속가능발전 정책추진의 주체로 세우기 위해 교육, 홍보 인식증진 활동을 추진해야 한다(이창언 2022: 457). 일본은 SDGs 의제 제안-선정-실행-평가의 방식이자 이해관계자 참여를 통한 사회문제 해법 찾기의 일환으로 'SDGs 선언' 활동을 활발하게 전개하고 있다.

한국은 2022년 4월 충청남도지속가능발전협의회 청년특별위원회가 '충청남도 청년 연대 지속가능발전 실천선언식'에서 SDGs 선언을 한 바 있다. 이어 2022년 9월 충남청소년진흥원 주관의 국제교류 사업 '글로벌 미래세대 위원회'는 「충청남도 청소년 SDGs 실천 선언식」을 개최하고 지속가능발전목표 실천 문화 확산을 주도하기 위한 선언을 발표했다.

'SDGs 선언'이란 기업이나 조직, 단체, 각계각층, 개인 등이 SDGs에 대한 실천 방침을 정하고 SDGs 실행과 달성을 위한 구체적인 행동계획을 발표하는 것이다. 선언은 SDGs를 해결하기 위한 다양한 이해관계자, 세대 간 조직을 위한 정책 수립과 SDGs 달성을 위한 구체적인 행동계획(富山県, 2011)을 말한다.[2]

일본 지자체의 「SDGs 선언 사업」 실행은 지자체 내 기업, 기관, 시민사회 단체로부터 SDGs에 관한 대응을 선언할 수 있는, 「지자체 SDGs 선언」을 모

---

2 富山県, 2021, 富山県ＳＤＧｓ宣言作成ガイド(R3.11 月改訂版2)

집하여 지자체 내 다양한 이해관계자들의 SDGs 대응을 「가시화」하고, 지자체 전용 사이트 등을 통해 널리 알려 지역사회 다양한 이해관계자 그룹의 파트너십을 촉진하고, 지자체의 SDGs 대응 추진을 보다 적극화하려는 것을 목적으로 한다. 또한 지역 사회 다양한 이해관계자들과 협력하여 지자체의 SDGs 달성과 함께 지역사회 이해관계자 그룹의 성장 전력·발전 전략이 연결되도록 하는 것을 목적으로 한다.

<표 3-3> 도야마현 SDGs 선언사업 실시 요강

(취지) 제1조 도야마현은 현 내 기업 등에서 SDGs의 실시나 현, 시정촌, 현 내 기업 등의 연계를 촉진하고, 본 현의 SDGs의 대응을 추진하기 위해 도야마현 SDGs 선언 사업(이하 '사업'이라 함)을 실시하는 것으로 하며, 이의 실시에 관해 필요한 사항은 이 요강이 정하는 바에 따른다.

(사업의 내용) 제3조 사업은 SDGs 선언을 모집하고, 도야마현의 홈페이지 등에 공표함으로써 현 내 기업 등의 SDGs의 대응을 널리 발신하고, 현, 시정촌 및 현내 기업 등의 제휴 강화를 도모하여, 도야마현 내의 SDGs 활동을 촉진하는 것으로 한다.

(사업의 대상자) 제4조 사업의 대상자는 다음에 열거된 모든 요건을 충족하는 현 내 기업 등으로 한다.

(1) '토야마현 SDGs 선언사업'의 취지에 찬동하여 SDGs 추진에 관해 실제로 실시하거나 실시할 예정인 대응을 선언하는 것
(2) SDGs의 달성을 위한 목표와 대응 내용이 SDGs의 17개 목표 및 169개의 세부목표와 관련되어 있을 것
(3) SDGs의 달성을 위한 목표와 대응 내용이 사업의 취지에 비추어 적절한 것
(4) 다음의 모두에 해당하지 아니하는 자일 것 – 폭력단 배제(이하 생략)

※ 출처: 富山県SDGs宣言, 이창언 번역

지역사회 다양한 이해관계자들은 SDGs 선언을 통해(사전 활동 포함) 지역사회 또는 자신이 직면한 문제의 원인과 해결에 기여할 방안을 찾고 이를 외부로 알

릴 수 있다. 또한, SDGs 선언은 각 그룹의 지속적인 목표 해결과 달성 가능 여부를 떠나 선언을 주도한 그룹의 장기적이고 지속가능한 가치를 결정하는 데 활용된다.

SDGs 선언은 국제적인 목표에 따라 착실한 대응을 통해 성장할 수 있는 그룹(기관, 단체)인지 아닌지에 대한 판단의 재료가 되며, 아울러 장기적이고 지속적 차원에서 기업 가치에 대한 판단의 재료가 된다. 기업에 있어 SDGs 선언은 이해관계자로부터 평가가 걸린 시급하게 임해야 할 과제 중 하나이다(富山県, 2011). 따라서 SDGs 선언은 장기적 발전 전략 연결을 목적으로 한다. 선언의 구체적인 방법과 절차는 다음과 같다.

<표 3-4> 선언 방법 : 3 STEP과 구체적인 5단계 절차

선언 방법 3 STEP	① 기여할 수 있는 17개 목표, 169개의 대상 중에서 선택 ② 웹에서 아이콘과 목표 설정 ③ 선언문 작성 과정과 선언
구체적인 5단계 절차	① SDGs 이해 ② 우선순위 결정 ③ 목표 설정 ④ 관리에 통합 ⑤ 보고 및 커뮤니케이션

※ 출처: 富山県(2021), 이창언 번역.

지방정부와 지속가능발전협의회는 SDGs 선언 사업의 실시지침(의미, 절차, 작성 방법, 사후 관리 등)을 제시하고 다양한 이해관계자의 SDGs 선언을 조직할 수 있는 사업을 수행해야 한다. 선언 조직화 사업은 지역사회 SDGs 인지도를 제고하고, SDGs 지역사회 네트워크 연계를 강화하는 데 기여할 수 있다.

058 | SDGs 매니페스토

매니페스토, 여전히 우리에겐 생소한 단어로 느껴진다. 영국에서 매니페스토는 "선거 후에 반드시 입법화하겠다고 약속한 정책 개요를 공식적인 문서로 만들어 선거 기간에 공표하는 시민에 대한 서약서"로 정의된다. 매니페스토가 기존 선거 공약과 다른 점은 수치 목표를 포함하고 있는 구체적인 정책집이라는 점이다. 매니페스토는 선거 공약의 목표치를 구체적이고 명확하게 명시하고, 이러한 목표를 실현하기 위한 재정적 근거와 로드맵을 구체적으로 제시한다. 즉 선거 공약에 기간, 목표, 공정, 재원, 나아가 우선순위라는 구체적 계약을 담는다.

매니페스토는 신뢰를 바탕으로 정책수립, 집행, 평가와 환류 과정에서 '지속가능성'이라는 전략적 목적을 세우고 지구-국가-지방 차원의 정책공약과 사회문제를 효과적으로 조절하는 지속가능성 관리체계, 통합관리 틀을 확립하는 것이다(이창언 외 2014, 5). 다시 말해, 정치사회와 시민사회의 관계 변화, 상호작용 관계의 변화(Kooiman, 1993)를 반영하는 개념이자, 행위자들 간의 네트워크뿐 아니라 그들 간 정책 조정을 통하여 공공문제를 해결하기 위한 공적 의사결정의 한 형태이자, 새로운 통치시스템, 협력적 관리(co-operative management) 모델(Glasbergen, 1998)이라 할 수 있다.

다수의 국내 연구자는 매니페스토를 특징짓는 핵심어로 '신뢰', '협력', '거버넌스', '심의 민주주의'를 꼽는 데 주저하지 않는다. 따라서 뉴거버넌스에 의거한 보다 성숙한 민주주의와 신뢰공동체 구현이 매니페스토 운동의 기본방향 설정이다. 나아가 '공약생성→선거→단체장 임기 내내 집행'이라는 기존 선거 시스템과 달리, '공약생성→검증·선거→이행계획서 수립(공약재검토·선택)→집행'

단계를 거쳐 시스템으로서 심의민주주의 시스템의 안정적 구축을 통한 '탄력적 제도화'로 정의하고 있다(유문종·이창언·김성균 2011: 43).

매니페스토는 공공성을 지향한다는 점에서 시민 운동의 가치 지향과 큰 차이는 없지만, 주도라는 측면에서 볼 때 시민 운동과 구별된다. 매니페스토는 '참여자의 자발성'이라는 차원에서 볼 때 기존 관의 일방적 주도가 아닌 시민성을 가진 시민의 능동성에 기초한 공동 협력적 참여라고 할 수 있다.

또한 매니페스토 운동은 지속가능발전목표 이행 실천 활동에도 부합한다. 정당 민주화의 진전에 따라 과거 낙천낙선 운동 또는 특정 후보와 정당에 대한 지지 운동이 아닌 다른 방식의 정치 개혁 운동을 요구한다. 제도적으로 권한을 위임받지 못한 시민사회단체가 제도적으로 권한을 위임받은 정당에 대해 개혁을 요구하는 일종의 '대의의 대행(代行)'에 대한 곱지 않은 시선과 함께 미래지향적인 비전과 대안을 제시하지 못한 운동방식의 한계도 분명 존재한다. 따라서 "시민사회의 정치 개혁 운동은 일시적이고 계몽주의적인 네거티브(negative) 캠페인 위주에서 지속적이면서 포지티브(positive) 지향으로 일부 전환의 필요성을 인정하고 인물에서 정책으로 변화하며 대안 경쟁을 위한 활동을 병행하기 위해 지지 당선 운동 이후의 제4의 선택이 필요하다(오현순, 2009; 이창언·유문종 2013)."

매니페스토 공약 이행을 위해서 다양한 사회적 주체와 연계하고 역할을 정립하는 것은 거버넌스를 이루는 길이다. 따라서 사회적 주체와 연계하고 역할을 정립하기 위하여 단체장, 지방의원, 전문가, 시민 등의 사회적 역할을 모색해야 한다. 이것은 지역사회가 지닌 사회적 자본을 최대한 동원하여 지역적 비전을 협력적으로 수행하는 거버넌스 관계일 것이다. 결국 지역사회의 다양한 주체 간 역할과 임무 수행을 통하여 신뢰와 건전한 공동체 형성 유지를 위해 상호 간 노력하는 것이며, 사회적으로 신뢰공동체를 만드는 일이라는 것을 항시 인지해야 한다. 매니페스토 정책선거와 정책공약 발굴을 통한 지역적 비전과 전망을 세우는 것은 지역사회와 함께 만들어 가는 지역학습 과정이다. 먼저, 지자체장, 지방의원 후보들은 지역 매니페스토 실천 체계 구축과 후속 조치(자발적 지역 보고, 모니터링)를 공약화하고, SDGs 지역 매니페스토 작성, 이행과 정기적인 평가, 보고대회 개최를 약속해야 한다. 당선 후에는 지역 매니페스토 활동을 위한 조례 제정, 지방 행정체계 구축과 지역 매니페스토 관련 활동을 위한 행·재정적 지원을 실행해야 한다. 동시에 매니페스토 관련 글로벌-지방자치단체 교류도 활성화해야 한다.

지역의 SD(지속가능발전) 주체들도 "지자체는 지속가능발전 정책 추진을 주요 정당과 후보의 지방선거 공약으로 채택할 수 있도록 활동을 전개해야 한다. 그리고 지방선거 후보자와 선거 이후 당선자를 대상으로 지속가능발전 정책에 대한 인식을 증진시키고, 실행 가능한 정책을 제안해야 한다. 지방선거 매니페스토는 지역 공론장 확대는 물론이고 지방의회 변화에 기여할 수 있다. 지역사회 시민사회단체, 지속협 등은 협동해서 SDGs(지속가능발전목표) 매니페스토 포럼, SDGs 공약 협약식, 후보자 SDGs 공약 선언 캠페인 등을 전개하는 것도 고려해 볼 수 있다. 그리고 선거 이후 공약 이행 평가단, 시민 참여단 구성 등을 통해 지역 매니페스토 이행과 평가 과정에 주도적으로 참여해야 한다. 또한 유권자는 혈연, 지연, 학연, 정당을 뛰어넘어 매니페스토 정책에 대한 비교, 평가를 통하여 깐깐하게 후보자를 선택해야 한다. 즉 제대로 된 정책 제시와 혁신하는 후보가 지지받는다는 '상식'이 제대로 자리 잡을 때 한국 정치, 지역사회의 경쟁 규칙도 변화될 수 있다.

059 | SDGs와 지방정부

지방정부의 글로벌네트워크 조직인 ICLEI(지속가능성을 위한 세계지방정부협의회)는 최근 도시 SDGs 달성을 위해 '2018~2024 이클레이 몬트리올 행동계획'에 이어 이클레이 말뫼 약속 & 전략 비전을 선언했다.

> 말뫼 약속은 코로나19 등 전 지구적 재해로부터 회복하기 위한 공동의 노력이 필요한 시대에 기후, 자연, 토지 및 건강에 대한 긴급 조치를 포함해 지역 및 세계적으로 향후 6년 동안 지속가능한 도시 발전을 촉진하고자 하는 이클레이 네트워크의 전략을 담고 있다. 또한, 이클레이가 지속가능발전을 달성하기 위해 전 세계 지방정부와 함께 수행하고 있는 구체적인 행동 개요인 이클레이 말뫼 실행 계획 2021-2024을 함께 제시하고 있다. 이에 3개년 실행 계획은 전 세계 1,100개 이상의 도시, 마을 및 지역과 관련된 141개 활동을 포함한다.[3]

이 행동계획은 지속가능한 도시를 위한 지방정부 활동의 교본이 되고 있다.

'이클레이 약속과 전략 비전(Vision)'은 4대 약속과 5대 도시 비전, 3대 정책이다. '약속'은 ① 지속가능한 도시·지역 모델의 구축과 확장 ② 지속가능성을 모든 글로벌·지역 발전의 기본 철학으로 정립 ③ 시민의 장기적 안전과 재산 보호를 위한 시급한 안건의 해결 ④ 전 지구적 문제 해결을 위한 모든 분야와 모든 수준의 집단적인 추진 노력이다.

'5대 비전'은 지속가능발전의 3대 기둥(사회, 환경, 경제), SDGs 5P(사람, 지구, 번

---

3 함지원, "이클레이 말뫼 약속 & 전략비전 2021-2027(e경제뉴스, 2022. 06.11)".

영, 평화, 파트너십)와 17개 목표와 밀접히 연계되어 있다. ▶ 저탄소 발전은 기후변화 억제, 새로운 경제적 기회 창출, 사람과 자연 시스템의 공존을, ▶ 자원순환 발전은 생산·소비·폐기의 선형 모델 종식, 자원의 공유와 전 세계 인류가 요구하는 '새로운 생산 및 소비 모델'을, ▶ 자연 기반 발전은 지역 경제뿐 아니라 공동체의 웰빙, 생물다양성과 생태계 보전을 위한 실천을, ▶ 회복력 있는 발전은 환경, 기술, 사회, 인구의 급격한 변화에 의한 충격과 스트레스의 흡수·회복·방지·예측을 위한 효과적인 대응 방안을, ▶ 사람 중심의 공정한 발전은 더욱 정의롭고, 살기 좋고, 포용적인 도시 공동체의 건설과 빈곤 해결, 사회적 공정성 제고를 실현하는 도시의 미래와 방법론을 제시한다. 또한 지방정부의 3대 정책으로 지속가능한 거버넌스, 지역사회 혁신, 재정 모델 설계를 강조한다.

<그림 3-8> 2021-2027 이클레이 말뫼 약속과 전략 비전

SDGs의 현지화 과정에서 지방정부의 역할은 특히 중요하다. SDGs 이행·실천은 지방정부에게 유익하며, 도시 경영과 금융의 투명성을 높이고, 주요한 정책 결정 과정에 시민 참여를 높일 수 있다. 특히 거버넌스를 통한 공공경영의 혁신 촉진과 부패 방지 및 퇴치 촉진은 도시 지배 구조를 개선할 수 있다. 오염 감소와 기후변화에 대한 복원력 구축에 미치는 영향은 정책개발 향상을 위한 데이터 접근 개선을 통해 생태적 지속가능성을 지원한다. 따라서 새로운 형태의 경제·비즈니스 기회를 창출하고, 신기술을 활용한 혁신을 통해 경제성장과 일자리 창출을 촉진한다.

도시, SDGs 11번 목표(Urban SDGs)

　　도시 차원의 SDGs 이행 실천을 위한 지방정부와 지방의 다부문·다차원적인 네크워크 간 연계와 협동은 매우 중요하다. SDGs는 범지구적이지만 실제로는 지역적으로 이행되고 있다. 도시 목표(SDG 11. 포용적인·안전한·회복력 있는·지속가능한 도시와 거주지 조성)는 따로 마련되어 있지만, 모든 17개 목표들은 지방정부의 책임 및 역할과 직접적으로 연관되어 있다.

<그림 3-9> ICLEI World Congress 2015 - Opening Ceremony

※ 이클레이는 지방자치단체국제환경협의회(ICLEI:International Council for Local Envionmental Initiatives)라는 명칭으로 창립하였다. 2003년 세계총회를 통해 「지속가능성을 위한 세계지방정부 이클레이」로 공식명칭을 변경하였고, 이클레이로 약칭한다.

지속가능성을 위한 세계지방정부협의회(ICLEI)는 도시 차원의 움직임이 유엔 SDGs의 성공에 기여할 것이라고 말한다. 그 이유는 전 세계 인구의 절반이 도시에 살고 있고, 세계 경제 활동의 3분의 2가 도시에서 이루어지고 있다는 것을 고려할 때, 도시와 지방정부가 충분한 권한과 역량을 갖춘다면 SDGs의 성공 가능성은 더욱 커질 것이기 때문이다.

이클레이(ICLEI)가 말하는 도시의 중요성 중 또 다른 특징은 밀도(密度)다. 도시는 밀도로 인해 사람, 물리적·사회적 기반시설, 교육, 과학기술 그리고 문화적 다양성 간의 연계를 중요시하게 된다. 조밀하게 모여 있는 요소들을 조화롭게 관리하는 것은 지속가능발전을 지향하는 나라에서 조밀하게 모여 있는 요소들을 조화롭게 관리하기 위해 도시의 역량이 갖는 중요성에 주목해야 한다. 도시라는 공간은 사회문제 해결책을 도출하기 위해 다양한 그룹의 공공 활동가들과 기업, 학계, 시민사회 그리고 시민이 한데 모이는 곳이기 때문에 창의성과 건강한 협상을 위한 최적의 플랫폼이라고 볼 수 있다

현재 전 세계 많은 도시는 SDGs의 주제들이 실질적으로 이행되는 장소로서 17개 SDGs 이행에 있어 근본적인 역할을 하고 있다. 도시의 이러한 역할은 "우리가 사는 세계의 변화: 지속가능발전을 위한 2030 의제"의 45번째 단락에 반영되어 UN 회원국들이 각국의 지방정부와 긴밀하게 협력할 것을 약속한 것에서도 잘 드러나 있다, 이는 2030 의제를 이행함에 지방정부의 중요성에 대한 긍정적 인식이 확산되고 있음을 반증하는 것이다.

지난 20여 년 동안 도시는 회복력과 지속가능성을 개선하는 데에 인큐베이터 역할을 해 왔다. 공유 경제와 같이 변화를 위한 새로운 개념들을 실험해 왔고, 깨끗한 공기, 지속가능한 대중교통, 녹색 공간의 확장, 안전한 공동체의 형성 노력 등을 전개해 왔다. 이 과정에서 지방정부가 도시의 기본 서비스 공급과 관련하여 더 많은 책임을 맡게 되었다. SDGs는 앞으로 지속가능발전을 선도해 왔던 지방정부와 파트너들에게 지속가능한 도시와 포용력 있는 도시를 위한 정책 입안과 실행, 그리고 새로운 리더십을 제공하며, 지속가능발전 상황을 측정·보고·검증하는 시스템 구축에도 기여할 것이다.

SDGs 현지화(localizing SDGs) 주체와 사례

고려사이버대학교 오수길 교수는 "지방정부가 SDGs 이행과 실천을 체계적이고 총체적이며 통합적인 추진을 위해서는 도시의 계획과 전략 속에 제도화해야 한다."고 말한다. 즉, SDGs를 지방 차원에서 효과적으로 이행하기 위해서 우선, 지방정부가 지방의제21(現 지속가능발전협의회)과 협력하여 국가·국제적 도시 간 파트너십 구축하여 지방정부 조직들의 경험과 지식을 체계적으로 교환하고 공유해야 한다는 것이다.

SDGs 이행을 위한 국내 지방 지속가능발전 추진 조직 체계 중 비교적 안정적인 구조가 있는 조직이 '지속가능발전협의회'라는 것은 부정할 수 없는 사실이다. 지난 20년 동안 지역의 지속가능발전 운동은 전국지속가능발전협의회를 중심으로 기초와 광역을 포함한 217개의 지방의제21을 구성하여 지방정부의 예산(약 150억 원)과 지역 자원을 바탕으로 추진되었다. 지속가능발전협의회는 시군구 단위의 목표로서 지속가능발전, 수단으로 로컬 거버넌스를 지향하며, 9개 주요 그룹의 참여와 다양한 활동을 기반으로 현재 약3만 여 명 위원들이 활동하고 있다. 이러한 한국의 지속가능발전 운동은 UN SDGs의 철학과 이념, 그리고 역사적 배경과 맥락을 같이한다고 할 수 있다. 따라서 지속가능발전협의회는 지속가능발전을 위한 지난 20여 년의 성과를 바탕으로 SDGs 주류화를 위한 사례 공유, 방법론, 체계, 도구들을 확산시키는 데 기여할 수 있다. 즉, SDGs 이행과 실천은 지속가능성을 향한 지방성(locality)과 지방 정책 개발에 영향을 주기 위한 장기적이고 다양한 부문의 의도적인 활동인 지방 지속가능성 과정(Local Sustainability Process)과 분리될 수 없다.

SDGs 이행을 위한 지방정부와 지속협의 협력은 중요하다. 먼저, 지방정부는 SDGs 이행 실천의 중요한 촉진자(facilitator), 의사 소통자(communicator), 실행자(implementor)로서 로컬 거버넌스를 통한 오너십과 책임성을 확보해야 하며, 통합적이고 다층적인 다부문 이해당사자들이 서로에게 접근하게 하는 역할과 함께 법·제도적 지원과 재정을 지원하는 역할을 해야 한다. 한편, 지속가능발전협의회는 SDGs가 다루는 지속가능성과 관련한 복잡한 문제를 시민이 잘 이해할 수 있도록 정보를 제공하고 지역 리더와 다양한 그룹이 협동하면서 효과적인 공공 정책의 이행, 지속가능한 기반 시설, 서비스와 재정 확충, 조화로운 다층적 포괄적 네트워크 간 연계를 강화해야 한다.

<그림 3-10> 지속가능발전 전국대회

※ 전국지속가능발전협의회가 매년 개최하는 '지속가능발전 전국대회'는 전년도 전국대회에서 결의된 실천운동을 평가 및 재확인하고, 지난 20여 년간의 지속가능발전 운동과 한국 지방자치 20년의 역사를 비교·진단하여 수립된 비전 '지속가능한 지역공동체'를 위한 SDGs 토대를 세우고 구체적인 실천방안을 모색하는 자리다.

현재, 국내 지방 차원의 SDGs 실행을 위한 설계가 여러 곳에서 진행되고 있다. 서울시는 2023년 11월 21일 서울시의 미래 청사진인 '서울 지속가능발전목표 2030' 17개 목표와 96개 세부목표를 공개하는 보고대회를 개최했다. 광주광역시는 광주 5차 의제를 통해 총 16대 과제와 62개 실천 과제를 구체화했다. 인천 남구는 34개의 남구형 지속가능발전 지표를 선정하였고, 9개의 대표 지표를 도출하였다. 수원시는 수원시 지속가능발전 전환 체계의 통일성과 통합성을 고려한 수원형 이행 목표(SDGs) 작성을 마무리했다. 충청남도는 현재 기존 정책자문위원회에 지속가능발전위원회 기능을 부여하고 지속가능발전협의회와 연계를 강화하고 있다. 한편 SDGs 현지화를 위한 여러 지자체에서 SDGs 이행 과정을 모니터링 할 수 있는 데이터와 통계를 보완하고 이에 대한 접근성을 높이고 있다.

061 지속가능발전 기본법 시행령과 지자체 SDGs 대응 과제

지속가능발전 기본법 시행령이 공포(2022. 07)되었다. 이에 따라 국정, 지방 행정 비전과 철학을 토대로 지속가능발전과 구체적인 실행전략을 통하여 지속가능발전목표 이행 실천은 탄력을 받게 될 것이다. 지속가능발전 기본법은 환경부 산하에 있었던 지속가능발전위원회를 대통령 직속으로 상향 조정하고 지방 지속가능발전위원회의 설치와 활동을 구체적으로 명시하고 있다.

또한, 중앙정부(국무조정실)의 추진단 구성, 지속가능성 평가 보고서 발간(국가, 지방정부), 지속가능발전 교육 홍보 확대(인증제도 시행), 국가 지속가능발전 연구센터 지정·운영, 지속가능발전 국가-지자체 위원회와 책임관 임명 조항이 포함되어 있다.

지속가능발전 기본전략과 관련 국가-광역지자체-기초지자체는 20년 단위로 5년마다 재검토하며, 2년마다 전략·지속가능성 평가를 받고 지속가능성 보고서를 제출하게 된다. 이에 따라 지자체의 지속가능발전 전략, 점검, 지속가능성 보고서 등에 관한 정보는 수집되고 있지만 대응 체계는 넘어야 할 산이 많다.

함께하는 시민행동은 2022년 7월~2023년 2월 6일 한국지속가능발전목표 현황 분석을 수행했다. 현황조사는 243개 지자체의 SDGs 관련 주무부서의 존재 여부, 조례 제정 여부, 자체 지표 수립 여부, 기본계획 수립 여부, 이행 계획 수립 여부, 이행 보고서 작성 여부, 위원회 구성 여부 등 총 7가지 평가 지표를 바탕으로 진행되었다.

<표 3-5> 17개 광역별 지속가능발전 관련 업무 현황

항목 광역	지자체 수	주무부서 존재	조례제정 여부	자체지표 수립	기본계획 수립	이행계획 수립	보고서 작성	위원회 구성
서울특별시	27	16	17	6	7	8	8	10
부산광역시	17	1	3	1	0	1	0	1
인천광역시	11	6	5	2	2	2	2	1
대전광역시	6	2	1	0	0	0	0	0
광주광역시	6	3	5	3	1	1	0	1
대구광역시	9	3	1	1	0	0	0	0
울산광역시	6	0	1	0	0	0	0	0
세종 특별자치도	1	1	1	1	0	0	0	0
제주 특별자치도	1	1	1	0	0	0	0	0
경기도	32	24	29	9	9	7	2	4
강원도	19	7	9	1	4	4	0	0
충청북도	12	3	1	1	2	1	0	1
충청남도	16	3	7	2	3	3	1	0
전라북도	15	3	7	2	3	3	1	0
전라남도	23	4	16	1	1	2	2	7
경상북도	24	2	12	3	2	2	1	3
경상남도	19	9	12	4	4	3	1	3
총계	243	93	130	36	37	36	18	34

※ 출처: 함께하는 시민행동(2023.02)

　　조사 결과에 따르면 광역 13(76.5%), 시43(57.3%), 13(15.9%), 자치구 24(34.8%) 개 총 93개 지자체에 주무부서가 존재한다. 국가법령정보센터(2023.8.30.)에 따르면 243개 지방정부(광역17, 기초226) 중에서 광역 16곳, 기초 152곳 등 총 168개 (69%) 지방정부에서 기본조례가 제정된 것으로 확인된다. 특히 기본법 이후 제정 이후 129곳(77%)에서 제정된 것으로 확인되었다. 그리고 25개 지자체는 현재 입법 예고 중이다. 이는 한국의 지자체가 지속가능발전 업무를 위한 최소한의 단계를 거치고 있는 것으로 이해할 수 있다. 2023년 2월 현재 광역 7(41.2%), 시 17(22.6%), 군 4(4.9%), 자치구 9(13%), 총 37개 지자체가 기본계획(기본전략)을 수립하였다. 최근 기본계획 또한 자체 지표를 달성하기 위한 방향으로 수립되는 추세임을 보여준다. 다만 이러한 기본계획을 갖추고 있는 지자체는 37곳으로 자체 지표를 수립한 지자체의 수와 매우 유사한 모습을 보이고 있다. 이는 우선 자체 지표를 정립한 이후 기본계획의 수립이 가능할 것임을 시사하는 결과로서 역시 각 지자체가 자체 지표를 수립, 평가하는 것이 중요하다(함께하는 시민행동, 2023). 이행계획이란 기본계획(전략)이 수립된 이후 이를 '이행 과제'를 통해 구체화 시키는 것을 의미한다. 예컨대 서울특별시 서대문구가 2022년 지속가능발전 이행계획에서 빈곤 감소 및 소득 불평등 해소를 위해 맞춤형 복지를 추진하는 과제를 내세운 것과 같은 것이다. 즉, 이 또한 기본계획이 없다면 수립되기 어려운 것으로서 자체 지표-기본계획-이행계획 3가지 항목의 긴밀한 관계가 중요하다. 자체 지표, 이행 계획, 이행보고서와 관련해서는 지속가능발전위원회의 역할이 중요하다. 지속가능발전 보고서를 작성한 지자체는 서울특별시 본청, 서울특별시 서대문구, 서울특별시 강북구, 경기도 수원시 등이 있는데 이들 지자체 모두 지속가능발전 위원회가 구성되었다는 점이 이를 방증한다(함께하는 시민행동, 2023).

한국의 지속가능발전목표 이행실천은 대체로 4개 단계로 상정되어 있다. 1단계는 이해 당사자 그룹 외 이웃과 지역을 포함한 모든 그룹의 관심을 고려하여 맞춤형 메시지를 전달하는 '포용적이고 참여적인 과정'이며, 2단계는 글로벌 목표 및 세부 목표를 지역의 목표 및 세부 목표로 전환하는 '지역 SDGs 의제 설정 과정'이며, 3단계는 목표 기반(goal-based) 계획 수립, 혁신적인 파이낸싱과 실행 메커니즘을 설치하는 'SDG 실행 계획 수립 과정', 4단계는 SDGs 이행 성과와 한계 분석을 통하여 대안을 모색하는 '모니터링 및 평가 과정'이다.

지방 SDGs 기본 전략과 추진 전략 수립은 지역 구성원에게 명확한 목표를 공유하는 기회가 될 수 있고, 지속가능발전의 가치를 중심으로 지자체 부서 간 장벽을 해소할 수 있으며, 행정의 효과성과 효율성을 동시에 제고할 수 있게 한다.

또한 모든 이해관계자의 참여를 통해 투명성과 신뢰성을 제고할 수 있으며,

행정 혁신의 한계를 극복할 수 있는 계기를 부여한다. 따라서 지방 지속가능발전목표(SDGs) 이행 전략 수립을 통하여 분야별 실천 과제를 도출하고, 지역별 현황에 부합하는 지표 설정을 바탕으로 지방의 지속가능성을 평가하고, 사회·경제·환경 모든 분야에 지속가능발전의 가치를 내재화함으로써 지역민의 삶의 질을 제고할 필요가 있다.

기초지자체 이행 전략은 국가-광역지자체 상위계획에 대한 지자체 실행 계획, 환경·경제·사회 분야 자체 추진계획, 역점 사업 등 추진 현황 점검, 지역 현안과 취약한 분야의 문제 해결을 위한 SDGs 목표와 연계한 달성 목표 설정 등을 할 필요가 있다. 이를 위해 주민이 이해하기 쉽게 간결하고 명료하며, 자료 출처가 분명하고 지속적인 통계 도출이 뒷받침될 수 있도록 지표 설정이 되어야 한다.

지방 차원의 SDGs 설정 원칙에 대한 구체적 제시는 다음과 같다. 첫째, 지자체는 체계적인 SDGs 이행과 실천 그리고 총체적이며 통합적인 추진을 위해 도시계획과 전략을 제도화해야 한다(오수길, 2015: 40). 즉, 지방 차원에서 SDGs의 효과적인 이행을 위해서는 우선, 지자체가 지속가능발전협의회(이하 지속협)·지속가능발전위원회(이하 지속위)와 협력을 통하여 국가-국제적 도시 간 파트너십을 구축하고 지자체 경험과 지식을 체계적으로 교환·공유해야 한다. 또한 지속협이 SDGs 이행의 추진 주체로 움직일 수 있도록 자원·정보, 권한·책임과 성찰을 함께 공유할 수 있도록 노력해야 한다.

둘째, 지방 차원에서 SDGs의 성과를 위해 지자체는 지속협과 지속위에 새로운 SDGs 추진 체계를 맞추어 조정해야 한다. 지자체의 지속가능발전추진 체계는 추진 기반 마련, 추진 체계 구축, 추진 체계 운영과 평가 단계로 분류할 수 있다. 따라서 추진 기반 마련 단계에서 제도와 조직 구성이 중요하다.

지자체 SDGs 이행·실천 체계 구축을 위한 업무와 프로세스

지속가능발전 기본법 시행령 공포 후 한국의 지자체는 지속가능발전 업무 영역 설정과 업무분장과 관련된 내부 검토를 진행하였다. 그러나 아직도 많은 지자체는 지자체 SDGs 시스템 구축에 대한 이해도가 높지 않다.

지역 SDGs 이행체계 구축을 위해 지자체와 지속가능발전위원회, 지속가능 발전협의회 등은 지속가능발전 업무영역과 업무분장을 시도해야 한다. 업무영 역은 담당자(행정가)가 지속가능발전 업무에 관하여 무엇을 해야 하는지에 대한 예시를 보여준다. 이에 업무영역을 구분하면 지속가능발전 업무영역은 지속가 능발전 이행 체계 구축과 SDGs 이행 계획 작성·이행평가로 구분될 수 있다. 먼저 지속가능발전 이행 체계 구축은 지속가능발전 추진 로드맵 작성(SDGs 작성, 이행, 모니터링 과정 전반에 대한 구상), 지속가능발전 전담 부서 설치(지속가능발전 추진 업무 전담 주무 부서 지정), 지속가능발전 기본조례 제정과 구현(제도기반 구축), 지속가 능발전위원회·협의회 설치(조직 기반 구축)이다.

또한 SDGs 기본계획 작성 업무는 첫째, 지속가능발전 현황 진단을 시작한 다. 이는 지역 조건과 상황에 대한 진단과 주민 참여와 지역사회의 제한적인 자원 여건에 맞는 행동을 우선순위로 하기 위한 기초 자료를 확보하는 것이다. 둘째, 지속가능발전 비전, 목표, 이행계획 수립은 지역사회의 중점 방향과 자원 배분을 우선순위로 설정하는 것이며, 이를 위한 정책과 프로그램 개발을 유도 하는 것이다(비전과 목적). 그리고 정해진 기간 내 성취할 목표를 설정하는 것이 며, 채택된 행동의 적절성과 행동계획의 실행에 따른 성과를 평가할 기준이 되 는 것이다(목표). 한편, 목표 달성을 위한 부서별 사업과 추진 일정, 재정·기한· 인적 자원 배분을 위한 과업까지 포함한 구체적인 전략과 과제를 설정해야 한다. 나아가 지역사회의 지속가능성 진단과 모니터링 할 수 있는 지표 개발을 준비 또는 진행해야 한다. 지표 개발은 지자체 부서별 성과지표 지침이자 중장기적인 결과물을 의미한다. 이는 구체적인 수치화를 통한 주민의 이해와 요구를 나타낼 것이다. 따라서 지역주민과 소통을 통한 지역사회의 특성을 반영할 수 있는 대표적인 지표 개발이 필요하다.

SDGs 기본계획 작성 시 중요한 것은 지역 조건과 현황에 대한 진단과 주민 참여이다. 현황 진단은 제한된 지역사회 자원 여건에 맞는 행동을 우선순위로 정하기 위한 기초 자료를 확보하는 것을 의미한다. 비전과 목적을 세우는 것은 지역사회가 나아가야 할 중점 방향과 자원 배분을 우선순위로 설정하는 것이다. 이를 위한 정책과 프로그램 개발 유도는 이행계획 수립 과정의 핵심적인 과제를 의미한다.

SDGs 이행 계획 작성, 이행평가는 기본계획 작성, 진단과 피드백 부분으로 나눌 수 있다. 첫째, 기본계획 작성 업무는 지속가능발전 현황 진단, 지속가능발전 비전·목표·이행계획 수립과 지속가능발전 지표 개발을 들 수 있고, 둘째, 현황 진단과 피드백 영역은 지속가능발전 지표 진단과 모니터링, 지속가능성 보고서 작성, 지속가능발전 이행계획 수정·보완, 주요 조례와 계획의 지속가능성 검토 과정을 거쳐야 한다. 이러한 과정을 통해 지역사회의 지속가능성 수준을 파악할 수 있으며, 지역사회의 역량을 모아야 할 영역을 발견할 수 있다. 특히 대표 지표들 경우 지역주민과 함께 모니터링 할 수 있는 대안을 모색해야 한다. 이를 통해 지속가능발전 이행 계획을 수정·보완하며, 특정 사업은 전환을 통해 새롭게 발굴할 수 있는 업무이다. 따라서 SDGs의 이행 계획의 작성-이행-모니터링 등 각각의 단계에 따른 행정기관의 역할은 인식 전환, 조직 구성, 제도 형성, 지역 SDGs 이행 계획 작성, SDGs 이행, SDGs 평가 전 과정을 포함한다.

이러한 과정을 통해 지속가능발전 지표 진단과 모니터링 결과, 전략과 과제 이행 상황을 담는 지속가능성 보고서가 작성된다. 지지체는 지속가능성 보고서를 통해 지역 사회의 변화를 진단하고, 과제와 전략 방향을 제시할 수 있다.

SDGs 지역화(localizing SDGs) 추진 과정과 원칙

우리나라 지방정부와 지속가능발전협의회 등은 지역 차원에서 진행하는 SDGs 실행 과정을 대체로 4개 단계로 상정하고 있다. 그것은 이해 당사자 그룹 이외 이웃, 지역을 포함한 모든 그룹의 관심을 고려하여 맞춤형 메시지를 전달하는 '포용적이고 참여적인 과정', 글로벌 목표 및 세부 목표를 지역의 목표 및 세부 목표로 전환하는 '지역 SDGs 의제 설정 과정', 목표기반(goal-based) 계획을 수립하고 혁신적인 파이낸싱과 실행 메커니즘을 설치하는 'SDG 실행 계획 수립 과정', SDGs 이행의 성과와 한계를 분석하고 대안을 모색하는 '모니터링 및 평가 과정'이다.

<그림 3-11> SDGs 실행단계

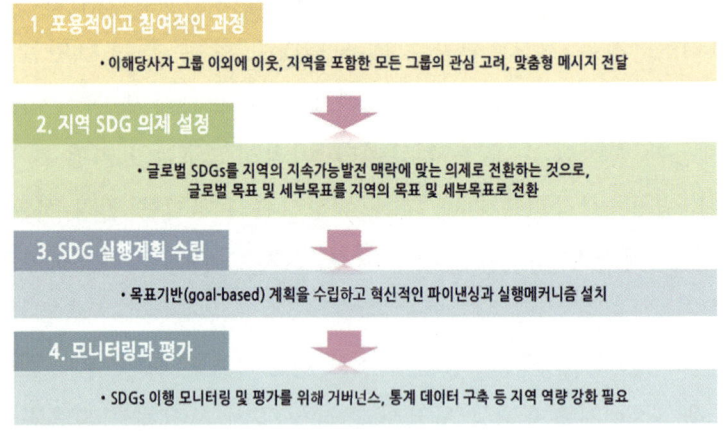

※ 출처: 고재경(2017)

이를 보다 구체적으로 살펴보면 현황 진단 → 지속가능발전 추진 로드맵 작성 → 지속가능발전 전담 부서 설치 → 지속가능발전 조례 제정 → 지속가능발전위원회 설치 → 지속가능발전 비전과 전략 및 추진 계획 수립 → 지속가능발전 지표 개발 → 지속가능발전 지표 평가 → 지속가능발전 보고서 발간 → 지속가능발전 이행계획 수정·보완 순으로 나누어 볼 수 있다.

지방 차원의 SDGs 설정 원칙을 살펴보면 첫째, 각 지역 실정과 조건에 맞게 유연하게 실행되어야 한다. 일례로 전담 부서는 자치단체 역량과 조건에 따라 구청장 직속이나 기획 부서에 설치할 수 있으며, 자치구 조례 제정도 지속가능발전 기본조례를 제정하거나 자치구 지속가능발전위원회 설치 및 운영 조례를 제정할 수 있다. 위원회 구성도 기초 자치단체 지속가능발전위원회를 신설하거나 기존 메타거버넌스 기능 위원회를 지속가능발전위원회로 개편할 수도 있다.

참고로 지속가능발전기본조례는 지속가능발전 기본법에 명시된 목표를 달성하기 위해 지자체가 제정한 조례를 뜻하며, 자체 지표는 지속가능발전 기본법 제7조, 8조, 15조에 언급된 지표를 의미한다. 지속가능발전 기본계획(기본 전략)은 지속가능발전 기본법 제8조에 언급된 기본계획(전략)으로서, 20년을 주기로 수립 되는 것을 말한다.

둘째, 지방 차원에서 SDGs의 성과를 내기 위해서 지방정부와 지속가능발전협의회를 새로운 SDGs 추진 체계에 맞추어 조정해야 한다. 지방정부의 지속가능발전 추진 단계는 추진 기반 마련, 추진 체계 구축, 추진 체계 운영과 평가의 단계로 분류할 수 있다. 추진 기반 마련 단계에서 제도와 조직을 마련하는 것은 중요하다. 지방정부는 지속가능발전협의체 등 지역사회와 협력을 통하여 전담 부서를 설치하고 조례를 제정하며 지속가능발전위원회를 구성하기 위해 노력해야 한다. 지속가능발전위원회는 기본법 제 20조에 명시된 위원회로서 지자체의 SDGs 기본/이행계획을 심의하고 보고서를 작성하는 기관을 일컫는 것이다. SDGs 실천 역량 강화는 모든 단계에서 진행되어야 할 과제로, 공무원 대상 SDGs 교육프로그램의 개발과 실행, 시민사회와 기업에 대한 교육 등을 상정할 수 있다.

　SDGs 이행·추진 체계 구축을 위해 지속가능발전 비전과 추진계획(전략)을 수립하고, 이에 대한 수정·보완이 시행되어야 한다. 이행 또는 추진계획(전략)은 지속가능발전 기본법 제 9조에 언급된 이행, 추진계획(전략)으로서, 5년을 주기로 수립되는 것을 말한다. 지표 개발은 지역사회 내 다양한 그룹 참여를 바탕으로, 각 영역의 의견을 수렴한 후 이를 반영하여야 한다. 지자체의 최종 지표는 20개 내외의 대표 지표와 그에 대한 목표 설정 등으로 구성되어야 한다. 여기에 더해 지방정부와 지속가능발전협의회는 국제·국가·지역 간 이행 내용을 연계하는 실천 사업 체계를 구축해야 한다. 이를 위해서는 SDGs와 세계 인간 정주 의제, 기후변화협약, 생물다양성협약 등 지속가능발전을 위한 주요 국제 협약 내용과 지역 의제 목표 및 실천 사업을 연계하는 것이 중요하다. 동시에 지속가능발전 추진기구 조직운영체계를 SDGs 이행 행동 체계로 재정비하는 한편 위 어젠다를 국가·광역·기초 간 사업으로 통합적인 연계를 해 나가야 한다. 이에 지속가능발전협의회는 지속가능발전목표 기본계획안 제출 및 조직 개편과 연구반을 가동하고 분야별 논의 체계를 구축해야 한다.

　셋째, 지속가능발전협의회는 지방정부와 협력하여 도시의 특성에 맞는 우선 순위와 지표를 설정해야 한다. 지표 설정은 SDGs, 이클레이 8대 의제, 전국 지속가능발전협의회 8대 의제를 지역의 특성에 맞게 적용할 수 있다.

<표 3-6> 전국지속가능발전협의회 8대 의제, SDGs 17개 목표, 이클레이 8대 의제의 연계

구분	전국지속가능발전협의회 8대 의제	이클레이 8대 의제	SDGs
경제	지역 자립경제	스마트 도시 인프라	목표7, 목표9
	녹색 지역경제	녹색도시경제 자원효율적인 도시	목표6, 목표2, 목표8, 목표12
사회	이웃관계		목표11
	공동체 형평성		목표1, 목표5, 목표10
환경	생태적 건강	생물다양성 도시	목표6, 목표14, 목표15
	기후변화 대응	저탄소 도시	목표13

구분	전국지속가능발전협의회 8대 의제	이클레이 8대 의제	SDGs
문화	공동체 문화		목표11
거버넌스		건강하고 행복한 공동체	목표16, 목표17
안전	민주주의 역량	회복력 있는 도시	목표11
건강		건강하고 행복한 공동체	목표3
교육			목표4

※ 출처: 이창언(2017)

　　그리고 SDGs 17개 목표 및 하위 목표에 대한 검토를 통하여 17개 목표 모두 지방 지속가능발전 추진 목표로 설정하고 SDGs 개별 지표들을 함께 적용하면서 추진할 것인지 또는 17개 목표 중 지역의 역량과 조건을 고려하여 핵심적이고 적용가능한 몇 개 목표에 집중할 것인지를 검토해야 한다. 지방 지속가능발전 추진 체계 확립과 지표를 함께 연동하여 전일적인 체계를 만든다면 더욱 의미가 있을 것이다.

064 | SDGs 현지화와 사회적 학습

제8회 전국동시지방선거 과정에서 탄소중립, 기후위기 대응과 SD(지속가능발전), SDGs 실행을 위한 다양한 공약이 제출되었다. 선거 이전 많은 지자체와 도시는 SDGs 관련 기본계획, 이행계획을 수립하였었다.

많은 지자체와 도시가 SDGs를 도입하고자 하는 이유는 무엇인가? 그것은 저출생, 고령화, 양질의 교육, 환경문제, 양질의 일자리, 산업혁신과 인프라 구축, 인구감소, 지방 균형발전 등 모두 지자체가 해결해야 하는 과제이기 때문이다. 이러한 문제들을 극복하기 위한 새로운 전략이 요구되었으며, 이를 위한 수단으로 SDGs가 효과적이라고 판단되었다. 사실, SDGs는 과제 해결뿐 아니라 과제 발굴 수단으로도 활용될 수 있다.

SDGs는 다 부문적 접근법을 필요로 한다. 또한 다 부문적 협력의 핵심 요소로써 글로벌, 국가, 도시 수준에서 역학관계가 동일하게 작용한다. 하지만 17개 목표에 대한 보편적 정의를 가진 SDGs의 틀은 구체적인 상황과 요구에 적합하게 조정되어 시민 삶의 변화와 함께 실질적인 지역사회의 이익을 창출한다.

지속가능발전을 위한 도구(tool)는 국가 간, 국가 내 지방자치단체 간, 지방자치단체 내부의 이질적이고 복잡한 정치, 제도, 경제, 문화 등의 환경을 고려하여 적용되고 활용되어야 한다. SDGs를 도시에 적용할 수 있는 가장 적절한 도구와 전략은 '2030 의제'의 설계, 실행, 피드백·평가 및 성공스토리(story) 구성과 밀접한 관계가 있다.

지자체 SDGs 실현을 위해서 공무원과 지역사회 구성원들이 SDGs에 대한 인식 수준을 높이고 단계별 과제를 잘 이해할 때 그 효과는 배가될 수 있다. 다음 <표 3-7>을 보면, 지자체는 SDGs 실행을 위한 5개 주요 단계와 핵심적 대응 내용을 설정하였고, 단계별 대응 내용이 기술되어 있다. 따라서 그 단계별 과제에 대한 달성 여부를 판단하고, 대응 분야별 달성도를 점수화할 수 있는 평가 기준표(rubric)로 활용할 수 있다.

<표 3-7> 지자체 SDGs 실행을 위한 5개 주요 단계와 핵심적 대응 내용

단계 구분		단계별 과제
1단계	SDGs 이해	① 지자체 담당 공직자·지자체 내 공직자, 지방의원의 이해의 확대 ② 지역 사업자·기관과 단체의 이해 확산 ③ 전 지자체 차원의 이해 확대 ④ 주민 이해의 확산 ⑤ 지자체 업무에 활용
2단계	대응 체계	① 소관 업무의 일부로 추진 ② 횡단조직 등을 설치 ③ 지역의 사업자·단체에 의한 추진 ④ 전담부서 설치 ⑤ 지역 이해관계자와 추진체제 정비
3단계	목표와 지표 의 설정	① 선언 및 비전 설정 ② 17개 목표의 대응 관계 정리 ③ 169 세부목표·230여 개 지표와 대응 관계 정리 ④ 지자체 현지 지표 리스트 활용 ⑤ 독자 지역 지표 설정
4단계	행동계획	① 종합전략·종합계획 등에 언급하는 ② 종합계획 중 17개 목표와의 관계를 정리 ③ 독자적인 액션 프로그램 수립 및 예정 ④ 시범사업 추진 ⑤ SDGs 관점에서 누락 체크 등 분석 실시
5단계	후속 작업	① 평가·후속 조치 구조·체제를 검토 ② 지표를 이용한 달성 상황 내부 평가 ③ 외부 의견 반영, 외부 평가 ④ 지속적 관리를 위한 구조·시스템 구축 ⑤ 후속 조치

※ 출처: 公益財団法人 東京市町村自治調査会(2021: 109), 이창언 번역 재구성

지자체 SDGs 추진 과정에서 지자체가 가장 역점을 두어야 할 지점은 SDGs를 추동할 수 있는 조직을 발족시키고 대내외에 가시화하는 것이다. 다양한 이해관계자와 연계를 촉진하기 위해 외부로부터 알기 쉬운 추진조직 정

비는 중요하다. 조직을 운영할 때 지자체 내 실행부서의 SDGs에 대한 참가 의식 고양, 시민을 비롯한 다양한 이해관계자와의 긴밀한 교류, 외부 인재 영입, 이해관계자들의 의견 수렴 등이 중요한 요소이다.

도시 혁신을 위하여 SDGs 17개 목표는 모두 중요하지만, 실질적으로 이행계획을 고도화하기 위한 'SDGs의 현지화 전략'에 따라 재구성될 수 있다. SDGs 현지화는 목표 설정부터 구현, 모니터링 및 보고에 이르는 모든 글로벌 의제에서 각 국가와 도시의 독특한 맥락, 자원, 도전, 기회를 고려한 기획과 실행으로 정의된다.

지속가능발전의 현지화란 SDGs 설정에서 이행 수단을 결정하고, SDGs 진행 상황을 측정하고 검토하기 위한 지표를 사용하며, 지속가능발전 이행을 중심으로 두는 것이다.

현지화는 글로벌 의제를 그대로 적용하는 것이 아니라 지역의 특성, 맥락, 기회, 우선순위 및 아이디어를 활용하는 것에 기반을 둔 정치적 과정이다. 도시 SDGs 이행·실천은 시민 참여의 강도·범위·역량을 표현할 수 있는 지역 지속가능발전 역량과 지방분권 강화 과정이다.

즉 민선 8기 지방자치단체 출범과 동시에 SDGs 기본계획, 이행계획, 모니터링 계획을 수립하고 실행할 수 있어야 한다. 민선 8기 지자체 SDGs 모델은 '지방분권', '지속가능발전', '거버넌스'라는 키워드를 지역과 시민의 생활과 연계된 지속가능발전 로드맵으로 발전시키는 과정이다.

민선 8기 지자체 SDGs는 '시청의 정책', '시민 실천', '네트워크'의 세 가지 차원에서 기획되고 실행되어야 한다. 이는 제도적 수준에서 다 부문적 참여기회를 확장하고 제도 내부와 제도 상호 간 협력적 조정 능력과 위기관리 능력을 높이는 데 기여할 수 있을 것이다.

동시에 '사회적 학습(social learning)' 관점에서 SDGs 교육에 많은 에너지를 쏟아야 한다. 민선 8기 지자체는 다양한 이해관계자가 참여하는 지속가능발전 워크숍, 지속가능발전대학, 공무원 SDGs와 기업 ESG(환경, 사회, 투명) 경영 교육체계를 구축해야 한다. SDGs·ESG 교육 활성화는 지역사회 구성원들의 인식 제고를 바탕으로 다 부문적 주창(advocacy) 활동의 확산, SDGs 이행 (implementation)의 제도화 모색, 일상적 모니터링(monitoring) 체계 구축과 일련의 후속 조치 등을 통해 SDGs 주류화(mainstreaming)를 촉진할 것이다.

065 | 정부(지자체)와 SDGs(지속가능발전목표) : SDGs 도입, 채택 시 얻는 효과

'SDGs(지속가능발전목표) 이행·실천'은 'SDGs 달성을 위한 2030 의제의 이행'이라는 의미로 사용된다. 'SDGs 이행 전략'은 지속가능성의 진척에 대하여 혁신적 활동을 통하여 집합적으로 개발하고 이행할 수 있는 방책으로 정의된다.

우리 삶과 분리되지 않는 지방 SDGs의 이행계획 수립과 실행은 총체적 도시전략의 특징과 가능성을 검토하는 작업이다(이창언, 2020c: 1734).

왜 정부(지자체)는 SDGs를 발전 전략으로 도입해야 하는가? 왜 의원(국회, 지방의원)들은 SDGs를 공약화하고 실행해야 하는가? 그것은 환경 위기, 빈부격차, 저출산, 고령화, 인구감소, 지방 소멸 등 많은 과제를 지자체가 안고 있기 때문이다.

이를 극복하기 위해 새로운 전략이 요구되고 있으며, 문제 해법의 기제로서 SDGs가 효과적이기 때문이다. SDGs는 과제 해결뿐 아니라 과제 발굴 수단으로써도 활용할 수 있다(村上 周三, 2019: 7).

정부(지자체)의 SDGs 도입과 실행은 대체로 두 가지 차원에서 이루어진다. 첫째, 의무적·포괄적 도입이다. 이는 국가의 방침에 따라 지자체 행정의 임무로서 추진하는 SDGs를 의미한다. 둘째, 자주적·선택적 도입이다. 정부(지자체)의 자주적인 요구와 국가(도시) 발전 전략을 추진하는 SDGs는 성공 확률이 높다.

정부(지자체 혁신)와 지속가능한 국가-도시를 만들기 위해서 SDGs 17개 목표는 중요하다. 하지만 실질적인 이행계획 고도화를 위하여 'SDGs의 현지화 전략'에 따라 17개 목표의 세부목표와 지표는 재구성될 수 있다.

지속가능발전의 현지화는 글로벌 의제 그대로 적용하는 것이 아니라 지역적 특성, 맥락, 기회, 우선순위 및 아이디어 활용에 기반을 둔 정치적 과정이다.

지자체 SDGs 이행·실천은 시민 참여의 강도·범위·역량을 표현하는 국가 (지역) 지속가능발전 역량과 공론장, 그리고 지방분권을 강화할 수 있는 과정이다. 이때 협력적 거버넌스(collaborative governance)는 SDGs의 성공 요소로 작용할 수 있다.

SDGs를 국가전략, 지자체 발전 전략에 도입하면 어떤 긍정적 효과가 있을까? 구체적인 국가(도시) 지속가능성 전략 수립과 관리는 조직 운영 패러다임과 조직 구조 혁신의 가속화·고도화를 촉진한다. SDGs는 국가(지자체) 차원의 빈곤 문제, 식품 문제, 건강 문제, 교육 문제, 성평등 문제, 환경 문제, 고용 문제뿐만 아니라 지역의 도시계획이나 지방 활성화 등 지방자치단체의 중요한 행정 과제 역시 취급한다. SDGs의 목표, 세부목표, 지표를 통합적으로 활용하여 국정·시정 현황을 파악하거나 중장기적 관점에서 정책목표를 설정하는 것은 삶의 질(Quality of life) 향상을 위한 효과적인 정책으로 추진할 수 있다.

또한 SDGs의 현지화를 통해 국가와 도시의 고유한 특징을 인식하고, 정체성을 활용한 매력적인 국가-도시 조성이 가능하다. SDGs 추진 과정에서 국가-지역은 정체성·연대성을 강화하고, 국가-도시 브랜딩을 제고한 이후 국가-도시 앞에 제기된 도전 과제 해결을 촉진한다(이창언, 2020e: 248).

SDGs가 갖는 중요한 의미는 성취도 및 국제적 순위가 아니라 2030년까지 좀 더 평등하고 평화로우며, 탄력적으로 번영할 수 있는 사회로 전환할 수 있는 국제적-지역적 틀과 방법론을 제공한다는 것이다. SDGs의 주류화·현지화 과정에서 정부(지자체)의 역할은 지금도 그렇고 앞으로도 중요하다.

정부(지자체)는 재정적인 수단에 대한 접근이 상대적으로 용이하며, 투명하고 공정하며 포괄적인 공공 서비스를 제공해야 할 의무와 권한을 갖추고 있기 때문이다(이창언, 2020e: 273). 물론 SDGs 이행 실천은 정부(지자체)에도 유익하다.

경제, 사회, 환경 정책의 통합을 목표로 하는 SDGs 추진은 국정·시정의 영향 영역과 효과를 정리함으로써 애당초 전망했던 편익 이외의 편익 창출을 이룰 수 있다. SDGs 달성을 위해 정부(지방정부 포함)는 이해 당사자와 제휴를 통해 다 부문적 파트너십 강화로 이어갈 수 있다. 또한 중앙과 지방정부, 부처 간의 장벽도 넘어설 수 있다.

중앙정부는 지방자치단체의 SDGs 대응을 위한 자금 지원이나 성공 사례를 적극적으로 전파하여 확산시킬 수 있으며, 지방자치단체는 대응 과정에서 국가(지자체) 정책에 관한 상호 관여와 소통을 통해 공헌할 수 있다. 정부(지자체)와 의회는 자신의 활동을 SDGs 틀을 활용한 정리를 발신함으로써 해법이 필요한 세계의 국가·자치단체와 협력할 기회도 창출할 수 있다.

정부(지자체)의 이니셔티브는 SDGs를 통해 더욱 중요하게 드러날 수 있다. 정부는 신속한 전환을 통해 주도적으로 체제를 구축하는 한편, SDGs 추진을 위한 강력한 리더십을 발휘해야 한다(이창언, 2020e: 248).

SDGs 대응을 위한 정부의 활동은 국가(지자체) 차원의 SDGs 추진 체계 구축과 구체적인 SDGs 전략과 실행 지침을 제시, 전국적인 SDGs 확산을 위한 지방자치단체에 대한 지원을 구체화한다. 'SDGs 전략과 실행지침'이 SDGs 관련 정책의 집합이라면 '지방자치단체 SDGs'는 지방 지속가능성을 위한 종합전략과 관련된 정책의 집합이라 할 수 있다(이창언, 2020e: 272).

정부의 SDGs 추진 시스템과 수단(도구)은 SDGs 모니터링(유엔에서 SDG 지표의 측정 협력, SDG 글로벌 지표의 정비 등), 일상적 홍보·교육, SDGs 모델 개발, 국제적 스포츠와 박람회, 행사와 연계한 SDGs 추진, 지방자치단체와 지역 기업의 강점을 살린 국내외 협력(민관산학)사업 추진, SDGs 추진 기구에 참여한 다양한 이해당사자 그룹 및 네트워크 등과의 연계, SDGs 달성에 동참하는 기업과 대학, 기관에 대한 지원 등이다. 그리고 적절한 글로벌 SDGs 연계망 구축, SDGs·ESG 경영 이니셔티브와 ESG 투자 추진, 개발도상국의 국내 자금 동원을 위한 세제·세무 집행 지원, SDGs 달성을 위한 혁신적인 자금 조달의 기획·집행 등이다.

정부와 지방정부는 SDGs를 국정과 시정 전략으로 삼고, 구체적인 시스템과 수단을 통한 체계적인 실행을 전개할 때 SDGs를 달성할 수 있다(이창언, 2020e: 272).

066 SDGs 거버넌스의 전제
: 사회적 학습과 경험의 교환

한국의 지자체가 직면한 과제에 관한 해법과 미래 비전을 모색하기 위하여 '거버넌스(협치)'로의 패러다임을 전환하는 것이 요구된다. 지자체장과 공무원의 역량만으로는 고령화, 저출산, 청년 실업, 빈곤과 격차, 불평등, 지속가능한 문화와 관광, 도시재생, 환경·에너지, 다문화, 지방 소멸 등 복잡·다난한 지역사회 문제 해결이 사실상 불가능하기 때문이다.

따라서 민과 관이 함께 지역사회의 산적한 현안 해결을 위한 근본적 인식 전환이 필요하다. 이러한 현실적 요구에 부응하여 많은 지자체는 거버넌스(협치) 시스템 구축 선언을 했지만, 성공에 이르지 못하고 있다. 그 이유는 거버넌스에 관한 구체적인 상(像)과 경로, 내용과 목표가 명확하지 않아서이다.

지자체가 구축할 새로운 협치 모델은 민관이 완전히 함께하는 체제(공동결정·집행·평가)이면서 행정의 주체가 바로 시민이 되는 모델을 의미한다. 민관의 상호 이해와 신뢰를 쌓기 위한 제도와 인식 혁신은 거버넌스의 출발점이다. 진정한 협치는 지속가능한 공동체, 시민사회, 기업, 다양한 이해관계에 대한 자치단체장과 공무원의 인식 전환과 새로운 민관협력 시스템에 맞는 조직·인사·예산 등 시스템 전반의 혁신을 통해 가능하다.

2023년 지자체 거버넌스 체계는 외견상으로는 필요성 공감, 또는 논의 준비 단계에 머물러 있는 것처럼 보이지만, 잘 살펴보면 많은 거버넌스가 지속되고 있어 거버넌스 경험이 축적되고 있을 것이다. 따라서 지난 시기 추진해 온 민·관 협력사업 성과를 재발굴하고, 민관이 함께 정책을 결정하며, 공동으로 집행·평가할 수 있는 지속가능한 새로운 협치 모델을 구축하기 위하여 다양한 학습과 논의가 필요한 시점이다.

기존 가치와 수단 전환을 혁신이라고 할 때 자치단체장과 공무원의 거버넌스에 대한 올바른 인식은 행정 혁신 추진의 전제 조건이라 할 수 있다. 물론, 민간도 공공부문에 대한 이해 폭을 넓히고 역량을 높여, 구체적인 정책의제 제시 및 공동실행에 적극 참여해야 한다. 경험적인 사례 연구는 공무원의 혁신 수용성이 혁신역량을 강화하는 중요한 요소임을 보여준다. 혁신 과정의 민주성, 혁신 성과에 대한 긍정적 인식 확산, 자치단체장의 민주적 리더십(혁신에 대한 관심, 의지, 지원), 지역 실정에 맞는 행정 혁신 목표와 과제 설정은 행정 혁신으로서 거버넌스에 대한 공감대 형성에 기여한다.

지자체 거버넌스 전략 과제 산출을 위한 전제는 민·관이 사회적 학습에 기초하여, 어떻게 한 단계 더 높은 민·관 협치를 성취할 것인가가 가장 중요한 과제이다. 다시 말해, 학습과 소통을 통해 민·관 파트너 네트워크 안에 존재하는 부정적인 요소들을 극복하고 긍정적인 요소들을 확대하는 전략이 필요하다. 이를 위해 지자체가 솔선수범하여 시민사회, 기업, 중간지원조직, 공직자를 대상으로 한 공동의 교육프로그램, 포럼, 세미나 등을 조직할 필요가 있다. 사업 과제들에 대한 전략적 상호 작용은 학습과 훈련의 만남을 통하여 자신들의 행위를 분석하고 객관화하는 능력을 길러줄 수 있다.

사회적 공동학습과 경험의 교환은 중장기적 관점에서 최고 정책결정권자의 민·관 협치 실행 의지를 높이고 민·관 협치 성공의 결정적인 요소로 작동할 것이다. 그리고 집단적 리더십(실·국장 포함)을 통하여 민·관 협치 능력 성장을 위한 프로그램을 제안하고 실행할 필요가 있다. 왜냐하면 모든 개혁 드라이브는 집단적 리더십의 역량으로 출발하기 때문이다.

민·관 협치 성장을 위해서 거버넌스 체계 구축과 네트워크 형성을 위한 공론장 역할은 대단히 중요하다. 정책 형성 및 의사결정 단계 이전부터 공론장은 민·관이 함께 정책 결정의 효율성을 높일 뿐만 아니라 장기적인 민·관 협치를 위한 사회적 자본 확충에 기여한다. 민·관 협치를 위한 사회적 자본 확충이란, 네트워크 형성과 상호 간 신뢰 구축을 의미한다. 공론장 활성화를 통하여 네트워크 형성을 효과적이고 신속하게 할 수 있는 시스템을 개발하고 이를 권장해야 한다.

067 | SDGs와 거버넌스(Governance)

　　관 주도의 위계적 관리체계, 개인의 자유, 그리고 사적 이해관계 중심인 시장 한계가 강하게 대두되면서 자원 배분, 공공 의사결정, 그리고 갈등 조정을 위한 새로운 해결 방식이 필요해졌다.

　　1990년대 밀 시작된 거버넌스에 대한 논의는 참여정부 시기에 들어와 사회 조정 원리이자 '민주주의 이후의 민주주의'의 한 대안이 될 수 있다는 인식이 확산되었다. 우리 사회에서 거버넌스 개념이 부각된 것은 기존 국민국가 중심의 통치 체제에서 벗어나 탈산업 사회에 적절한 국가-지자체 운영을 위하여 새로운 관계 설정과 조정 양식의 필요성이 반영된 것이라 할 수 있다.

　　거버넌스는 기존의 전통적인 법률, 행정규칙, 사법 판결, 실행 체제를 훨씬 뛰어넘는 것이다. 산출(결과나 성과) 지향적으로 접근하는 시각의 거버넌스는 '사회적 상호작용의 다양성, 역동성, 복잡성'에 대응하기 위한 국가-사회관계의 재구성, 지속가능한 사회(목표)를 만드는 과정이자 수단으로 이해해야 한다.

　　거버넌스는 다양한 행위자의 참여, 행위자에 대한 권한 부여, 행위자 간의 의사소통, 네트워크, 파트너십, 정당성을 중시한다. 따라서 거버넌스 논의는 필연적으로 거버넌스 유형을 결정하는 방향과 내용(거버넌스 설계)을 전제한다. 제기되는 이슈에 따라, 사회-정치적 역학관계에 따라, 공동의 문제에 대한 정의에 따라, 공익에 대한 이해와 합의 정도에 따라 상이한 거버넌스 유형이 등장할 수 있기 때문이다.

　　많은 학자가 "거버넌스는 자기 성찰과 자기 규제의 역량을 자극하는 데 초점을 두어야 한다"고 강조한다. 정부(지방정부)의 역할은 통제와 규제가 아닌 사회적 이슈에 대해 이해당사자들의 대화를 촉진할 수 있는 절차와 구조를 용이하게 만드는 것이어야 한다는 것이다. 사실, 거버넌스는 유형(정부주도형, 시장주도형, 시민사회 주도형)에 따라 수평적 공동 작용이 될 수도 있고 혹은 교묘한 규제체로 작용할 수 있기 때문이다.

거버넌스에 대한 정부의 직접적인 역할이 강조될 경우(정부 주도형-신공공관리), 거버넌스는 행정의 대행자로 전락할 우려가 있다. 이 유형은 정부(지방정부)가 담당했던 공적 역할과 권한 중 정부가 직접 수행하기 부담스러운 영역을 시민사회나 민간 부문으로 이전시킬 가능성이 높다. 시장이 주도적인 역할(시장 주도형-최소국가론, 신자유주의)을 할 경우, 민주주의적 책임성 결여와 자본의 논리가 강조되면서 공공 영역이 축소되거나 왜곡될 수 있다. 정부와 시장의 행정적·재정적 동기와 행정 기능의 효율화를 위한 관리적·전략적 동기가 드러나면서 거버넌스의 민주적·공익적 역할은 축소될 수밖에 없다.

068 | 도시 SDGs 거버넌스와 제도화

도시 SDGs 거버넌스와 제도화

지속가능한 도시 지향은 SDGs의 중요한 이념으로 첫째, '누구도 소외하지 않는다(Leave No One Behind, LNOB)'라는 포용(包容)이다. 이는 MDGs 실천을 통해 빈곤 등이 어느 정도 개선되었고 그 성과를 모든 사람에게 확대한다는 의미가 담겨 있다(村山史世·滝口直樹, 2018: 76). 물론 단기간 내 포용(包容)의 결과 실현은 어렵다. 도시 SDGs 이행·실천의 성취도 관리에서 중요한 과제 중 하나는 숫자로 표현되기 어려운 '남겨진 부분'에 대한 포용 노력과 진척을 읽어내고 점검하는 것에 있다(蟹江憲史, 2018; 10).

둘째, 지자체, 기업, NGO 등 주요 이해당사자들의 거버넌스(governance)이다. 문제는 거버넌스를 주창한다고 해서 도시는 지속가능해 지지 않는다. 거버넌스는 대단히 공허한 개념이다. 구체적인 목표와 프로세스가 제시되지 않으면 공허한 메아리에 불과하다. 이와 달리 SDGs는 지구-국가-도시가 직면한 모든 문제를 일관되고, 보편적인 적용이 가능하고 구체적이며, 간결하고 동기를 부여하며, 합의에 바탕을 두고, 모든 이해당사자가 행동할 수 있고, 측정가능한 목표와 지표 이행과 실천을 위한 파트너십 및 거버넌스에 중점을 둔다. 이는 리우 정상회의 이후 계속 강조하였다. SDGs적 접근법의 특징은 목표 기반 거버넌스(governance through goals)라고 할 수 있는데, 이는 장기간 국제사회 협동의 원칙이었던 '규칙에 따른 통치'를 넘어서는 시도로서 '자율분산·협조형 협동'을 형성해 가는 과정이다.

도시 파트너십 또는 지자체 거버넌스는 전환(transformation)의 도구라는 의미를 포함한다. 지금까지 채택된 기후위기 대응, 빈곤과 격차의 문제는 SDGs

목표 1과 13에 제시되어 있지만, 그 이외의 목표와 세부목표 대부분과도 관련이 깊고 목표 이행·실천에 영향을 미친다. 그리고 이 두 가지 과제의 공통점은 임시방편이나 대증요법이 아닌 사회경제의 구조적인 변화를 일으키는 근본적 해결 방법이 필요하다는 것이다. 여기에서 구조적인 변화란 사회-지역 사회 전체가 연동되어 체계의 변화가 나타나는 것을 의미한다. 이를 위해 지역사회 모든 섹터의 연계와 협동이 필요하다(佐藤眞久·関正雄·川北秀人, 2020: 8).

지속가능한 도시를 위한 SDGs 실천은 국가, 시장, 시민사회 전체 혹은 지역사회나 사회의 일정 부문을 확산·재생·모방하며, 궁극적으로 제도화됨으로써 새로운 관습이나 루틴(routine)을 형성한다(이창언·김광남, 2015: 35). 이러한 과정은 지역사회 시스템, 권력 흐름의 기본적 규칙, 믿음을 변화시킨다. 그것은 새로운 방법들을 제도화하고 관련 법과 제도를 개선하는 것, 또한 제도화를 위한 의식의 변화, 즉 정치 과정의 변화를 포함한다.

SDGs 거버넌스는 환경, 기술, 사회, 인구의 급격한 변화에 의한 충격과 스트레스를 흡수, 회복, 방지, 예측, 그리고 필수적인 반응 활동 구조와 기능을 개선하기 위한 제도를 중요시한다. 그리고 제도 지원을 위한 프로세스의 신뢰도를 높일 수 있는 투명하고 포괄적인 접근방식을 모색해야 한다. 이에 지자체는 정의에 대한 평등한 접근을 제공하고, 인권(개발권 포함)을 존중하여야 한다. 그리고 모든 차원에서 효과적인 법치 선정(善政)을 시행하며, 투명하고 효과적이며 책임 있는 제도를 기반으로 평화롭고 공정하며 포용적인 사회를 건설해야 한다(ICLEI, 2019: 29).

SDGs 도시 달성을 위한 거버넌스가 진정한 기능을 발휘하기 위해서는 법적·제도적인 환경 조성이 필요하다. 정책 결정 과정에서 이해관계자의 참여 보장, 행정의 유연한 자기 교정 능력 확보, 자립적이고 지속적인 기반 위에서 기술적 지식의 생산, 불균형으로 인한 긴장 해결, 발전을 위한 생태적 토대 보존 의무 존중, 끊임없이 새로운 해결책 찾기, 지속가능한 무역과 재정 흐름 촉진 등이 주요한 변화 과제이며 제도화 해야할 항목이다.

지속가능한 도시를 위한 SDGs 제도화(institutionalization)는 필요하다. 그것은 행위자 수준에서 다양한 이해관계를 가진 개인과 집단의 네트워크 형성과 상호작용, 정보의 교환, 소통을 통한 '신뢰', 그리고 제도 내부와 제도 상호 간 협력적 조정 능력과 위기관리 능력을 높인다. 지속가능한 도시는 거버넌스에 대한 확고한 신념을 전제로 한다. 그것은 지속가능한 도시의 이니셔티브는 현장에서 나온다는 재발견, 신뢰에 기초한 협력의 재발견과 직접 연결된다(이창언·김광남, 2015: 38-39; 이창언 2022).

069 SDGs 이행실천을 위한 시정 협치 역량 점검과 평가

SDGs와 ESG 경영의 지역사회 정착을 위한 '거버넌스(협치)'로의 패러다임 전환은 시대적 요구이다.

정부의 역량만으로 고령화, 저출산, 양질의 일자리와 경제성장, 지속가능한 도시와 공동체, 환경과 에너지, 다문화, 지방 소멸 등 복잡·다난한 도시문제 해결은 사실상 불가능하기 때문이다.

따라서 민관이 함께 정책을 결정하고, 공동으로 집행·평가할 수 있는 지속가능한 새로운 협치 모델 구축을 위한 다양한 논의가 필요하다. 지자체의 협치 시스템은 민·관이 함께하는 체제(공동 결정·집행·평가)이며 시민이 행정의 주체가 되는 모델을 의미한다. 민관이 상호 이해하고, 신뢰를 쌓기 위한 제도와 인식 혁신은 협치의 출발점이다.

그러나 좋은 협치(Good governance)는 지속가능한 지역공동체, 지역 시민사회에 대한 자치단체장과 공무원의 인식 전환, 새로운 민관 협력시스템에 맞는 조직·인사·예산 등 시스템 전반의 혁신을 이룰 때 가능하다. 기존 가치와 수단의 전환을 혁신이라고 할 때, 자치단체장과 공무원의 거버넌스에 대한 올바른 인식은 행정 혁신 추진의 전제조건이라고 할 수 있다.

협치 시정의 시작은 공직자의 협치 시정 역량 강화를 통해 행정체계를 구축하고 학습과 네트워킹을 통해 역량을 강화하는 복합적 과정이다. 시정 협치 과정에서 의사결정 및 활동 과정에 참여하는 행정 역량(capacity building)과 혁신적인 정책의 영향력(empowerment)을 강화할 수 있다. 즉 시정 협치는 지역 거버넌스의 총체적 역량을 강화하는 과정이다.

또한 경험적인 사례 연구는 공직자의 혁신 수용성이 혁신역량을 강화하는 중요한 요소임을 보여준다. 혁신 과정의 민주성, 혁신 성과에 대한 긍정적 인식 확산, 자치단체장의 민주적 리더십(혁신에 대한 관심, 의지, 지원), 지역 실정에 맞는 행정 혁신 목표와 과제 설정은 행정 혁신으로서 거버넌스에 대한 공감대를 형성한다. 물론, 민간 역시 공공부문에 대한 이해 폭을 넓히고 역량을 높여, 구체적인 정책의제를 제시하고 공동 실행에 적극 참여해야 한다.

해외나 국내 지자체 협치 체계 구축은 공히 '유연성과 자기교정능력'을 담보하기 위한 행정 거버넌스 역량 파악을 1차적 과제로 설정한다. 행정 혁신을 선도하는 리더와 공무원의 협치에 대한 인식 수준, 가치, 지향, 목표, 의사소통 기술, 파트너링 경험과 능력 등에 대한 점검이 바로 그것이다. 이에 지자체 협치의 주요 점검 사항은 다음과 같다.

<표 3-8> 지자체 협치의 주요 점검사항

△ 리더는 SDGs 이행 실천을 위한 거버넌스를 효율적인 통치 수단이 아닌 민주적이고 통합적(환경·사회·경제) 관리 틀로 인식하고 있는가?

△ 리더는 SDGs 이행 실천을 위한 거버넌스를 행정 가치로 도입하는 선도적인 리더십을 발휘하고 있는가?

△ 리더는 SDGs 이행 실천을 위한 적정한 인센티브와 공정한 평가를 통한 동기를 부여하고 있는가?

△ 리더는 변화를 수용하고 도전하는 SDGs 이행 실천을 위한 조직문화 형성을 주도하고 있는가?

△ 지자체는 SDGs 이행 실천을 위한 거버넌스를 행정의 가치로 삼고 있는가?

△ 공무원 다수의 공감과 참여를 통해서 SDGs 거버넌스를 행정 가치로 설정하였는가?

△ 공무원 다수는 SDGs와 거버넌스를 제대로 이해하고 있는가?

△ 공무원은 SDGs 이행 실천과 거버넌스 안착화를 위해 무엇을 해야 하는지 잘 알고 있는가?

△ 공무원 다수는 SDGs 이행 실천과 거버넌스 실천에 지속적으로 참여할 의지가 있는가?

공직자의 협치 역량에 관한 점검과 평가는 지속가능한 도시를 위한 협치 성공적 협치의 추동력이다. 이미 해외 선진적인 도시는 다음과 같은 내용을 점검하고 보완하고 있다. 이를 나열하면 첫째, 공직자 협치 역량. 둘째, 지역의 경제적 사회적 환경적 지속가능성에 대한 인식. 셋째, 도시 지속가능발전 3대 기둥(사회·환경·경제)의 통합적 관리 틀에 대한 공무원의 인식 수준과 실행 역량. 넷째, 지속가능발전목표 달성을 위한 행정 조직 구조와 제도적 기반(전담부서와 조례 등). 다섯째, 지속가능한 도시를 위한 실천과 협치 성과를 평가할 수 있는 지표와 평가 체계 등 인프라. 여섯째, 협치 조직 인력 재정 서비스 등 일반 행정관리. 마지막으로 협치 시스템에 참여할 수 있는 시민사회의 의식과 역량에 대한 진단이다.

시민사회의 협치에 대한 관점과 태도에 대한 점검도 중요하다. 영국의 'the Partnering Initiative(TPI)'라는 비영리 기관이 제출한 섹터 간 파트너십 구축과 관리를 위한 대표적인 툴(The Partnering Toolbook- An essential guide to cross sector partnering(2003년 초판, 2011년 4th 에디션))에 따르면 다양한 이해관계자의 협치에 대한 낮은 정보와 이해 그리고 부정, 적대, 정파적 인식과 태도는 지자체 협치를 제약하는 요인이다.

070 | 지자체 SDGs-ESG 로컬 거버넌스 시스템 구축의 3가지 관점

지자체 SDGs-ESG 로컬 거버넌스 시스템 구축은 3개의 관점에 대한 공무원의 새로운 인식 정립에서 시작되어야 한다. 그것은 첫째, 지역성이다. 지역은 행정구역 단위를 배제하지 않는다. 각각의 행정 기능은 그에 알맞은 구역의 범위를 가지고 있으며 주민의 행정 참여, 정책 수립, 자치행정의 능률적 대행, 자치단체의 재원 확보 등의 토대가 된다.

다만, 지속가능한 지역은 제도권과 행정, 기업, 전문가가 주도하는 물리적-경제적 공간으로서 지역의 의미를 넘어선다. 지역성은 관계 체계인 공동체이며, 경제·사회통합, 사회와 환경 전체의관계를 관리하기 위한 가장 최적의 수준을 의미한다. 지속가능한 지역은 생활세계와 삶의 터로서 자율·자치·소통·나눔·호혜의 자치공동체를 지향하는 삶의 공간이자 생명과 순환의 가치, 생명다양성을 보호하는 생태적 삶의 공간으로서의 지역을 의미하는 것이어야 한다.

지역성은 정당, 정파, 중앙정치의 부정적 요소를 최소화하는 것이다. 정책의 시스템을 지방화하고 거버넌스를 분권화하며, 지속가능한 생활양식과 살림을 발전시키는 것은 지속가능한 사회의 새로운 질서다. 지역성은 권한 이양, 분권, 보충성의 원칙과 연계된다. 지역성은 지자체와 지역사회 다양한 역량의 지혜와 힘을 통해 지속가능한 생산과 소비, 고령화, 실업, 도시재생, 환경·에너지, 다문화 등 우리가 직면한 복잡한 문제를 풀 수 있는 열쇠가 된다. 지역성은 참여와 책임성이 조화를 이루는 강한 자치공동체를 지향한다. 일례로 중앙정부의 사드 배치 결정에 대해 중앙정부의 방침을 무조건 수용하는 것은 지역성에 배치된다.

기존 통치 관념에서 지역주민의 이해는 사익이고 정부 정책은 공익이라는 시각이 강했다. 중앙정부는 좀 더 많은 다수의 이익을 대변하고 있고, 가치중립적이고 합리적인 전문 관료들이 정책을 집행한다는 점을 논거로 삼는다. 그러나 정부의 결정을 곧 공익으로 단정하는 것은 문제가 있다. 절차적 민주주의의 관점에서 볼 때 주민 참여 없이 이루어진 정부의 결정이 공익이라고 단정하기 어렵기 때문이다. 또한 전문 관료의 정책 결정이 모두 공정하고 합리적인 결정이라고 선험적으로 판단할 이유도 없다.

일방적 정부 정책에 대한 주민의 반발은 지방자치의 발전 과정, 즉 민주주의 발전 과정이라 할 수 있다. 깨끗한 환경에서 살 권리, 혹은 안전 및 행복을 추구할 권리의 주장을 지역이기주의로 매도하는 것은 자유민주주와 헌법정신을 왜곡하는 것이며 로컬 거버넌스 시스템 구축을 제약하는 요소다. 로컬 거버넌스는 지역사회 구성원의 이해와 요구, 다양성, 차이를 존중하며 대화와 토론을 통해 문제를 해결하고자 하는 의지가 충분하지 않으면 결코 성공할 수 없다.

지역성에 기반한 로컬 거버넌스는 행정과 주민의 참여를 촉진하고 협치 문화와 의식을 제고하기 위한 활동을 촉발한다. 그러나 이것이 곧 지속가능한 지역공동체를 만들어 주는 것은 아니다. 로컬 거버넌스는 비용-효과성 계산/위기관리 접근방법과 시민사회 이니셔티브의 조화를 의미한다.

비용-효과성 계산/위기관리 접근방법은 개인의 리더십에 크게 의존한다는 특징을 가진다. 지방정부 주도의 행정계획 성격을 띠고 추진되고 있어 정책과 행정계획에 반영되는 사례는 많지만, 광범위한 참여를 이끌어내는 데에는 한계가 존재한다. 따라서 로컬 거버넌스 전제는 리더(행정-시민사회)와 주민의 혁신할 용기와 다른 사람들을 참여시킬 수 있는 능력을 확보하는 것이 중요하다. 동시에 지방정책과 목표를 근본적으로 다시 정의하는 것에서 출발해야 한다. 지역성 원칙에 근거한 로컬 거버넌스와 지속가능한 지역공동체의 목표와 방향을 잡고 지속가능한 기준을 설정하는 것이어야 한다.

둘째, 보편성이다. 이는 지역적 과제를 넘어 전 인류적인 과제(보편적)의 해결을 위한 지역 차원의 계획과 행동을 포함한다. 로컬 거버넌스와 지속가능한 지역공동체 비전 수립 과정은 산출물만큼이나 과정에 대한 것이었고, 지방정부에 유용한 접근방법을 제공해 왔다. 도시 규모, 제도적 환경, 발전의 맥락에 따른 차이는 분명히 존재한다. 하지만 이들 도시 대부분은 모든 이해관계자의 참여를 확대해 왔고, 지속가능성의 보편적인 관점을 유지하고 있다. 기후변화와 생물다양성은 지방 지속가능성 행동으로 진입하는 지배적인 지점이 되었다. 환경적 차원에서 볼 때, 이들 도시의 상당수는 영향 수준은 낮추고 효율성은 높이고 있다.

지속가능한 지역공동체의 새로운 비전 수립은 지역적, 국가적, 초국가적 지방 당국의 유기적 관계성을 요구한다. 지구화의 결과, 적절한 국가 간, 국가적 그리고 지역적 차원에서의 일관성 있고 통합된 계획과 의사결정의 필요성이 증대되고 있다. 따라서 지역의 지속가능성 촉진을 위한 주요 과제는 지구적, 지역적, 지방적 현상으로 표현되는 지구 체제의 통합적인 부분으로서 시민사회의 초국적 정당성과 필요성을 인식시키는 것이다.

그러므로 행정은 의도적인 행동의 사례를 알려야 한다. 동시에 지구의 지속가능성 증진에 필요한 전환을 구현하는 방식으로 민주적인 지구적 거버넌스 과정을 성장시켜 나가야 한다. 그것은 세계 경제 거버넌스 시스템을 위한 제도적 틀, 지속가능한 에너지 시스템, 문화적 순수성과 다양성, 지속가능한 생산과 소비를 촉진하는 조치를 포함한다.

셋째, 관계성이다. 이는 대상과 맺는 관계의 깊이와 정도를 의미한다. 새로운 비전의 수립은 법적-제도적인 관계 외에 지역사회를 구성하는 공간적이고 물리적인 특성과 함께 지역 정체성과 관련한 문화적 요소와 구성원들 간의 신뢰구조 및 권력관계 등 비물리적인 사회 관계적 특성들에 따라 다양하게 나타나고 있다는 점에 주목할 필요가 있다. 관계성은 수평적 네트워크와 파트너십 사회적 자본과 문화와 함께 이를 제도적으로 보장할 수 있는 조건의 충족과 대단히 관련이 깊다. 관계성 강화는 신뢰에 기초하며 신뢰 확대는 관계성을 강화한다.

로컬 거버넌스의 성공은 관계성의 확장에서 출발한다. 그것은 생각이 다른 그룹, 반대자까지 포용할 때 가능하다. 따라서 로컬 거버넌스 활성화는 파트너십 현황과 장벽을 확인하고 파트너링에 대한 구체적인 계획을 설정하는 것이 중요하다. 아래는 섹터 간 파트너십 구축과 지원을 위한 연구, 컨설팅, 출판 등을 수행하는 영국의 'the Partnering Initiative(TPI)'라는 비영리 기관이 제출한 섹터 간 파트너십 구축과 관리를 위한 대표적인 툴(The Partnering Toolbook- An essential guide to cross sector partnering(2003년 초판, 2011년 4th 에디션))을 소개한 것이다. 지역사회 파트너링 장벽의 원인과 사례를 파악하고 대안을 모색하는 기초 자료로 사용해도 좋다.

<표 3-9> 지역사회 파트너링 장벽의 원인과 사례

장벽의 원인	장벽의 예
시민	- 만연한 회의적 태도 - 특정 섹터와 파트너에 대한 거부감, 선입견. - 특정 사안에 대한 무관심과 과장된 기대감
각 섹터의 부정적인 특징(실제로 혹은 인지된)	- 공공 섹터: 관료적이고, 비협조적, 거버넌스 미약 - 비즈니스 섹터: 지역사안, 거버넌스에 대한 관심 미약 - 시민사회 섹터: 영역적이고 소규모적인 관계망, 소수 리더에 의존하는 경향, 지역사안에 대한 전문성과 대안성 미약
공무원의 한계 (파트너십을 이끄는 개인들의)	- 부적절한 파트너링 스킬 - 제한된 내부적/외부적 관계구조, 권위 - 지나치게 모호하고 구체적이지 않은 역할/과업 - 파트너링의 경험 부족 - 파트너링의 효과성에 대한 믿음의 부족
조직적 한계	- 모순적인 우선순위들(중앙정치와 지방자치) - 경쟁력(타 섹터에 비해) - 인내심의 결여(다른 사람, 섹터들에 대한)
광범위한 외부적 제약들	- 지역의 사회적/정치적/경제적 환경 - 도전의 규모/변화의 속도 - 외부 자원에 대한 접근의 불가능

TPI는 섹터 간 파트너링에서 반복되어 일어나는 세 가지 핵심 도전을 '힘의 불균형', '숨겨진 의제', '무조건 이기려는 태도'로 제시하고 있다. 따라서 함께 일하기 위해서는 많은 약속이 필요하며 평등, 투명성, 상호 이익은 필수적인 가치이다. 각 영역에 더해진 가치 '존중'을 위해서 거버넌스 참여자 관계는 평

등해야 하며, 혁신과 위험 감수를 기꺼이 하고자 하는 파트너들을 '신뢰'하기 위해서 투명해야 하며, 시간이 흘러도 관계를 유지하고 형성할 수 있는 '참여'를 이끌기 위해서 공동이익이 보장되어야 한다는 것이다.

로컬 거버넌스 시스템 구축 모색을 위하여 행정 거버넌스 팀은 다음과 같은 과제에 대해 고민해야 한다. 나아가 이를 지자체 전체 공무원들과 함께 논의해야 한다.

그것은 첫째, 파트너링 장벽 확인. 둘째, 파트너십 형성(파트너의 발견, 위험과 보상의 평가, 자원 매핑). 셋째, 파트너십 확보(파트너의 약속 확보, 이해에 기반한 협상, 거버넌스의 책임성). 넷째, 파트너링 프로세스 관리(파트너링 역할, 리더로서 파트너, 파트너링 기술, 좋은 파트너링 실행), 다섯째, 파트너십 유지하기(장기적으로 계획하기, 파트너십 해산, 더 많은 참여 확보, 조직역량 강화)등이다.

SDGs를 국가와 도시 미래 전략으로 설정한 일본 정부는 SDGs 추진본부와 다양한 이해관계자와 제휴하는 SDGs 추진 원탁회의를 통해 SDGs 실시 지침과 행동계획(SDGs 액션플랜)을 제시한다(이창언, 2020e).

일본 정부의 SDGs 추진은 기존의 「인간의 안전보장」과 연계된 다음의 3개의 기둥을 핵심으로 한다(이창언, 2020e). 그것은 ① SDGs와 연동하는 'Society 5.0'의 추진 ② SDGs를 원동력으로 한 지방 창생 ③ SDGs의 주역으로서 차세대·여성의 권한 강화이다(JAPAN SDGs Action Platform; 이창언, 2020d).

세계 각국의 SDGs 달성을 위한 노력에 일본 정부는 2016년 5월, 정부 부처와 산하 기관의 긴밀한 제휴를 통한 종합적이고 효과적인 SDGs 이행·실천을 위하여 총리를 본부장으로 하고 관방장관·외무대신을 부본부장, 전 각료를 구성원으로 하는 SDGs 추진본부를(이창언, 2020e) 설치하였다(首相官邸). SDGs 추진본부 아래에 'SDGs 추진원탁회의'의 행정·민간 부문·NGO·NPO 등 다양한 이해 당사자의 회의가 설치되어 있다(이창언, 2020d).

SDGs 실시 지침에서 NPO·NGO, 민간기업, 소비자, 과학자 커뮤니티, 노동조합, 지방자치단체 간 제휴와 SDGs 포함 각 이해당사자의 활동을 지원할 수 있는 정책 시행의 가이드라인을 제시했다. 또한 환경(Environment), 사회(Social), 거버넌스(Governance)와 관련된 정보를 고려한 투자(ESG 투자)가 활발해지고 있으며 이는 기업 차원에서 SDGs에 대한 대책을 위한 뒷받침을 의미하는 것이다(이창언, 2020d).

일본 정부는 '일본 SDGs 어워드(2017년 12월~)', 'SDGs 미래도시 및 지자체 SDGs 모델(시범)사업 선정(2018년 6월~)', 'Japan SDGs Action Platform 설치

(2018년 6월~)'를 통해 구체적인 SDGs 활동의 '가시화'를 모색했다(이창언, 2020e). 2018년 12월 '차세대의 SDGs 추진 플랫폼'이 시작되었다(이창언, 2020d).

일본 SDGs 어워드는 2017년에서 2019년까지 세 차례 시상식에서 총 38개 단체가 수상했다. 상을 수상받은 단체 중 기업은 17개 사로 전체의 45%이며, 수상받은 17개 사 중 비상장 기업이 11개 사였다. 이는 비상장 기업이 SDGs 실천에 더욱 적극적으로 임하고 있음을 나타낸다. 일본 SDGs 어워드 응모의 중요 포인트와 5개의 평가 항목은 일본 정부의 SDGs를 위한 전략인 「SDGs 실시 지침」과 동일하다. SDGs 어워드는 5개 평가 항목에 대해 A에서 D까지 4개의 평가 기준(공헌 정도)을 측정한다(SDGs 推進本部HP).

일본 정부의 사례(성과와 한계 포함)는 SDGs를 위한 더 큰 리더십, 더 많은 자원 및 스마트 솔루션 확보를 위한 '글로벌 행동(global action)', 정부, 도시 및 지방 당국의 혁신적인 정책, 예산, 기관 및 규제 프레임워크 전환을 포함하는 '지역 행동(local action)', 청년, 시민사회, 미디어, 민간 부문, 노조, 학계 및 기타 이해관계자를 포함한 '사람들의 행동(people action)'을 촉발하는 동기와 시스템적 사고를 제공한다(이창언, 2020d).

<표 3-10> 일본정부 SDGs 추진과정

일시	주요 회의	내용
2015. 09.	SDGs를 채택한 국제연합(UN) 정상 회담	아베 총리가 SDGs 실시에 최대한 노력할 뜻을 표명
2016. 05.	SDGs 추진본부(SDGs推進本部) 제1차 회의	SDGs 추진본부 설치
2016. 05.	이세시마(伊勢志摩) 주요 선진국 정상회의(G7 Summit)	SDGs 채택 후 첫 G7 정상회담
2016. 12.	SDGs 추진본부(SDGs推進本部) 제2차 회의	'SDGs 실시지침' 책정
2017. 06.	SDGs 추진본부(SDGs推進本部) 제3차 회의	일본 SDGs 어워드(ジャパンＳＤＧｓアワード) 창설
2017. 07.	유엔 고위급정치포럼(HLPF) (각료급, 뉴욕)	일본의 자발적 국가보고(VNR) 발표

일시	주요 회의	내용
2017. 12.	SDGs 추진본부(SDGs推進本部) 제4차 회의	SDGs 액션플랜 2018 결정, 제1회 일본 SDGs 어워드 실시
2018. 06.	SDGs 추진본부(SDGs推進本部) 제5차 회의	확대판 SDGs 액션플랜 2018 결정
2018. 12.	SDGs 추진본부(SDGs推進本部) 제6차 회의	SDGs 액션플랜 2019 결정, 제2회 일본 SDGs 어워드 실시
2019. 06.	SDGs 추진본부(SDGs推進本部) 제7차 회의	확대 판 SDGs 액션플랜 2019 검토
2019. 12.	SDGs 추진본부(SDGs推進本部) 제8차 회의	2019년 SDGs 실시 지침에 대한 퍼블릭 코멘트(Public Comment)를 통해 SDGs 액션플랜 2020 발표, 2030년 목표달성을 향한 '행동의 10년' 시작

※ 출처: 首相官邸/政策会議(이창언, 2020e 재구성)

일본 정부는 SDGs 추진 사령탑에 SDGs 추진본부 기능을 강화하고 있다. SDGs 추진본부 간사회, SDGs 추진본부 원탁회의 등 관련 모임을 적극적으로 활용하고, 실시 지침의 대처 상황을 확인하며, 액션플랜의 책정과 글로벌 지표에 관한 데이터 수집과 분석, 국제적 논의에 참여, 국내에서의 홍보, ESD(지속가능발전교육) 실행 체계의 정비를 강조한다(이창언, 2020d).

일본 정부는 SDGs 추진에 있어 보편성(선진국을 포함한 모든 나라가 행동), 포용성(인간의 안전보장), 참여형(모든 이해관계자 역할), 통합성(경제·사회·환경 등 3개 측면에 통합), 투명성(정기적인 팔로우업) 등을 5대 원칙으로 삼고 있다(農林水産省). 일본 정부 부처가 SDGs 달성을 위해 진행하고 있는 일들은 다음 <표 3-11>과 같다.

<표 3-11> 일본정부 부처가 추진하는 SDGs

부처	활동내용
내각부 (内閣府)	· 담당은 지역 창생 추진 사무국 · SDGs 미래 도시와 지자체 SDGs 시범 사업 선정 · 지역 창생 SDGs 민관협력 플랫폼 발족 · 지역 창생 SDGs 국제 포럼 개최
금융청 (金融庁)	· 지방 금융기관의 사업성 평가에 기초한 대출과 본업 지원 · 지역경제 에코시스템 형성 심화에 대처 금융청 내 팀 결성 · 금융 디지털화 전략 수립과 실시 · 금융 경제 교육 추진

부처	활동내용
소비자청 (消費者庁)	· 소비자의 안전 확보와 표시의 충실과 신뢰 확보 · 소비자 피해 구제 이익 보호의 틀 정비 · 국가 및 지방 소비자 행정의 체제 정비 등
법무성 (法務省)	· 총무성 정책 통괄관실이 정리한 SDG 글로벌 지표의 공표
총무성 (總務省)	· 제14차 유엔 범죄 방지 형사 사법 회의 개최 · 재범방지 대책 · 무(無) 호적자 문제 대응 · 기타 법 정비 지원과 인권 문제 대응 등
문부과학성 (文部科学省)	· ESD(Education for Sustainable Development, 지속가능발전교육)의 추진 · SDGs 이행을 위한 과학기술혁신(STI for SDGs) 추진에 관한 기본 방침의 책정 · STI for SDGs 문부 과학성 시책 패키지의 책정
환경성 (環境省)	· SDGs 이해관계자 모임 주최 · G7 협조 행동 이행과 실천을 위한 워크숍 개최 · SDGs 활용 가이드북 작성
방위성 (防衛省)	· 평화를 위한 능력 구축

※ 출처: 首相官邸/政策会議(이창언, 2020 재구성)

일본 정부는 2030년까지 SDGs를 한 번에 실현 시킬 수는 없기 때문에 네 단계로 나누어 생각할 것을 권장한다(이창언, 2020e). 최초 단계 1.0은 자신들의 실천이 SDGs의 어떤 목표와 관련이 있는지를 이해하는 단계이다(이창언, 2020e). 이는 시민의 버팀목이 되기도 하고, 활발한 시민 활동을 촉진하는 계기가 되기에 대단히 중요하다(이창언, 2020d).

다음 2.0은 사회와의 소통을 통해서 SDGs 3요소를 채울 수 있도록 활동 내용을 개선해 가는 것이다(이창언, 2020e). 1.0부터 2.0까지는 단계적인 SDGs의 추진 기법이고, 3.0과 4.0은 2030년을 향한 야심적인 목표를 내걸어 도약할 것을 의미한다(이창언, 2020e). 이 단계는 SDGs 3요소를 충족한 새로운 대응을 서서히 발전시키고 구조화·제도화하는 것이다(이창언, 2020d).

일본 지방 차원의 SDGs 추진

2018년 12월에 열린 SDGs 추진본부 제6차 회의에서 'SDGs 액션플랜 2019'가 결정되었다. 이의 주요한 목표는 2019년 오사카 G20 정상회의와 도쿄-아프리카 개발회의(TICAD) 등을 계기로 일본의 'SDGs 모델'을 세계에 널리 알리기 위한 것이었다. '액션 플랜'에서는 ① SDGs와 연동한 민관 공동 <Society 5.0>의 추진, ② SDGs를 원동력으로 한 <지방창생> ③ SDGs의 담당자인 <차세대·여성의 임파워먼트> 등을 3대 기둥으로 제시했다.

한편, 지방 창생 SDGs는 2020년도부터 제2기 「마을·사람·일 창생 종합전략」에 명기되었다. 이는 2024년까지 SDG 관련 사업을 추진하는 지자체 비율을 60%까지 제고하는 것을 목표를 설정한 SDGs 미래 도시·지자체 모델(시범) 사업이다. 또한 지방 창생 SDGs 민관협력 플랫폼뿐 아니라 새로운 지역 상생 SDGs 금융 시책도 시작될 것이다(이창언, 2020e).

<그림 3-12> 일본 SDGs 모델사업

※ 출처: 주요 내용 https://www.kantei.go.jp/jp/singi/ sdgs/pdf/ actionplan2018.pdf

지자체의 SDGs 성공 사례 공유·확산 시책으로 2018년부터 시작된 'SDGs 미래도시·지자체 SDGs 모델사업'은 2024년까지 계속될 것이다(이창언, 2020d).

SDGs 미래도시 선택 기준은 미래를 위한 비전, 지방자치단체의 SDGs 홍보를 위한 이니셔티브, 프로모션 시스템, 지방자치단체 SDGs 이니셔티브의 타당성이다.

2024년까지 KPI(핵심성과 지표)로 설정될 'SDGs 미래도시·지자체 SDGs 모델 사업'은 누계 210개 'SDGs 미래도시'를 선정할 것이다. 민관협력 사업의 촉진을 목적으로 2018년 8월에 설치된 「지방창생 SDGs 민관협력플랫폼」은 2020년 11월 말 현재 관계 13개 부처 이외에 807개 자치단체와 2,618개 민간단체가 참가하고 있다.

4

ESG

ESG
SDGs

072 | ESG 개괄

　최근 SDGs(지속가능발전목표)와 함께 경제적 이익 창출만으로 기업의 지속가능한 성장이 불가능하다는 인식하에 환경, 사회, 기업 거버넌스(Environmental, Social and Corporate Governance, 이하 ESG)에 참여하는 기업이 늘고 있다. ESG는 Environmental(환경), Social(사회), Governance(거버넌스)의 영문 첫 글자를 조합한 단어이다. 여기서 Environmental은 기업의 친환경 경영, Social은 사회적 가치 창출에 기여하는 기업의 사회적 책임, Governance는 기업의 투명하고 협력적 거버넌스 구조 등을 의미한다. 2020년을 전후하여 기업 경영에서 ESG가 큰 화두로 떠올랐지만, 사실 ESG가 어느 날 갑자기 등장한 개념은 아니다. ESG를 정확히 이해하기 위한 보다 근원적인 개념인 지속가능발전에서 출발해, 기업 가치에 영향을 주는 지표로 ESG가 부상하게 된 역사적인 흐름을 함께 살펴볼 필요가 있다(2022: 8).

　학자들은 ESG가 국제사회에서 공식적으로 등장한 시기를 2004년으로 보고 있다. 2004년 유엔의 글로벌 콤팩트(the Global Compact)에서는 "Who Cares Wins - Connecting Financial Markets to a Changing World(이하 "Who Cares Wins"로 지칭)"라는 제목의 보고서를 발표했다. "Who Cares Wins"는 글로벌 콤팩트가 글로벌 은행, 투자기관들과 함께 작성한 보고서로서 세계화가 가속화되는 현실 속에서 기업과 투자자가 나아가야 할 길을 제시하였다(이갑수, 2021; 전종희·한승훈 2022: 135).

　이후 2006년 유엔환경계획 금융이니셔티브(UNEP/FI) 및 유엔 글로벌 콤팩트(Global Compact)가 글로벌 기관 투자자들과 함께 유엔 책임투자 원칙(UN PRI)을 발표하였다. 이때 ESG 투자에 대한 개념이 제시됐다. ESG는 '환경', '사회',

'거버넌스'의 약어이다. 자산운용의 세계에서는 매출, 이윤, 현금 흐름과 같은 양적 금융 정보가 주로 투자회사의 가치를 나타내는 지표로 사용되고 있다.

　글로벌지속가능투자연합(Global Sustainable Investment Alliance, GSIA)에 따르면 2020년 상반기 전 세계 ESG 투자 규모는 약 40조 5,000억 달러(약 5경 5,000억 원)에 이른다. 도이치은행(Deutsche Bank)은 2030년까지 ESG 투자 규모가 130조 달러를 돌파할 것으로 예상한다. ESG는 비재무 정보이지만 회사에 투자할 때 회사의 평가지표로 활용된다. 과거에는 기업의 가치를 측정하는 방식이 주로 성과와 재무 상태를 분석한 것이었다. 그러나 최근에는 기업의 안정적이고 장기적인 성장이 환경 및 사회문제와 거버넌스에 큰 영향을 미치기 때문에 ESG 투자는 글로벌 트렌드가 되었다.

　ESG는 기업이 위험에 대한 인식을 바탕으로 다양한 사회적 문제에 대한 해법을 모색해 나가는 다양한 실천이라 할 수 있다. 예를 들어, CO2 배출을 삭감하기 위해 전기 자동차 개발에 주력하려는 자동차 제조업체의 노력은 기업의 기술과 노하우를 활용하는 ESG 솔루션이라 할 수 있다.

　ESG 투자와 유사한 용어로 사회적 책임 투자(SRI : Socially Responsible Investment)가 있다. 기본적인 개념은 유사하지만, SRI는 윤리를 강조하는 반면 ESG 투자는 사회적, 환경적 이니셔티브와 기업의 투명하고 협력적인 거버넌스가 기업 이익을 창출한다는 아이디어가 내포되어 있다.

　ESG의 세 가지 관점은 다음과 같이 구성된다. 첫째, 환경(E)에 대한 대응으로서 이산화탄소(CO2) 배출감소, 폐수로 인한 수질 오염 개선, 바다의 미세플라스틱 문제 해결 등 환경 대책과 재생에너지 사용 및 생물다양성 확보 등의 과제가 포함된다. 둘째, 사회(S)적 과제에 대한 대응으로서 양질의 노동 조건 및 성평등과 같은 직장 내 인권 조치, 다양성, 일과 삶의 균형, 아동 노동 문제, 지역사회에 공헌 등이다. 셋째, 거버넌스(G)로서 비즈니스 성과 악화와 직접적 관련이 있는 부패, 위험 관리에 대한 정보를 공개하며, 법률 및 규정을 준수하는 것이다. 기업의 민주적인 조직문화 개선, 노동자와의 협력적 관계 모색, 지역사회 다양한 이해관계자들과의 파트너십 강화를 포함한다.

073 | ESG 개념

ESG(Environmental, Social, Governance)라는 용어는 2004년 유엔 글로벌 콤팩트(UNGC)와 20여 개의 금융기관이 공동으로 작성한 '살피는 자가 승리한다(Who Cares Wins)' 보고서에서 처음 등장(환경부·KDB 산업은행, 법무법인 율촌, KPMG, 2024)히였고, 이후 2006년 당시 유엔 사무총장 코피 아난(Kofi Annan)이 세계 최대 기관 투자자들과 협력하여 책임투자 원칙(Principles for Responsible Investment, PRI)[1]을 제안하면서 널리 알려지게 되었다. PRI는 재무 정보 외에도 ESG 요소를 투자 분석, 주식 보유 결정 및 주주 행동에 통합해야 한다고 규정한 자산운용과 투자 결정에 고려한다는 행동 원칙이다.

<그림 4-1> ESG

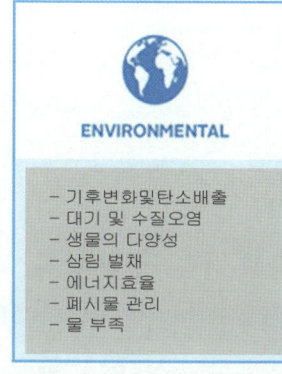
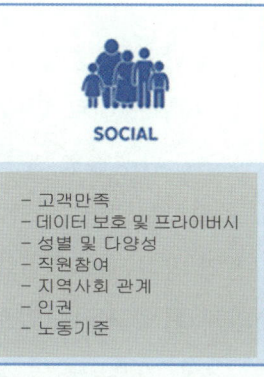

ENVIRONMENTAL
- 기후변화및탄소배출
- 대기 및 수질오염
- 생물의 다양성
- 삼림 벌채
- 에너지효율
- 폐시물 관리
- 물 부족

SOCIAL
- 고객만족
- 데이터 보호 및 프라이버시
- 성별 및 다양성
- 직원참여
- 지역사회 관계
- 인권
- 노동기준

GOVERNANCE
- 이사회 구성
- 감사위원회 구조
- 노물 및 부패
- 임원보상
- 로비
  정치 기부금
  내부 고발자 재도

※ 출처: 유엔 책임투자 원칙(UNPRI)/ 평택시민신문(주요 내용://www.pttimes.com)

---

1 기업에 대한 투자를 위해 기업을 평가함에 있어 환경, 사회, 거버넌스(ESG) 이슈를 고려하여야 한다는 평가 지표로서, 전 세계 투자자들이 이 세 가지 요소가 투자 결정에 있어 중요하게 고려되어야 한다는 것을 모범 관행으로 제시하고 있다

ESG는 환경, 사회, 거버넌스를 기업 경영 시 고려하자는 개념으로, 전통적인 기업 경영이 재무적 성과만을 목표로 삼은 것과는 달리, 기업의 재무적 성과와 비재무적 성과를 함께 강조하는 개념이다.

ESG는 환경(E: Environmental), 사회(S: Social), 거버넌스(G: Governance)의 영어 약어를 결합한 것으로, 기후변화와 인권 문제 등 이슈가 많은 사회에서 기업의 지속가능성, 윤리 및 사회적 영향을 측정하는 핵심 요소이다.

세 가지 ESG 요소 중 환경(E) 영역이 가장 활발하게 논의되고 있지만, 최근에는 사회(S) 영역과 거버넌스(G) 영역에 대한 논의도 대두되고 있다. 다른 국가의 ESG와 관련된 조치 및 이니셔티브에는 사회(S) 영역의 다양성과 인권, 거버넌스(G) 영역의 내부 거버넌스 및 내부 규칙을 포함한 관리, 정보공개 강화 등이 포함되며, 이러한 내용에는 장애인에 대한 조치가 포함될 수 있다. 사회(S) 분야는 지금까지 주요 주제였던 여성의 역량 강화 추진 외에 다양성과 포용, 인권 존중 등 새로운 주제를 다루기 시작하고 있다. ESG는 기업이 환경보호에 앞장서고, 사회적 약자에 대한 지원과 사회 공헌 활동을 활발히 하며, 법과 윤리를 철저히 준수하는 윤리경영을 실천하는 기업 경영 방식을 의미한다.[2] 즉, 기업이 경영이나 투자할 때 매출 같은 재무적 요소에 더해 ESG와 같은 비재무적 요소인 사회적·윤리적 가치도 반영해 경영·투자하는 것이 ESG 경영의 요체이다. 흔히 환경(E), 사회(S), 거버넌스(G)로 번역되어 통칭되고 있다. 현실적으로 더 실용적인 ESG의 개념은 E 환경경영, S 책임경영, G 투명경영으로 해석·이해할 수 있는데 일종의 '지속가능경영'을 의미한다.

이러한 기능의 ESG 기업 경영 방식은 기후변화 대응과 지속가능한 발전 도모 차원에서 2005년 UN에 의해 최초 제안되었으나 그동안 미온적이다가 최근 2020년 코로나-19 팬데믹 발생, 기후위기의 심각성과 탄소중립에 대한 기업 부문의 책임과 역할 증대가 요구되면서 글로벌 투자사 블랙록, 국민연금 등과 같은 국내·외 투자·금융사들이 이를 금융 투자와 연계하겠다고 선언한 것

---

2 기업들 너도나도 ESG 경영, 왜 중요한가?, 우리문화신문(2021.03.06.).

을 계기로 본격적으로 재부상하기 시작했다.

ESG에서 E는 환경보호 활동, S는 사회공헌 활동, G는 윤리 준수 활동으로도 이해할 수 있다(관계부처 합동, 2021b).

E: 환경보호 활동은 기업의 경영활동 과정에서 발생하는 환경 영향 전반을 포괄하는 요소들을 포함하며(김미정, 2022), 최근 코로나-19 팬데믹 발생과 기후변화 대응, 탄소중립 달성, 신재생에너지 보급 및 사용, 자원순환 체계 구축 등이 중요한 요소로 부각 되고 있다.

S: 사회공헌 활동은 임직원, 고객, 협력회사, 지역사회 등 다양한 이해관계자에 대한 기업의 권리와 의무, 책임 등의 요소가 포함되며, 최근 인권, 노동 관행 개선, 산업안전 보건, 사회봉사, 재난 안전 관리 등에 대한 이슈가 화두이다(이형규, 2022).

G: 윤리준수 활동은 회사의 경영진과 이사회, 주주 및 회사의 다양한 이해관계자의 권리와 책임에 대한 영역으로 이사회의 다양성, 임직원 급여, 기업윤리 및 감사기구, 준법경영, 반부패 등이 강조되고 있다(산업통상자원부, 2021: 6; K-ESG가이드라인, 2921; 김지연, 2022 재인용).

ESG는 기업의 재무적 성과 관리에 더하여 사회와 투자사가 요구하는 비재무적 성과 관리를 도모함으로써 기업 성장과 가치 상승에 크게 기여하여 최근 전 세계적인 트렌드로 확산되고 있다. ESG 경영에 대해 소비자, 투자자, 정부 등 모든 사회구성원의 관심이 고조되면서 이제 기업에게 선택이 아닌 생존과 성장의 핵심적인 요소로 다가오고 있다.

(기업 목적 측면) ESG는 미래사회에서 기업 가치를 제고하기 위한 사회적 가치로 기업의 목적에 내재화되어야 하는 필수적 요소이다.

(자본 조달 측면) ESG가 다양한 분야의 투자자들의 핵심 가치로 부각되는 시점에서 기업의 자본 조달 측면에서 ESG는 필수적 관리 요소이다.

(지속가능 측면) 지속가능성의 포괄적인 개념 하에서 발전한 ESG 요소들은 기업들의 지속가능한 성장을 위한 리스크 관리 수단으로 필수적이다.

기업의 ESG 경영은 전통적인 기업 추구 가치인 영업이익 등 재무적 가치 지향과 더불어 오늘날 경제사회 여건 변화에 따른 환경보호 등 비재무적 가치 즉 사회적 가치도 함께 지향하면서 궁극적으로 기업 이윤과 사회가 요구를 함께 충족시키는 기업의 지속가능경영을 실현하는 것이다.

074 | 사회적 책임(CSR), 사회적 가치(CSV), ISO 26000과 ESG·SDGs

ESG는 한동안 민간뿐 아니라 공공부문의 관심이 집중되었던 기업의 사회적 책임(Corporate Social Responsibility, CSR)과 사회적 가치(Creating Shared Value, CSV)와 유사한 개념을 포함하고 있다(이은선·최유경, 2021: 강명희, 2022).

국제적으로 사회적 책임에 대한 요청은 기업과 지역사회의 협력, 기업이 봉사활동 등 윤리적 차원에서 논의된다. OECD는 "기업과 사회와 공생관계를 성숙시키고 발전시키기 위해 기업이 취하는 행동"이라 정의하였고, EU는 "기업의 책임 있는 행동이 지속가능한 비즈니스로 이어진다는 인식하에 사회 환경에 관한 문제의식을 그 사업 활동과 이해관계자를 대상으로 자주적으로 취하는 행동"이라고 정의하였다(이은선·최유경, 2021).

사회적 가치는 이론적으로 명확하게 정의된 개념이라기보다 공공부문과 민간부문을 포함한 모든 조직과 제도를 통해 시민의 사회적 삶의 질을 향상과 그들의 행동을 안내하는 규범적이며 실천적인 가치로 볼 수 있다(이진만·김승언·유동상, 2019: 사회적가치연구원, 2019).

정부는 사회적 가치를 '사회, 경제, 환경, 문화 등 모든 영역에서 공공의 이익과 공동체의 발전에 기여할 수 있는 가치로 더불어 사는 공동체로서 지속가능한 발전을 위하여 추구하는 바'라고 정의하고 있다(허경선·한동숙·김봉환, 2020).

또한 사회적 가치는 기업의 경제적 관점보다 사회적 관점에서 가치와 성과를 강조하는데 사회적 책임과 사회적 가치는 ESG와 상호배타성을 갖기 보다 유사성을 갖는 측면이 크기 때문에 몇몇 요소들이 혼재되어 사용되고 있다.

CSR은 기업이 사회적 책임을 다하기 위한 활동을 경영에 접목하는 것을 의미한다. 일부 이익은 사회에 환원하고 확립된 지침에 따라 지배 구조에 대한 정보를 공개하는데, 이때 CSR은 기업의 관점을 보여준다.

ESG는 '사회적 책임을 다하는 기업에 투자하는 것'을 의미한다(정영철, 2021). 따라서 "투자자의 관점"이라고 할 수 있으며, 이러한 관점의 차이가 바로 CSR과 ESG의 차이이다.

SDGs는 'CSR' 및 'CSV'와 차이가 있다. 과거 기업은 이익 추구를 우선하는 가운데 공해 문제나 불법투기, 부정 회계 등 다양한 문제를 발생시켰다. 하지만 이러한 경험을 통해 기업은 윤리적 관점의 사업 활동이라고 할 수 있는 사회공헌을 위한 CSR(Corporate Social Responsibility: 기업의 사회적 책임)을 의식하게 되었다. CSR 활동은 법령 준수와 관계자의 설명 책임 완수를 위한 투명성을 포함해야 한다. 한편, 실제 본업과 관계없는 분야에서, 기부 및 자원봉사 활동을 통한 형태로 공헌하는 기업을 많이 볼 수 있다. CSR는 '사업으로 태어난 이익을 가져와 사회적인 「좋은 일」을 실시하는 활동'으로 수용되는 측면을 부정할 수 없다.

CSV(Creating Shared Value: 사회적 가치)는 마이클 포터 교수가 제창한 개념이다. 종래에는 트레이드오프 관계로 인식되었던 「경제 효과」와 「사회적 가치의 창조」의 양립으로, 본업에 의한 사회공헌, 즉 사업을 통해서 사회적 과제를 해결하고, 이에 기반한 경제발전이 목표라는 점에서 SDGs와 공통점을 가진다.

그러나 CSR과 CSV는 모두 「생각」에 대한 개념이다. 한편 SDGs는 유엔이 채택한 구체적인 「목표」를 위한 행동이다. SDGs이행 실천에 있어 CSR과 CSV의 견해를 참고하는 부분이 많이 있다. 그러나 사고방식과 목표라는 점에서 성격이 다르다는 점은 짚고 넘어갈 필요가 있다. SDGs는 처음부터 17개의 목표, 169개의 세부목적이 분명하며, 그 대상을 무엇으로 할지 명확하다. 그리고 원래 개발도상국의 인적자원개발을 목적으로 한 MDGs나 지구 정상회의의 선언 등이 배경인 부분도 있다. 또한 기업의 사업 활동 및 투자가의 판단 기준에 어긋나지 않은 주제도 포함되어 있다.

국가	사회적 책임(CSR)	사회적 가치(CSV)	ESG
개념	· 기업의 사회적 책임을 다하기 위한 활동을 경영에 접목	· 공공의 이익과 공동체의 발전에 기여하는 실천적 가치	· 환경, 사회 및 거버넌스에 관한 비재무적 요소
목적	· 기업의 책임이 주주에 한정되는 것이 아니라 기업 활동에 관계된 이해관계자까지 있음을 인식하고 이에 부합하는 자발적인 기업의 부가 활동	· 공공의 이익과 공동체의 지속가능한 발전을 추구	· 장기적 관점에서 기업이 안정적으로 수익 창출을 하기 위해 환경, 사회, 거버넌스의 비재무적 요소를 관리하는 기업의 장기 투자 리스크 관리 전략
동향	· 해외: CSR의 개념이 다층적 차원에서 논의되나, 현실적으로 사회 공헌활동이 다수 · 국내: CSR을 기업의 고유 목적 사업과 별도의 사회공헌 활동	· 해외: 공공 및 사회서비스 분야에 대한 협력을 세정하고 측정 방안이 발달 · 국내: 공공부문을 중심으로 재무성과와 비재무성과를 통합하여 관리	· 해외: 미국 바이든 행정부와 유럽연합(EU)은 기업의 ESG를 강화하는 법안을 제도화 · 국내: K-택소노미 도입, 탄소중립기본법 시행
관점	· 기업의 이해관계자	· 투자자, 일반 국민	· 투자자
특징	· 실제 구현은 기업의 수익추구 활동과 무관한 경우가 많음 · 보고양식: GRI · 실행지침: ISO 26000	· 사회적 가치의 측정에 관한 논의가 활발하며 제도에 반영하고자 함 · 공공기관 대상으로 경영평가의 지표로 운영	· 기업의 파이낸셜 퍼포먼스(financial performance), 즉 재무적 성과나 리스크에 영향을 미침 · 지속가능경영 차원

※ 출처: 한동숙(2021.12)의 논의를 재구성

　참고로 SDGs, ESG와 긴밀하게 연결된 개념 중 ISO 26000이 있다. ISO 26000은 2010년 11월 1일 ISO(국제 표준화 기구)에 의해 발행된 국제 규격 「Guidance on social responsibility(사회적 책임에 관한 안내)」이다. 조직의 지속적인 개발에 대하여 기여하고 지원하기 위해 만들어진 가이던스이며, 기업뿐만 아니라 정부·학교·NGO 등 다양한 '조직'을 대상으로 하고 있다.

　ISO 26000 제정에는 40개가 넘는 국제기구의 정부, 기업, 노동자, 소비자, NGO, 전문가 등 다양한 이해관계자들이 지표 개발에 참여했으며, 이 과정에 선진국, 개발도상국 모두를 포함한 90개가 넘는 국가의 정부 관계자가 회의에 참가했다.

최근 세계화의 진전은 자원·에너지·식료 등의 수급 압박, 환경 문제, 인권 문제, 빈부 격차의 확대 등, 인류 사회의 지속가능성을 위협하는 여러 문제를 야기하고 있으며, 이를 더욱 가속화하고 있다. 따라서 이러한 과제 해결을 위한 다양한 활동에 의하여 사회적·경제적·지리적 상황을 불문하고 모든 조직들이 영향을 받게 될 것이다.

ISO 26000 개발 과정에서 중국·인도·브라질 등 아시아·중남미의 신흥국이나 전 세계 개발도상국의 의견도 반영되었다. 신흥국·개발도상국이 ISO 26000 개발이나 도입에 적극적인 이유는 선진국의 기업 들이 이들 국가에서 비즈니스를 수행할 때 환경파괴나 아동 노동과 같은 문제를 일으키지 않게 하기 위해(선진국의 영향력은 서플라이 체인, 밸류 체인까지 미친다고 생각), 세계 공통 규칙으로 비즈니스 효율화를 도모하기 위해(복수의 거래처로부터 별도의 규칙을 제시받는 비효율 해소), 자국의 법률이나 규격 등의 정비에 참고하기 위해서 등이다.

ISO 26000에서 7가지 원칙은 '설명 책임', '투명성', '윤리적 행동', '이해 관계자 존중', '법치 존중', '국제행동규범의 존중', '인권의 존중' 등이다. 또한 7가지 핵심 주제 「조직 통치」, 「인권」, 「노동 관행」, 「환경」, 「공정한 사업 관행」, 「소비자 과제」, 「커뮤니티 참여 및 커뮤니티의 발전」은 이와 관련된 과제와 구체적인 액션 플랜을 통해 조직의 사회적 책임에 대한 이해, 통합성·신뢰성 제고와 퍼포먼스의 향상 등에 참고가 될 수 있다.

ISO는 ISO 14001(환경 매니지먼트 시스템)이나 ISO 9001(품질 매니지먼트 시스템)등의 매니지먼트의 인증 시스템이 유명하지만, ISO 26000은 이러한 인증을 목적으로 한 규격은 아니다. 조직은 다양한 문화적·역사적인 배경 때문에 획일적인 기준으로 '사회적 책임'을 정의 내리기 어렵다. 따라서 ISO 26000은 각 조직이 주체성을 가지고 사회적 책임을 정의하고 추진하도록 하기 위한 가이던스로서 개발된 것이다.

075 | ESG와 SDGs의 관계

 SDGs는 2015년 9월 유엔 정상회의에서 채택된 국제적 목표이다. 그 내용은 2030년까지 지속가능하고 다양하며 포용적인 사회의 실현을 달성하자는 것이다. 빈곤과 기아, 교육, 성별, 수자원 및 위생, 에너지, 불평등, 기후 변화, 육성 자원 등 17개 목표와 169개의 세부 목표를 설정했다.

 2006년에 코피 아난 유엔 사무총장은 금융업계에 제창한 '책임투자 원칙'을 기업이 SDGs에 임하는 한 요인이라 하였다. 2021년 초 UN PRI 서명 기관은 2021년 초 기준 3,634개이고, 이는 2019년 상반기 대비 53% 증가한 수치이다. 최근 들어 기관 투자자의 ESG 고려는 더욱 가속화되고 있다.

 '2030 의제' 제67항과 제68항에는 다음과 같이 기술되어 있다. "민간기업의 활동과 투자 및 혁신은 생산성과 포용적 경제성장, 고용 창출의 주요한 동력이 된다. 우리는 영세기업부터 협동조합, 다국적 기업에 이르는 민간 부문의 다양성을 인정한다. 우리는 기업의 혁신과 창의성을 통해 지속가능발전을 가로막는 문제 해결에 동참해 줄 것을 요청한다." "우리는 사회가 재화와 서비스를 생산하고 소비하는 방식을 근본적으로 변화시킬 것을 결의한다. 정부, 국제기구, 기업과 비정부 부문, 그리고 개개인은, 개발도상국이 과학, 기술, 혁신 측면에서 역량을 강화할 수 있도록 모든 자원을 동원한 금융적, 기술적 지원 등을 통해 지속가능하지 않은 형태의 모든 소비 및 생산 방식의 변화에 기여할 의무가 있다."

 이는 SDGs가 기업의 영향 및 성과에 대해 이해관계자들과 더 일관되고 효과적인 소통을 위하여 행동과 언어의 공통 프레임워크를 제공하고 있음을 방증한다. SDGs는 지속가능발전의 모든 차원에 걸친 우선순위와 목적에 통일성을 제공하기 때문에 정부, 시민사회 및 다른 기업과 더욱 효과적인 파트너십을 구축하는 데도 도움이 된다(이창언, 2022).

최근 기업 경영에서 ESG를 고려하는 경향(ESG 경영)과 ESG 개념을 투자로 국한하지 않는 경향이 강화되고 있다. 이런 배경에는 지속가능발전목표(SDGs)와 ESG를 연결하려는 시각이 녹아 있다.

ESG와 SDGs는 각각의 사회나 환경의 지속성을 주시하는 개념이다. 일본에서 SDGs의 합의와 GPIF(Government Pension Investment Fund, 연금적립금 관리운용 독립행정법인)가 PRI에 서명한 것은 모두 2015년 일이었다. ESG 투자와 SDGs가 비슷한 시기에 관심을 받게 되었다. 이러한 상황도 있었기에, ESG와 SDGs와의 관계는 처음부터 이목을 집중시켰고, 양자가 같은 것인가 다른 것인가? 에 대한 다양한 논의가 있었다.

<그림 4-2> ESG 투자와 SDGs 간의 관계

※ 출처: The Guide for SDG Business Management(2019)

이러한 의문에 답하기 위하여, GPIF는 웹사이트에 「ESG투자와 SDGs의 연결」에 관하여 설명하고 있다. GPIF에 의하면, 기업의 친 SDGs 사업 활동은 해당 기업의 중장기적 가치를 높여준다. 기업 가치의 지속적인 향상은 GPIF에 있어서 장기적인 투자 수익 확대로 이어진다. 즉 GPIF에 의한 투자와, 투자처 기업의 SDGs 대응은, 따로 떼어서 생각할 수 없는 표리관계(表裏關係)라고 할 수 있다.

ESG와 SDGs 두 키워드의 차이는 다음과 같다.

SDGs는 2015년 유엔이 작성한 "지속가능발전목표"로서 기업뿐 아니라 국가 및 지방정부를 포함한 사회 전체의 목표를 시각화한다. 한편, ESG는 지역사회, 고객, 비즈니스 파트너 등 이해관계자가 고려해야 할 항목을 정리한 개념으로 향후 기업 성장에 필요한 요소 중 하나로 꼽힌다. 1990년대 이후 ESG는 확대된 기업의 사회적 책임(CSR), 사회적 책임 투자(SRI), 책임투자(RI) 등의 트렌드와 관련이 있다. 비즈니스 목표는 ESG 투자 지원이기 때문에 SDGs와 ESG의 차이는 이니셔티브 규모 차이이며, SDGs는 정부와 행정을 포함한 국가 전체 영역을 다루지만, ESG는 주로 투자자에 의해 다루어지고 있다.

SDGs는 정부와 국제기구가 주도하는 인류의 '목표'이고, ESG는 금융산업과 기업을 중심으로 목표를 실현하는 '행동강령'이다. ESG는 SDGs에 명시된 목표를 경영 전략으로 통합함으로써 기업의 가치 개선 효과를 키운다. ESG는 SDGs처럼 이해관계자(고객, 비즈니스 파트너, 주주, 직원, 지역 등)를 주요하게 고려한다. 이는 기업의 장기적 성장에 영향을 미치는 요소이기 때문이다.

ESG와 SDGs는 지속가능성 측면에서 유사하다. SDGs나 ESG를 수행하는 기업의 공통점은 미래에 기업의 운영이나 실적에 결정적인 영향을 줄 수 있는 위험(물리적, 법적, 평판의 위험 요소 등)이나 기회가 SDGs나 ESG가 제시하는 여러 과제에 포함되어 있어, 지속가능한 사회 실현에 대한 공헌을 통해 위험 요소를 제어하고 기회를 극대화하여 기업 가치 저하를 방지하거나 기업 가치를 향상시키는 데에 활용한다는 것이다.

ESG의 중요한 요소인 E(환경)와 S(사회)에 기여하는 것은 SDGs와 밀접한 관련이 있다. SDGs의 17개 목표는 ESG에서 CO_2 제로(E)와 불균형 제로(S)로 분류할 수 있다. 즉, E(환경)와 S(사회)로 분류되는 SDGs의 17개 목표는 이를 실현하기 위해 G(거버넌스)를 통한 기업활동의 관리·감독하는 것이다.

SDGs, ESG, CSR 등의 용어는 각 사가 강조하고 싶은 점이나 강조 또는 호소하고 싶은 대상에 따라 다양하게 사용되고 있다. 이러한 차이는 경영 방침, 담당 부서나 직무 방식, 발행하는 기업 홍보지의 명칭 등에도 나타나고 있다. 그러나 SDGs나 ESG를 수행하는 기업에는 공통점도 있다. 미래에 기업의 운영이나 실적에 결정적인 영향을 줄 수 있는 위험(물리적, 법적, 평판의 위험 요소 등)이나 기회가 SDGs나 ESG가 제시하는 여러 과제에 포함되어 있어, 지속가능한 사회 실현에 대한 공헌을 통해 위험 요소를 제어하고 기회를 극대화하여 기업 가치 저하를 방지하거나 기업 가치를 향상시키는 데에 활용한다는 것이다. 2023년 SDGs를 고객이나 사원, 타 사와의 커뮤니케이션 툴로서 이용하거나 ESG 평가를 올리기 위한 노력으로 활용하는 경우가 많다.

<그림 4-3> ESG와 SDGs 간의 관계

※ 출처: https://ppih.co.jp/en/csr/sustainability/

사실 기업의 SDGs 대응이나 CSR(Corporate Social Responsibility, 기업의 사회적

책임)과 해당 기업에 대한 재무성과의 상관관계는 많은 연구자가 관심을 가지고 있는 분야이다. 따라서 ESG(환경·사회·거버넌스) 투자가 경제적 가치 창출로 이어지는지에 관한 다양한 실증 연구가 이루어지고 있다. CSR의 퍼포먼스와 해당 기업의 기업 가치, 기업 수익 관계의 상관성을 검증하고 있다. 계량 분석 결과 CSR 활동에 적극 나서는 기업들은 주식 가치의 상승으로 긍정적 재무 퍼포먼스를 보이는 것으로 밝혀졌다. 특히 금융위기 시에 CSR 전략을 실시하는 기업의 재무 지표는 양호한 것(경향)으로 나타났다. 기업 지속가능경영보고서의 정보공개 충실도와 각사의 재무 퍼포먼스 역시 긍정적인 상관관계로 확인되고 있다. 물론, 양자 간의 상관관계가 없다는 반론도 있다. 그 이유로서 대상 지역·기간의 차이, 사용하는 ESG 등급의 차이, 퍼포먼스의 정의, 분석 수법의 차이, 인과 관계의 특정한 곤란성 등을 꼽았다. 그러나 적어도 지금까지의 실증 연구 결과 CSR 활동과 재무성과 사이에는 마이너스의 관계를 볼 수 없음이 확인했다. SDGs에 대한 대응은 결코 재무 실적을 희생하는 것이 아니며, 투자가의 이익에 반하는 행위도 아니다.

076 | ESG와 SDGs의 기대효과

ESG와 SDGs는 펀더멘탈(Fundamental, 기업의 고유가치)이라는 차원과 유사하다. 최근 몇 년 동안 두 개념은 유사하며 연결된 개념으로 인식되고 동시에 관심을 끌고 있다. SDGs는 2015년 9월, 유엔 참여국의 만장일치로 채택되었다. SDGs는 2001년에 공식화된 MDGs의 후속작으로 2016년부터 2030년까지 달성할 17개의 글로벌 목표를 제시한다. SDGs는 지속가능하고 더 나은 세상을 만들기 위해 모든 국가, 지역 및 기업 목표를 포함한 궁극적인 목표를 명확히 제시한다.

ESG에 관심을 기울이고 일상적인 비즈니스 활동을 전개하는 기업 간 관계는 결과적으로 SDGs 성취로 이어질 수 있다.

ESG 경영 참여 기업 혜택은 다양하다. 그중 주목할 만한 이점은 다섯 가지로 요약될 수 있다.

첫째, 브랜드파워 강화이다. 최근 몇 년 동안 기업 내 비리 보도로 인한 SNS 비판을 받는 사례가 많았다. 이는 결과적으로 투자자들의 투자 감소와 기업 가치 하락으로 이어지게 된다.

기업의 브랜드파워와 사회적 신뢰 구축은 기업의 수익 증대에 중요한 토대가 된다. 따라서 환경, 사회, 거버넌스에 대한 새로운 관점 확립을 통하여 브랜드가치를 향상하고 투자자는 물론 직원과 사용자, 소비자가 지원하는 지속가능한 기업 경영을 가능하게 해 준다.

둘째, 위험 관리를 강화할 수 있다. ESG에 대한 인식은 기업의 경영 리스크 관리 정교화로 이어진다. 환경에 부정적인 영향을 미치는 기업, 기회적 불평등과 부패, 피고용인의 인권을 무시하는 기업은 언론과 소비자의 반발을 불러일으키게 되고 각종 법률과 규제로 발목을 잡힐 수 있다.

셋째, ESG 투자를 통한 자금 조달이다. ESG 투자는 투자자가 ESG 평가 기준을 고려한 후 ESG에 투자하는 것을 말한다. 지금까지 주로 기업의 재무정보 기반으로 투자 결정을 이루었지만, ESG 투자가 주류가 되면서 환경, 사회, 거버넌스 기준을 투자 결정 요소로 활용하고 있다. 즉, 기업은 ESG 기준에 부합한 경영활동을 수행할 때 상대적으로 투자 유치에 유리하게 될 수 있다.

ESG 투자는 투자자가 세 가지 ESG 관점에서 기업을 평가하고 어디에 투자할지 결정하는 투자 방식이다. 최근 몇 년 동안 지속가능한 기업 성장을 위해 ESG 참여와 환경 및 사회적 지속가능성 보장의 중요성에 대한 인식이 기업과 투자자 모두에게 널리 퍼졌다. 이에 따라 'ESG 경영 수행 여부'는 투자자 결정 기준에 추가 되었다.

참고로 투자자들의 고려 사항에 대한 ESG 투자전략은 다양하다.

<표 4-2> ESG 투자전략의 유형

네거티브 스크리닝	주류, 도박, 전쟁과 연결된 산업 및 기업을 투자에서 제외하는 전략
긍정적 스크리닝	ESG 성과가 우수한 기업 및 프로젝트에 투자하기 위한 전략
국제 규범에 기반한 심사	UN 등이 수립한 기업 행동 강령에 기반한 전략
ESG 통합	투자를 고려할 때 ESG 요소를 재무 분석에 통합하는 전략
지속가능성 테마 투자	지속가능성 관련 테마 및 자산에 대한 투자 전략
기업 참여	ESG 정책에 따라 기업에 주주 제안을 하고 기업 행동에 영향력을 행사하는 전략

전 세계 ESG 투자 규모에 대한 통계를 집계하는 GSIA는 ESG 투자를 일곱 가지 유형으로 나눈다. 그것은 ① 네거티브 스크리닝이다. 이 방법은 아주 오래 전 고대부터 많은 국가에 널리 퍼져 있다. 무기, 도박, 주류 및 담배, 원자력, 화석연료 및 포르노와 같은 환경 및 사회문제에 부정적인 영향을 미치는 특정 비즈니스에서 수익을 창출하는 회사를 제외하는 방법이다. ② ESG 통합이다. 재무 정보와 비즈니스 모델뿐만 아니라 비재무 정보까지 분석하여 회사 전체 주식을 평가하는 방법이다. ③ 참여 주주는 의결권을 행사하고 의견을 제시하며 기업은 주

주 관점에서 ESG 이니셔티브 참여를 장려하는 방식이다. ④ 국제규범에 근거한 심사이다. 국제규범이 된 인권침해, 환경오염 등의 기준에 부합하지 않는 기업을 투자 대상에서 제외하는 방식이다. ⑤ 포지티브 스크리닝이다. 이는 투자를 고려하는 기업 중 ESG 관련 등급이 상대적으로 높은 기업에 투자하는 방식이다. ⑥ 지속가능한 테마 투자는 전체 사회의 지속가능성을 위한 투자이며, 사회문제에 기여할 수 있는 테마 연구 기업에 투자하는 방식이다. ⑦ 지역사회 투자에 영향이다. 이는 기존 재정적 수익 창출만이 아니라 지역사회와 환경에 기여하는 기술, 개발 및 서비스를 제공하는 회사에 투자함으로써 사회와 환경에 긍정적인 영향을 미치는 것을 목표로 한다. ESG 투자는 기후변화가 지구에 미치는 영향과 관련이 있으며 투자자의 목적은 지속가능한 시장 창출이다. 이는 유엔의 요청에 의해 촉발되었다. 현재는 ESG 투자가 일반적인 투자수단 중 하나로 꼽히며 기업 자금 조달의 핵심이 되고 있다. 현재는 ESG 투자가 일반적인 투자수단 중 하나로 꼽히며 기업 자금 조달의 핵심이 되고 있다.

넷째, 산업 보건 및 안전보장이다. ESG 경영 달성을 위해서 소비자와 투자자 등 외부 관계자뿐 아니라 노동자에게도 회사가 지속가능한 성장을 기대할 수 있다는 것을 보여줄 필요가 있다. 또한 산업 보건 및 안전에 대한 보장은 필수 불가결하다. "산업 보건 및 안전"은 작업자의 안전을 보장하고, 작업과 연관된 질병과 상해로 인한 작업자와 기업의 손실을 방지하기 위하여 건전한 작업 환경을 확보하는 것을 목표로 한다. 이는 기업 운영과 성장의 기업 성장의 기반이라 할 수 있다. 안전보건은 사람의 가치와 다양성에 대한 존중을 보장하고, 불평등이나 격차를 줄이며, 장기적으로 산업재해를 방지하는 시스템을 구축하고, ESG 경영의 전제가 되는 '지속가능성'을 실증할 수 있다. 산업 보건 및 안전보장은 회사와 노동자 모두에게 유익하다.

다섯째, 직무만족도를 높여주며 기업 내 협력 문화 창출을 가능하게 한다.

ESG는 노동자에게 직장에 대한 만족과 업무에 대한 의욕을 높여준다. "직업 만족"은 자랑스러운 회사, 안전한 일터, 피고용자의 권리 보장, 민주적인 조직문화가 정착될 때 가능하다. 직업 만족도는 자신의 일에 대한 의욕과 자신의 일이 회사뿐만 아니라 자신에게도 의미 있는 것이라고 느낄 때 높아지기 때문이다. ESG 경영이 보편화되면서 내부 구성원은 보람과 자긍심이 고취되고, 투자자와 소비자는 '좋은 기업'이라는 인식이 강화된다. 기업은 이러한 평판을 받기 위해 ESG 경영 관리 강화, 기업의 낡은 관행의 개선과 회사 소속감 향상, 업무방식 개혁 등 직무만족 제고하는 활동을 추진하고 있다. 이처럼 ESG 경영은 노동자에게 많은 혜택을 주는 이니셔티브라 할 수 있다.

대기업 및 글로벌 기업뿐만 아니라 환경, 건강경영, 지역사회 공헌에 힘쓰는 중소기업들의 SDGs-ESG 경영에 대한 관심 역시 증가하고 있다. SDGs-ESG 경영 대응에 따른 기업의 자체 기대효과는 네 가지로 요약될 수 있다. 첫째, 기업 이미지 향상. 둘째, 급변하는 사회문제에 대한 대응력 강화. 셋째, 기업의 생존전략. 넷째, 새로운 사업 기회의 창출이다. 기관투자가들의 SDGs와 ESG 과제 참여는 투자 위험 관리이자 환경과 전체적인 사회 이익향상을 의미한다. 이는 SDGs의 목표인 환경이나 빈곤 문제 해결, 공정사회 만들기, 기업과 대학의 파트너십 강화로 이어질 수 있다. 여기에 더해 중소기업은 SDGs, ESG 경영에 대응하는 장점은 크게 네 가지를 들 수 있다. 그것은 첫째, 인재 양성·활성화. 둘째, 거래 안정화·활성화. 셋째, 자금 조달 용이, 넷째, 신상품 및 서비스 개발이다. 최근 한국에서는 SDGs, ESG를 대학 경영과 교육, 대학 특성화, 학생 성장, 산학 융합 등으로 대학 운영과 접목하는 곳이 늘고 있다. 그리고 대학 ESG 위원회와 대학 센터도 설립 되기 시작했다. 신경주대학교는 한국 최초의 SDGs·ESG센터(센터장 이창언)를 발족했다. 대학의 SDGs·ESG를 통해 얻을 수 있는 이익은 새로운 대학 연구와 교육에 대한 수요 확보, 대학 내부의 거버넌스 운영과 대학혁신, 외부 센터와 협력체계 구축, 글로벌 대학 이미지, 새로운 자금 조달 접근성 확보를 통한 대학 자생력이다.

아쉽게도 현재 ESG 표준 정의는 없다. 국내외 600여 개의 평가지표 난립으로 평가 조직의 재량에 따라 평가지표는 다양하게 존재한다. 이런 혼란을 막기 위해 산업통산자원부는 ESG 가이드라인과 ESG 평가지표를 준비했다. SDGs·ESG 경영 확산과 정착을 위해서 SDGs·ESG 홍보, 객관적인 평가지표 개발, 그리고 제도개선(특히 중소기업 지원)을 위해 ESG 워싱(Washing) 대응이 필요하다.

<그림 4-4> 유엔 글로벌 콤팩트 10대 원칙

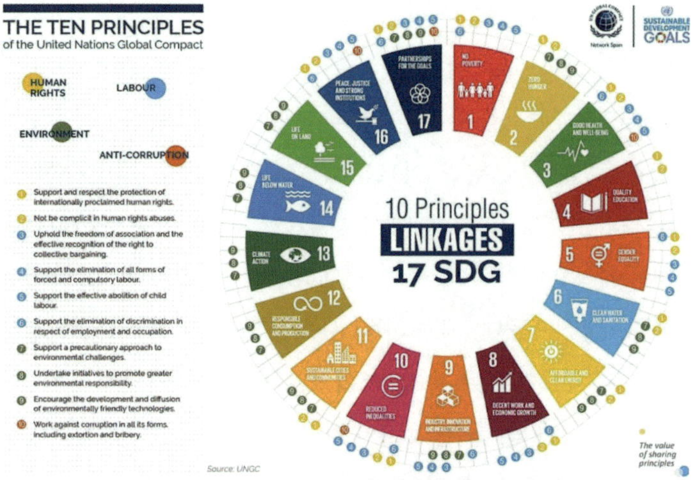

인권, 노동, 환경과 반부패에 관한 유엔글로벌콤팩트의10대 원칙은 세계적인 협의 과정과 더불어 다음과 같은 선언과 협약에서 유래하였다.
- 세계인권선언(1948) / 노동에서의 권리와 기본 원칙에 관한 ILO 선언(1998)
- 환경과 개발에 관한 리우선언(1992) / 국제연합 부패방지협약(2003)

Human Rights
원칙 1. 기업은 국제적으로 선언된 인권 보호를 지지하고 존중해야 하고,
원칙 2. 기업은 인권 침해에 연루되지 않도록 적극 노력한다.

Labour
원칙 3. 기업은 결사의 자유와 단체교섭권의 실질적인 인정을 지지하고,
원칙 4. 모든 형태의 강제노동을 배제하며,
원칙 5. 아동노동을 효율적으로 철폐하고,
원칙 6. 고용 및 업무에서 차별을 철폐한다.

Environment
원칙 7. 기업은 환경문제에 대한 예방적 접근을 지지하고,
원칙 8. 환경적 책임을 증진하는 조치를 수행하며,
원칙 9. 환경친화적 기술의 개발과 확산을 촉진한다

Anti-corruption
원칙 10. 기업은 부당취득 및 뇌물 등을 포함하는 모든 형태의 부패에 반대한다.

077 | ESG의 세계적 확산 요인

SDGs는 2015년 9월, UN총회에서 채택된 '우리 세계의 전환: 2030 지속가능발전 의제' 안에서 제시된, 2030년을 향한 국제적인 발전 목표이다. 전신인 MDGs(새천년개발목표)와 달리, 개발도상국과 선진국 쌍방의 약속이 요구된다. 또한, 국제기관이니 각국 정부만이 아니라, 민간부문의 주체적인 행동도 요구된다. 물론 SDGs는 행동의 지침은 제공되지만, 구속력은 없다. SDGs 행동계획 작성하는 것도, 그에 따른 정책수행을 하는 것도, 각국 정부의 자주적인 판단에 맡겨져 있다. 더욱이 민간기업이 SDGs에 참여하는 것은 전적인 기업의 의지이며, 어떠한 의무도 없다. SDGs를 고려하지 않고 기업 경영을 이어 나간다 해도, 특별한 페널티를 부여하는 일은 없다.

SDGs가 채택되기 이전에도 기업의 사회적 공헌을 위한 국제적 규범, 이니셔티브는 존재했다. 글로벌 리포팅 이니셔티브(1996), 유엔 글로벌 콤팩트(2000), 유엔 책임투자 원칙(2006), ISO 26000(2010), 비즈니스와 인권에 관한 지도원칙(2011), 마이클 포터 교수의 CSV(2011) 등이 그것이다. 2015년 유엔의 2030의제 채택 이후 오늘날 많은 수의 기업이 SDGs에 큰 관심을 표하게 되었다. 경영 전략 내 SDGs 자리매김하는 과정에서 시행착오를 경험하고 성과를 만들어 내는 기업이 늘어나고 있다. 이러한 경향은 2017~2018년 정도부터 현저해졌다. 기후변화 관련 재무정보공개 협의체 최종 보고(2017), SASB 스탠다드 전77업종 개정판(2018), 책임은행 원칙(2019) 등의 규범과 이니셔티브도 확산되었다.

민간기업의 SDGs에 대한 관심은 서유럽만의 경향이 아니다. 2018년,

PwC(Price-waterhouse Coopers, PwC)[3]가 세계 21개국의 대기업 729곳을 대상으로 실시한 조사에 따르면, SDGs 지속가능성 보고서(sustainability report)나 연간 보고서 안에서 SDGs를 다루는 기업이 72%, SDGs 우선 과제로 한 특정 기업이 50%, SDGs 목표와 관련된 성과지표(KPI)를 설정한 기업은 23%였다. 전년 조사와 비교하면, 세계 대기업들의 SDGs에 대한 관심은 서서히 높아지고 있는 것을 알 수 있다.

SDGs는 국제적인 발전 목표이지만,「빈곤 종식」,「기아종식」,「지구환경」같은 주제는 민간기업의 비즈니스와는 직접적으로 연결되지 않는 것처럼 보인다. 각 회사의 자선(philanthropy)으로서 공익적인 활동에 매진해 왔던 것은 지금까지도 있었다. 하지만 기업의 본업으로 사회·경제발전에 매진한다던가 성과지표까지 설정하는 사례는 과거에는 그다지 볼 수 없었다.

지구온난화

SDGs에 이어서 2015년 12월 '파리협정'이 채택되었다. 파리협정에서는 "산업혁명 이전 수준 대비 지구 평균기온 상승을 「2℃ 미만」으로 억제하고, 더 나아가 평균기온 상승을 「1.5℃ 미만」으로 까지 억제하기 위해 노력할 것을 확인하였다(제2조 1항). 상대적으로 화석연료 소비억제는 유럽 정부의 움직임이 빨랐다.EU는 2030년부터 2040년까지 유럽 내에서 가솔린 자동차·디젤자동차의 판매금지를 결정했다. 중국 정부도 가솔린 자동차의 단계적 폐지를 검토하고 있다. 따라서 화석연료 이용을 전제로 한 비즈니스는 성립하기 어렵게 된다. 가솔린 자동차와 같은 제품을 제조해도, 판매할 시장이 없어지고 있다. 가

---

3 프라이스워터하우스쿠퍼스(PricewaterhouseCoopers, PwC)는 영국 런던 본사를 둔 매출액 기준 세계 1위의 다국적 회계 감사 기업이다. PwC(PricewaterhouseCoopers)는 세계 4대 회계법인(Big 4)중 하나이다. 세계 4대 회계법인(Big 4)에는 PwC(Pricewaterhouse Coopers), Deloitte(Deloitte Touche Tohmatsu Limited), EY(Ernst & Young) 그리고 KPMG가 있다. PwC(PricewaterhouseCoopers)는 157개의 국가에 있으며 약 276,000명의 직원이 근무하고 있다(위키백과). PwC는 현재 155개국에 지사를 두고 284,000명 이상이 일하는 세계 최고의 전문 서비스 네트워크 중 하나이다. PwC는 조직과 개인이 보증, 세금 및 자문 서비스에서 품질을 제공한다(주요 내용s://www.pwc.com/gx/en/about.html).

솔린 자동차가 없어진다면, 주유소도 필요 없다. 또한 대량의 화석연료를 이용한 제품도 차차 시장에서 배제되어 갈 것이다. 예를 들어, 어떤 유럽기업이 생산에서 판매에 이르기까지 전체 공급망(supply chain)에서 이산화탄소 배출량삭감 목표를 정했다고 가정해 보자. 그리고 이 기업은 제품을 납품하고 있는 일본기업이 제조 과정에서 화석연료를 대량으로 이용하고 있다면, 서플라이 체인(supply chain)에 있어서 해당 기업으로부터 조달은 재검토될 것이다. 즉 화석연료에 의존하는 비즈니스는 중장기적으로 「지속가능」 하지 않게 된다. 반대로, 온실효과 가스 배출이 적은 재생가능에너지를 활용하는 비즈니스는 지구온난화 완화에 큰 환영을 받고, 중장기적으로 지속가능하다. 즉 지구온난화에 대한 관점에서 지구환경 지속성과 기업 지속성의 이해관계가 중첩되는 부분이 나타나게 된다는 것이다. 미래의 지구온난화대책 진척에 의하여, 화석연료의 이용이 감소하고 그 가치 하락을 예상한 것이다. 따라서 자원으로 매장되어 있어도, 그것을 원재료로 사용하는 것이 어려워진다. 즉 존재하고 있어도 누구에게도 이용되지 않는다. 이는 암초에 걸려버린 배에 비유하여, 「좌초자산 坐礁資産」이라 불린다. 설령 동해 해저에 막대한 유전이 발견되어도, 좌초된 대형선과 같은 것이며, 누구도 그것을 이용할 수 없다. 이용이 감소하는 석유 자원에 기반한 비즈니스 역시 성립할 수 없게 되는 것이다.

세계경제포럼에 맞추어 매년 발행되는 글로벌 리스크 보고서에서 환경문제에 대한 리스크 인식이 높아지고 있음을 보여주고 있다. 이웃 나라 일본기업은 특히 기후변화 문제에 대한 인식이 높아 과학기반 감축목표 이니셔티브(Science Based Targets initiative, SBTi)나 RE100 등 국제 이니셔티브에 참가하고 있다. 또한 일본 내에서도 경제관련 기관들이 장기 비전 책정을 기업·단체에 촉구하거나 도전 또는 종식(0) 구상을 밝히는 등 탈탄소 사회 실현을 위해 장기목표를 설정하는 움직임이 활발해지고 있다. 기업의 사회적 책임은 '책임투자 원칙'에서도 확인된다. 지구 환경과 사회를 위한 책임 있는 투자가 강조되는 '책임투자 원칙'은 2006년 유엔환경계획(United Nations Environment Programme: UNEP) 및 유엔 글로벌 콤팩트(United Nations Global Compact: UNGC)가 제창한 이니셔티브로서 유엔 차원에서 ESG를 지지하기 위한 일련의 조치라 할 수 있다.

책임투자 원칙(PRI)는 UN의 지원 아래 글로벌 기관 투자자와 자산 보유기관 등의 ESG 투자 확산을 위해 2006년 4월 설립되었다. ESG 투자 확산을 위한 6개 항의 원칙을 일컫는 용어이자 조직의 이름인 PRI는 전 세계 2,800여 기관들이 서명하였다. PRI에 서명한 기관 중 금융기관 및 자산 관리 회사가 관리하는 총자산 금액(Assets Under Management, 운용자산)은 총액은 90조 달러(약 11경원, 비 ESG 투자 포함)에 이른다. 한국도 국민연금 등 8개 기관이 참여하고 있다(三井久明, 2020).

<그림 4-5> 기업의 ESG, SBTi, RE100 참여가 기업활동에 미치는 영향[4]

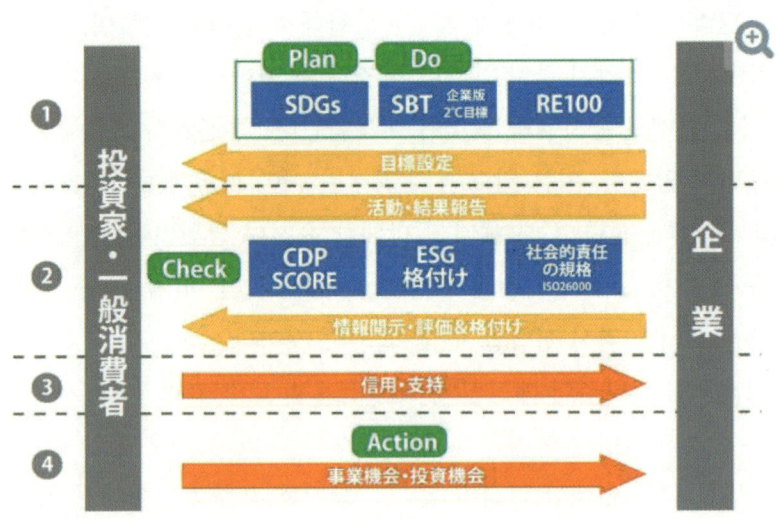

기업의 투명한 경영과 사회적 책임에 동참하는 기업활동은 온실가스 배출 삭감 목표를 정하는 '과학 기반 목표 이니셔티브(Science Based Targets Initiative,

---

4 기업 활동에 미치는 영향을 보여주는 그림이다. 자세한 설명은 아래 링크 참고. 주요 내용s://www.sbbit.jp/article/cont1/36239 (검색일: 2024.8.5)

SBTi)'와 친환경 재생에너지로 대체하는 글로벌 캠페인 'RE100(Renewable Energy 100)', '탄소 정보공개 프로젝트(Carbon Disclosure Project, CDP)'가 있다. 이 활동들의 공통점은 기업 스스로 목표를 구체적으로 제시하며 기업이 수행한 결과를 담은 정보를 공개한다는 점이다(※참고 ①과 ②에 해당). 일례로 기업은 CDP의 조사에 응하고 CDP와 ESG 투자 등의 평가 등급을 받는다(※참고 3에 해당). 목표 달성의 결과로 투자자, 소비자, 시민사회의 인정을 받은 기업은 사업 추진 기회와 투자를 유치할 수도 있다(※참고 ③, ④에 해당).

2019년 12월 현재 SBTi에 750개 기업이 참여하고 있다. 'RE100'에는 2020년 5월 현재, 구글, 페이스북, 나이키, 스타벅스, HP, 소니, 후지쯔, 파나소닉 등 총 235개 기업이 참여하고 있다. CDP를 통해 자사의 환경경영 정보를 공개한 기업은 2019년 5월 현재, 8,400여 개 기업에 이른다. 'CDP 한국위원회'는 시가총액 상위 200대 기업을 대상으로 기후변화와 관련된 경영 정보를 평가하여, 금융을 포함한 9개 섹터에서 기후변화대응 우수기업을 선정 한다(이창언, 2020a).

인권과 노동문제

최근의 기술혁신을 통한 경제성장에 의해, 다양한 비즈니스 기회가 등장하였고, 개발도상국에서도 도심부를 중심으로 부유층이 확대되고 있다. 그런 한편, 이러한 기회를 잡지 못하고, 기존 그대로 가난한 생활을 이어가는 사람들도 적지 않다. 빈곤층은 인신매매나 채무 등과 같은 열악한 노동 환경하에 저임금노동을 강요받기도 한다. 2017년 ILO가 발간한 '세계 현대판 노예 추산(Global Estimates of Modern Slavery)' 보고서에 "4천만 명이 현대판 노예제의 피해자"라고 적시돼 있다. 이중 전 세계 약 2,500만 명이 강제노동의 피해자이다. ILO는 아동 노동도 심각한 문제라고 강조한다. 전 세계 5~17세의 아이들의 약 10명 중 1명에 해당하는 1억 5,200만 명은 충분한 교육 기회를 받지 못하고 노동력으로 사용되고 있다.

강제노동이나 아동 노동에 대한 국제적인 비난이 점차 높아지고 있으며, 이 일과 관련된 기업에게 사회로부터 냉랭한 눈이 쏠리고 있다. 스마트 폰이나 SNS의 보급에 의한 특정 공장의 노동문제가 세계로 퍼져나갈 수 있게 되었다. 특히 세계적인 브랜드 제품의 제조와 관련되어 있다고 한다면, 순식간일 것이다. 브랜드가 유명하면 할수록, 사람들의 충격이나 반감은 강하여 비즈니스의 영향은 피할 수 없을 것이다.

하나의 상징적인 사건으로, 2013년 4월 24일 발생한 방글라데시의 빌딩 붕괴 사고가 있었다. 수도 다카에 있는 9층짜리 건물인 라나플라자 빌딩이 붕괴하여 1,134명이 죽고, 2,500명이 부상당했다. 방글라데시는 세계의 제조공장이 많았고, 이 빌딩에도 27개의 패션 브랜드 제조공장이 들어가 있었다. 이 사고로 희생된 사람의 상당수는 그 공장에서 일하고 있던 젊은 여성들이었다. 사고의 원인은 느슨한 안전 관리 때문이었으며, 빌딩은 내진성을 무시한 불법적인 증축을 반복하고 있었다. 이 사고를 수습하는 과정에서 유럽이나 일본 등의 세계적 패션 브랜드 회사들이 현지 노동자를 착취한 정황이 부각 되었다. 사고 후 해당 브랜드 측은 현지 노동환경을 파악하지 않고 있었다 해명했다. 하지만 이러한 해명에 대한 소비자들의 반감은 매우 컸고, 해당 브랜드에 대한 불매운동을 전개하였다. 이 사고 이후 다국적기업에 대한 서플라이 체인(supply chain) 상 인권 문제를 파악하고, 이 일에 대하여 책임감있게 대응할 것을 강력하게 요구하게 되었다.

이러한 상황에 영국은 2015년에 「현대판 노예법(Modern Slavery Act)」을 제정하였다. 「노예」가 300년 전 이야기라 생각하지만, 현대 노예의 개념은 인신매매나 채무 등에 의한 본인 의사에 반하여 강제노동에 처한 노동자를 뜻하는 것이고, 아동 노동도 이에 해당한다. 법률의 적용 대상인, 매출 3,600만 파운드(약 627억 원) 이상의 영국 내 기업은 자사는 물론 협력업체에서 생산된 생산물에서 강제 노동이나 인신매매가 벌어지지 않았음을 소비자에게 입증해야 한다. 당연히, 영연방 기업도 포함된다. 해당 기업은, 스스로 서플라이 체인 상에서 노예노동이 존재 여부에 관하여 파악하고, 「노예와 인신매매에 관한 성명」

을 매년 작성해야만 한다. 그리고 그 성명을 자사 웹사이트의 눈에 띄는 장소에 링크를 첨부해야 한다.

이 법률의 특징은 첫째로, 기업에 서플라이 체인 상의 상황 확인을 요구한다는 것이다. 자사의 사업 장소나 공장만 체크하면 끝나는 것이 아니라, 국내외의 하청업체, 재하청업체, 조달처, 폐기물처리장 등을 포함하여 모든 사업 장소가 확인 대상이다. 다국적기업이 서플라이 체인 상의 상황을 파악해야만 한다는 생각은 경제협력개발기구(OECD)의 다국적기업 가이드라인, 국제노동기구(ILO)의 다국적 기업 및 사회정책에 관한 3자 선언, UN 기업과 인권 이행 원칙(Guiding Principles on Business and Human Rights) 등 국제 협약에 명시되어 있다. OECD 다국적기업 가이드라인은 기업이 주주뿐만 아니라 노동자, 지역사회, 환경 등 이해관계자의 이익을 함께 고려해야 한다는 내용을 핵심으로 한다.

두 번째 특징으로는 「성명」을 웹 사이트 등에서 공개하는 것을 의무화하고 있다는 점이다. 인권 문제에 관한 국제적인 관심이 높아지는 것으로 인하여 사람들 스스로 눈에 띄도록 함으로써, 기업 행동에 영향을 주도록 해 나가려 하는 의도가 있는 것이다. 특히 글로벌 차원에서 비즈니스를 전개하는 대기업은 세계인들에게 보여지는 자사의 이미지가 중요한 문제이다. 세계에서 인기가 있는 브랜드 제품이, 개발도상국의 아동 노동으로 제조되고 있는 것이 밝혀지면, 특히 밀레니엄 세대라 불리는 젊은 세대에게 충격이 클 것이다.

2015년 영국의 「현대판 노예법」은 다른 나라들에 확산될 조짐을 보이고 있다. 프랑스는 2017년 2월 유럽에서 최초로 '인권실천 점검의무(Human Rights Due Diligence)'법을 만들었다. '프랑스 기업의 인권 실천 책임법(French Corporate Duty of Vigilance Law)'이 그것이다. 이 법은 프랑스 기업 중에서 고용 인원 5,000명을 넘는 (본사가 국외에 있는 경우에는 1만 명) 대기업에만 적용돼 약 100~150개 프랑스 기업들이 규제 대상이 된다. 호주에서도 2019년에 「현대판 노예법」이 시행되었다. 이후, 보다 많은 나라에서 이러한 법령이 도입되어갈 것으로 예상된다.

글로벌 기업에게 있어서, 서플라이 체인 상의 인권이나 노동문제에 주목하지 않는 것은 큰 사업 리스크가 되었다. 현장을 파악하고 문제가 명확해진 경우, 이에 적절히 대처해야만 한다. 대응이 지체된다면, 세계시장으로부터 점차 배제되어 갈 것이다. 역으로 이러한 문제에 빠르게 주목하여, 사전에 적절한 대책을 강구하고 있는 기업은, 지속적으로 사업을 전개함에 있어 리스크를 줄일 수 있을 것이다.

강제노동이나 아동 노동의 근절은, SDGs 8번 목표 "모두를 위한 지속적이고, 포용적이며, 지속가능한 경제성장과 완전하고 생산적인 고용과 양질의 일자리 증진" 특히, 8-7. "강제노동과 현대적 노예제, 인신매매를 종식하고, 소년병 동원 및 징집 등 최악의 아동 노동을 금지하고 근절하기 위해 즉각적이고 효과적인 조치를 취하고, 2025년까지 모든 형태의 아동 노동을 근절한다." 에서 거론된 과제이다. 생산이나 공급의 연쇄적 과정에서 인권상황의 확인이라는 기업의 행동을 통하여, 민간기업의 지속가능성과 SDGs의 달성은 연결될 것이다(三井久明, 2020).

자금조달

SDGs가 UN 총회에서 채택된 것은 2015년이었지만, 9년 전인 2006년에 당시 UN 사무총장이었던 코피 아타 아난(Kofi Atta Annan, 1938년 4월 8일 ~ 2018년 8월 18일)이 「사회책임투자 원칙」을 금융업계에 대하여 제창하였다. 그 원칙에서 기관 투자자들은 ESG(Environment, Social, Governance) 과제 개념을 가지고, E(환경·Environment), S(사회·Social), G(거버넌스·Governance) 세 가지 관점에서 투자 판단을 할 것을 제창하였다. 책임투자 원칙은, 법적 구속력이 없는 임의의 원칙이다. 하지만 동 원칙에 찬성하는 기관은 서서히 늘어나고, 2018년에는 세계에서 2,000개 이상의 회사가 이 원칙에 서명하고 있다.

세계적으로 ESG 투자의 규모는 확대되고 있다. 2017년 말 시점 세계 전체의 ESG 투자 잔고는 31조 달러로 2015년 말 23조 달러보다 34% 증가했다. ESG 투자 비율은 유럽 시장에서 이미 5할을 차지하고 있으며, 일본에서도 18%에 달하는 추세이다.

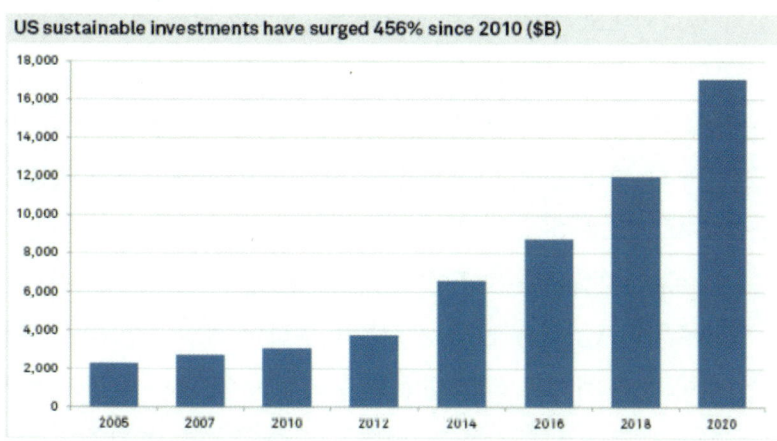

※ 출처: 미국 사회책임투자포럼(SIF)

　최근 국제금융센터에 따르면 지난 2020년 한 해 글로벌 자산운용사가 ESG를 평가 요소로 도입한 자산은 45조 달러로 전체의 절반에 가깝다. 연평균 15%라는 지난 6년간 평균 성장률이 유지된다면 ESG 관련 글로벌 운용자산규모(운용자산)는 2025년에 53조 달러 이상으로 확대되고, 2030년에 ESG 비중이 95%로 확대될 전망으로 자산운용에서 ESG 기준은 이제 필수가 됐다. 미국도 2022년 ESG 관련 운용자산이 17조 달러를 넘어섰다. 이는 전체 운용자산 51조 4,000억 달러의 3분의 1에 해당 된다. 파이낸셜타임스(FT)에 따르면 유럽은 지난해 말 기준, 기존 펀드 가운데 ESG 전략으로 전향한 펀드는 253개에 이른다. 2022년 한 해에만 새로 출시된 ESG 펀드는 505개다. 2020년 11월 16일 자료를 기준으로 미국 내 지속가능 투자 규모는 2010년 이래 456% 증가했다. 펀드평가사 모닝스타에 따르면 지난해 유럽의 ESG 관련 운용 자산규모 역대 최대치인 1조 1,000억 유로를 기록했다고 한다. 특히 지난해 4분기 ESG 펀드 자금 순유입은 직전 분기 대비 84%나 급증했는데, 이에 자산운용사들 사이에서 기존 펀드 운용 원칙에 ESG 기준을 도입하는 물결이 일었다는 것이다. ESG로 전향한 기존 펀드 253개 가운데 87%는 펀드 운용 원칙에 ESG 기준을 추가하는 것에 더해 펀드명에 '지속가능(sustainable)' 'ESG' '녹색(green)' '사회책임투자' 등 단어를 추가하는 등 브랜드를 새롭게 했다. 트랙인사이트에 따르면 지난해 4분기 글로벌 ESG 펀드 순자금 유입은 1,523억 달러. 이 중 80%가 유럽에서의 투자였다. 미국은 13.4%를 차지했다.

EU는 ESG 권고를 넘어 제도적 정책과 규제 마련에 속도를 내고 있다. EU는 이달 10일부터 역내 은행, 자산운용사, 연기금 등 금융기관을 대상으로 '지속가능금융공시 제도(SFDR)'를 실시한다. 이제 역내 기업의 지속가능 활동과 관련한 공시의무가 강화된다는 뜻이다. 자산운용업계 큰손 블랙록은 지난해부터 모든 액티브(Active) 자산에 ESG 기준을 반영하며, 투자기업 역시 공시 강화를 요구할 것이다. 블랙록은 석탄 발전을 통해 매출액 25% 이상의 실적을 보인 기업의 채권과 주식을 매각하고, 성평등도 중요한 투자 기준으로 삼으며, 특히 회사 이사회 중 여성이 2명 미만이면 투자하지 않겠다는 원칙을 갖고 있다. 500여 개 투자사 모임인 '기후행동 100+'는 그들의 투자기업은 "2050년까지 온실가스 배출을 줄이고 탄소 순 배출량을 '제로(0)'에 맞출 것"을 요구했다. 블랙록도 이 모임에 참여하고 있다. 이들이 운용하는 자산은 47조 달러에 달한다. 은행들 역시 대출 등 서비스를 제공받은 기업들에 대해 ESG 기준에 따라 자체적인 점검을 하고 있다. 피치에 따르면 글로벌 은행 184개 중 67%는 대출 시 ESG 기준을 적용하고 있다. 금융서비스 대상 기업이 ESG 평가를 낮게 받는다면 은행에는 안 좋은 평판으로 돌아올 수 있기에 서비스 제공 전 고객사 점검 필요성이 커졌다는 설명이다.[5]

ESG 투자는 투자가의 이익에 해를 끼치는 것이 아니라, 오히려 투자 대상기업의 중장기적인 안정을 통해 투자자들의 리스크를 관리하는 것으로 여겨지고 있다. 어쨌든 최근 사회의 지속성에 대한 우려로 인하여 사회나 환경을 의식한 투자는 중장기적인 재무 수익률을 높이고, 또한 투자 리스크가 적다고 판단하게 되었다. 사회나 환경의 지속적 개발에 대한 기여 때문에 투자하는 것이

---

5 뉴스핌, "[ESG, 새로운 기회] 선택 아닌 필수…2025년 53조 달러 움직인다". 주요 내용·s://www.newspim.com/news/view/20210301000223 (검색일: 2024.7.5.)

아니라, 이러한 공헌이 두드러진 기업이 장기적으로 안정되게 성장할 가능성이 높다고 판단하기에 투자 대상이 되는 것이다. 이것이 ESG 투자의 기본개념이다. 또한 최근에 이르러 책임투자 원칙 개념은 기관투자가 이외 금융 서비스업에까지 확대되고 있다. 2019년 유엔환경계획 금융이니셔티브(UNEP FI)는 책임은행원칙(United Nations Principles for Responsible Banking, UN PRB)'을 제창하였다. 이미 세계 49개국에서 130개 정도의 은행이 이를 찬성하고 있다. 이들 은행의 운용자산 총액은 전 세계은행 전체의 3분의 1 자산을 차지하고 있다. 투자뿐 아니라 융자 분야에서도 ESG의 공헌도를 판단 기준으로 하고 있다. 특히 보험 분야에서 ESG의 기본개념을 반영하고 있다. 위에서 서술한 유엔환경계획 금융이니셔티브(이하 UNEP FI) 손해보험 기업을 대상으로 '지속가능한 보험의 원칙(Principles for Sustainable Insurance: PSI)'을 작성하고, 손해보험 업계에 ESG를 고려한 상품개발이나 서비스 제공을 요구하고 있다(三井久明, 2020).

078 | ESG의 관련 규제 가속화와 공시 의무화

탄소국경세[6], 공급망 실사법[7] 등 유럽발 ESG 규제가 강화되고 국내 법제화를 위한 논의도 진행되고 있다. 글로벌 ESG 평가사 MSCI에 따르면, 2016년 50건 내외였던 ESG 규제 건수가 2020년 200건 이상으로 급증하였으며 55% 이상이 유럽 주요국에서 법제화되었다. 이는 수출기업이 글로벌 규제에 대한 비용 증가 또는 거래 중단의 위험에 놓였음을 보여준다(중소기업중앙회, 2023).

EU는 기존 유럽 비재무 정보공개지침(Non-Financial Reporting Directive, NFRD)를 보완한 기업 지속가능성 보고지침(Corporate Sustainability Reporting Directive, CSRD)을 제정했고, 2023년 1월 6일 공식 발표하였다. 이에 따라 지속가능한 공시를 위한 법률인 CSRD를 실천하기 위한 기준서로서 '유럽지속가능성 공시표준(ESRS)' 초안을 발표(22년 4월)하고 업종과 무관하게 적용되는 기준인 ESRS First Set(ESRS Set 1)을 2023년 7월 확정하였다. IFRS(International Financial Reporting Standards)재단은 국제표준지속가능성기준위원회(International Sustainability Standards Board, ISSB)[8]를 설립하고 2022년 3월 지속가능성 관련 재무 정보 공시를 위한 일반 요구사항(IFRS S1)과 기후 관련 공시(FRS S2)등 2개의 초

---

6 미국과 EU가 주도적으로 추진하는 관세로, 자국보다 이산화탄소 배출이 많은 국가에서 생산·수입되는 제품에 대해 비용을 부담함으로써 탄소배출량을 감축하고자 하는 취지.

7 유럽 내 기업은 자회사는 물론 거래하는 모든 공급망에 있는 협력사의 ESG 정보 공개 요구 및 환경, 노동 및 인권, 지배구조 실사 의무화(직원 500인 이상, 매출 1.5억 유로 기업).

8 EU는 기존 NFRD(Non-Financial Reporting Directive)를 보완한 CSRD(Corporate Sustainability Reporting Directive)가 제정되었으며, 2023년 1월 6일 공식 발표됨. 이에 따라 지속가능한 공시를 위한 법률인 CSRD를 실천하기 위한 기준서로서 '유럽지속가능성 공시표준 (ESRS)' 초안을 발표('22.4월)하고 업종과 무관하게 적용되는 기준인 ESRS First Set(ESRS Set 1)을 '23년 7월 확정함. IFRS(International Financial Reporting Standards) 재단은 국제표준지속가능성기준위원회(ISSB, International Sustainability Standards Board)*를 설립하고 '22년 3월 IFRS S1(지속가능성 관련 재무정보 공시를 위한 일반 요구사항, IFRS S2(기후 관련 공시) 2개의 초안을 발표함.

안을 발표하였다.

EU는 이어 2024년 3월 기업 공급망 전반의 인권·환경 관련 기업 책임을 의무화하는 공급망 실사 지침 합의안을 승인하였다. 이는 對 EU 매출 4천만 유로 이상 기업의 공급망 내 인권 및 환경대응 실사 및 정보공개를 의무화한 조치라고 할 수 있다(환경부·KDB 산업은행, 법무법인 율촌, KPMG, 2024).

<그림 4-7> ESG 강화를 위한 주요 규제·정책 현황

구분	주체	규제·정책	2020	2021	2022	2023	2024	2025	2026
공시 의무화	ISSB	IFRS 지속가능성 공시기준					S1, S2 최종안 발표		
	EU	기업지속가능성 정보공시 지침 (CSRD)				발의	단계적 의무화		
	미국	기후 공시의무화 법안(Regulation)			초안		최종안		'26시행
공급망 실사	EU	기업지속가능성 공급망실사지침(CSDDD)		발의	초안	잠정 합의	최종 합의	'27 시행(예상)	
	미국	노예제 근절 기업인증법(SFBCA)	발의						
탄소 조정 제도	EU	탄소국경조정제도(CBAM)		발의	확정	'23.10전환기간, '26 시행			
	미국	청정경쟁법안(CCA)					발의	'25 시행(예상)	

※ 출처: 환경부·한국환경산업기술원(2023); 환경부·KDB 산업은행, 법무법인 율촌, KPMG(2024)

기획재정부는 2022년 12월 27일 ESG 인프라 고도화 방안을 발표하며 다음과 같이 세계적인 규제의 흐름을 설명하고 있다.

국제기구와 EU 등을 중심으로 글로벌 ESG 제도화하려는 움직임이 빠르게 확산되고 있다. 국제표준지속가능성기준위원회(ISSB) ESG 공시 국제표준화, 유럽연합(EU) 유럽지속가능성보고기준(European Sustainability Reporting Standards, ESRS) 적용, 미국 증권거래위원회(SEC) 상장기업 기후공시 의무화 등 글로벌 ESG 공시 규율이 강화되고 있다. ESRS는 일정규모 이상의 EU 기업과 외국기업에 ESG 공시 의무화 및 ESG 공시기준 제시를 요구하고 있다.
유럽연합(EU)은 EU내 수입업자에 제품 탄소배출량에 상응하는 배출권구매 등 경제적 부담 부과하는 탄소국경조정제도(CBAM)·EU내 기업 및 거래기업 공급망에 포함된 모든 협력사에 환경, 인권 등 ESG 관련 리스크를 조사하여 필요한 조치를 취할 의무를 부담하는 공급망 실사 도입 등을 통해 EU 수출·협력기업에 온실가스 감축·ESG 경영 등의 부담을 부과할 예정이다.

ESG 공시제도와 관련해서 부연 설명을 하면 다음과 같다.

세계 각국의 중앙은행, 재무부 등이 참여중인 금융안정위원회(FSB)는 기후변화와 관련된 기후변화 관련 재무정보공개 협의체를 설립하고, 투자자, 대출기관 및 보험회사가 기후변화와 관련된 위험을 적절히 평가하는데 필요한 정보의 공개를 위한 권고안을 마련하고 있다. 이후 ESG 정보공개를 위한 민간 주도의 여러 이니셔티브가 생겨나고 현재는 크게 3가지 주류(Big Three)로 대별되고 있다. 국제표준지속가능성기준위원회의 공시기준은 투자자에게 기업가치평가 등 투자의사결정에 유용한 정보를 제공하기 위해 제정되었으며, 미국의 기후공시 의무화법안도 마찬가지로 투자자를 정보이용자로 특정하고 기업에 재무적영향을 미칠 수 있는 기후 관련 정보를 제공할 것을 요구하고 있다. CSRD는 투자자를 포함 다양한 이해관계자의 요구사항을 반영하기 위해 환경뿐만 아니라 사회, 거버넌스를 포괄하는 공시 개념이나, ISSB 공시기준과 美 기후공시 의무화 법안과 마찬가지로 기본적인 보고 Framework는 TCFD(Task Force on Climate-Related Financial Disclosures)의 4가지 핵심사항(거버넌스, 전략, 위험관리, 지표와 목표)을 준용하고 있다. 참고로 TCFD는 15년 주요 20개국(G20) 재무장관회의 금융안정위원회가 설립한 기후변화 관련 이니셔티브로서 기후변화를 초래할 수 있는 거버넌스, 전략, 위험관리, 목표관리 등에 대해 기업 정보공개를 권고하고 있다.

EU의 기업 지속가능성 보고지침(CSRD)는 다중 이해관계자 관점을 견지하며 EU 역내 대기업 및 해외기업을 대상으로 정보공개를 요구하고 있다. 美 SEC 기후공시 의무화 법안은 투자자의 관점을 견지하며 美 SEC 상장사를 대상으로 한다(환경부·KDB 산업은행, 법무법인 율촌, KPMG, 2024).

<표 4-3> 주요 ESG 규제 동향(공시, 실사)

주요 규제	주요 내용	발효 시기	국내 기업 관점 적용대상 기준
EU 지소가능성 보고지침 (CSRD)	· CSRD 공시 표준인 ESRS 항목에 따라 공시 (공통표준) ESRS1(일반요구사항) ESRS2(일반공시 규정) (주제별표준) 환경, 사회, 거버넌스 분야 총 10개	'23년 1월 6일	· ['25년 공시 보고서 제출] 기존 NFRD 적용 기업, EU 규제시장 상장非EU 지배기업 · ['26년 공시 보고서 제출] EU 내 설립된 대기업(EU기업의 EU소재 종속기업 포함) · ['27년 공시 보고서 제출] EU 내 상장 중소기업(초소형 상장기업 제외) · ['29년 공시 보고서 제출] 非EU기업 ① 2개년도 연속 EU 내 순매출 1.5억 유로 초과 ② 직전 회계연도 순매출 4천만 유로 초과 EU 지점 보유 또는 EU 역내 대기업이거나 상장중소기업인 종속기업 보유
지속가능성 재무공시표준 (ISSB)	· 글로벌 ESG 정보공시 표준제공 (S1) 지속가능성 관련 재무정보 공시를 위한 일반 요구사항 (S2) 기후 관련 공시	'23년 6월	· ISSB 공시기준 채택 국가별로 상이함 ※ IFRS 기준에 따라 재무보고를 시행하는 모든 기업이 대상이 될 수 있음
미국증권 거래위원회 기후공시 (SEC)	· 기후변화와 관련한 지배구조, 전략, 위험관리 및 온실가스 배출량지표 등에 대해 공시	'24년 예정	· 미국 내 상장기업 ※ '24.3월 최종안이 통과되었으나 '24.4월 기준 효력정지 소송 대응 중임
공급망 실사지침(CSDDD)	전공급망활동(자사, 자회사, 협력사 등)에 대해 의무적으로 실사 수행	'24년 예정	· (EU집행위원회 의회 최종 통과 ('24.4),(非EU기업 기준) - (27년 적용) EU내 순매출액 €15억 초과 - (28년 적용) EU내 순매출액 €9억 초과 - (29년 적용) ① EU내 순매출액 €4.5억 초과 ② EU내 로열티 수익 €2,250만 초과+순매출액 €8천만 초과

※ 출처: 환경부·한국환경산업기술원(2023)

<표 4-4> 주요 ESG 규제 동향(제품)

주요 규제	주요 내용	발효 시기	작용 대상
에코디자인 규정 (ESPR)	유럽연합(EU) 내에서 유통되는 상품에 대해 지속가능성 기준을 강화하고 디지털 제품여권 도입	'24년 예정	· 모든 물리적 상품 ※ 철강, 알루미늄, 의류, 전자 제품 등 우선 적용 ※ 식품, 사료, 의약품 등은 제외
탄소국경조정제도 (CBAM)	EU로 수입되는 제품에 포함된 탄소 배출량에 EU 탄소 배출권거래제(EU-ETS) 등과 연동된 탄소 가격을 부과해 징수	'23년 5월 17일	· 철강, 알루미늄, 비료, 시멘트, 전력, 수소
EU 배터리 규정	EU로 유입되는 제품을 대상으로 탄소발자국, 내구성, 용도변경, 재활용 이력에 대한 정보가 담긴 라벨과 QR코드 의무 부착	'23년 8월 17일	· 이동식배터리, 전기차/전기자전거 배터리, SLI 배터리, 2kWh이상 충전식 산업용 배터리
EU 플라스틱세	재활용 불가능한 플라스틱 폐기물에 세금 부과	'21년 1월	· 플라스틱 포장 폐기물
EU 포장 및 포장폐기물 규제	2030년부터 재사용·재활용 가능한 포장재만 판매·사용	'24년 예정	· 포장 및 포장재 폐기물

※ 출처: 환경부·한국환경산업기술원(2023)

<표 4-5> 주요 ESG 주요 발생사례

구분	주요 발생 사례
직접 영향	· 생산품을 해외 고객사에 직접 수출하는 국내 중소중견 기업의 경우 EU 배터리 규정, EU CBAM(탄소국경조정제도)에 따라 관련 보고서 제출의무 발생 · 해외 법인이 EU CSRD 공시 의무 대상인 경우 공시 데이터 제출 의무 발생 · 해외 고객사가 EU 공급망실사법에 따른 실사 주체인 경우 국내 중소중견 기업은 실사 대상 기업에 포함될 가능성이 있음
주요발생 사례	· 해외 고객사가 EU CSRD 및 IFRS, ISSB 공시 대상인 경우 공급망에 해당하는 국내 중소중견 기업에 공시 데이터 일부 제출 요구 발생 가능 · 금융기관 대출 및 채권 구매 시 ESG 경영 활동 이행 여부에 따라 거래 조건 변경 가능

※ 출처: 환경부·한국환경산업기술원(2023)

　　해외투자자가 투자 대상을 결정함에 있어 ESG 실행 및 평가 결과를 활용하는 추세가 증가하고 있다. 다국적기업을 포함한 대기업은 자사의 ESG 경영을 추진함은 물론 공급망까지 그 관리 범위를 확대하고 있다. 일부 대기업은 ESG

규제 및 글로벌 평가 대응의 경험을 통해 선진기업 사례를 접하는 등 ESG 관리 역량을 갖춘 반면, 수출비중이 높고 다국적기업의 2, 3차 협력사 단계에 해당하는 국내 중소기업의 어려움이 예상되고 있다(중소기업중앙회, 2023). 다시 말해 원청사 공급망 리스크 관리가 확대되고 있는 것이다.

우리나라도 23년 9월에 공급망실사법을 발의하였으며, EU 등 주요국의 ESG 공시기준과 국제표준지속가능성기준위원회 등 글로벌 공시기준을 기반으로 국내 공시기준을 마련 중이다. 과거 기업 가치는 재무제표와 같은 정량적인 지표에 의해 평가되었지만, 현재는 ESG와 같은 비재무적 가치의 중요성이 더욱 높아지고 있다. ESG 규제는 공급망 내 위치한 국내 중소·중견기업에 직간접적으로 영향을 미칠 전망이므로 국내 기업은 자사의 공시 의무화 대상 여부를 확인하고, 의무 공시 시점 및 범위를 파악하는 것이 매우 중요하다. ESG는 향후 기업의 성장과 생존에 직결되는 핵심 가치이므로 기업 경쟁력 향상을 위해 반드시 적극적인 대응 및 노력이 수반되어야 한다(환경부·한국환경산업기술원, 2023).

정부는 국내 ESG 정보공시에 대한 기업 부담 해소를 위해, 정부 주도의 ESG 표준화를 추진하고 있다. 산업통상자원부는 K-ESG 가이드라인을 배포하고, 금융위원회는 2030년부터 코스피 상장사의 지속가능경영보고서 의무공시 제도를 발표하였다. 향후 주요 정책과제로 ESG 공시 관련 글로벌 논의 대응, 국내 ESG 공시제도 전반 정비, ESG평가 투명 전문성 제고, 중소·중견기업 ESG 경영 전환 지원을 추진할 것으로 밝혔다. 한편 국내외 금융기관은 앞다투어 ESG 금융상품을 출시하고 있다. ESG 우수기업에 대출금리를 인하하는 등 상품의 범위나 영역 또한 점차 다변화되고 있다. 특히 ESG의 공시기준이 될 IFRS(국제회계기준) 지속가능성 공시기준 초안에는 금융기관이 대출 및 투자기업의 온실가스 배출량을 공시해야 한다는 내용이 포함되었다. 이에 따라 향후 금융기관이 기업 고객에게 온실가스 배출량 제출을 요구하는 등 중소기업의 금융비용 부담이 가중될 가능성이 높다(중소기업중앙회, 2023).

079 | ESG 인프라 고도화 방안

최근, 유엔과 국제표준지속가능성기준위원회 등 국제기구와 EU 등을 중심으로 글로벌 ESG 제도화 움직임이 빠르게 확산하고 있다. 여기에 더해 코로나19로 인한 불평등과 기후위기의 심각성에 대한 인식 확산으로 글로벌 ESG 논의는 더욱 가속화되고 있다.

특히 국제지속가능기준위원회 ESG 공시 국제표준화, 유럽연합(EU)의 유럽지속가능보고기준(ESRS), 미국 증권거래위원회(SEC) 상장기업 기후공시 의무화 등 글로벌 ESG 공시 규율도 강화되고 있다.

일례로 유럽연합(EU)은 EU 내 수입업자에 제품 탄소 배출량에 상응하는 배출권 구매 등 경제적 부담을 부과하는 탄소국경조정제도(CBAM)를 도입한 바 있다.

또한 EU 내 기업 및 거래기업 공급망에 포함된 모든 협력사에 공급망 실사 도입을 통해 EU 수출·협력기업에 온실가스 감축, ESG 경영 등의 부담을 부과할 예정이다.

2022년 12월 27일 정부는 우리 기업의 ESG 대응력을 향상하기 위해 2021년 8월에 발표된 ESG 인프라 확충 방안을 더욱 구체화하는 「ESG 인프라 고도화 방안」을 공개했다.

정부는 새해부터 '인프라 구축 가속화로 ESG 생태계 육성 지원'을 핵심 전략으로 설정하고 이를 본격적으로 실행하기 위한 5개 정책과제와 추진 체계 구축을 제시했다.

ESG 인프라 고도화를 위한 5개 정책과제는 △ 공시제도 정비 △ 중소·중견기업 지원 △ ESG 투자 활성화 △ ESG 정보·인력지원 체계의 고도화 △ 공공부문 ESG 경영 및 투자 선도로 요약할 수 있다.

첫째, ESG 공시제도 고도화는 표준성, 투명성, 비교가능성을 특징으로 한다. 공시제도의 고도화는 두 가지 방향에서 진행된다. 그것은 ESG 공시의 국제표준화와 국내 ESG 공시 체계 정비이다.

이는 ESG 공시제도와 각 부처 공개제도 간 내용의 유사하거나 중복된 항목 명칭의 일원화를 통해 조정과 공시의 국제적 중요성과 실현 가능성(정보취합 단위, 시스템 연계 등) 등을 고려하여 의무이행 간주 항목의 점진적으로 지정해 나가는 것이다.

다시 말해 공시제도(지속가능경영 보고서, 기업지배구조 보고서 등)나 공개제도(환경정보 공개제도, 고용 형태 현황 공시제도, 기업집단 현황 공시제도 등)에서 일정 항목을 공개하는 경우 다른 제도에서도 해당 항목을 공시한 것으로 간주하여 기업 공시 부담을 완화하겠다는 것이다.

둘째, 중소·중견기업 지원 고도화는 중소기업의 자율적 ESG 경영 전환과 글로벌 기업의 협력사 및 수출 중소·중견기업의 대응력 강화를 위한 맞춤형 지원을 하는 것이다. 인센티브 제공, 사내 전문가 육성, 안전보건 관리체계 구축, 고용 환경개선 등을 위한 교육과 컨설팅 사업 확대가 주요 지원 내용이다.

셋째, ESG 투자 활성화는 ESG 채권 발행, ESG 평가기관 가이던스 마련, ESG 평가지원 강화 등이 주요 과제로 설정되었다.

민간의 ESG 채권·투자 활성화를 위한 녹색분류체계 개정, 사회적 프로젝트 범위·사례·예시와 ESG 워싱 방지를 위한 사전·사후 보고 체계 등을 내용으로 보강, 개선된 ESG 채권 가이드라인이다.

ESG 평가에 대한 공정성·투명성 제고를 위한 ESG 평가기관 가이던스도 마련된다. 동시에 파리기후협약 관련 규정 이행에 대한 기여도에 따라 가중치를 부여하여 산출하는 ESG 지수 다양화가 추진된다.

넷째, ESG 정보·인력지원 체계 구축의 고도화는 편의성, 실현 가능성, 확산성을 특징으로 한다.

ESG 경영지원 플랫폼, 투자플랫폼, 환경정보 공개시스템 등을 연계(링크 제공)한 ESG 정보 플랫폼 구축과 통합정보 제공이 주요 과제이다.

그리고 특성화 대학원·지역 거점 대학원에 ESG 교육과정(커리큘럼)과 장기 학위과정 개설을 검토해 양질의 전문 인력 양성 과제를 제시한다.

다섯째, 공공부문 ESG 경영 및 투자 선도를 위한 ESG 위원회 구성, ESG 공시 항목 확대, 정책금융기관의 ESG 금융지원 등의 과제도 포함하고 있다.

정부의 ESG 고도화 방안은 필요성 공유나 담론 수준이 아닌 구체적인 실행계획 수립과 추진체계 구축이 필요하다. ESG 고도화를 추진하기 위해서는 정책의 통합수준과 정부, 기업, 공공기관을 포함한 다양한 이해관계자의 참여와 협치 구조를 구축하지 않으면 안 된다.

정부는 이러한 요구를 반영하여 민관합동컨트롤 타워인 ESG 협의회 설치를 준비하고 있다. ESG 협의회는 부처(기재부, 산업부, 환경부, 중기부, 고용부, 행안부, 금융위, 공정위) 간 유기적 협업, 다양한 이해관계자의 참여와 소통을 통해 ESG 인프라 고도화 방안 추진 실적을 점검하고 ESG 정책을 추진해 나갈 예정이다.

ESG 고도화는 우리 삶과 분리되지 않는 ESG의 실행을 의미한다. ESG 고도화가 실행력을 확보하기 위해서 환경·사회·경제의 통합, 다양한 이해관계자의 참여와 소통의 관점을 견지해야 한다.

또한 ESG 고도화의 단계별 진척 여부에 관한 모니터링과 평가가 공개적으로 수행되어야 한다.

<그림 4-8> ESG 인프라 고도화 방안

정책 목표	민간 중심 ESG 생태계 활성화를 통해 우리기업 경쟁력 제고와 지속가능한 경제 구축
핵심 전략	인프라 구축 가속화로 ESG 생태계 육설지원

정책과제

❶ ESG 공시제도 정비
· 국내 ESG 공시체계 정비　　　　　· ESG 공시·공개제도간 연계강화

❷ 중소·중견기업 ESG 경영지원 강화
· 중소기업 ESG 경영전환 지원
· 공급망 실사 대응 강화 및 수출·협력 중소기업 맞춤형 지원 강화

❸ ESG 투자 활성화
· ESG 채권 발행·투자 활선화를 위한 기반 구축
· ESG 평가기관 가이던스 마련 및 ESG 평가지원 강화

❹ ESG 정보·인력 지원체계 구축
· ESG 정보 제공·이용 활성화를 위한 기반 강화
· ESG 전문인력 양성

❺ 공공부문 ESG 선도
· 공공기관 ESG 경영 촉진　　　　· 연기금 ESG 투자 확대

추진체계

❻ 민관 합동 ESG 협의회(가칭)
· (구성) 기재부차관 주재, 관계부처 차관·민간전문가

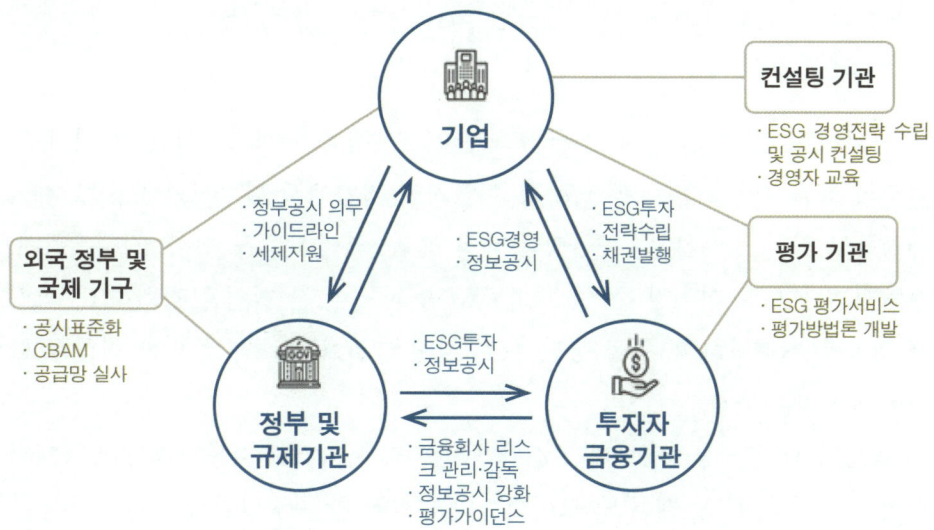

080 | 공급망 관리(Supply Chain Management, SCM)

<그림 4-9> 공급망 관리

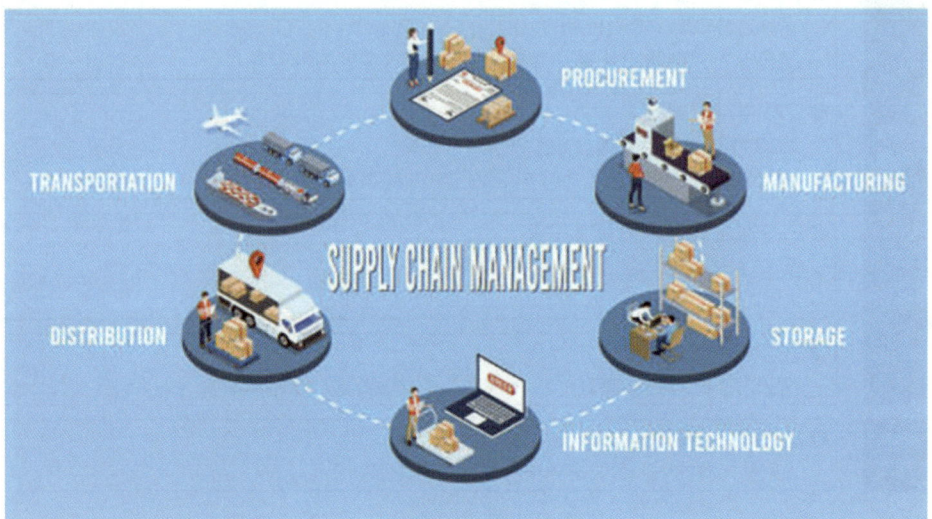

※ 출처: 3D 아이소메트릭 물류 공급망 관리 개념과 함께 차량 관리, 창고 보관, 자재 취급, 재고 및 수요 계획에 대한 설명이 포함되어 있다. 벡터 일러스트레이션 eps10. https://www.istockphoto.com/kr.(검색일: 2024.8.16.)

공급망 관리(Supply Chain Management, SCM)는 상품과 서비스의 생산 및 유통 과정의 효율적인 조정을 목표로 하고 있기에 기업에서 필수적인 요소로 자리 매김하고 있다. 잘 관리된 공급망은 비용 절감, 고객 만족도 향상, 경쟁력증가, 수익성 향상으로 이어질 수 있으며, 공급망 파트너 간 협업을 강화하고, 리소스 활용을 최적화하며, 공급 중단 관련 위험을 완화하는 데 중요한 역할을 한다(Chopra et al., 2016).

공급망 관리는 공급업체가 고객에게 상품과 서비스를 이동시키는 과정에서 수행하는 계획, 실행, 제어 및 모니터링의 다양한 활동을 말한다.

공급망 관리의 개념은 초기에는 물류 및 운영 관리에 뿌리를 두고 있었다. 하지만 1980년대와 1990년대에 이르러 기업들이 경쟁 우위를 확보하기 위해 공급망을 효과적으로 관리하는 것의 전략적 중요성을 인식하기 시작하면서 널리 알려지게 되었다(Hugos & Michael, 2018).

전통적인 공급망은 선형적이고 순차적인 프로세스를 기반으로 비용 절감과 효율성에 중점을 두었다. 하지만 현대적 공급망은 민첩성, 대응성, 지속가능성 및 협업을 강조하는 역동적이고 상호연결된 네트워크로 특징지어진다. 이는 기술, 데이터 분석, 전략적 파트너십을 활용하여 변화하는 시장 상황과 고객 기대에 적응하는 것이다(Chopra et al., 2016).

공급망 관리의 기본 구성요소에는 계획, 소싱, 제작, 배송 및 반품으로 구성되어 있다. 이 구성 요소들은 수요 예측, 재고 관리, 조달, 생산, 물류, 운송, 창고 및 역방향 물류 등의 활동을 통해 공급망 성과를 최적화하는 데 필수적이다. 또한 공급망 관리는 비용 절감, 운영 효율성, 제품 품질 향상, 출시 시간 단축, 고객 서비스 향상, 시장 도달 범위 확대 등을 통해 기업과 산업에 상당한 영향을 미친다(Hugos & Michael, 2018).

공급망 관리는 국제 무역을 용이하게 하고, 국경을 넘나드는 공급망 파트너를 연결하며, 전 세계적으로 효율적인 상품 이동을 가능하게 하여 경제성장을 촉진함으로써 글로벌 경제에 중요한 역할을 한다. 또한 글로벌 공급망은 원자재 조달, 제품 제조, 전 세계 다양한 시장에 대한 상품 유통에 필수적이다 (Chopra et al., 2016).

또한 공급망 관리의 핵심 성과 지표(KPI)는 재고 회전율, 정시 납품 성과, 주문 이행률, 리드 타임, 공급망 주기 시간, 서비스 비용, 고객 만족도 점수, 지속가능성 지표 등으로 구성되어 있다. 이와 같은 KPI 모니터링은 조직이 공급망 성과를 평가하고 개선하는 데 많은 영향을 미친다. 기술 혁신을 통해 공급망 관리(SCM)를 혁신하여, 실시간 가시성, 데이터 기반 의사결정, 자동화, 예측 분석 및 공급망 파트너 간 협업이 가능해졌다(Hugos & Michael, 2018).

공급망 관리의 빅데이터 분석은 대량의 데이터를 수집, 분석 및 활용해 통찰력을 얻고, 프로세스를 최적화하며, 예측 정확도를 개선하고, 위험 관리를 강화하고, 전략적 의사 결정을 지원하는 데 중요한 역할을 한다. 빅데이터를 활용하면 조직은 공급망을 최적화하고, 사업 성장을 촉진할 수 있는 흐름, 양상 및 기회를 파악할 수 있다(Chopra et al., 2016).

더불어, 공급망 관리의 지속가능한 관행은 환경 영향을 최소화하고 탄소발자국을 감소시키며, 윤리적인 소싱을 촉진하고 사회적 책임을 강화할 수 있다. 또한, 순환 경제 원칙을 육성하는 데 중점을 두며 이러한 친환경 공급망 관리 이니셔티브는 자원을 보존하고, 폐기물을 줄이며, 환경보호 노력을 지원하면서 고객 기대와 규제 요구사항을 충족할 수 있다. 특히 윤리적 소싱과 기업의 사회적 책임(CSR) 이니셔티브는 공정한 노동 관행, 근로자에 대한 윤리적 대우, 자재의 책임 있는 소싱, 그리고 공급망 전반에 걸친 사회적 및 환경적 표준 준수를 촉진한다(Hugos & Michael, 2018).

공급망 관리의 향후 추세는 AI와 머신러닝, IoT, 블록체인, 로봇공학, 3D 프린팅 기술의 발전뿐만 아니라 지속가능성 관행, 공급망 회복성 전략, 디지털 변환 이니셔티브의 통합을 의미한다. 조직은 점점 더 공급망의 민첩성, 유연성, 가시성 및 지속가능성을 강화하여 발전하는 시장 역학, 소비자 선호도 및 기술 발전에 적응하는 데 주력하고 있다. 디지털 혁명은 프로세스의 디지털화, 실시간 데이터 교환, 작업 자동화, 예측 분석, 클라우드 기반 플랫폼 및 협업 도구를 통해 공급망 관리를 혁신하고 있다(Chopra et al., 2016).

공급망 관리의 미래는 기술혁신, 시장 변동성, 지정학적 리스크, 공급망 차질, 변화하는 소비자 행동, 규제 요건, 지속가능성 문제 등 다양한 요인에 의해 영향을 받을 것이다.

효과적인 공급망 관리 관행은 조직이 글로벌하고 역동적인 비즈니스 환경에서 운영 우수성을 달성하고, 경쟁력을 강화하며, 지속가능한 성장을 이루는 데 중요한 역할을 한다(Hugos & Michael, 2018).

<그림 4-10> ESG 규정

ESG

ENVIRONMENTAL	SOCIAL	GOVERNANCE
환경	사회	지배구조
청정기술 기후 변화/탄소 배출 그린 빌딩/스마트 성장 환경오염 및 유독물질 배출 천연자원/농업 등	고용평등/고용다양화 인권 노동 테러/억압 등	이사회 임원 보수 정치 후원 기타 지배구조 등

※ 출처: 지방공기업웹진. https://www.erc.re.kr/webzine/vol34/sub4.jsp. (검색일: 2024.8.16.)

    ESG 규정은 기업이나 기관이 환경(E), 사회(S), 거버넌스(G) 측면에서 준수해야 하는 규정이나 지침을 말한다. ESG는 기업의 사회적 책임을 강조하며, 기업이 환경보호, 사회적 책임, 및 투명한 사업 관행을 준수하도록 요구한다. 이는 단순히 법적 준수를 넘어, 기업이 자발적으로 환경적 영향을 최소화하고, 사회적 공헌을 강화하며, 투명하고 윤리적인 경영 구조를 구축하는 것을 포함한다(Serafeim, 2020). ESG 규정은 기후 변화 대응, 노동권 보호, 인권 존중, 지역 사회 참여, 반부패 등의 다양한 문제를 다룬다. 특히, 이러한 규정은 기업이 직면할 수 있는 각종 리스크를 사전적으로 관리하고, 신뢰성 있는 데이터 보고를 통해 이해관계자와의 신뢰를 구축하도록 돕는다(딜로이트 보고서, 2024).

    ESG 규정에는 기업이나 투자기관이 ESG 요소를 고려하여 사업 운영과 투자를 수행할 때 준수해야 하는 국가 또는 지역 차원의 법률, 규정, 규칙 또는 지침이며, 이러한 규정은 지속가능한 경영과 투자 활동을 촉진하고, 사회적 가치 창출을 장려하기 위해 설계된다. 각국의 정부는 기후변화와 같은 글로벌 문제에 적극 대응하고자 다양한 ESG 관련 법규를 제정하고 있다. 예를 들어, 유럽연합은 그린 딜(Green Deal) 및 지속가능 금융 공개 규정(SFDR) 등의 이니셔티브를 통해 ESG 규정을 강력히 요구하고 있다. 또한, 일부 국가들은 기업의 ESG 정보공개를 법적으로 의무화하고 있으며, 이런 규제는 투자자들에게 중요한 금융 정보로 제공된다. 이를 통해 기업은 글로벌 시장에서 경쟁력을 유지하며, ESG를 통합한 혁신적인 사업 모델을 개발할 수 있다.

ESG 규정은 기업과 투자자가 의사결정 과정에서 환경, 사회, 및 거버넌스 요소를 고려하도록 요구함으로써, 지속가능한 사업 관행과 책임 있는 투자를 촉진하는 것을 목표로 한다. 이러한 목표는 단순히 기업의 이익 창출을 넘어 장기적인 사회적 가치 창출을 포함한다(Barton & Wiseman, 2014). ESG를 준수하는 기업은 공급망 관리, 리스크 관리, 및 자본 비용 절감과 같은 다양한 혜택을 누릴 수 있다(Henisz, Koller, & Nuttall, 2019). 또한, 신뢰성 있는 ESG 데이터와 투명한 보고는 기업의 평판을 강화하며, 우수한 인재 유치에도 긍정적인 영향을 미친다. 이는 또한 투자자들에게도 중요한 요소로 작용하며, 장기적인 가치 창출에 대한 확신을 제공한다.

따라서 ESG 규정을 준수함으로써 기업은 평판을 높이고, 지속가능한 관행을 우선시하는 투자자를 유치하며, 장기적인 가치 창출에 기여할 수 있다(Eccles, Ioannou, & Serafeim, 2014). 이를 통해 기업은 단순히 단기적인 수익을 넘어서, 사회적 책임을 다하는 선도 기업의 이미지를 구축할 수 있다. ESG 규정을 위한 다양한 전략과 혁신적인 접근방식을 통해 기업은 지속가능한 성장 경로를 마련하게 된다. 또한, 이러한 전략은 기업 내부 및 외부 이해관계자들과의 신뢰를 강화하며, 경영 투명성을 높이고, 법적 리스크를 최소화하는 등 다양한 긍정적 효과를 가져온다(Bernow, Klempner, & Magnin, 2017). ESG 규정 준수는 결국 기업에게 지속가능한 번영과 사회적 가치를 창출하는 두 가지 목표를 동시에 달성할 수 있는 길을 제공할 수 있다.

082 | ESG 조례

　　지방자치단체의 ESG 활성화 조례 제정 움직임은 급격하게 빨라질 것으로 예상된다. 지난 2021년 7월에 광주광역시에서 처음 조례가 제정된 이후 2021년에 3개 지자체에 그쳤던 ESG 조례가 2022년에는 9개로 부쩍 증가했다. 특히 11월과 12월에 5개 지자체가 조례 제정을 완료하여 확산 속도가 점점 빨라지고 있음을 보여준다. 지자체 행정부서 및 공공기관의 경영성과 창출과 지역경제 산업 발전을 위한 ESG행정 지원의 실효성을 확보하기 위해서는 관련 조례를 제정하는 방안이 필요하다. ESG 경영은 개별 공공기관의 영역을 넘어 지역사회 전반에 요구되는 사안이므로 조례 제정 등을 통하여 법제화된 지원정책이 필요하고 지자체 ESG Initiative 공표를 통해 지자체 ESG행정 지원 정책을 구체화하는 방안을 포함해야 한다.

<표 4-6> ESG 조례에 규정된 조례의 목적과 단체장의 책무 조항

지자체	조례의 목적	단체장의 책무 조항
광주 광역시	제1조(목적) 이 조례는 기업의 ESG 경영 지원에 필요한 사항을 규정함으로써 지역 기업의 경쟁력 강화와 지속가능한 발전에 기여하는 것을 목적으로 한다.	제3조(시장의 책무) 광주광역시장(이하 "시장"이라 한다)은 광주광역시 관내 기업의 ESG 경영을 지원하기 위하여 필요한 여건을 조성하고 이를 위한 시책을 마련하여 추진할 수 있다.
경기도	제1조(목적) 이 조례는 환경·사회·거버넌스의 균형과 조화를 통한 지속가능한 발전 동력을 확보하기 위해 경기도 내 중소기업 및 공공기관의 ESG 경영 도입 지원에 필요한 사항을 규정함으로써 글로벌 시장의 변화에 적극적으로 대응하고 기업의 경쟁력 강화와 미래 지속가능한 발전에 이바지하는 것을 목적으로 한다.	제3조(책무) ① 경기도지사(이하 "도지사"라 한다)는 중소기업 및 공공기관(이하 "중소기업 등"이라 한다)의 ESG 경영 활성화를 지원하기 위한 여건 조성 및 시책 개발을 위해 노력하여야 한다. ② 중소기업 등은 도지사가 추진하는 ESG 경영 지원 계획 및 각종 시책에 협력하도록 노력하여야 한다.

지자체	조례의 목적	단체장의 책무 조항
경기도 부천시	제1조(목적) 이 조례는 부천시 내 기업의 ESG 경영 활성화 지원에 필요한 사항을 규정함으로써 기업의 경쟁력 강화와 지속가능한 발전에 이바지 하는 것을 목적으로 한다.	제3조(시장의 책무) 부천시장(이하 "시장" 이라 한다)은 부천시 내 기업의 ESG 경영을 지원하기 위하여 필요한 여건을 조성하고 이를 위한 시책을 마련하여 추진하여야 한다.
서울시 강남구	제1조(목적) 이 조례는 서울특별시 강남구와 산하 공공기관 및 중소기업에 이에스지(ESG) 경영 도입과 활성화를 위하여 필요한 사항을 규정함으로써 시장 변화에 적극적으로 대응하고 경쟁력을 강화하여 지속가능한 성장기반을 마련함을 목적으로 한다.	제4조(구청장의 책무) ① 서울특별시 강남구청장(이하 "구청장"이라 한다)은 강남구 등과 중소기업을 대상으로 이에스지(ESG) 경영 활성화를 위한 여건 조성, 지원 및 시책 개발을 위해 노력하여야 한다. ② 구청장은 강남구 등의 이에스지(ESG) 경영 추진 방향을 제시하고 운영지침 마련과 효율적인 성과 관리를 위해 노력하여야 한다.
서울시 동작구	제1조(목적) 이 조례는 환경·사회·거버넌스의 균형과 조화를 통한 지속가능한 발전 동력을 확보하기 위해 서울특별시 동작구와 산하 공공기관 및 중소기업, 사회적경제기업의 ESG 경영 도입 지원에 필요한 사항을 규정함으로써 사회적 가치를 함께 실현하며 기업의 경쟁력 강화와 공공의 신뢰성 회복 및 미래 지속가능한 발전에 이바지하는 것을 목적으로 한다.	제5조(구청장의 책무) ① 서울특별시 동작구청장(이하 "구청장"이라 한다)은 ESG 경영 활성화를 위한 여건 조성 및 시책 개발을 위해 노력하여야 한다. ② 구청장은 ESG 경영 추진 방향을 제시하고 운영지침 마련과 효율적인 성과 관리를 위해 노력하여야 한다.

ESG 관련 조례가 효과적으로 실행력을 높이기 위해서는 지방자치단체 내부 활동과 중소기업 등 지원을 위한 활동을 구분하여 접근할 필요가 있다. 강남구청의 조례가 이 내용을 잘 담고 있다. 강남구 조례는 제1장 총칙(목적과 용어정의, 구청장의 책무와 기본계획, 실태조사, 보조금의 지원 등 규정)에 이어 제2장 강남구 등의 ESG 경영 활성화 지원, 제3장 중소기업의 ESG 경영 활성화 지원, 제4장 협력체계 구축 등으로 구성되어 있다. 특히 강남구청 조례는 구청 등의 ESG 경영 활성화를 위한 기본원칙과 중점 관리 목표를 구체적으로 규정하고 있어 참고할 만하다.

<표 4-7> 지방자치단체의 바람직한 ESG 활성화 조례 내용 제안

구분	핵심단어	포함되어야 하는 내용
총칙	목적	- ESG 활성화를 통한 기후위기 대응과 지속가능한 발전 추구, - 지자체와 공공기관, 기업, 시민을 실행주체로 규정
	정의	- ESG에 대한 정의와 함께 공공기관, 지원 기업 등 규정
	단체장 책무	- 지자체를 포함하여 실행주체에 대한 지원과 역할 규정
	기본계획	- 계획 기간 명시, 계획의 내용 제시, 시민주체에 대한 홍보, 지원 포함
	실태조사	- 지자체, 기업 등에 대한 실태조사, 참여주체의 동의여부 고려
지자체 관련	기본원칙	- 기본원칙과 중점관리목표 제시, 환경, 사회, 경제, 공시분야 관련 주 요내용을 구체적으로 명시
	전담부서	- 전담부서와 조직 정비 관련 내용
	정책, 사업	- 정책과 사업 추진, 평가와 환류 방식, 성과평가와 인센티브 등
	공시분야	- ESG 관련 활동에 대한 목표와 계획, 평가 결과 공시 방식과 주기 규정
	공공기관	- 산하 공공기관 ESG 활성화 지원 방안
	지도, 감독	- 공공기관의 ESG 활동 지도, 감독 의무 명시
기업 지원 방안	지원방안	- 중소기업 지원방안에 대한 구체적 제시, - ESG 경영 촉진을 위한 진단과 전략수립, - 공시와 환경, 사회, 거버넌스에 대한 분야별 컨설팅, 법률 상담, - ESG 경영 홍보와 우수사례 발굴과 확산 방안 등
협력 체계 구축	시민참여 촉진	- 시민의 역할과 참여 촉진 방안, 시민 교육과 홍보, - 민간기구와 단체에 대한 ESG 참여 안내와 활성화 지원 방안, - 우수사례 발굴과 확산, 시상
	협력체계 구축	- 지자체와 기업, 시민, 전문가, 대학 등 지역 역량을 결집하는 협력체계 구 축 방안과 협력체계 - 협력체계의 효율적 운영을 위한 구체적 방안 제시 - 위원회와 협의체 등 실정에 맞는 방안 제시

지방 정부와 지방의회는 환경 이니셔티브를 추진하여 진전된 결과를 얻기에 적합한 기관이다. 오늘날의 고객은 지방정부기관이 환경, 사회, 거버넌스 활동에 앞장서기를 원한다. 지방의회는 ESG 이니셔티브를 지역 의제와 통합해야 한다. 지방의회와 지방정부의 파트너십은 성과 관리에 집중하여 오늘날의 UN 목표를 포함하는 ESG 이니셔티브 및 목표에 밀접하게 부합해야 한다.

<그림 4-11>'경제 위기 속 ESG 투자, 살아남을 수 있을까?'

※ 출처: 글로벌이코노믹. https://m.g-enews.com/article/Industry/2023/05/ (검색일: 2024.8.16.)

ESG 투자는 환경(Environmental), 사회(Social), 거버넌스(Governance)의 세 가지 요소를 고려한 투자를 말한다. 이는 기존 금융적 성과만을 중시하던 투자 방식에서 벗어나, 비재무적 요소 역시 중요하게 다루는 현대적 투자 패러다임을 반영하고 있다(CFA, 2024). 예를 들어, 환경적 측면에서 기업이 탄소 배출을 얼마나 줄이고 있는지, 재생에너지를 얼마나 사용하는지 등을 평가하며, 사회적 측면에서 기업이 인권을 어떻게 보호하고, 노동환경을 어떻게 개선하는지, 또한 거버넌스적 측면에서 이사회 구성의 다양성, 의사결정의 투명성 등을 따져본다. 이러한 모든 요소들이 종합적으로 평가되어 투자 의사 결정에 반영된다.

ESG 투자의 목표는 금융 수익을 전망하는 것과 동시에 고려하여 가치 창출과 사회적 책임을 다하는 것이다(MSCI, 2006). 이를 통해 ESG 투자자들은 장기적이고 지속가능한 성장에 기여한다. 따라서 ESG 기준을 충족한 기업은 법적 리스크가 적고, 브랜드 인지도가 높아질 가능성이 크다. 또한 이런 기업은 고객과 투자자로부터 신뢰를 얻어, 최종적으로는 기업 가치 상승으로 이어질 수 있다. 무엇보다 ESG 투자는 일회성 이벤트가 아니라 지속가능한 경영철학을 바탕으로 흘러나오는 결과물로 이해할 수 있다.

ESG 투자자들은 기업의 ESG 준수 여부를 평가하여 투자 결정을 내린다. 이를 위해 전문 분석가와 기관들은 공인된 ESG 지표와 평가시스템을 활용하여 기업활동을 분석한다. 예를 들어, MSCI, 서스틴이넬리틱스(Sustainalytics) 같은 기관들이 제공하는 ESG 등급은 투자자들에게 중요한 참고 자료가 된다. 이에 일부 투자자들은 자체적으로 ESG 분석 모델을 개발하여 기업활동을 심층적으로 평가하기도 한다. 이렇게 철저하게 평가된 정보들은 투자자들이 결정을 내리도록 도와준다. 이를 통해 기업의 환경 영향, 사회적 영향, 경영진 등을 고려하여 가치 창출을 지원하고 사회적 가치를 지지하는 것이다(MSCI, 2006).

ESG 투자를 통해 경제발전과 사회적 발전을 지원하고, 기업의 성장과 가치를 창출하는 데 도움을 줄 수 있다. 이는 단순한 경제적 성과를 넘어, 사회적 동반 성장의 기반을 마련하는 데 기여한다. 특히, ESG 투자를 통해 기업들이 더 나은 비즈니스 관행을 도입하게 되고, 이는 결국 넓은 사회적 혜택으로 이어질 수 있다. 장기적으로는 지속가능한 경제시스템 구축에 기여하며, 이는 다양한 이해관계자들-소비자, 공급사, 정부 기관 등-모두에게 긍정적인 영향을 미친다(OECD, 2020). 따라서 ESG 투자는 자본시장을 안정화시키고, 장기적으로 경제적 불확실성을 감소시킬 수 있는 잠재력을 가지게 되는 것이다.

또한, ESG 투자는 투자자들이 미래의 위험을 보다 효율적으로 평가할 수 있도록 하여, 투자 수익을 극대화하는 데에도 도움을 줄 수 있다. 점차 많은 기관 투자자들이 ESG 요소를 포트폴리오 구성의 핵심 요소로 고려하고 있으며, 이는 전 세계적으로 더욱 중요해지고 있으며, 특히 기후변화, 사회적 불평등, 지배구조 문제 등 글로벌 이슈들에 대한 인식이 높아지면서 그 중요성이 더욱 강조되고 있다. 따라서 ESG 투자는 금융시장 내에서의 혁신을 촉진하며, 새로운 비즈니스 모델과 전략을 탐구하게 만들고, 이에 따라 더욱 지속가능하고 공정한 시스템을 구축하는데 기여할 수 있다(Friede, Busch, & Bassen, 2015). 이로 인해 향후 ESG 투자의 중요성은 더욱 부각될 것으로 전망된다.

택소노미(Taxonomy)

<그림 4-12> "우리는 이 산업을 '친환경'이라고 부르기로 했어요."

※ 출처: 그리니엄. https://greenium.kr/news/17536/ (검색일: 2024.8.16.)

택소노미(Taxonomy)는 다양한 객체나 개념을 체계적으로 분류하고 조직화하는 과학으로, 인간의 이해와 조직화 능력을 향상시켜 정보의 접근성과 활용도를 높인다(Randall & Andrew, 2009). 생물학에서 린네는 생물체를 계통적으로 조직화하여 계, 문, 강, 목, 과, 속, 종으로 린네 분류 체계(Linnaean Taxonomy)를 만들었으며, 이는 생물학적 연구와 종 보존에 중요하게 사용된다(Linnaean Taxonomy, 2020).

정보 과학 및 지식 관리에서도 택소노미는 데이터를 구조화하여 정보의 검색 및 접근을 용이하게 한다. 도서관의 듀이 십진분류법이나 기업 내 문서 관리 시스템, 웹사이트의 내비게이션 구조 등이 그 예다. 이러한 체계는 복잡한 데이터를 논리적으로 구성하여 쉽게 접근할 수 있게 하며, 표준화된 용어와 구조로 인해 검색 속도와 정확도를 높이고 협업과 의사소통을 원활하게 한다. 또한 조직 내에서 중복된 정보나 데이터 발생을 줄이는 데도 기여한다(Keith Gordon, 2007).

비즈니스와 다양한 산업에서도 택소노미는 데이터 관리와 의사결정을 최적화하는 중요한 역할을 한다. 전자상거래에서는 제품을 카테고리별로 분류하여 고객이 원하는 제품을 쉽게 찾을 수 있도록 돕는다. 아마존의 제품 범주 및 하위범주는 이를 잘 보여준다. 기업 내 데이터베이스나 ERP 시스템에서도 효율적인 운영을 위한 데이터 분류는 핵심 요소이다.

심리학에서는 택소노미를 사용해 다양한 심리적 상태와 질환을 체계적으로 분류한다. DSM-5(Diagnostic and Statistical Manual of Mental Disorders, Fifth Edition)는 정신과 의사와 심리학자가 일관된 기준을 바탕으로 정신질환을 진단하고 연구할 수 있게 하는 주요한 도구이다(American Psychiatric Association, APA). 정보기술(IT) 분야에서는 데이터의 구조적 조직화가 매우 중요한데, 데이터 사이언스에서는 효율적인 데이터 분석을 위해 데이터를 계층적으로 분류하고 시각화한다. 데이터 레이크와 데이터 웨어하우스는 대량의 정보를 저장하고 관리하는데 택소노미를 활용하며, 이를 통해 빠른 검색과 분석이 가능하게 한다.

의학 분야에서는 ICD-10(International Classification of Diseases, 10th Revision)이 의료 관련 질병과 건강 상태를 분류하여 의료 기록과 통계 자료의 일관성을 유지하는 데 사용된다. 박물관과 아카이브에서는 역사적 사물과 문서를 체계적으로 분류하여 연구와 전시를 지원한다. 예를 들어, 도서관의 듀이 십진분류법은 자료를 효율적으로 분류하고 정리할 수 있도록 고안된 체계로, 이용자의 검색과 접근을 용이하게 한다. OCLC(Online Computer Library Center)는 전 세계 도서관들이 정보를 공유하고 협력할 수 있도록 지원하는 비영리 협력 공동체로, 택소노미의 실제 적용 사례 중 하나이다.

이와 같이 택소노미는 다양한 분야와 산업에서 중요한 역할을 하며, 데이터를 체계적으로 분류하고 구조화하는 능력은 정보의 접근성과 활용도를 크게 향상시킨다. 생물학, 정보 과학, 전자상거래, 심리학, 정보기술, 의학, 박물관 등 다양한 분야에서의 활용을 통해 효율적인 운영과 다양한 이점을 제공하고 있다.

따라서 택소노미는 다양한 객체나 개념을 체계적으로 분류하고 조직화하는 과학으로, 인간의 이해와 조직화 능력을 크게 향상시켜 정보의 접근성과 활용도를 높인다(Randall & Andrew, 2009). 이는 생물학, 정보 과학, 전자상거래, 심리학, 정보기술, 의학 등 다방면에서 중요한 역할을 한다.

085 파리협정(Paris Agreement)과 교토의정서(Kyoto Protocol)

<그림 4-13> 제21차 유엔 기후변화협약 당사국총회로 모인 각국의 정상들

※ 출처: 위키백과. https://ko.wikipedia.org/wiki (검색일: 2024.8.16.)

    파리협정(Paris Agreement)은 지구온난화 및 기후변화에 대응하기 위하여 2015년 12월 프랑스 파리에서 열린 제21차 유엔 기후변화협약 당사국 총회 (COP21)에서 채택된 획기적인 국제 조약이다. 파리협정의 주요한 내용은 온실가스 감축, 적응 및 피해 복구, 재정적 지원, 투명성 및 보고이다(UNFCCC, 2015).

    특히, 파리협정은 산업화 이전 수준보다 기온 상승을 2℃ 이하로 제한하고, 1.5℃ 상승 이하로 유지하려는 위한 노력을 통해 전 세계적으로 기후변화에 대처할 것을 강조하고 있다(UNFCCC, 2015). 이 협정은 지구 기온 상승, 극심한 기상 현상, 해수면 상승 및 기타 기후 관련 문제의 심각성에 대한 인식이 높아짐에 따라 마련되었다. 기후변화는 생태계, 지역사회, 경제 및 세계적 안정에 중

대한 위험을 초래하므로 전 세계가 협력하여 위기에 대응하는 것이 절실하다 (Climate Change, 2014).

1992년에 설립된 유엔 기후변화협약(UNFCCC)은 국제적 기후 변화 대응 노력을 위한 전반적 틀을 한다. UNFCCC는 교토의정서(Kyoto Protocol)와 파리협정 같은 후속 협정의 기반을 마련했다(UNFCCC, 1992). 1997년에 채택된 교토의정서는 온실가스 배출을 줄이기 위한 구속력 있는 목표를 설정한 최초의 국제 조약이었으나, 그 대상은 주로 선진국에 한정되었다. 반면, 파리협정은 선진국과 개발도상국 모두를 포괄하는 보편적 협정이다(UN Kyoto Protocol, 1997).

2015년 파리에서 열린 COP21 회의는 195개국의 대표들이 모여 파리협정을 채택한 중요한 글로벌 기후 협상의 이정표로서 여러 중요한 문제에 대한 합의에 도달하기 위해 집중적인 협상이 진행되었다. 여기에는 기온 목표 설정, 완화 공약, 적응 노력, 투명성 메커니즘, 개발도상국에 대한 재정 지원 등이 포함되었다(UNFCCC COP21, 2015).

파리협정의 주요 목표는 지구 온도 상승을 2℃ 이하로 제한하고, 이를 1.5℃ 이하로 유지하기 위해 추가적인 노력을 촉구하는 것으로서 "공통적이지만 차별화된 책임과 각자의 능력"이라는 원칙에 기초하고 있다(UNFCCC, Paris Agreement, 2015). 이는 모든 국가가 기후변화 해결에 역할을 해야 하지만, 선진국이 더 큰 책임을 지고 개발도상국에 재정 지원을 제공해야 한다는 의미이다(UNFCCC, NDC, 2015).

NDC(Nationally Determined Contribution)는 파리협정에서 각 국가가 자발적으로 설정한 온실가스 감축 목표와 이를 실현하기 위한 구체적인 조치를 의미한다. NDC는 각 국가가 제출하여 공표하고, 이를 통해 기후변화 대응에 기여하는 것이다(UNFCCC, 2015). 이는 국제 협상의 결과로 각국의 상황을 반영한 자율적인 약속을 바탕으로 하고 있으며, 모든 당사국이 기후변화 대응에 참여할 수 있는 체계를 제공하는 것이다(UNFCCC, 2015).

또한, NDC는 5년마다 제출되며, 시간이 지나면서 더욱더 큰 목표를 포함하고 있다. 따라서 파리협정은 국가의 NDC 이행 진척 상황을 투명하게 추적하고 책임을 강화하기 위한 체계를 확립한다(UNFCCC, 2015). 각 국가는 배출량과 NDC 진척 상황을 정기적으로 보고하여 투명성을 보장하고 국제협력을 촉진해야 한다. 다음 표는 주요 참가국의 NDC 제출 현황을 나타낸다.

<표 4-8> 주요 참가국의 국가 온실가스 감축목표(NDC) 제출 현황

국가	최초 제출 연도	최신 업데이트	주요 목표
미국	2016	2021	2030년까지 2005년 대비 온실가스 배출 50-52% 감축하기로 했다.
영국	2016	2020	EU의 일부로서 영국은 처음에 EU의 NDC에 포함되었다. 브렉시트 이후 영국은 자체 NDC를 제출했다. 1990년 수준에 비해 2030년까지 최소 68%의 배출량 감축을 약속했다.
중국	2016	2020	2030년까지 탄소 배출 정점 도달, 2060년까지 탄소 중립을 목표로 했다.
유럽 연합	2016	2020	2030년까지 1990년 대비 온실가스 배출 55% 감축하기로 했다.
인도	2016	2019	2030년까지 GDP 단위당 탄소 배출량 33-35% 감축하기로 했다.
일본	2016	2021	2030년까지 2013년 대비 온실가스 배출 46% 감축하기로 했다.

파리협정에는 선진국이 개발도상국의 완화 및 적응 노력을 재정적으로 지원할 수 있도록 하는 조항이 포함되어 있다. 따라서 매년 1,000억 달러 규모의 기후 자금을 개발도상국에 제공하는 목표가 설정되었으며, 2025년 이후에도 이 금액을 증가시키겠다는 약속이 이루어졌다. 또한 각 국가가 세기 후반에 기후 중립 또는 순 제로 배출을 달성하기 위해 노력할 것을 요구된다. 파리협정은 이와 같은 목표 설정, 국제협력 촉진, 국가의 배출량 감소, 기후 변화 영향 적응, 지속가능한 미래 구축을 위한 프레임워크를 제공한다.

파리협정은 국가별로 공통되지만, 차별화된 책임을 인정하는 협력 모델을 제시하며, 선진국은 온실가스 배출량을 줄이고 개발도상국의 저탄소 경제 전환 및 기후 변화 적응을 지원한다. 파리협정은 다자주의(multilateralism) 원칙에 기반을 두고, 단독으로는 해결할 수 없는 기후변화 문제에 대한 국제협력과 협업을 강조한다. 이때 다자주의는 다양한 국가의 자원, 지식, 전문성을 활용해 기후변화에 보다 효과적으로 대응할 수 있는 방식을 의미한다.

전 세계는 NDC를 이행하기 위해 노력하고 있지만, 재정적 제약, 기술적 장벽, 정치적 장애물 등으로 인해 진전 상황은 다르다. NDC 이행 모니터링과 투명성, 책임 보장도 여전히 중요한 과제로 남아 있다. 파리협정의 주요 성공은 기후변화 해결 필요성에 대한 전 세계적 합의, 기온 목표 채택, 기후변화 대응을 위한 재정 지원 동원이라고 할 수 있다. 하지만 배출량 감소의 느린 진전, 개발도상국에 대한 재정 지원 부족, 일부 국가의 협정 탈퇴 등 해결 과제와 실패 사례도 존재한다.

파리협정은 국가가 자발적으로 목표와 행동을 설정하는 접근 방식으로, 투명성과 동료 검토를 통해 약속 이행 여부를 확인한다. 다가오는 COP 회의는 글로벌 기후 변화 대응을 강화하고, NDC 업데이트, 재정 지원 메커니즘 개선, 저탄소 경제 전환 촉진 등을 논의할 것이다.

국제사회는 기후변화에 대응하고 지구를 보호할 공동의 책임이 있다. 배출량을 줄이고, 취약 공동체를 지원하며, 지속가능한 발전을 촉진하고, 기후 영향 회복력을 강화하는 행동이 필요하다. 기술혁신은 저탄소 경제 전환과 기후 목표 달성의 필수 요소이며, 개발도상국의 기후 행동 및 회복력 구축을 위한 재정 지원과 예측가능한 자금조달 메커니즘도 중요하다. 개인과 사회는 기후 정책을 옹호하고 기후활동에 참여함으로써 파리협정 목표를 지원할 수 있다. 따라서 국제사회와 모든 국가는 지속가능한 저탄소 미래를 위해 협력하며 행동해야 한다.

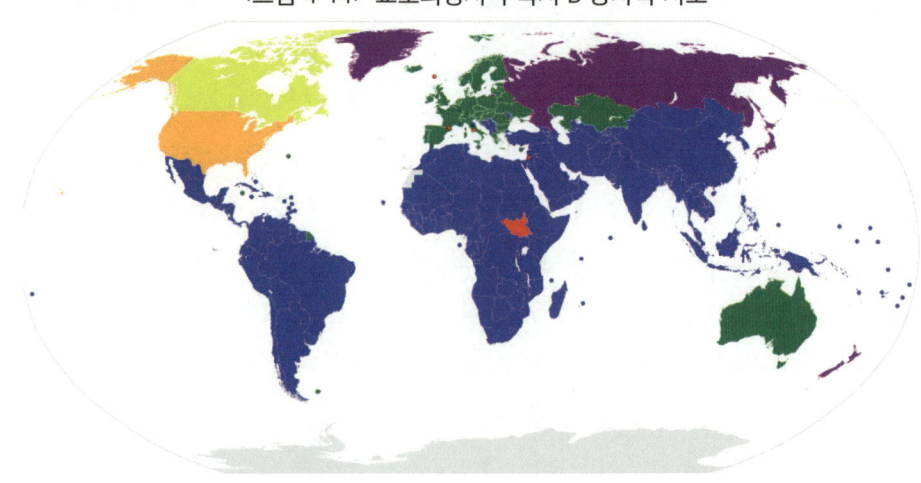

<그림 4-14> 교토의정서 부속서 B 당사국 지도

※ 출처: https://ko.wikipedia.org/wiki. (검색일: 2024.8.16.)

이 지도는 교토의정서에 대한 각국의 다양한 참여 수준을 시각적으로 보여준다. 1기와 2기 모두 의무 목표를 가진 Annex B 당사국, 1기에는 목표를 가졌지만 2기에는 없는 Annex B 당사국, 의무 목표가 없는 비-Annex B 당사국이다.

1기에는 의무 목표를 가졌지만, 탈퇴한 Annex B 당사국, 의정서에 서명했으나 비준하지 않은 국가, 의정서에 가입하지 않은 UN 회원국 및 옵서버로 분류된다. 각 분류는 교토의정서의 환경 목표에 대한 독특한 수준의 헌신을 나타낸다.

1997년 12월, 교토에서 열린 제3차 기후변화에 관한 유엔 기후 변화 협약(UNFCCC) 당사국 회의(COP3)에서 교토의정서가 채택되었다. 교토의정서의 주요 목표는 온실가스(GHGs) 배출 감축을 통해 지구 온난화 문제를 해결하는 것이다. 이 의정서는 2005년에 발효되어 선진국들에게 구속력 있는 배출량 감축 목표를 설정함으로써 기후변화의 영향을 완화하고 지속가능한 발전을 촉진하고자 했다.

기후변화는 주로 화석연료 연소, 삼림 벌채, 산업 공정 등 인간 활동으로 인해 발생하는 기온, 강수량 및 기타 기후 패턴의 장기적인 변화를 의미한다. 이를 해결하기 위해 1992년 리우 지구 정상회의에서 UNFCCC가 채택되었다. 이 협약의 목적은 대기 중 온실가스 농도를 안정화하여 기후 시스템에 대한 위험한 인위적 간섭을 방지하는 것이다.

교토의정서는 2008~2012년 동안 선진국, 일명 부속서 I 당사국들에게 법적으로 구속력 있는 배출감소 목표를 설정했다. 이에 주요 목표는 1990년 수준 대비 평균 5.2% 낮게 6대 온실가스(CO_2, CH_4, N_2O, HFCs, PFCs, SF_6)의 배출량을 줄이는 것이었다. 이를 달성하기 위해 탄소 배출권, 배출량 거래제(ETS), 청정 개발 메커니즘(CDM), 공동 이행(JI) 등 유연한 메커니즘이 도입되었다.

배출량 거래 시스템에서는 선진국들이 배출 허용량이나 크레딧(credit)을 거래할 수 있도록 허용했다. 이는 배출량 목표를 달성하지 못한 국가가 목표를 초과 달성한 국가로부터 크레딧을 구매해 비용 효율적인 배출량 감축을 가능하게 했다. 또한, 청정 개발 메커니즘(CDM)을 통해 선진국이 개발도상국의 배출감소 프로젝트에 투자하고 인증 배출감소(CER) 크레딧을 획득할 수 있었다.

규정 준수, 보고, 그리고 검토 프로세스는 투명성과 책임을 보장하기 위한 규정이 포함되어 있다. 각 당사국은 온실가스 배출량을 정기적으로 모니터링하고 UNFCCC 사무국에 보고해야 한다. 제출된 보고서는 독립된 전문가팀에 의해 검토되며, 규정 준수 위원회는 필요한 경우 제재를 포함한 조치를 취할 수 있다.

이에 주요 비준국에는 유럽연합 회원국, 일본, 캐나다, 러시아 등이 있으며, 미국은 경제적 영향과 개발도상국의 구속력 있는 목표 제외 등을 이유로 서명했지만 비준하지 않았다. 반면 일본은 국내 정책과 조치를 통해 배출량 감축 목표를 달성하려 하였고, EU는 회원국들끼리 배출감소 프로젝트를 공동으로 진행하였다. 또한 미국은 주와 지방 차원에서 다양한 감축 노력을 기울였고, 2016년에 파리협정에 서명했다.

교토의정서는 기후변화 문제에 대한 국제적 협력을 강화하는 데 중요한 역할을 했으며, 선진국의 구속력 있는 감축목표 설정과 유연한 메커니즘 도입, 그리고 기후변화 대응 필요성 인식을 제고했다. 하지만 제한적인 배출량 감소,

보편적 참여 부족, 규정 준수와 집행의 어려움 등의 한계를 가지고 있게 했다.

이러한 한계에도 불구하고 교토의정서는 2015년 채택된 파리협정을 포함한 후속 협정들과 발전의 토대를 마련했다. 국제 기후 협상과 지구온난화 문제 해결을 위한 중요한 경험과 교훈을 제공하며, 보편적 참여, 야심 찬 배출감소목표, 유연한 메커니즘, 개발도상국에 대한 재정 및 기술 지원의 필요성을 강조했다. 향후 지속적인 국제협력과 더 높은 배출 감축목표, 청정 기술 촉진, 기후 영향에 대한 적응을 강조했다.

086 | 탄소중립(Net zero)

탄소중립은 기후변화에 맞서기 위한 가장 중요한 목표 중 하나이다. 인간 활동-특히 화석연료 연소, 삼림 벌채, 산업 공정-의 영향으로 온실가스 배출량, 특히 이산화탄소 배출량이 계속 증가하고 있다. 이로 인해 지구의 기후는 큰 영향을 받고 있으며, 대기 중에 축적된 온실가스는 열을 가두어 지구 온도를 높이고 있다. 이는 온실효과(Greenhouse Effect)라고 불리며, 대기 중의 특정 가스들이 지구로 들어오는 태양 에너지를 흡수하고 다시 방출하여 지구를 따뜻하게 유지하는 과정이다. 이 과정이 없으면 지구는 현재보다 훨씬 추운 환경이 될 것이다.

지구의 기후변화로 인해 극심한 기상 현상, 해수면 상승, 생태계 파괴 등 다양한 부작용이 발생하고 있다. 탄소중립은 이러한 문제를 해결하기 위한 핵심적 과제이다. 탄소중립이란 순 온실가스 배출량을 0으로 줄이는 것을 의미하며, 이는 탄소 포집 및 저장, 재산림화 등과 같은 방법을 통해 대기에서 배출된 이산화탄소와 동등한 양의 이산화탄소를 제거함으로써 이루어진다. 이러한 조치는 기후변화의 영향을 완화하고 생태계를 보존하며, 미래세대를 위한 지속 가능한 미래 보장에 중요하다.

이에 에너지 관련 정책을 연구하고 권고하는 국제 에너지 기구(International Energy Agency, IEA)가 국제기구로, 에너지와 온실가스 배출에 관한 다양한 보고서를 제공하고 있다. 예를 들어, "World Energy Outlook" 보고서는 글로벌 에너지 경향과 그로 인한 온실가스 배출에 관하여 설명하고 있다(IEA, 2020). 탄소중립의 주요 목표는 파리협정에 명시된 대로 지구온난화를 산업화 이전 수준보다 2℃ 이하로 제한하는 것이다(UN, 2015).

탄소중립 경제로의 전환을 통해 우리는 기후변화와 관련된 위험을 줄일 수 있다. 그 과정에서 우리는 혁신, 경제성장, 에너지 안보 향상과 같은 새로운 기회를 모색할 수 있다. 이는 대기질 개선, 생물 다양성 보호, 사회적 형평성 증진 등 보다 지속가능하고 회복력 있는 사회를 만드는 데 도움이 되며, 현재의 요구를 충족하면서 미래 세대의 요구를 손상시키지 않는 지속가능발전목표와도 부합하는 것이다.

탄소중립은 대기에서 배출되는 온실가스와 제거되는 온실가스의 균형을 맞추는 것을 의미하며, 이는 에너지 효율화 조치의 핵심이라고 할 수 있다(IPCC, 2021). 이를 실현하기 위해서는 정부, 기업, 시민사회 등 모든 이해관계자가 협력하여 장기적인 계획과 구체적인 실행 방안을 마련해야 한다.

더 나아가 기술혁신과 재생에너지의 활용, 지속가능한 도시 설계, 그리고 일상에서의 에너지 소비 행태 변화 등 다각적인 접근이 필요하다. 이러한 노력은 단순히 환경보호를 넘어서 경제적 이익과 사회적 가치를 창출할 수 있으며, 미래 세대를 위한 지속가능한 발전의 초석이 될 것이다.

따라서 탄소중립 목표를 달성하기 위한 다방면의 노력이 지속적으로 이루어져야 하며, 이는 우리가 직면한 기후위기를 극복하는 데 필수적인 요소임을 명심해야 한다. 궁극적으로 탄소중립은 지구와 인류의 지속가능한 미래를 보장하는 중요한 목표로서, 우리 모두의 적극적인 참여와 헌신이 요구된다.

087 | 탄소발자국(Carbon footprint)

탄소발자국은 인간의 활동이나 상품의 생산, 소비, 폐기를 통해 직간접적으로 배출되는 온실가스의 총량으로, 주로 이산화탄소(CO_2) 환산 단위로 표기된다(POST, 2006). 2006년 영국 의회 과학기술처(POST)에서 처음 사용된 이 용어는 온실가스의 총량을 무게 단위인 kg 또는 우리가 심어야 하는 나무 수로 나타내기 시작했으며, 이는 더 포괄적인 환경적 영향 평가 방법으로 발전해왔다(Berners-Lee, 2010).

탄소발자국은 이산화탄소(CO_2)뿐만 아니라 메탄(CH_4), 아산화질소(N_2O)와 같은 온실가스를 포함하는데, 이들 각 가스는 다른 열을 가두는 능력과 대기 수명을 가지고 있다(IPCC, 2014). 이러한 온실가스는 지구 대기에 열을 가두어 온실효과를 일으키며, 기후변화와 환경에 다양한 영향을 미친다(NASA, 2021).

탄소발자국의 측정은 제품, 서비스 또는 활동의 전체 수명 주기 동안 배출되는 온실가스를 계산하는 것을 포함하며, 이를 위해 입력-산출 분석, 프로세스 기반 분석 및 하이브리드 접근방식이 사용된다(Matthews et. al., 2008). 수명 주기 평가(LCA)는 원자재 추출부터 폐기까지 환경적 영향을 포괄적으로 평가하는 방법으로, 에너지 사용, 배출, 자원 고갈 등을 포함한다(ISO 14040, 2006). 탄소 계산기, 소프트웨어와 같은 도구들은 이러한 계산을 간소화하는 데 도움을 준다(Carbon Trust, 2013).

개인의 생활에서도 교통, 주택 에너지 소비, 식단, 소비 및 폐기물 관리 등을 통해 탄소발자국을 줄일 수 있다. 대중교통 이용, 에너지 효율적인 주택, 식물성 식단 섭취 및 재활용 등을 통해 할 수 있다(Steffen, 2018). 또한 제조 및 서비스 산업은 더 깨끗한 기술 채택, 에너지 효율성 개선 및 재생에너지 투자 등을 통해 탄소발자국을 줄일 수 있으며, 지속가능한 공급망 관리, 탄소중립 약속, 순환 경제 원칙 등을 통해 친환경적 비즈니스 모델을 구현하고 있다(UN Global Compact, 2017). 구글(Google, 2020), 이케아(IKEA, 2021), 유니레버(Unilever, 2020), 파타고니아(Patagonia, 2021)와 같은 기업들이 이러한 노력을 선도하고 있다.

도시와 국가는 탄소 감축 정책을 통해 지속가능성을 추구하고 있다. 예를 들어, 덴마크의 코펜하겐은 2025년까지 세계 최초의 탄소중립 수도를 목표로 기후 목표를 설정했으며, 영국은 저탄소 경제로의 전환을 위해 법적 구속력이 있는 목표를 시행하고 있다(Copenhagen Climate Plan, 2020; UK Climate Change Act., 2008).

재생 에너지원, 탄소 포집 및 저장(CCS) 기술, 전기 자동차, 에너지저장 시스템, 스마트 그리드 기술 등 다양한 혁신 기술은 탄소발자국을 줄이고 지속가능한 미래를 조성하는 데 중요하다(REN21, 2020).

따라서 에너지 소비 감소, 지속가능한 제품 선택, 재생에너지 지원, 그리고 기후 정책의 옹호 등 탄소 배출을 줄이고 지속가능한 미래를 구축하기 위한 집단적 노력이 필요하다(World Economic Forum, 2021). 즉, 협력과 집단적 행동은 기후변화의 과제를 해결하고 보다 회복력 있고 지속가능한 세상을 만드는 데 필수적이다(UNFCCC, 2015).

088 | 탄소세

    탄소세는 전 세계적으로 활용되고 있는 환경 세금 제도로, 석유, 석탄 등 화석연료의 사용을 억제하고 온실가스 배출을 줄이기 위해 도입되었다. 1990년 핀란드가 처음 도입한 이후 2022년 현재 50개국이 시행 중이며, 유럽연합(EU)도 2023년 도입했다.

    탄소세는 화석연료의 탄소 함량에 비례해 부과되는 세금으로, 기업과 개인이 배출하는 이산화탄소(CO_2)의 양에 세금을 부과하여 배출을 줄이도록 한다. 이 세금은 연료가 연소될 때 생성되는 이산화탄소의 양에 따라 부과되며, 더 깨끗하고 지속가능한 에너지원으로의 전환 촉진을 목표로 한다(Nordhaus, 2008).

    탄소세 도입은 탄소 배출과 관련된 외부 비용을 내재화하는 데 필요하다. 탄소에 가격을 부과함으로써 이 세금은 기업이 배출량을 줄이고 저탄소 기술에 투자할 수 있는 경제적 인센티브를 제공하고 있다. 이는 혁신을 촉진하고, 에너지 효율성을 증진하며, 기후변화를 완화하기 위한 글로벌 노력에 기여할 수 있다.

    현재 전 세계 탄소 배출량은 놀라울 정도로 높은 수준이다. 이로 인해 기후변화, 기온 상승, 극심한 기상 현상, 해수면 상승 등의 문제가 발생하고 있다. 탄소 배출량을 줄이는 것이 그 어느 때보다 시급한 과제로 대두되고 있으며, 탄소세와 같은 정책은 기후위기를 해결하는 데 필수적인 도구(Pigou, 2017)로 인정받고 있다.

    기후변화의 과학적 근거는 잘 확립되어 있으며, 상당한 증거에 따르면 인간 활동, 특히 화석연료 연소가 지구온난화의 주요 원인이다. 또한 환경 경제학은 경제 원칙과 환경 문제의 교차점에 초점을 맞추고 있으며, 여기에는 외부성과 공공재의 개념이 포함된다.

외부효과는 상품과 서비스의 시장 가격에 반영되지 않는 비용이나 이익을 말한다. 탄소 배출의 경우 대기오염과 기후변화와 같은 부정적 외부효과는 화석연료 비용에 반영되지 않는다. 깨끗한 공기와 안정적인 기후와 같은 공공재도 시장에서 과소평가되어 시장 실패로 나타나며, 따라서 탄소세와 같은 정부 개입이 필요하게 된다.

경제학자 아서 피구의 이름을 딴 피구세라는 개념은 탄소 배출과 같은 부정적 외부 효과를 발생시키는 활동에 부과되는 세금을 말한다. 탄소세의 작동 원리는 이러한 오염물질에 가격을 할당하여 탄소 배출의 사회적 비용을 내재화하는 것이다. 탄소에 가격을 책정함으로써 세금은 기업과 개인이 비용 효율적인 방식으로 배출량을 줄이도록 장려하여 시장 효율성을 이끌어낼 수 있다.

전 세계 국가들은 기후변화에 대처하기 위해 탄소세 정책을 시행해 왔다. 유럽연합, 캐나다, 스웨덴 등 여러 국가는 배출량을 줄이고 저탄소 경제로의 전환을 추진하기 위해 탄소 가격 책정 메커니즘을 도입했다. 이러한 정책은 설계와 실행 방식이 다르지만 온실가스 배출량 감축이라는 공통된 목표를 갖고 있다. 탄소세의 경제적 영향은 산업에 따라 다를 수 있으며, 에너지 집약적 부문은 일반적으로 더 높은 비용에 직면한다. 기업이 세금 비용을 소비자에게 전가함에 따라 소비자 가격의 변화도 관찰될 수 있다. 하지만 잘 설계된 탄소세는 혁신을 촉진하고, 청정에너지 부문에서 새로운 일자리를 창출하며, 장기적으로 지속가능한 경제성장에 기여할 수도 있다.

하지만 탄소세 시행에는 사회적 공정성 문제도 발생한다. 특정 집단이 세금의 영향을 불균형하게 받을 수 있기 때문이다. 사회적 수용성을 보장하려면 공개 토론에의 참여와 같은 시민 참여를 요청하고, 이해관계자의 우려에 귀를 기울이고, 피드백을 반영하기 위한 영향 평가를 실시해야 한다. 이러한 과정을 통해 탄소세 정책에 대한 지지를 구축할 수 있을 때 정책의 효과가 보장될 수 있다.

탄소세는 다양한 국가에서 탄소 배출을 줄이는 데 효과적이었으며, 재생 에너지원의 채택을 장려하고 에너지 효율성 측정을 촉진했다. 탄소에 가격을 부과함으로써 이 세금은 기업이 더 깨끗한 기술과 관행에 투자하도록 인센티브를 제공하여 온실가스 배출을 줄이고 보다 지속가능한 에너지 시스템으로 전환하도록 이끈다.

탄소세의 미래는 탄소 시장과의 연계, 글로벌 협력, 탄소 배출량 가격 책정의 일관성에 달려 있다. 탄소 가격 책정 메커니즘을 탄소 시장과 통합함으로써 국가는 더 큰 배출량 감소를 달성하고 기후변화 해결을 위한 국제협력을 촉진할 수 있다. 새로운 기술과 녹색경제는 탄소세와 지속가능한 개발의 미래 전망을 형성하는 데 중요한 역할을 할 것이다(European Commission, 2021).

탄소세에 대한 포괄적인 평가(World Bank, 2019)는 배출량을 줄이고, 깨끗한 에너지 투자를 촉진하며, 경제성장을 이룩함으로써 지속가능한 발전을 추진할 수 있는 잠재력을 보여준다(Stern, 2007). 탄소 배출의 사회적 비용을 내재화(Pindyck, 2019)함으로써 탄소세는 환경보호와 장기적 번영을 우선시하는 보다 효율적이고 지속가능한 경제에 기여한다.

089 | 탄소 정보공개 프로젝트
(Carbon Disclosure Project, CDP)

CDP는 2000년 영국에서 결성된 탄소 정보공개 프로젝트(Carbon Disclosure Project)였다. 2023년 현재, 국제 NGO로서 인간의 활동으로 인한 환경적 영향을 관리하고 기후변화에 대처하는 시스템을 운영하고 있다.

CDP는 1년에 한 번, 조사 대상이 되는 기업에 질문서를 송부해, 각 기업으로부터 집계한 결과를 공개한다. 설문조사 프로그램에는 5가지 종류가 있으며, CDP는 집계한 각 영역의 응답 내용을 바탕으로 기업 평가를 한다.

CDP 공식 평가를 받으려는 기업은 공지된 응답 마감일까지 CDP 자체 온라인 응답 시스템(ORS)을 통해 환경 대응 정보를 제출해야 하며 글로벌 평가 점수는 연말 CDP 공식 홈페이지(www.cdp.net)를 통해 공개된다.

CDP는 기후변화, 삼림 파괴, 물 보안 등의 주요 영역에 대한 정보공개를 요구하며, 이를 통해 기업들이 환경 영향을 투명하게 관리하고 보고할 수 있도록 돕는다. 각 영역에 대한 질문은 산업별로 세분화되어 있으며, 기업들이 자신의 환경적 위험과 기회를 더 잘 이해하고 관리할 수 있도록 견인한다.(senecaesg 홈페이지, 2024년 8월 15일).

2023년 기준으로, 약 23,200개의 기업과 1,100개 이상의 도시, 주, 지역

<그림 4-15> 2024 CDP Essential Criteria

※ 출처: "CDP 한국 홈페이지". https://kosif.org/cdp/ (검색일: 2024.8.15.)

정부가 CDP를 통해 데이터를 공개하고 있다. 이는 전 세계 시장 자본의 2/3 이상을 차지하는 기업들이 포함되어 있으며, 투자자와 기타 이해관계자들이 기업의 환경 성과를 평가하는 데 중요한 역할을 한다(IBM 홈페이지 2024년 8월 15일). CDP는 2002년 기후변화 대응 관련 정보공개를 요청하는 CDP Climate 시작한 이후 2010년부터 물(water security), 2013년부터 산림(forest)에 대한 설문지를 발송하고, 기관투자자에게 정보를 제공하며, 응답 내용에 따라 등급을 발표한다. 평가 결과는 A~D등급으로, 데이터가 미공개이거나 부족해 평가가 불가능한 기업은 F등급을 부여한다. GRI와 비교했을 때 환경문제 분야를 전문으로 한다는 점에서 다르지만, 다양한 이해관계자를 가정하기 때문에 조직과 환경·사회 이슈의 상호영향(double materiality)을 강조하고 있다(KPMG 홈페이지, 2023년 5월 22일).

<그림 4-16> CDP 평가시스템

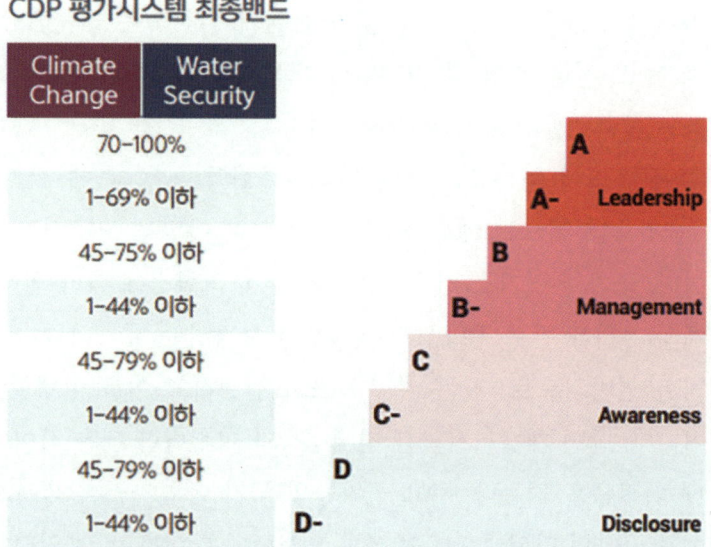

※ 출처: "CDP Korea Climate Change and Water Report". https://kosif.org/cdp/ (검색일: 2024.8.17.)

090 국가 온실가스 감축목표
(Nationally Determined Contribution, NDC)

국가 온실가스 감축목표(Nationally Determined Contribution, NDC)는 2030년까지 국제사회에 우리나라가 약속하는 계획을 포함하고 있으며, 2017년 대비 24.4% 감축하는 것을 목표로 하고 있다(환경부, 2019). 이는 파리협정의 핵심 구성 요소로, 각국이 온실가스 배출을 줄이고 지속가능한 저탄소 미래로 전환하려는 의지를 나타낸다. 국가별 사례 및 미래 개발 방향을 통해 살펴보자면 국가 온실가스 감축목표는 기후변화에 대한 세계적 노력에서 중요한 역할을 하며, 각국이 고유한 상황과 역량에 따라 자체 목표와 전략을 설정할 수 있는 유연성을 가지고 있음을 알 수 있다. 국가 온실가스 감축목표는 해당 국가의 배출량 감소 목표, 적응 조치 및 기후변화 대응 전략을 개략적으로 설명하는 로드맵 이라고 할 수 있다(Paris Agreement, 2015).

국가 온실가스 감축목표는 유엔 기후변화협약(UNFCCC)에 뿌리를 두고 있으며, 이는 전 세계적으로 배출량을 줄이기 위한 야망을 고조시킬 필요성에서 나온 것이다. 국가 온실가스 감축목표(NDC)는 파리협정에 따라 법적 지원과 국제적 체계의 지원을 받는 투명성과 책임성을 보장하는 메커니즘이다.

선진국은 일반적으로 더 큰 기후 목표를 설정하고 이를 이행할 수 있는 역량이 뛰어나다. 반면 개발도상국은 경제성장과 기후변화 대응 사이에서 균형을 맞추는 데 어려움을 겪는다. 주요 국가들의 국가 온실가스 감축목표와 전략을 비교하면 각 나라의 다양한 접근방식과 우선순위를 이해할 수 있다.

국가 온실가스 감축목표 수립 과정에서는 최신 기후 과학에 부합하는 과학적 방법론이 포함되며, 이를 통해 글로벌 배출 감축에 기여할 정도의 목표를 설정한다. 이에 각국의 경제 상황, 자원 가용성, 기후 영향에 대한 취약성 등 국

가별 특성을 고려하여 목표의 관련성과 실행 가능성을 확보한다

시민사회의 적극적인 참여는 국가 온실가스 감축목표 개발 및 실행의 핵심 요소로서 이해관계자를 포함시키면 국가 온실가스 감축목표 프로세스의 투명성과 책임성이 강화되고, 포용성과 다양한 시각이 확대된다. 이를 위해 공개토론회, 비정부기구와의 협력, 정책 대화를 통한 참여 등이 필요하다. 이러한 참여를 바탕으로 국가 온실가스 감축목표 프로세스에 대한 보다 폭넓은 지지를 끌어낼 수 있으며, 전문가의 혜안을 통해 더욱 효과적인 기후 대응 방안으로 이끌어 갈 수 있다.

향후 국가 온실가스 감축목표는 기후 변화 대응 전략의 진화를 반영하면서, 장기적인 목표와 비전 설정에 더욱 중요한 의미를 갖게 될 것이다. 국가 온실가스 감축목표는 시간이 흐르면서 더 큰 목표를 가지고 글로벌 기후변화 완화와 적응 노력을 강화하는 데 초점을 맞출 것이다. 이러한 접근을 통해 우리는 지속가능하고 회복력 있는 미래를 보장할 수 있다

091 | 기업의 온실가스 배출 범위 (Scope 1, 2, 3)

온실가스는 지구 대기의 열을 가두어 온실효과를 발생시켜, 지구온난화와 기후변화를 초래한다. 주요 온실가스로는 이산화탄소(CO_2), 메탄(CH_4), 아산화질소(N_2O), 불소화 가스 등이 있다(U.S. Environmental Protection Agency, 2021). 이러한 가스는 화석연료 연소, 삼림 벌채, 농업 및 산업 공정과 같은 다양한 곳에서 발생한다(IPCC, 2014). 기후변화는 온도, 강수 패턴 및 해수면의 장기적인 변화를 말하며, 극심한 기상 현상, 해수면 상승 및 생물 다양성 손실과 같은 영향을 초래한다.

온실가스 배출을 관리하는 것은 기후변화와 그 영향을 완화하는 데 매우 중요하다. 파리협정과 같은 국제 협정은 국가가 온실가스 배출량을 줄여 지구온난화를 제한하기 위한 목표를 설정했다. 기업은 온실가스 배출에 대하여 모니터링과 그 결과에 대해 보고하고, 온실가스 배출을 감소시키는 중요한 역할을 담당할 수 있다.

직접배출(Scope 1)은 기업이 직접 통제하거나 소유한 자산에서 발생하는 직접적인 온실가스 배출을 의미한다. 예를 들어, 회사 소유 차량, 현장 발전기 및 제조 공정 등에서 발생하는 배출이 있다. 이에 회사는 연료 소비, 활동 수준 및 배출 계수에 대한 데이터를 사용하여 Scope 1 배출을 측정한다(TCFD, 2017). Scope 1 배출에 대한 감소 전략에는 에너지 효율성 개선, 더 깨끗한 연료로 전환, 재생 에너지원 구현 및 산업 공정 최적화 등이 포함된다.

간접배출(Scope 2)은 기업이 소비하는 전력, 열에너지 등의 간접적인 배출이다. 이는 기업 자체에서 직접 발생하는 배출은 아니지만, 해당 에너지를 생산하는 과정에서 발생하는 온실가스 배출을 의미한다. 이러한 배출은 기업의 직접적인 통제 밖에서 발생하지만 결국 에너지 소비의 결과이다. 기업은 전기 소비를 추적하고 전기 그리드에 대한 배출 계수를 사용하여 Scope 2 배출을 측정한다(TCFD, 2017). Scope 2 배출을 줄이기 위한 전략에는 재생에너지 구매, 에너지 효율성 개선, 청정에너지 기술에 대한 투자가 포함된다.

기타 간접배출(Scope 3)은 기업의 가치사슬 전반에서 발생하는 기타 간접적인 온실가스 배출을 의미한다. 이는 공급망 및 제품 사용, 폐기 등의 모든 과정을 말한다. Scope 3 배출 측정에는 기업의 공급망 활동에 대한 데이터를 수집하고 관련 배출을 계산하는 것이 포함된다(TCFD, 2017). Scope 3 배출에 대한 배출 감소 전략은 공급망 최적화, 지속가능한 재료 조달, 운송 배출 감소, 탄소발자국을 줄이기 위한 공급업체와의 협력에 중점을 둔다(World Resources Institute, 2011).

기업은 법적 의무를 충족하고 글로벌 배출감소 목표에 기여하기 위해 온실가스 배출과 관련된 국내 및 국제 규정을 준수해야 한다. 여기에는 배출 데이터 보고, 배출감소 목표 설정, 완화 조치 실행 및 탄소 가격 책정 메커니즘 참여가 포함된다. 기업은 규정을 준수함으로써 환경 영향을 줄일 수 있을 뿐만 아니라 지속가능한 관행과 친환경 기술을 통해 새로운 사업 기회를 창출할 수도 있다.

다국적기업은 탄소발자국을 줄이고 사업 성장을 촉진하기 위해 온실가스 감소 전략을 성공적으로 구현했다. 재생에너지, 에너지 효율 프로젝트 및 지속가능한 관행에 투자함으로써 이러한 기업은 배출량을 줄이는 동시에 브랜드 평판을 높이고 환경을 의식하는 소비자를 유치하며 에너지 효율 조치를 통해 비용을 절감했다. 국내 기업들도 정부와의 협력, 산업 파트너십, 지역사회 참여를 통해 온실가스 배출을 줄이는 혁신을 입증했다. 배출감소 프로그램에 참여하고, 지속가능한 관행을 구현하고, 깨끗한 기술에 투자함으로써 이러한 기업들은 환경적 영향을 줄일 뿐만 아니라 지역 경제개발, 일자리 창출, 지역사회 복지에도 기여했다.

결론적으로 지속가능한 비즈니스 모델의 미래는 기업이 온실가스 배출을 효과적으로 관리하고 줄일 수 있는 능력에 달려 있다. 배출감소 전략을 채택하고, 규정을 준수하고, 깨끗한 기술에 투자함으로써 기업은 지속가능한 성장을 추진하고, 경쟁력을 강화하며, 보다 환경적으로 지속가능한 미래에 기여할 수 있다. 기후변화에 대처하는 데 있어 기업의 역할과 책임은 매우 중요하며, 배출을 줄이기 위한 사전 조치를 취함으로써 기업은 미래 세대를 위해 보다 지속가능하고 회복력 있는 경제를 구축하는 데 중요한 역할을 할 수 있다.

092 | 신재생에너지 공급인증서
(Renewable Energy Certificate, REC)

신재생에너지를 공급한 사실을 증명하는 신재생에너지 공급 인증서 (Renewable Energy Certificate, REC)는 전력거래소의 신재생에너지 공급 인증서 (REC) 거래 시스템을 통해 구매할 수 있으며, 이를 통해 재생에너지 사용을 인정받을 수 있다. 신재생에너지 공급 인증서는 재생 에너지원에서 1메가와트시 (MWh)의 전기가 생성되었다는 증거로, 전기 자체와 별개로 거래 가능한 환경 상품이다. 또한, 각종 에너지원의 재생에너지 사용을 입증하기 위해 독립적으로 사고 팔 수 있다(O'Shaughnessy & Sumner, 2023).

신재생에너지 공급 인증서는 1990년대 후반 미국에서 재생에너지 개발을 촉진하고, 재생에너지 발전을 축적하고 거래하기 위한 시장 기반 메커니즘으로 처음 도입되었으며, 이후 여러 국가들이 신재생에너지 공급 인증서 시스템을 채택하였다. 신재생에너지 공급 인증서의 주요 구성요소에는 재생에너지 발전의 환경적 속성을 나타내는 인증서, 재생에너지 생산을 모니터링하고 검증하는 추적 시스템, 그리고 신재생에너지 공급 인증서를 매매하는 시장이 포함된다.

REC는 태양광, 풍력, 수력, 바이오매스 같은 친환경 에너지원의 사용을 촉진하는데 중요한 역할을 한다. 신재생에너지 공급 인증서는 재생에너지 생산에 대한 인센티브를 제공하기 때문에 온실가스 배출을 줄이고, 기후변화에 대처하는 데 도움이 된다. 또한 신재생에너지 공급 인증서는 재생에너지 시장을 창출하여 생산자에게 재정적 인센티브를 제공하고, 깨끗한 에너지 기술에 대한 투자를 장려한다. 이러한 과정은 재생에너지에 대한 수요 증가 및 지속가능한 에너지 시스템으로의 전환을 촉진할 수 있다.

신재생에너지 공급 인증서는 재생에너지 부문에서 경제적으로 다양한 기여를 한다. 먼저, 재생 에너지 산업은 다양한 기술 분야와 관련된 직무가 필요하며, 따라서 새로운 일자리를 창출할 수 있다. 또한 청정에너지 기술혁신 촉진으로 신기술의 개발과 관련된 투자와 연구를 활성화시켜 경제적으로 긍정적인 파급 효과를 가져온다. 신재생에너지 공급 인증서는 화석연료 의존도 감소를 통해 에너지 수급의 안정성과 에너지 비용을 절감할 뿐만 아니라 화석연료 시장의 변동성에 대한 의존도를 줄일 수 있다(Algarni et al., 2023).

신재생에너지 공급 인증서(REC)가 갖는 환경적 장점으로 첫째, 탄소 배출 감축을 들 수 있다. 재생에너지 사용을 촉진함으로써 화석연료 사용에 따른 탄소 배출을 감소시켜, 이는 기후변화 완화에 도움을 준다. 둘째, 재생에너지는 대기오염 물질의 방출을 최소화하여 대기질 개선에 긍정적 영향을 주어 공중의 건강 증진과 환경 보호에 기여할 수 있다. 셋째, 재생에너지는 비재생 자원의 소비를 줄여 천연자원의 보존과 장기적인 환경 보호에 기여할 수 있다(Algarni et al., 2023).

기술적인 측면에서 신재생에너지 공급 인증서는 먼저, 재생에너지 생산 관련 속성을 검증하는 인증 과정을 통해 생성된다. 이러한 인증서를 통해 재생에너지가 특정 기준을 충족하였음을 보증하게 된다. 이후 신재생에너지 공급 인증서가 생성되면, 이를 공개 시장에서 전력회사, 기업, 개인 등이 거래할 수 있다. 이는 시장 내 거래를 용이하게 한다.

이렇듯 신재생에너지 공급 인증서는 다양한 플랫폼에서 거래됨으로써 기업이 재생에너지 목표와 법적 의무를 충족할 수 있도록 한다. 특히, 블록체인과 정보기술(IT)의 활용을 통해 신재생에너지 공급 인증서를 효율적이고 안전하게 추적하고 관리할 수 있으며 이는 신재생에너지 공급 인증서 거래의 투명성과 무결성을 보장하게 된다(Ekechukwu & Simpa, 2024).

093 | 전력 직거래(Power Purchase Agreement, PPA)

재생에너지 전력 직거래(Power Purchase Agreement, PPA)는 기업이 재생 가능한 자원을 이용하여 전력을 생산하는 기업로부터 직접 전력과 인증서를 구매하여 활용할 수 있게 하는 제도이다. 이로 인해 기업은 친환경 에너지 사용에 대한 인증을 받을 수 있으며, 전력 산업에서는 전력 직거래을 근거로 운영한다. 전력 직거래는 전력 생산자와 구매자 간의 계약에 의해 구매자는 일정 기간 동안 사전에 약정된 가격으로 전력 생산자로부터 전력을 구매할 수 있다. 이를 통해 전력 생산자는 안정적인 수익을 확보하여 새로운 전력 프로젝트에 필요한 자금조달을 용이하게 할 수 있으며, 구매자는 고정된 가격으로 장기간 전력을 공급받아 에너지 시장의 변동성에 따른 리스크를 줄일 수 있다.

전력 산업은 전기 생산, 송전 및 배전에 이르는 모든 단계를 아우르며, 가정, 사업체 및 산업 분야에 필수적인 에너지를 제공하여 현대사회에서 중요한 역할을 담당한다. 전력 직거래는 전력 생산자와 구매자에게 상호 다양한 이점이 있다(Leung & Bailey, 2018). 첫째, 장기적인 가격 확정성을 통해 금융적 예측 가능성을 보장받는다. 둘째, 시장 변동성으로 인한 위험이 줄어든다. 셋째, 재생에너지 프로젝트 개발을 지원함으로써 환경적으로 긍정적인 영향을 미친다.

전력 직거래은 여러 유형으로 나눌 수 있다. 먼저, 고정 가격 전력 직거래은 계약 기간 동안 일정한 요금을 보장하여 가격이 안정적이다. 반면, 가변 가격 전력 직거래은 시장 상황이나 기타 요인에 따라 전기 가격이 변동되어 더 큰 유연성을 제공하는 반면, 더 큰 위험을 수반한다. 하이브리드 전력 직거래은 고정 가격과 가변 가격 구조를 결합하여 맞춤형 가격 책정을 가능하게 한다. 또한, 금융 전력 직거래은 구매자가 고정된 가격으로 전기를 구매하고, 전력 생산자는 시장 가격에 따라 전기를 판매하여 차액을 조정하는 방식을 채택한다.

재생 에너지원인 태양광, 풍력, 수력 등은 온실가스 배출을 줄이고 기후변화에 대응하는 데 필수적이다. 이에 태양광 전력 직거래은 태양광 패널에서 생산된 전기를 구매하기 위한 계약을 포함하고, 풍력전력 직거래은 풍력 터빈에서 생성된 전기를 구매하는 계약을 의미한다. 이 외에도 수력 발전, 바이오매스, 지열 등의 재생에너지도 전력 직거래의 대상이 될 수 있다.

기술혁신과 재생에너지 개발이 지속적으로 이루어지면서 전력 직거래 구조에도 영향을 미치고 있다. 에너지 저장, 스마트 그리드, 디지털화와 같은 기술 혁신이 재생에너지 개발을 더욱 촉진할 것이다. 탄소 가격 책정, 재생에너지 목표, 에너지 시장 규제 등 정부 정책의 변화도 PPA 및 재생에너지 투자 환경에 중요한 영향을 미칠 것이다(Penndorf, 2018).

이에 새로운 비즈니스 모델과 기회도 등장하고 있다. 예를 들어, P2P 에너지 거래, 기업 재생에너지 조달, 지역사회 태양광 이니셔티브와 같은 새로운 트렌드는 혁신적인 전력 직거래 구조와 비즈니스 모델을 만들어낼 잠재력을 가지고 있다.

따라서 전력 직거래는 전 세계 다양한 지역에서 안정적인 에너지 공급을 보장하고 재생에너지 개발을 지원하기 위해 널리 사용되고 있으며, 앞으로도 기술 및 정책의 변화에 따라 그 중요성과 활용 범위는 더욱 확대될 전망이다.

094 | 신재생에너지 의무할당제
(Renewable Energy Portfolio Standards, RPS)

신재생에너지 의무할당제(Renewable Energy Portfolio Standards, RPS)는 전력 생산 기업 및 기관이 연간 전력 생산의 일정 비율을 신재생에너지로 충당하도록 강제하는 제도이다. 이 제도는 재생 가능 에너지의 확대와 화석연료 의존도 감소를 목표로 하고 있으며, 500MW 이상의 발전설비를 보유한 발전 사업자를 대상으로 하고 있다(Burrett et al., 2009). 2022년 기준으로 총 26개의 전력 생산자가 이에 해당한다.

신재생에너지 의무할당제(RPS)는 유틸리티 및 전기 공급업체가 일정 비율의 에너지를 재생 가능 에너지원에서 확보하도록 요구하는 규제 정책으로 재생 가능 에너지 개발을 촉진하고 탄소 배출을 줄임과 동시에 화석연료에 대한 의존도를 낮추기 위한 것이다.

신재생에너지 의무화(RPS) 정책 아래에서는 신재생에너지 공급 인증서(REC)가 핵심적인 역할을 한다. 이는 재생에너지를 통해 생산된 1MWh의 전력에 대한 환경적 가치를 인증하는 거래 가능한 문서이다. 에너지 위기 상황에서 에너지가 부족하거나 공급이 중단되어 경제 및 사회활동에 영향을 미치게 된다. 이때 생태계와 인간 건강에 악영향을 미치는 오염, 기후변화, 천연자원 고갈 등의 다양한 환경 문제가 발생한다(Commoner, 2015).

신재생에너지 의무할당제 정책은 에너지 안보 강화, 기후변화 대응, 기존 에너지원의 환경적 영향을 줄이기 위해 고안되었다. 이는 깨끗하고 지속가능한 에너지원으로의 전환을 목표로 하며, 재생에너지 투자를 장려하고 일자리를 창출하며 경제적 효율성을 개선하는 데 기여한다(Bertoldi & Huld, 2006). 일반적으로 RPS 정책은 전기 생산량의 일정 비율을 재생에너지 생산으로 목표를 설정하고 특정 준수 기한을 정한다. 공익사업체는 재생에너지를 생산하거나 재생에너지 인증서를 구매하여 목표를 달성할 수 있다.

재생에너지 인증서 시스템은 재생에너지 속성을 추적하고 거래할 수 있어 공익사업체가 RPS 요구사항을 준수함을 입증할 수 있다. 이는 규정 준수 유연성을 제공하고 재생에너지 프로젝트 개발을 지원한다. 정부 기관은 재생에너지 목표 준수를 보장하고, 진행 상황을 모니터링하며, 이행하지 못하면 불이익을 받는다.

사례로 미국에서는 주 단위로 신재생에너지 의무할당제 정책이 시행되며 (Upton & Snyder, 2017), 유럽연합은 회원국에 대한 구속력 있는 목표를 제기하며, 동시에 지원 메커니즘을 통합한다. 독일과 영국 등은 재생에너지 개발의 선두 주자로서 신재생에너지 의무할당제 정책의 효과를 입증하고 있다. 아시아 국가들도 에너지 안보와 환경문제를 해결하기 위해 신재생에너지 의무할당제 정책을 시행하고 있다. 글로벌 에너지 시장 변화에 대응하기 위해 국제적인 협력과 정보교환도 중요하다.

신재생에너지 의무할당제 정책은 발전 구성, 가격 역학, 투자 결정에 영향을 미쳐 전기 시장에 변화를 일으킬 수 있다. 재생 에너지원의 통합은 시장 경쟁력과 수요-공급 역학을 변화시킨다. 재생 에너지원 통합을 위해서는 재생에너지 배치 비용, 에너지 절감, 환경적 이점, 경제적 영향을 균형 있는 평가가 필요하다. 환경적 측면에서 재생 에너지원의 통합은 온실가스 감축, 대기질 개선, 생태계 보호 등의 이점을 제공한다.

재생에너지 기술의 발전을 위해 기술혁신과 관련 연구에 대한 지원이 필요하다. 지속적인 모니터링과 평가를 통해 정책의 효과성을 주기적으로 확인하고, 개선점을 반영한다. 공익사업체와 에너지 프로젝트 개발자에게 인센티브를 제공하여 자발적 참여를 유도하고 투자를 장려하는 것도 필요하다.

신재생에너지 의무할당제 정책은 지속가능한 에너지 시스템으로의 전환을 촉진하며, 경제적 효율성과 환경적 이점을 함께 달성할 수 있는 중요한 도구이다. 성공적인 도입과 운영을 위해서는 기술적, 경제적, 환경적 요인들을 종합적으로 고려한 전략이 필요하다.

095 | RE100과 CF100

<그림 4-17> 2020년 태풍 뱀코가 필리핀 수도 마닐라를 덮친 후의 모습

※ 출처: 그린피스. https://www.greenpeace.org/korea (검색일: 2024.8.16.)

RE100((Renewable Energy 100%)은 기업들이 재생 가능 에너지원에서 전기 소비량의 100%를 조달하기로 약속하는 글로벌 이니셔티브로서, 2014년 The Climate Group이 CDP(이전 명칭 Carbon Disclosure Project)와 협력하여 시작되었다. RE100의 주요 목표는 기업들이 특정 목표 연도까지 전기 100%를 재생에너지로 발전한 전기로 전환하는 것이다. 이를 통해 저탄소 경제로의 전환을 추진하는 데 전념하는 영향력 있는 기업들이 참여하고 있다. 이러한 참여 기업들은 목표 연도를 설정하고, 진행 상황을 보고하며, 모범 사례를 공유함으로써 다른 기업들이 재생에너지 전환에 참여하도록 영감을 주는 데 힘쓴다(Project Drawdown, 2020).

현재 구글(Google), 애플(Apple), 페이스북(Facebook), 월마트(Walmart) 등 잘 알려진 기업을 포함하여 300개가 넘는 기업들이 RE100에 참여를 약속했다. 재생에너지의 일반적인 유형으로는 태양광, 풍력, 수력, 지열, 바이오매스 등이 있다(NREL, 2021). 이러한 에너지원의 장점으로는 온실가스 배출 감소, 에너지 안보, 일자리 창출 등이 있다. 반면에 단점으로는 태양광 및 풍력 에너지의 간헐성, 토지 사용, 초기 비용이 많이 소요되는 점 등이 있다(Friedlingstein et al., 2021).

현재 재생에너지 기술은 에너지 저장, 효율성, 그리고 그리드 통합의 혁신과 함께 빠르게 발전하고 있다. 향후 부유형 태양열, 고급 풍력 터빈 및 향상된 지열 시스템의 사용 증가가 예상된다. 탄소발자국이란 개인, 조직, 사건 또는 제품에 의해 직간접적으로 발생하는 총 온실가스 배출량을 의미하며 탄소중립을 달성하기 위해서는 탄소 포집 및 저장(CCS)과 같은 기술과 탄소 상쇄 프로젝트와 같은 방법이 사용될 수 있다. 이러한 기술과 방법들은 배출량을 줄이거나 상쇄하여 탄소중립을 달성하는 데 도움이 된다.

탄소중립을 달성하는 것은 경제적, 사회적 측면에서 여러 긍정적인 영향을 미칠 수 있다. 첫째, 청정에너지 부문에서 새로운 경제적 기회가 창출된다(Turiel, 2022). 이는 다양한 일자리 창출과 혁신적인 산업 발전을 의미한다. 또한, 청정에너지는 더 깨끗한 공기를 제공하여 의료 비용을 줄이는 데 기여할 수 있다. 아울러, 기후변화로 인한 영향을 줄이며 지역사회의 회복력도 크게 향상될 수 있다.

RE100 전략 및 실행계획에 있어 몇 가지 중요한 요소들이 포함된다. 첫째, 재생에너지 전환 전략(WRI & WBCSD, 2004)이다. 이는 재생에너지 목표를 설정하고, 에너지 감사를 통해 현재의 에너지 사용 상황을 평가하며, 재생에너지 프로젝트에 적극적으로 투자하고, 공급업체와 협력하는 것을 포함한다. 둘째, 재생에너지 구매 및 조달 계약이다. 이는 재생에너지 공급업체와 전력 구매 계약

(PPA)을 체결하여 깨끗한 전기를 조달하는 방식이다. 마지막으로, 자체 재생에 너지 생산이 있다. 일부 기업은 태양광 패널과 같은 현장 재생에너지 시스템에 투자하여 자체적으로 깨끗한 전기를 생산한다. 예를 들어, 이케아(IKEA)는 2020년까지 소비하는 양만큼의 재생에너지를 생산하겠다고 약속하며 이를 성공적으로 실행한 바 있다.

이와 같이 탄소중립 목표를 달성하기 위해 다양한 전략과 실행계획을 세우고 이를 실천하는 것은 경제적, 사회적 이점뿐만 아니라 환경적 지속가능성을 위해 매우 중요하다.

<그림 4-18> 신월성 2호기

※ 출처: https://www.businesspost.co.kr/ (검색일: 2024.8.16.)

CF100은 기업이 전반적인 운영에서 탄소중립을 달성하려는 이니셔티브로, 배출량을 줄이고 다양한 수단을 통해 남은 배출량 상쇄를 목표로 한다. 궁극적으로 기업의 전체 탄소발자국을 0 또는 중립으로 줄이는 것이 목적이다. 이를 위해 저탄소 기술을 도입하는 방식의 에너지 효율적 장비, 재생에너지 시스템, 지속가능한 관행을 적용해 배출량을 줄일 수 있다. 또한, 에너지 효율을 개선하기 위해 LED 조명, 효율적인 HVAC 시스템, 최적화된 프로세스를 통해 운영 전반에서 에너지 효율성을 높일 수 있다.

공급망 관리는 중요한 부분으로 공급업체와 협력하여 지속가능한 자재 조달과 탄소중립 운송을 촉진함으로써, 전체 공급망의 탄소발자국을 줄일 수 있다. 에너지 효율성 조치, 재생에너지 조달, 그리고 탄소 상쇄 프로젝트를 통합하여 탄소중립을 달성한 기업들이 성공적인 구현 사례로 꼽힌다.

이와 관련된 글로벌 정책은 파리협정과 온실가스 배출 감축과, 재생에너지 도입 촉진을 위한 목표를 설정하는 것이다. 각 지역별 정책과 규정은 재생에너지 채택, 에너지 효율성, 탄소중립을 촉진하기 위해 마련되어 있다. 에너지 효율성 향상과 운영 비용 절감을 통해 경제적 이익을 얻을 수 있으며, 또한 브랜드 평판 향상도 경제적 이익을 가져올 수 있다.

정부와 금융기관은 기업들이 재생에너지와 탄소중립으로 전환하도록 인센티브, 보조금 및 자금조달 옵션을 제공하여 경제적 지원을 하고 있다. 이에 따라 비용-편익 분석과 위험 평가, 위험 관리 전략이 CF100 이니셔티브를 성공적으로 실행하는 데 필수적이다.

사회적 측면에서 CF100 이니셔티브는 탄소발자국을 줄이고 지역사회를 지지하며 깨끗한 환경에 기여함으로써 사회적 책임과 지속가능성을 증진할 수 있다. 지역사회와의 협력을 위해 재생에너지 프로젝트와 탄소중립 이니셔티브에 대한 지원을 강화할 수 있다. 이때 이해관계자와 투명하게 소통하는 것이 신뢰와 지원을 구축을 위해 필요하다.

미래에는 기술혁신을 바탕으로 한 재생에너지, 에너지 저장, 탄소 포집 기술 분야의 발전으로 탄소 배출감축의 잠재력이 더욱 강화될 수 있다(Masson-Delmotte et al., 2021). 기후변화에 대한 인식 증가와 규제 압력, 시장 수요로 인해 기업은 더욱 지속가능한 관행과 탄소중립을 지향하게 된다. 반면 저렴한 청정 기술의 개발과 정책의 불확실성, 그리고 글로벌 조율의 필요성은 여전히 해결해야 할 과제이다. 하지만 혁신과 협업을 통해 더 지속가능한 미래를 창조할 수 있는 기회도 존재한다.

096 | 녹색채권(Green Bond)

<그림 4-19> 녹색채권(Green Bond)

※ 출처: ESG경제. https://www.esgeconomy.com (검색일: 2024.8.16.)

녹색채권(Green Bond)은 긍정적인 환경 또는 기후적 이점이 있는 프로젝트나 활동을 위한 기금을 모으기 위해 특별히 고안된 일종의 고정 수입 금융 상품이다. 이러한 프로젝트에는 재생에너지, 에너지 효율성, 깨끗한 교통, 지속가능한 수자원 관리 및 기타 녹색 이니셔티브가 포함될 수 있다. 녹색채권은 일반적으로 정부, 지방 자치 단체, 기업 또는 금융기관에서 발행하고 있다.

녹색채권은 2007년 유럽 투자 은행이 세계 최초의 라벨이 붙은 녹색 채권을 발행하여 기후 관련 프로젝트를 위해 6억 유로를 모금하면서 처음 등장했다. 그 이후로 녹색채권 시장은 환경 문제에 대한 인식 증가와 지속가능한 금융 솔루션에 대한 필요성에 힘입어 상당히 성장했다. 다자 기관, 정부, 기업, 지방 자치 단체를 포함한 전 세계 다양한 기관에서 색채권을 발행하게 되면서 녹색채권 시장은 급격하게 확대되었다.

녹색채권은 특정 기간 동안 고정 이자를 지급하는 부채 증권이기 때문에 여러 면에서 기존 채권과 유사하다. 하지만 주요 차이점은 친환경 프로젝트에 할당된 녹색채권 수익의 사용에 있다. 녹색채권 투자자의 특징적인 투자 동기는 재정적 수익과 더불어 지속가능한 이니셔티브 지원에의 참여 기회라는 것이다.

녹색채권에는 여러 유형이 있으며, 각각 지속가능한 금융 환경 내에서 다른 목적을 갖는다. 먼저, 수익채권으로 가장 일반적인 유형의 녹책채권이며, 수익금은 특정 녹색 프로젝트에 자금을 지원하거나 재자금 조달하는 데 할당된다. 두 번째로 녹색 수익채권이 있는데, 이 채권은 재생에너지 시설이나 지속가능한 인프라와 같은 특정 녹색 프로젝트에서 창출된 수익으로 뒷받침된다. 세 번째는 녹색 프로젝트 채권으로, 특정 녹색 프로젝트에 자금을 지원하기 위해 발행되며, 투자자에게 프로젝트의 재무 실적에 대한 직접적인 연결 고리를 제공한다. 네 번째로 녹색 담보 채권이 있으며, 이 채권은 다양한 녹색 프로젝트에 자금을 지원하는 녹색 자산 또는 대출 풀로 뒷받침된다. 다섯 번째로 녹색 소매채권은 소매 투자자를 대상으로 하며, 이를 통해 개인은 녹색 프로젝트에 투자하고 지속가능성을 위한 노력에 기여할 수 있다.

글로벌 녹색채권 시장은 최근 몇 년 동안 상당한 성장을 경험했다. 다양한 보고서와 연구에 따르면, 발행자와 투자자 모두의 수요가 증가하면서 시장이 빠르게 확대되었다. 녹색채권의 총발행 규모는 지속가능한 금융과 환경 이니셔티브에 대한 관심이 증대됨에 따라 그에 비례하여 증가했다.

녹색채권의 주요 발행자로는 정부, 지방 자치 단체, 초국적 기관, 기업 및 금융기관이 있다. 녹색채권 시장의 일부 주목할 만한 발행자로는 세계은행, 유럽 투자 은행, 애플 주식회사(Apple Inc.), 미국은행(Bank of America) 등이 있다. 이러한 기관들은 재생에너지, 에너지 효율성, 지속가능한 교통 및 녹색 건물과 같은 환경적 지속가능성을 촉진하는 프로젝트에 자금을 지원하기 위해 녹색채권을 발행한다.

발행 사례는 다양한 부문과 지역에 따라 다르며, 프로젝트는 대규모 재생에 너지 설비부터 지속가능한 인프라 개발까지 다양하다. 녹색채권 발행은 기후 변화를 해결하고, 탄소 배출을 줄이며, 지속가능발전을 촉진 프로젝트에 대한 자금 지원에 중요한 역할을 했다.

녹색채권에 대한 수요는 투자 포트폴리오를 환경 및 사회적 가치와 일치시 키려는 투자자들에 의해 주도되었다. 재정적 수익과 환경에 대한 긍정적 영향 으로 인해 녹색 채권에 대한 기관 투자자, 자산 관리자, 연금 기금 및 개인 투 자자들의 관심이 커지고 있다.

발행자는 녹색채권 발행을 늘려 이 수요에 대응했다. 규제 이니셔티브, 산 업 표준 및 지속가능한 투자에 대한 투자자 선호도에 입각하여 녹색채권 공급 은 증가했으며, 다양한 부문과 지역에서 녹색채권의 신규 발행이 꾸준히 이어 졌다.

시장 참여자는 녹색채권 시장의 기능과 성장에 중요한 역할을 한다. 시장 참여자 중 발행자는 환경적으로 지속가능한 프로젝트를 위한 기금을 모으기 위해 녹색채권을 발행하는 단체이며 발행자에는 정부, 기업, 금융기관 및 지속 가능한 금융을 촉진하는 데 전념하는 기타 조직이 포함된다.

투자자는 지속가능한 프로젝트를 지원하고 재정적 수익을 얻기 위해 녹색 채권에 투자하는 개인 및 기관으로 투자자는 녹색채권 수요를 촉진하고 시장 개발에 영향을 미치는 데 중요한 역할을 한다. 인수인 및 투자은행은 인수 서 비스를 제공하고, 거래를 구성하고, 투자자들에게 채권을 마케팅함으로써 녹 색채권의 발행과 판매를 원활하게 하는 금융기관이다. 평가기관은 녹색채권 발행자의 신용도와 환경적 영향을 평가하여 투자자들에게 정보에 입각한 투 자 결정을 내릴 수 있는 정보를 제공하는 기관이다. 규제 기관 및 표준 설정 기 관으로 녹색채권 시장에서 투명성, 신뢰성, 성실성을 증진하기 위해 지침, 표준 및 규정을 개발하는 조직이다.

이에 전반적으로, 시장 참여자들은 녹색채권 시장의 성장을 촉진하고, 투명 성을 높이며, 환경과 사회 모두에 이로운 지속가능한 투자로 자본을 유치하기 위해 협력한다(IFC, 2021).

녹색채권의 환경 및 사회적 영향에 대해 논할 때, 이들이 지속가능성을 촉진하고 탄소 배출을 줄이는 프로젝트에 자금을 지원하여 긍정적인 환경적 영향을 미친다는 점은 주목할 만하다. 녹색채권의 환경적 성과는 주로 온실가스 배출 감소, 재생에너지 생산, 에너지 효율 개선, 물 보존, 폐기물 관리 및 생물 다양성 보존과 같은 지표를 통해 측정된다. 투자자와 발행자는 핵심 성과 지표(KPI)와 보고 프레임워크를 사용해 녹색채권 자금이 지원되는 프로젝트의 환경적 이점을 추적하고 보고할 수 있다.

녹색채권은 환경적 혜택 외에도 사회적 가치를 창출할 수 있다. 이는 일자리 창출, 지역 사회 개발 촉진, 공중 보건 개선, 사회적 복지 증진을 통해 가능하다. 녹색채권으로 자금을 조달한 프로젝트는 사회적 불평등을 해소하고, 소외된 지역사회를 지원하며, 지속가능한 경제성장에 기여함으로써 긍정적인 사회적 효과를 낼 수 있다. 사회적 영향 평가 및 보고는 녹색채권 투자의 광범위한 사회적 혜택을 평가하는 데 중요한 측면이다.

녹색채권의 성공적인 영향 사례는 다양하다. 여기에는 재생 에너지 설비, 에너지 효율적인 건물, 지속가능한 교통 시스템, 깨끗한 물과 위생 이니셔티브, 녹색 인프라 개발과 같은 프로젝트가 포함된다. 이러한 프로젝트는 탄소 배출 감소, 대기질 개선, 일자리 창출, 빈곤 완화, 기후변화에 대한 회복력 강화와 같은 실질적인 환경적·사회적 혜택을 입증했다. 사례 연구는 녹색채권이 긍정적인 영향을 미치고 지속가능한 개발 목표에 기여할 수 있는 실제 사례를 제공했다.

기후 변화 대응 전략으로서의 녹색채권은 저탄소 및 기후 회복성 투자에 자본을 동원하여 기후변화 해결에 중요한 역할을 하고 있다. 온실가스 배출을 완화하고 기후 영향에 적응하며 보다 지속가능한 경제로 전환하는 프로젝트에 자금을 지원하는 것이 녹색채권의 중요한 역할이다. 녹색채권은 재생 에너지, 에너지 효율성, 녹색 인프라 및 기타 기후 친화적 이니셔티브에 대한 투자를 촉진함으로써 기후변화에 대처하기 위한 글로벌 노력에 기여하고 있다.

녹색채권은 탄소 배출을 줄이고 지속가능한 관행을 촉진하기 위한 광범위한 프로젝트에 자금을 지원한다. 프로젝트에는 재생에너지 설비(예: 태양광 및 풍력 발전소), 에너지 효율적인 건물, 대중교통 시스템, 폐기물 관리 시설 및 재산림화 이니셔티브가 포함될 수 있다. 녹색채권은 이러한 프로젝트를 지원함으로써 저탄소 경제로의 전환을 가속화하고 국제 기후 협정에 명시된 배출감소 목표 달성에 기여할 수 있다.

녹색채권은 기후 회복력을 강화하고 극한 기상 현상, 해수면 상승 및 기타 기후 영향에 대한 취약성을 줄이는 프로젝트에 자금을 지원하여 기후 관련 위험을 해결하는 데 도움이 될 수 있다. 기후 위험 평가 및 관리가 녹색채권 투자의 필수 구성요소인 이유는 투자자들이 기후변화와 관련된 재정적 위험을 이해하고 완화하려고 하기 때문이다. 녹색채권은 기후 회복력이 인프라와 적응 조치에 대한 투자를 촉진함으로써 기후 불확실성에 직면하여 보다 지속가능하고 회복력 있는 미래를 구축하는 데 기여한다(IFC, World Bank, & CBI, 2019).

097 | 사회적 임팩트 투자(Social Impact Investment, SII)

사회적 임팩트 투자(Social Impact Investment, SII)는 재정적 수익과 함께 긍정적인 사회적 및 환경적 영향을 창출하고자 하는 투자 접근방식을 의미한다. 2000년대 초반에 등장한 이 개념은 재정적 목표를 사회적 및 환경적 목표와 일치시키기 위한 방법으로, 벤처 캐피털, 사모펀드, 채권 및 공개 시장 투자를 포함한 다양한 전략을 포괄하고 있다. 사회적 임팩트 투자의 주된 목적은 빈곤 완화, 의료 접근성, 교육, 환경적 지속가능성, 지역 사회 개발 등 다양한 사회적 문제를 해결하는 것이다. 사회적 임팩트 투자의 초기에는 주로 비영리 조직과 재단이 중심이 되었으나, 최근에는 대형 금융기관과 민간 투자자들도 적극적으로 참여하고 있다. 이러한 변화는 사회적 임팩트 투자의 중요성을 높이며, 다양한 금융상품과 글로벌 네트워크의 발전을 촉진하고 있다.

전통적 투자와 달리 사회적 임팩트 투자는 재정적 수익뿐 아니라 사회적 및 환경적 성과를 함께 고려해야 한다(Antony & Jed, 2011). 주된 초점은 재정적 수익과 긍정적인 사회적 결과를 모두 창출하는 것이다. 한편, 기업의 사회적 책임(CSR)은 윤리적 운영과 사회적 기여에 중점을 두지만, 기업의 핵심 사업 활동과는 별개인 경우가 많다(Judith & Margot, 2014). 사회적 임팩트 투자는 이를 넘어 사업 활동 자체가 사회적 또는 환경적 변화를 유발하도록 하는 것을 목표로 한다. 이는 정치적, 경제적, 사회적 환경에서 중요한 역할을 하며, 기업의 지속가능한 성장을 도모한다. CSR이 주로 경영 방침의 일부로 도입되는 반면, 사회적 임팩트 투자는 투자전략 차원에서 접근된다.

사회적 임팩트 투자의 주요 이해관계자로는 투자자, 사회적 기업 및 조직, 정부 및 비영리 기구 등이 있다. 투자자들은 개인, 기관 투자자, 재단 등이 포함되며, 긍정적인 사회적 및 환경적 영향을 창출하는 프로젝트와 사업에 자본을 할당한다(김철수, 2023). 사회적기업 및 조직은 사회적 및 환경적 영향을 창출하는 프로젝트를 실행하며, 비영리 기구와 정부는 정책 인센티브 및 지원을 제공한다(박영희, 2022). 이해관계자들 간의 협력은 매우 중요하다. 예를 들어, 정부와 비영리 기구는 투자자와 사회적기업 간의 협력을 촉진하기 위해 정책적 지원과 규제 환경개선을 제공할 수 있다. 이에 거래소 및 중개 기관도 소매 비즈니스 및 유통업에서 판매된 제품의 실제 소비자 판매 비율(Sell-through)을 활용하여 과정을 간소화하고 유동성을 높일 수 있다.

사회적 임팩트 투자는 재생에너지, 지속가능한 농업 등 다양한 부문에서 일자리를 창출하여 경제성장을 자극할 수 있다(Park, 2020). 지역사회 개발 측면에서도 사회적 임팩트 투자(SII)는 인프라 개발 및 사회서비스 확장에 기여하며, 사회적 문제해결 측면에서는 빈곤, 불평등, 교육 및 의료 접근성 등이 있다. 환경적으로는 탄소 배출 감소, 지속가능한 농업 촉진 등 여러 이점을 제공하고 있다(이민호, 2021). 이러한 부문별 투자 사례가 있다. 예를 들어, 재생 에너지 프로젝트는 대기오염 감소 및 에너지 효율성 증가를 목표로 하고, 지속가능한 농업 프로젝트는 생태계 보호 및 식량 안보를 향상시킨다. 이러한 투자는 결과적으로 장기적인 경제적, 사회적 가치를 창출하게 된다.

미국, 유럽, 아시아 등이 사회적 임팩트 투자(SII) 시장에서 중요한 역할을 하고 있다. 미국은 재생에너지, 저렴한 주택, 의료 및 교육 등에 중점을 두고, 유럽 국가들은 지속가능한 금융과 임팩트 투자의 최전선에 서 있다. 아시아는 환경 및 사회문제에 대한 인식이 증가하면서 임팩트 투자가 성장하고 있으며, 인도, 중국, 일본 등이 임팩트 투자에 있어 주요한 국가이다. 각 지역은 고유한 사회 및 환경 문제를 해결하기 위해 사회적 임팩트 투자를 이용하고 있으며, 특정 시장에서의 성공 사례는 다른 지역에도 모델링될 수 있다. 예를 들어, 유럽의 지속가능한 금융 모델은 아시아의 신흥 시장에서도 참고할 수 있다.

국내에서도 정부는 다양한 정책을 통해 사회적 임팩트 투자를 지원하고 있다. 이에 대한 사례 중 일부는 교육, 의료 및 사회복지 분야에서 성공을 거두고 있고 이는 다른 분야로 확산될 가능성이 크다. 이에 정부의 지속적인 지원과 더불어 민간 부문의 적극적인 참여가 필요하며, 이러한 협력은 장기적으로 국내 사회적 임팩트 투자 시장의 성장을 촉발하게 되는 것이다.

사회적 임팩트 투자의 미래는 블록체인, 인공지능, 빅데이터 분석과 같은 기술 발전이 투명성과 효율성을 강화하여 새로운 기회를 창출할 것으로 예상된다(Kim, & Lee, 2021). 지속가능한 농업, 재생에너지 저장, 순환 경제, 사회적기업 등은 더 많은 투자를 유치할 전망이다(이철희, 2022). 다만, 사회적 임팩트 투자(SII)에 대한 인지도 부족, 표준화된 영향 측정 프레임워크 부족 등은 여전히 해결해야 할 과제로 남아 있다. 기술의 발전은 투자의 투명성과 신뢰성을 높이는 데 기여할 수 있으며, 이는 투자자들에게 더 많은 신뢰를 줄 수 있다. 하지만 기술만이 유일한 해결책은 아니며, 이를 보완할 수 있는 표준화된 영향 측정 프레임워크와 관련 교육 및 인식 제고가 필수적이다.

098 | 글로벌 보고 이니셔티브
(Global Reporting Initiative, GRI)

　　글로벌 보고 이니셔티브인 GRI(Global Reporting Initiative, GRI)는 1997년부터 지속가능성 보고를 개척해 온 독립적인 국제기구이다. 이는 미국 환경단체 세레스(CERES)와 유엔환경계획(UNEP)에 의해 보스턴에서 설립되었으며, 경제적, 환경저, 사회저 성과를 투명하게 보고할 수 있는 프레프레임워크 제공은 주요 목적으로 삼고 있다. 이를 통해 GRI는 전 세계적으로 지속가능한 개발, 책임성 및 투명성을 촉진하고자 한다.

　　GRI의 핵심은 지속가능성 보고 표준(Sustainability Reporting Standards)이며, 지난 20년 동안 지속적으로 발전되어 왔다. 2000년 발표된 GRI Guidelines(G1)은 지속가능성 보고를 위한 최초의 글로벌 프레임워크다(사회적가치연구원, 2021).

　　GRI는 경제, 환경, 사회 등 주제별 영향 보고를 위한 세부 지침을 제시하고 있으며, 이는 세계적으로 가장 널리 채택된 지속가능성 표준이다. 예를 들어, GS칼텍스도 글로벌 GRI 가이드라인에 따라 지속가능성 보고서를 발간하고 있다. GRI의 경제 성과 지표 범주에는 수익, 지출, 투자, 분배된 경제적 가치 등 조직의 재무적 성과와 관련된 측정 항목이 포함되며, 환경 성과 지표는 에너지 소비, 온실가스 배출, 물 사용, 폐기물 발생, 생물다양성 영향을 포괄하고 있으며, 사회적 성과 지표는 노동 관행, 인권, 지역사회 참여, 다양성과 평등한 기회, 건강과 안전, 이해관계자 참여와 같은 분야에 초점을 맞추고 있다.

　　또한, GRI는 조직이 재무 및 비재무 정보를 결합하여 성과에 대한 보다 전체적인 관점을 제공하는 통합 보고를 채택하도록 권장한다. 이때 통합 보고는 조직의 재무성과와 사회 및 환경에 미치는 영향 간의 연관성을 입증하는 것을 목표로 한다. GRI는 지속가능성 회계기준위원회(SASB) 및 국제 통합 보고 위원회(IIRC) 프레임워크 등의 다른 지속가능성 표준과 자주 비교된다. 그런데 각 표준은 각각 지속가능성 보고에 대한 고유한 초점과 접근 방식을 가지고 있다.

다국적 기업, 정부, 비영리 조직 및 산업 협회 등 전 세계의 많은 선도적 기업과 조직이 지속가능성 보고를 위해 GRI 표준을 채택했다.

다음은 GRI 보고서에서 사용되는 주요 용어로는 중요성, 이해관계자 참여, GRI 기준, 보고 원칙, 보고 프레임워크, 보증, 지표, 경계 및 부문 공개 등이다.

1. 중요성(Materiality)은 조직의 경제적, 환경적, 사회적 영향을 평가하고 결정하는 과정으로, 이 정보가 이해관계자의 결정 및 행동에 영향을 미치는 정도를 나타낸다[GRI Standards, 101; "Foundation" (2016)].

2. 이해관계자 참여(Stakeholder Engagement)는 조직이 영향을 미치거나 영향을 받을 수 있는 개인 또는 그룹(이해관계자)과 의사소통하고, 다양한 의견을 반영하여 의사결정을 하는 과정이다.

3. GRI 기준(GRI Standards)은 조직이 경제적, 환경적, 사회적 영향을 보고하는데, 사용되는 국제적으로 인정받는 기준으로서 이러한 기준은 투명성과 책임성을 높이기 위해 설계된다.

4. 보고 원칙(Reporting Principles)은 정보의 품질과 내용을 보장하기 위해 보고서 작성 시 준수해야 하는 원칙으로, 균형성, 비교성, 명확성, 신뢰성, 시간성, 정확성 등을 포함하고 있다.

5. 보고 프레임워크(Reporting Framework)는 조직의 지속가능성 보고서 작성 시 따라야 하는 구조적 가이드라인이다. 이는 GRI 기준뿐만 아니라 다른 국제적 기준 및 가이드라인을 포함할 수 있다.

6. 보증(Assurance)은 독립적인 제삼자가 보고서의 정보와 그 작성 과정을 검토하고 검증하는 과정으로서 이를 통해 보고서의 신뢰성과 신뢰도를 높일 수 있다.

7. 지표(Indicators)는 조직의 성과 및 영향력을 측정하고 보고하기 위해 사용하는 구체적인 데이터 포인트로서 GRI 기준에서는 경제적, 환경적, 사회적 지표를 제공한다.

8. 경계(Boundary)는 보고서에 포함된 정보가 영향을 미치는 조직의

영역과 범위를 정의한다. 이는 조직의 활동, 제품, 서비스 및 사업
장 등을 포함한다.

9. 부문 공개(Sector Disclosures)는 특정 산업 또는 부문에 특화된 표준
   화된 보고 항목으로, 해당 부문의 특수한 환경적, 사회적, 경제적
   이슈를 반영하고 있다.

099 | 지속가능성 회계기준위원회
(Sustainability Accounting Standards Board, SASB)

지속가능성 회계기준위원회(Sustainability Accounting Standards Board, SASB)는 미국 증권거래위원회에 보고할 기업의 공시기준을 마련할 목적으로 2011년 샌프란시스코에 설립된 독립적인 비영리기관이다. 상장기업이 투자자를 대상으로 중요하고 의사결정에 유용한 정보를 공시하는 데 도움이 되는 지속가능성 회계의 기준을 개발하고 보급하는 것이 설립 목표이다. 지속가능경영의 표준을 제정하는 기관으로, 산업별로 연관성이 높은 지속가능성 리스크를 제시하고 기업이 해당 내용을 지속적으로 보고할 것을 권고하고 있다.

이러한 목표는 근거 기반 연구 및 균형 잡힌 이해관계자의 참여 등의 엄격한 절차를 걸쳐 달성되는데, 지속가능성 회계기준위원회 기준은 현재 미국 규정에 따라 증권거래위원회(Securities and Exchange Commission, SEC)에 제출하는 Forms 10-K, 20-F 등의 공시와 함께 자발적으로 활용할 수 있도록 고안되었다.

지속가능성 회계기준위원회는 2018년 11월 기업, 투자자, 전문가 등 다양한 이해관계자들과 함께 증거에 기반한 연구를 통해 지속가능성 회계기준을 개발·발표하였다. 이 기준은 개념적 프레임워크와 절차적 규칙에 따라 제정되었으며, 기업의 비용 효율성을 고려, 기업과 투자자 모두의 의사결정에 도움이 될 수 있도록 설계되었다.

<그림 4-20> SASB 체계

목적 **정보**
중요성
의사결정의 유용성
비용효과적

표시 **표준화**

주제 선정 **지표 선정**
판단 기준 **원칙**

주제

- 가치창출에 영향
  을 미칠 가능성
- 투자자 관심도
- 이해관계자 합의반영도
- 산업 전반에 걸친 관련성
- 기업의 실행가능성

지표

- 표현의 타당성
- 유용성
- 적용가능성
- 비교가능성 · 연계성
- 완전성 · 중립성
- 검증가능성 · 분배성

SASB 접근법의 근본 원칙

| 근거 기반 | 산업 특유 | 시장정보 기반 |

접근법

※ 출처: SASB 지속가능 보고 기준 국문 번역본(2021.11.10)

2020년 블랙록(BlackRock)의 래리핑크 회장이 SASB 기준과 TCFD 기준 보고서 공시를 요구하면서 큰 주목을 받았고, 2024년 현재 GRI와 함께 지속가능성 보고에서 가장 신뢰받고 있는 기준 중 하나이다.

SASB의 특징은 E(환경), S(사회), G(거버넌스)를 함께 다루는 동시에 산업별로 공시기준을 제공한다는 것이다. 산업분류체계는 기업의 자원 집약도를 고려하고 위험 및 기회 등 지속가능성의 특성이 유사한 산업을 함께 분류하여 11개 산업군, 77개 세부 산업별로 분류한다. 중대성(materiality)의 원칙에 따라 해당 산업별로 가장 중요한 이슈를 다루도록 함으로써 투자자들이 중요한 ESG 이슈에 대한 기업들의 성과를 비교할 수 있는 것이 장점이다. 삼성전자는 2021년 지속가능경영보고서 작성 기준으로 GRI, UN SDGs, TCFD와 SASB의 지표를 반영하였다(삼성전자 홈페이지, 2024년 8월 17일).

지속가능성 회계기준위원회와 국제 통합 보고 위원회(International Integrated Reporting Council, IIRC)는 2021년 6월 10일 합병을 통하여 가치 보고 재단(Value Reporting Foundation, VRF)을 설립, 투자자 등을 위한 기업 보고 시스템 구축을 목표로 하고 있다.

2022년부터 SASB 표준의 관리와 업데이트는 IFRS 재단 산하의 국제 지속 가능성 표준위원회로 이관되었다. ISSB는 SASB 표준을 국제적으로 더욱 적용 가능하게 하기 위해 지속적으로 업데이트하고 있으며, 이 표준은 기업이 IFR2020년 블랙록의 래리핑크 회장이 지속가능성 회계기준위원회 기준과 기후변화 관련 재무정보공개 협의체 기준 보고서 공시를 요구하면서 큰 주목을 받았고, 2024년 현재 글로벌 보고 이니셔티브(GRI)와 함께 지속가능성 보고에서 가장 신뢰받고 있는 기준 중 하나이다.

지속가능성 회계기준위원회의 특징은 E(환경), S(사회), G(거버넌스)를 함께 다루는 동시에 산업별로 공시기준을 제공한다는 것이다. 산업분류 체계는 기업의 자원 집약도를 고려하고 위험 및 기회 등 지속가능성의 특성이 유사한 산업을 함께 분류하여 11개 산업군, 77개 세부 산업별로 분류한다. 중대성(materiality)의 원칙에 따라 해당 산업별로 가장 중요한 이슈를 다루도록 함으로써 투자자들이 중요한 ESG 이슈에 대한 기업들의 성과를 비교할 수 있는 것이 장점이다. 삼성전자는 2021년 지속가능경영보고서 작성 기준으로 GRI, UN SDGs, 기후변화 관련 재무정보공개 협의체와 지속가능성 회계기준위원회의 지표를 반영하였다(삼성전자 홈페이지, 2024년 8월 17일).

지속가능성 회계기준위원회 국제 통합 보고 위원회는 2021년 6월 10일 합병을 통하여 가치 보고 재단을 설립, 투자자 등을 위한 기업 보고 시스템 구축을 목표로 하고 있다.

2022년부터 지속가능성 회계기준위원회(SASB) 표준의 관리와 업데이트는 국제회계기준(IFRS) 재단 산하의 국제 지속가능성 표준위원회로 이관되었다. 국제 지속가능성 표준위원회는 지속가능성 회계기준위원회 표준을 국제적으로 더욱 적용 가능하게 하기 위해 지속적으로 업데이트하고 있으며, 이 표준은 기업이 국제회계기준(IFRS S1)(지속가능성 관련 금융정보 공시의 일반 요구사항)을 적용하는 데 중요한 역할을 한다. 특히 산업별로 특정된 공시 요구사항을 개선하고, 전 세계적으로 일관된 정보 제공을 목표로 한다(IFRS 재단, 2024년 8월 15일).

100 | 기후변화 관련 재무정보공개 협의체
(Task Force on Climate-related Financial Disclosures, TCFD)

기후변화 관련 재무정보공개 협의체(TCFD)는 2015년 12월 G20(주요 20개국 재무장관 및 중앙은행 총재 회의)이 2015년 금융안정위원회(FSB)에 기후변화가 금융에 미치는 영향을 체계적으로 분석할 수 있는 방법론을 개발할 것을 요청하면서 설립되있다. 기후변화 관련 재무징보공개 협의제는 기후변화가 금융기관과 기업에 미치는 중대한 영향을 반영하여, 일관성 있고 비교 가능한 재무 정보를 제공하는 프레임워크를 개발했다(한국사회책임투자포럼 홈페이지, 2024년 8월17일). 기후변화 관련 재무정보공개 협의체의 권고안은 투자자가 기후변화로 인한 위험과 기회를 이해하고 더욱 정보에 입각한 투자 결정을 내릴 수 있도록 돕기 위해 마련된 기후변화에 특화된 표시 방법이다(기후변화 관련 재무정보공개 협의체 홈페이지, 2023년 5월20일).

기후변화 관련 재무정보공개 협의체는 기업이 투자자, 채권자, 보험사 및 기타 이해관계자에게 더 효과적으로 기후 관련 정보를 공개할 수 있는 프레임워크를 개발하여, 2017년 6월에 최종 보고서(자발적 정보공개에 관한 권고안)로 제언 보고서, 부록보고서(4개의 금융 부분과 4개의 비금융 섹터의 예상 전망치), 시나리오 분석을 위한 기술 보충 자료를 발표했는데 네 가지 주요 영역(지배구조, 경영전략, 위험관리, 지표·목표설정)을 다루고 있다(TCFD 최종보고서, 2021).

기후변화 관련 재무정보공개 협의체의 권고 사항은 자발적이지만 전 세계 기업에서 점점 더 많이 채택하고 있다. 2023년 1월 현재 2,600개 이상의 기업이 기후변화 관련 재무정보공개 협의체의 권고안을 지지하기로 공개적으로 약속했다. 기후변화 관련 재무정보공개 협의체의 권고 내용은 국제적으로 확립된 기후변화 정보공개 체계라는 인식이 확산되고 있으며, 주요 국가에서는 법제화 움직임도 나타나고 있다. 국내에서는 환경부와 한국환경산업기술원은 국내 기관들의 기후변화 대응 의식을 높이고, 환경정보 공개를 확대하기 위해 정부기관 중 최초로 기후변화 관련 재무정보공개 협의체(TCFD)의 지지를 선언했다(환경부 보도자료, 2020.05.28.).

기후변화 관련 재무정보공개 협의체의 권고 사항은 네 가지 핵심 주제에 따라 정리된다.

· **거버넌스**: 조직의 이사회와 경영진이 기후 관련 리스크와 기회를 어떻게 감독하고 있는지 공개
· **전략**: 기후 관련 리스크와 기회가 조직의 사업, 전략, 재무 계획에 미치는 실제 및 잠재적 영향 공개
· **리스크 관리**: 기후 관련 리스크를 식별하고 평가하며 관리하는 조직의 프로세스 설명
· **지표와 목표**: 기후 관련 리스크와 기회를 평가하고 관리하는 데 사용되는 지표와 목표 공개

각종 ESG 표시 프레임워크 및 평가기관이 기후변화 관련 재무정보공개 협의체 권고안과의 정합성을 위해 개정 및 재검토를 진행하고 있다, 기후변화 관련 재무정보공개 협의체 권고안은 각 프레임워크 평가의 표준이 되고 있다. 기후변화 관련 재무정보공개 협의체의 권고 사항은 전 세계적으로 채택되고 있으며, 다양한 산업과 지역에 걸쳐 적용 가능하다. 2024년부터는 국제표준지속가능성기준위원회가 기후변화 관련 재무정보공개 협의체의 모니터링 역할을 이어받아, 기후 관련 재무 정보 공개를 글로벌 표준으로 발전시키고 있다(IFRS 홈페이지, 2024년 8월 15일).

<그림 4-21> TCFD recommendations report

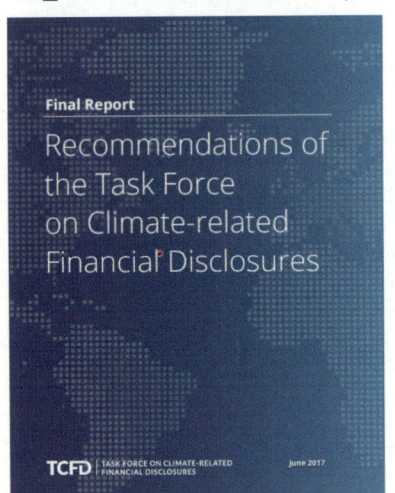

Final Report
Recommendations of the Task Force on Climate-related Financial Disclosures

TCFD | TASK FORCE ON CLIMATE-RELATED FINANCIAL DISCLOSURES
June 2017

※ 출처: "TCFD 홈페이지". https://www.fsb-tcfd.org/ (검색일: 2024.8.15.)

101 국제표준지속가능성기준위원회
(International Sustainability Standards Board, ISSB)

국제표준지속가능성기준위원회가 ESG 공시 세계 표준을 제정하기 위해 2021년 설립되었다. 국제 지속가능성 기준위원회(ISSB)는 국제적 공시기준 표준화를 추진하며, 2023년 3월 31일 기후변화 관련 재무정보공개 협의체(TCFD) 권고안을 기반으로 지속가능성 회계기준위원회(SASB)와 지표를 통합한 기준서인 국제회계기준(IFRS) 지속가능성 공시기준 공개 초안을 발표했다. 국제표준지속가능성기준위원회는 전 세계 기업과 조직을 위한 지속가능성 보고 표준을 개발하고 홍보하는 글로벌 조직으로, 기업이 환경 및 사회적 영향에 대해 더 많은 책임을 져야 하는 오늘날 세계에서 그 중요성이 증가하고 있다.

지속가능성의 정의는 미래 세대의 필요를 충족할 수 있는 능력을 손상시키지 않으면서 현재의 필요를 충족하는 것이다. 지속가능성의 개념에는 환경적, 사회적, 경제적 고려 사항의 균형을 맞추어 장기적 가치를 창출하고 책임 있는 사업 관행을 촉진하는 것이 포함된다. 국제적 지속가능성 표준의 역사는 조직이 지속가능성 성과를 측정하고 보고하는 것의 중요성을 인식하기 시작한 1990년대 초반으로 거슬러 올라간다. 이후 다양한 이니셔티브와 조직이 설립되어 국제표준지속가능성기준위원회가 글로벌 표준 설정 기관으로 자리 잡았다.

국제표준지속가능성기준위원회는 일관되고 비교가능하며 신뢰할 수 있는 글로벌 지속가능성 보고 표준 설정에 중요한 역할을 한다. 이 조직은 기업, 투자자, 규제 기관, 시민사회를 포함한 다양한 배경의 이해관계자와 협력하여 표준이 글로벌 커뮤니티의 요구를 충족하도록 한다. 환경 지속가능성 기준은 온실가스 배출, 에너지 관리, 자원 효율성, 생물 다양성 보존을 포함한 광범위한 문제를 포괄하며, 이러한 기준은 회사가 환경 영향과 성과를 측정, 관리 및 보고하는 데 도움이 된다. 사회적 지속가능성 기준은 노동권, 근무 조건, 인권, 지역사회 영향, 다양성 및 포용성과 같은 분야에 초점을 맞추고 있으며, 이러한 기준을 준수함으로써 회사는 직원, 지역사회 및 이해관계자를 공정하고 윤리적으로 대우하고 있음을 보장할 수 있다. 경제적 지속가능성 기준은 지속가능한 재무 관리, 투명성 및 보고, 위험관리, 조정과 같은 측면을 다루며, 이러한 기준은 기업이 지속가능성을 비즈니스 전략과 운영에 통합하게 하여 모든 이해관계자의 장기적 가치 창출에 도움을 준다.

지속가능성 보고 및 인증은 회사의 지속가능성 전략의 필수 구성 요소이다. 회사는 핵심 성과 지표(KPI)를 사용하여 성과를 측정하여 지속가능성 보고서를 작성하고, 검증 및 인증 절차를 거쳐 회사의 지속가능성에 대한 의지를 입증하고 이해관계자와의 신뢰를 구축할 수 있다. 견고한 지속가능성 전략을 개발하려면 지속가능성을 비즈니스의 모든 측면에 통합하고, 명확한 지속가능성 목표를 설정하고, 성과를 모니터링하며, 지속적인 개선을 보장하기 위해 정기적인 관리 평가를 실시해야 한다.

선도적 기업의 사례는 성공적인 지속가능성 관행, 직면한 주요 과제, 이를 극복하기 위한 모범 사례에 대한 귀중한 통찰력을 제공한다. 이러한 사례에 대해서 학습함으로써 기업은 자체 지속가능성 노력을 강화하고 글로벌 경제에서 긍정적인 변화를 주도할 수 있다.

또한 가능성 공시는 다양한 법적, 규제적 요구사항을 준수하는 것 이상의 가치가 있다. 이는 기업에게 자원의 효율적 이용, 리스크 관리, 브랜드 가치 증대를 가능하게 하고, 기업의 투자 유치에 있어서도 긍정적인 영향을 미친다. 지속가능성을 통합한 기업 운영은 소비자와 투자자, 그리고 기타 이해관계자의 신뢰를 얻는 중요한 요소로 작용하면서 기업의 장기적인 생존과 성장에 기여한다. 이와 같은 이유로, 지속가능성 보고는 단순한 트렌드가 아닌 기업 경영의 필수 요소가 되고 있다.

102 | 해외 ESG 평가기관

ESG 평가기관은 평가대상 기업의 공시정보를 포함한 지속가능성에 관한 정보를 취합하여 평가한다. 초기의 해외 ESG 평가기관은 해당 국가 및 지역 내 시장의 ESG 정보를 그 지역의 투자자에게 제공하는 기관으로 시작하였다 (장윤제, 2021).

ESG 평가기관은 기업의 Environmental, Social, Governance 성과를 평가하여 투자자와 이해관계자들에게 제공하는 역할을 한다. 다양한 ESG 요소들을 종합적으로 분석하여 기업의 지속가능성을 측정하며, 그 결과를 바탕으로 ESG 점수를 부여한다. 이는 투자자들이 책임감 있는 투자 결정을 내리는 데 중요한 지표로 활용된다(ESGVoices, 2024년 8월 15일)

ESG 관련 시장에서 주요 ESG 평가 및 데이터를 제공하는 주요 회사로 Bloomberg, MSCI, Sustainalytics, ISS, FSTE Russell, S&P, Vigeo Eiris, Refinitiv(구 Thomson Reuters) 등을 들 수 있다. 이 중 MSCI, ISS ESG, Sustainalytics는 ESG 데이터 시장의 3대 회사로 60%의 시장을 점유하고 있다.

<표 4-9> 해외 주요 평가기관

평가기관	특징
MSCI	· 글로벌 3대 투자은행으로 꼽히는 모건스탠리의 자회사 · 글로벌 주식시장의 대표적인 지수 · 매년 전 세계 8,500여 개 상장사를 대상으로 ESG 경영 현황 평가 · 7개 등급(AAA-AA-A-BBB-BB-B-CCC)으로 분류 · MSCI ESG 등급의 평가항목은 환경, 사회, 거버넌스의 총 3가지 기둥과 하위 10가지 기둥별 테마, 테마별 핵심 이슈 35가지로 구성

평가기관	특징
FTSE Russell	· 피어슨·런던 증권거래소 그룹에 의해 설립, 런던증권거래소 소유 · 2001년 ESG 평가를 바탕으로 한 지수 'FTSE4Good'을 시작 · 영국 FTSE 100 지수, 러셀 2000 등 많은 지수 운영 · 환경, 사회, 거버넌스 3가지 필라(Pillars), 14가지 테마로 구성
Sustainalytics	· 1992년에 설립, 2020년 글로벌 펀드 평가회사 모닝스타에 인수 · ESG 리스크 지수(ESG 활동이 재무 상태에 미치는 영향) 평가 · 산업별 70개 이상의 항목 평가 / 세부 평가항목 비공개 · 지속가능채권 가이드라임 검증기관 · 기업의 리스크 노출도 산출→통제되고 있는 리스크 산출→리스크 노출도 에서 통제되고 있는 리스크 제외하여 통제되고 있지 않은 리스크 산출

※ 출처: 평가기관 홈페이지, 이승준·이연지(2022)을 바탕으로 저자 작성

MSCI(Morgan Stanley Capital International)는 글로벌 투자 커뮤니티에서 가장 널리 사용되는 ESG 평가 제공 기관 중 하나로 기업, 국가, 펀드 등을 대상으로 ESG 성과를 평가하고, 이를 투자자들이 의사결정에 활용할 수 있도록 돕는다. FTSE Russell는 글로벌 금융 지수를 제공하는 기업으로 ESG 평가 결과를 바탕으로 다양한 ESG 지수를 개발하였다. 가장 유명한 지수는 FTSE4Good Index Series로, ESG 성과가 우수한 기업을 포함하는 지수이다. Sustainalytics는 1992년에 설립되었으며, 현재 Morningstar에 소속되어 있다. Sustainalytics는 주로 기관 투자자들을 대상으로 ESG 데이터를 제공하여, 이들이 책임 있는 투자 결정을 내릴 수 있도록 기여한다.

이들 평가기관은 기업의 ESG 성과를 분석하고, 투자자들이 장기적으로 가치 있는 투자 결정을 내릴 수 있도록 지원한다. 각각의 기관은 고유의 방법론과 평가 기준을 가지고 있으며, 이들은 글로벌 시장에서 책임 있는 투자와 지속가능한 경영을 촉진하는 중요한 역할을 하고 있다.

103 | 국내 ESG 평가기관

국내의 경우 상장기업을 대상으로 하는 ESG 평가와 지수 산출 및 자산운용을 아우르는 인프라 생태계가 자생적으로 발현되어 심화되고 있다.

최근 발행되는 채권에 대한 환경 및 사회책임 인증 서비스를 제공하는 신용평가사, 그리고 기업 지속가능경영보고서를 국제 인증 기준에 맞춰 인증하는 회계법인과 연관 컨설팅 서비스가 급증하고 있다. 상장기업을 중심으로 환경(E), 사회(S), 거버넌스(G) 개별 부문에 대한 평가 및 종합 평가를 하여 통합 등급을 산출하는 평가기관으로는 한국 ESG기준원, 서스틴베스트(Sustinvest), 한국 ESG연구소가 대표적이다.

<표 4-10> 국내 주요 ESG 평가기관

평가기관	설립 연도	평가 모형	특징
서스틴베스트	2006년	ESG Value™	· 국내 기업의 ESG 리스크 관리 수준 평가 · 자체 개발 ESG 평가 모형 ESGValue™으로 평가 · 7개 등급(AA, A, BB, B, C, D, E)으로 ESG 등급표 구성 · ESG 규모 등급 적용 · 평가 대상 종목 수: 1,045개(2022년)
한국 ESG 연구소	2021년	KRESG	· 기관투자자의 수탁자 책임 이행을 지원하는 전문 자문기관 · 자체 평가 모형 KRESG으로 평가 · GIGS 기반 자체 15개 산업군 34개 산업분류 적용 · ESG 특화 산업군인 'ESG Focus' 신설 · 커버리지 확정 →데이터 수집 및 검증 → 평가 등급 부여 및 점검 → 최종 등급 산정 및 결과 보고
한국 ESG 기준원	2002년	KCGS Model	· 코스피, 코스닥 상장사 등을 대상으로 평가 · 한국거래소(KRX)와 SRI(사회책임투자) 지수 개발 · 7개 등급(S, A+, A, B+, B, C, D)으로 ESG 등급표 구성 · 공급망 ESG 평가 방법 특허 등록 · 평가 준비 → 평가 수행 → 평가 피드백 → 등급 부여 → 등급 발표

※ 출처: 각 기관 홈페이지 재구성

서스틴베스트는 2006년에 설립된 ESG 평가·자문 기관으로, 2007년 국내 최초로 자체 평가 모형을 개발했다. 한국의 상장 및 비상장 기업을 대상으로 포괄적인 ESG 평가를 제공하며, 국내에서 가장 오랜 시계열과 최대 평가 대상 기업 수를 보유하고 있다. 서스틴베스트의 ESG 평가 방법론은 기업의 공개된 자료와 더불어 다양한 외부 데이터와 분석을 통해 이루어진다. 또한, 산업별 특성을 고려하여 평가 가중치를 설정하고, 기업의 규모와 자산에 적합한 ESG 활동 진행 여부를 평가한다(서스틴베스트 홈페이지, 2024년 8월 17일). 서스틴베스트는 기업의 환경 및 사회적 성과를 중점적으로 평가한다(ESG경제, 2023).

한국 ESG기준원은 2003년에 거버넌스(G) 평가를 시작으로 2011년에 환경(E)과 사회(S) 모범규준을 제정하고 같은 해 ESG 통합 평가를 시작했다(이인형, 2021). 한국 ESG기준원은 한국거래소와 함께 유가증권시장 상장사 및 일부 코스닥 상장사들을 대상으로 ESG 평가를 수행한다. 평가 데이터를 바탕으로 기업의 ESG 리스크를 평가하고, 투자자들이 이를 고려하여 의사결정을 할 수 있도록 돕는다(한국ESG기준원, 2024년 8월 15일)

한국 ESG연구소는 대신경제연구소의 ESG 관련 부문을 독립시켜 설립된 기관으로, ESG 평가와 책임투자 연구를 전문으로 수행한다. 기업의 지속가능성에 영향을 미치는 비재무적 요인인 환경(E), 사회(S), 거버넌스(G) 성과와 리스크를 당사의 평가 모형(KRESG)으로 평가함으로써 투자자의 합리적인 의사결정과 책임투자 활동을 지원한다(한국 ESG연구소, 2024년 8월 17일).

해외 ESG 평가기관들이 인수 합병을 통하여 대형 영리법인의 과점 과 중소 규모의 전문성 있는 기관으로 시장이 재편성됐지만, 국내 ESG 평가기관이 오랫동안 시장을 주도하고 있다(금융위원회, 2023).

기업이나 조직의 의사결정과 활동에 직접적·간접적으로 영향을 미치거나 영향을 받는 개인, 그룹 또는 기관을 의미한다. 기업 경영과 관련된 다양한 집단으로 구성되며, 주주·직원·고객·공급업체·지역사회·금융기관·NGO·정부 등이 여기에 포함된다. 이해관계자는 기업의 리스크 관리와 이슈 대응에 있어 필수요소로, 이들의 요구와 기대에 대한 적극적인 반영은 기업의 성공적인 경영에 필수적이다.

<그림 4-22> 이해관계자 맵핑

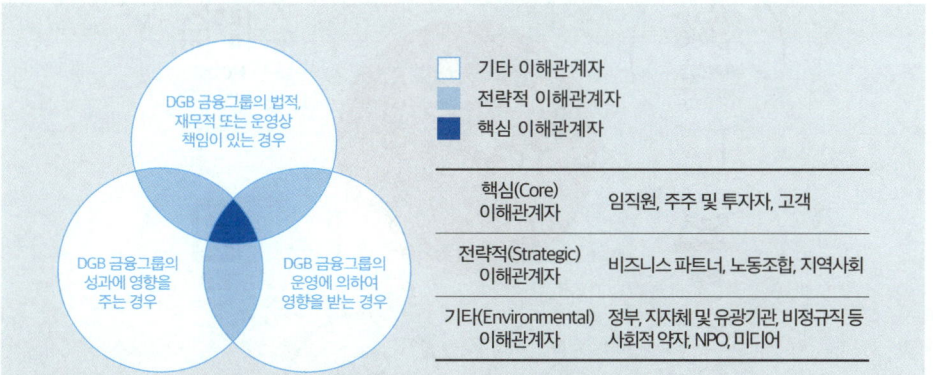

※ 출처: "DGB 금융그룹 홈페이지". http://www.dgbfg.co.kr/ (검색일: 2024.8.17.)

이해관계자는 기업의 중요한 전략적 결정에 큰 영향을 미칠 수 있으며, 기업의 성공적인 경영을 위해 이들의 요구와 기대를 적극적으로 반영하는 것이 필수적이다(investopedia 홈페이지, 2024년 8월 15일). 이해관계자는 크게 내부 이해관계자와 외부 이해관계자로 구분된다. 내부 이해관계자는 조직 내부에 위치하여 기업의 성공에 직접적으로 연관된 사람들이다. 예를 들어, 직원, 경영진, 투자자 등이 포함된다. 이들은 조직의 운영과 성과에 직접적인 이해관계를 가지고 있다. 외부 이해관계자는 조직 외부에 위치하면서 조직의 활동으로부터 영향을 받는 사람들이다. 고객, 공급업체, 지역사회, 정부 기관 등이 포함된다. 기업의 환경적 영향이 지역사회의 건강과 안전에 영향을 미칠 수 있으므로, 지역사회는 중요한 외부 이해관계자에 해당된다(investopedia 홈페이지, 2024년 8월 15일).

<그림 4-23> SK Telecom 이해관계자 맵

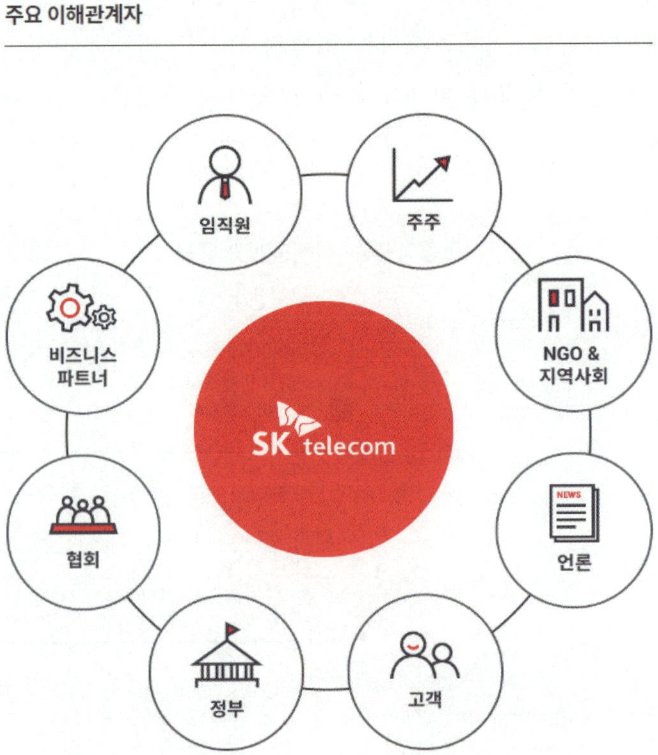

※ 출처: "SK Telecom 홈페이지". https://www.sktelecom.com/ (검색일: 2024.8.17.)

애플, 아마존, 월마트, 블랙록 등 영향력 있는 기업의 CEO 181명이 참여한 BRT(Business Roundtable)는 2019년 8월 연례회의에서 기업의 주주 우선 원칙을 폐지하고 모든 이해관계자의 가치가 통합된 새로운 '기업의 목적(Purpose of a Corporation)'을 선언했다. 기업들이 과거 '주주(Shareholder)의 이익'를 최우선시했던 것에서 탈피하여 이제는 고객, 직원, 공급자, 지역사회, 주주 등 모든 이해관계자(Stakeholder)의 가치를 고려해야 한다는 내용이 담겼다(기호일보. 2022.08.04.)

105 | ESG 거버넌스

거버넌스의 어원은 kubernáo(그리스어) 배를 조종한다(플라톤)에서 기원한다. 여기서 주목할 점은 배는 한 사람이 조종할 수 없다는 점이다. 거버넌스는 공식적인 권위 없이도 다양한 행위자들이 자율적으로 호혜적인 상호의존성에 기반을 두어 협력하도록 하는 제도 및 조정형태(Kooiman & Vliet, 1993)로 정의되고 있다. 조직의 집단적 활동을 이끌고 제약하는 공식 혹은 비공식적 과정과 제도들(Keohane & Nye, 2000)을 의미하는 것이다. 거버넌스를 "모든 수준에서 세계와 국가의 문제를 관리하기 위한 경제적, 정치적, 행정적 권한의 행사이며 시민과 집단이 그들의 이익을 분명히 하고, 법적 권리를 행사하고, 의무를 이행하고, 차이점을 중재하는 메커니즘, 프로세스 및 제도"로 정의한다(UNDP, 1997). 이를 기업에 대입한 것이 '기업 거버넌스'인 바, 유엔 개발계획은 기업 거버넌스를 "합의 및 법적으로 위임된 표준에 따라 조직이 어떻게 지시되고 통제되는지를 설명하는 규칙, 관행 및 프로세스 시스템"으로 정의한다(UNDP, 2016). 국제표준화기구는 "굿 거버넌스를 지속가능한 발전을 달성하기 위한 조직의 사회, 환경적 책임원칙을 조직의 의사결정과 실행에 통합하는 것"임을 강조한다(ISO26000, 2011).

거버넌스는 일방적인 희생이 아니라 협동을 통해 얻는 이익을 의미한다. 기업 거버넌스는 기업과 국가·사회와의 관계에서 기업의 비즈니스 활동이 국가와 사회의 법과 윤리를 거스르지 않음으로써 국가와 사회로부터 비즈니스의 윤리적 정당성을 확보하는 것이다. 또한 기업의 비즈니스를 통해 국가와 사회 경제 발전에 기여함으로써 효율성 측면에서 기업의 존속을 인정받도록 하는 것이다. 기업 거버넌스는 기업과 투자자와의 관계에서 투자자를 대신하여 기업을 경영하는 경영자의 윤리성을 유지하고 확보하는 것이며, 효율성 측면에서 기업을 성장시키고 가치와 성과를 창출함으로써 투자자의 지속적인 지지를 획득할 수 있도록 하는 것이다(사회적가치연구원(2023).

ESG 경영의 관점에서 볼 때 의사결정에 영향을 미치는 거버넌스 구조는 소유구조와 의사결정구조로 설명할 수 있다. 거버넌스가 '의사를 결정하는 체계와 구조'라는 점에서 기업의 소유구조와 의사결정구조가 기업 거버넌스에 가장 큰 영향을 미치기 때문이다.

<그림 4-24> ESG 거버넌스 관리 MAP

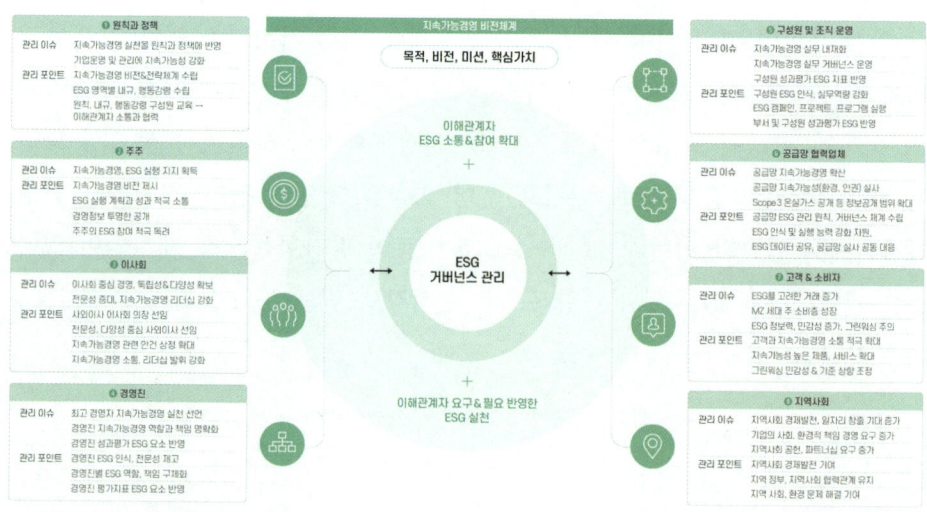

※ 출처: 사회적가치연구원(2023)

ESG 경영 시대, 기업이 합의한 거버넌스의 원칙(G20/OECD 기업 거버넌스 원칙, 2015)은 다음과 같다. 그것은 첫째, 시장의 투명성과 공정성을 제고하고 자원의 효율적 배분에 기여하는 것이어야 한다. 기업 거버넌스 체계는 법의 지배 원칙에 부합해야 하고, 효과적인 감독과 집행을 지원해야 한다는 것이다. 둘째, 기업 거버넌스 체계는 주주의 권리행사를 보호하고 이를 활성화할 수 있어야하며 소주주와 외국 주주를 포함한 모든 주주의 평등대우를 보장할 수 있어야 한다. 주주권이 침해된 경우 모든 주주에게 효과적인 구제 수단이 보장되어야 한다. 셋째, 기업 거버넌스 체계는 투자체인(investment chain)을 통해 건전한 인센티브를 제공하고 주식시장이 좋은 기업 거버넌스 체계를 형성하는데 기여할 수 있어야 한다. 넷째, 기업 거버넌스 체계는 법률 또는 상호합의에 의해 형성된 이해관계자들의 권리를 인식하고 기업과 이해관계자 간의 적극적인 협력을 유도함으로써 부와 고용을 창출하고 재무적으로 건전한 기업의 지속가능성을 제고하여야 한다. 다섯째, 기업의 재무상태, 경영성과, 주주구성, 지배구조를 포함 한 모든 중요 사항에 대해 시의적절하고 정확한 공시를 보장해야 한다. 기업 거버넌스 체계는 회사의 전략적 지도, 이사회의 경영진에 대한 효과적인 모니터링, 이사회의 회사와 주주에 대한 책임성을 보장해야 한다.

현재 글로벌 평가 이니셔티브들이 제시하는 기업 거버넌스 관련 지표는 위에서 제시한 원칙을 포함하고 있다. 지배구조와 관련 주식소유구조, 이사회 구조, 이사회 구성원 독립성 확보, 이사회 의장(사외이사), 사외이사 독립성 보장, 이사회 구성원 다양성 확보, 이사회 운영 효율성, 경영진 평가, 장기성과 반영, 감사위원회 권한과 역할(MSCI 거버넌스, 2022) 등이 평가항목으로 제시되어 있다. 물론 기업행동에 있어서 평가항목으로 윤리강령 및 행동규범 정책화 및 실행이 포함한다(사회적가치연구원(2023).

106 | SDGs 경영 나침반

SDGs, ESG 경영이나 기업 혁신에 대한 다음 3가지 점검은 중요하고 필수적이다. 첫째, 사회, 경제, 환경문제에 대한 대응이 기업의 지속성으로 이어지는 것을 이해하는 것이며, 둘째, 사회나 비즈니스에 대해 장적적인 관점에서 사고해야 한다는 것이다. 셋째, 기업 스스로 미래 사회의 바람직한 모습을 장기적 비전으로 제시해야 한다는 것이다. 이러한 대응은 SDG Compass의 아웃사이드 인(Outside in) 접근방식과 일치하는 바람직한 방향 설정임을 평가받기도 한다. 다만 여러 기업의 장기 비전을 보면 기업 슬로건과 같은 정성적인 기술에 머물러 있는 것도 적지 않다. 한편, SBT나 RE100으로 하는 국제 이니셔티브 아래에서 대응은 시나리오 분석이나 로드맵 작성을 요구하기 때문에 보다 구체적인 도달 목표와 거기에 이를 전망을 제시해야 한다.

기업의 SDGs 장기목표 달성을 위해서 사업 포트폴리오 portfolio의 재검토, 중요 과제 특정, KPI(목표, 수치) 설정, 이행을 위한 체제 정비, 종업원의 이해 촉진, 거래처나 이해관계자와의 관계성 강화 등이 요구된다. 많은 기업이 장래의 바람직한 모습에서 필요한 선택과 전략을 모색한다. 대부분 기업은 목표 도달을 위한 다양한 경로를 찾는 백캐스팅(backcasting)을 통해 무엇을 해야 할지를 검토한다. 이때 사원이나 관리직 의견을 모을 수 있는 소통의 장을 만드는 작업도 이루어지고 있으며 보텀 업의 시점을 가미한 핵심 과제의 특정·KPI 설정 등이 이루어진다. 미래세대나 유럽, 아시아의 소비자를 의식한 전략을 검토하는 것은 물론 개개 현장에서 개개인의 사고와 행동 변화를 이끌어내지 못하면 기업의 혁신은 불가능하기 때문에 사원들의 의식 변화를 위한 연수, 교육에 집중하는 기업도 있다.

<그림 4-25> SDGs 나침반의 5단계

※ 출처: https://sdgcompass.org (검색일: 2024.5.5.)

    세계의 많은 기업은 SDG Compass를 활용하여 경영 전략과 SDGs에 대한 공헌 측정과 관리를 하고 있다.[9] 기업은 'SDG 경영' 전략 실천을 위해 다음의 5가지 단계를 적용하고 있다. 이를 간단히 살펴보면 1단계(SDGs 이해)는 기업 구성원이 SDGs를 충분히 이해하는 것을 지원하는 단계로서 기업의 사회적 책임(Corporate Social Responsibility, CSR)뿐만 아니라 임원과 회사 전 구성원의 이해를 촉진하는 단계이다. 2단계(우선순위 결정)는 SDGs를 통해 만들어지는 중요한 사업 기회, 위험 그리고 SDGs 인재, 부서, 시설을 점검하고 우선적 대응 과제

---

9 기업의 SDGs 경영은 신규 사업과 시장 개척은 물론 투자자에게 좋은 평가를 받는 기회로 작용한다. 현재 SDGs 시장 기회의 가치는 한 해 12조 달러로 예상되고 있다. SDGs에 적극적으로 임하는 기업은 소비자에게 긍정적인 이미지를 얻게 된다. SDGs는 브랜딩 시책의 하나로도 유효하다. 또한 SDGs는 기업이 경험할 미래의 리스크를 줄이는 데도 유용하게 활용된다. SDGs 각 목표와 세부목표는 전 세계적인 문제이자 해결 과제이자 기업 활동에 영향을 미치는 항목들이다.

를 결정하는 단계이다. 3단계는 경영 전략의 성공에 영향을 미치는 중대한 사안과 기업 전체의 우선적 사항의 공유를 촉진하고 목표를 발표하는 단계이다. 4단계는 핵심사업과 기업지배구조로 지속가능성을 통합하는 단계이다. 5단계는 보고와 커뮤니케이션 실시 단계이다. 이러한 모든 단계 과정을 거친 후 2~5단계 반복을 통해 정교화된다.

물론 SDG Compass 5단계는 해당 기업이 관련 법령을 준수하고 최소한의 국제 표준을 존중하며 우선 과제로 기본적 인권 침해에 대처할 책임성을 전제한다. SDG Compass는 다국적 기업에 초점을 두고 개발되었지만, 중소기업과 기타 조직의 현실적 상황과 조건, 필요에 따라 이를 변용·활용할 수 있다.

기업이 지속가능한 사회를 실현하고, 생존과 미래를 위해 취할 수 있는 조치의 핵심은 지속가능발전목표 실천이다. 이는 'TBL(Triple bottom line)', 즉 경제 번영, 환경 품질, 사회적 공정을 염두에 두고 기업의 비전, 정책, 전략의 재정의 하는 데에서 시작될 수 있다. 시작된다. 이를 통해 경제적, 환경적, 사회적 목표·지표를 정할 수 있다.

또한 명확한 성과 목표를 갖춘 지속가능한 생산·소비 프로그램을 수립하고 조직으로서 장기적인 관점을 통해 정부와 시민사회, 기업과 협력 관계를 구축하는 것이다.

기업은 SDGs 관련 정관, 행동강령 또는 실무 지침을 도입하여 바람직한 행동과 실적을 확보해야 한다. 이를 위해 지속가능경영 관점에서 사업 운영 기준 설정과 이에 따른 보고를 포함한 지속가능성 원칙의 비즈니스 관행에 대한 통합적 진행 상황을 측정, 평가와 환류, 보고를 수행해야 한다. 여기서 기업 운영의 투명성과 혁신, 사회적 공헌 실행을 위한 이해관계자와의 정기적인 소통의 장을 만들어야 한다. 이러한 조치들은 적절한 관리 시스템을 가진 기업의 과제 대응력에 효과적일 수 있기 때문이다. SDGs 이행과 목표 달성을 위해 기업이 활용할 수 있는 중요한 메커니즘 또는 도구로는 (a) 평가도구 및 감사 도구(환경 영향 평가, 환경 위험 평가, 기술 평가, 전 과정 평가 등) (b) 관리 도구(환경 경영 시스템과 환경 디자인 등) 및 (c) 커뮤니케이션 도구 및 보고 도구(기업 환경 보고서 및 지속가능성 보고서 등) 등을 들 수 있다.

107 │ 기업과 SDGs·ESG 경영

2015년 유엔 회원국의 만장일치로 채택한 SDGs는 지속가능한 사회를 구현하기 위한 17개 목표, 169개 세부목표, 231개 지표로 구성되어 있다. SDGs는 2030년까지 전 세계인이 달성해야 할 헌장으로서 모든 사회적 주체의 참여와 행동을 강조한다. 특히 유엔은 기업이 주도적으로 사회문제 해결을 담당하도록 요구한다. 이는 '민간기업의 활동과 투자 및 혁신은 생산성과 포용적 경제성장, 고용 창출의 주요한 동력'이다. 유엔은 영세기업부터 협동조합, 다국적 기업에 이르는 민간부문의 다양성을 인정하며 기업의 혁신과 창의성을 통해 지속가능발전을 가로막는 문제 해결에 동참해 줄 것을 요청한다(2030의제 제 67항).

유엔을 비롯한 국제사회는 기업의 포용적이고 창의적인 혁신에 의한 SDGs·ESG(환경·사회·거버넌스)의 활성화를 기대한다. 유엔은 '기업이 역동적이면서 제 기능을 할 수 있도록 장려하는 한편, 기업과 인권에 관한 이행지침(Guiding Principles on Business and Human Rights), 국제노동기구의 노동기준, 아동권리협약(Convention on the Rights of the Child) 및 주요 다자간 환경협정과 같은 관련 국제 기준, 협정, 보건 기준을 수호(2030의제 제67항)'할 것을 제언한다.

최근 많은 기업은 ESG 경영을 통해 SDGs 실천을 수행하고 있다. 그러나 기업의 SDGs·ESG 실천은 '회사 홈페이지나 광고, 지속가능경영 보고서에만 존재한다'라는 비판도 커지고 있다. 국제기구, NGO, 언론 등은 이를 'SDGs·ESG 워시'라고 정의 내린다(OECD, 2017). 기업이 친환경적인 이미지로 소비자를 오도하는 '그린 워싱(Greenwashing: 위장 환경주의)'로 보는 것이다.

한 가지 기억해야 할 것은 SDGs·ESG 워시(Wash)는 종종 의도하지 않은 결과를 낳기도 한다는 점이다. SDG 워시 발생 원인은 크게 기업 리더의 SDGs-ESG 경영 철학과 비전의 부재, 공급망 관리와 통제 시스템의 미구축, SDGs 사내 이니셔티브 부재, 다 부문적-지역사회 협력 부족 등이 거론된다.

SDGs·ESG 워시 방지를 위한 기업의 가능한 방법은 의외로 간단하다. 그것은 첫째, 개별 기업 여건과 조건을 고려한 철학과 비전 재설계와 사내 SDGs·ESG 이니셔티브 지원이다. 글로벌, 국가 경영 트렌드를 고려하되 기업에 맞는 방식으로 SDGs·ESG 과제 중 우선순위를 선택함으로써 기업활동에 부담을 주지 않고 SDGs·ESG를 실천하면 된다.

둘째, 공급망 관리와 시스템 구축이다. 기업 리더는 공급망 관리와 시스템 구축에 관한 의지를 보여줄 필요가 있다. 그리고 담당 부서와 책임 주체를 선정하여 K-ESG 가이드라인 기준에 부합하여 지역사회와 연계를 실행할 수 있는 항목 관리, 정기적인 내부 점검, 전문가 자문과 감사를 수행해야 한다.

셋째, 지속적인 교육과 커뮤니케이션 모색이다. 직원과 비즈니스 파트너들은 SDGs·ESG의 가치와 비전에 관한 상시적인 의사소통이 이루어져야 한다. SDGs·ESG 가이드라인을 명확히 인식, 정의하고, 특정 목표에 통합하여 회사와 외부에 정보를 전달해야 한다. 회사 내 교육과 홍보가 많을수록 SDGs·ESG 워시는 줄고, 직원의 더 많은 헌신을 끌어낼 수 있다. 기업은 SDGs·ESG에 대한 이해, 우선순위의 결정, 목표 설정, 통합적 관리, 보고 및 커뮤니케이션이라는 메커니즘의 작동을 통해 SDGs·ESG를 실행할 수 있다.

환경과 사회의 미래를 염두에 둔 지속가능한 자원과 원료 사용, 노동 조건 개선은 비용을 증가시키는 경향이 있다. 그럼에도 불구하고 매년 많은 기업이 SDGs·ESG 경영 철학에 기반한 비즈니스에 참여하는 이유는 무엇일까? SDGs는 빈곤과 기아 퇴치, 교육 기회 확대, 지속가능한 에너지 보장, 기후변화 해결을 포함한 17개 목표로 구성되어 있으며, 이러한 목표는 세계가 직면한 문제이다. 이러한 사회문제를 해결하기 위한 과정은 다른 산업, 이해관계자와 협력할 수 있는 새로운 비즈니스를 창출하고 관계를 개선한다. 높은 브랜드이미지는 우수한 인적 자원 유치와 고객의 수를 늘리는 데 효과적이다.

2006년 코피 아난 유엔 사무총장이 금융업계에 제창한 '책임투자 원칙'은 기업이 SDGs 참여의 초석이 되었다. PRI는 기관투자가가 환경(Environment), 사회(Social), 거버넌스(Governance)의 영어 머리글자를 합친 'ESG' 실행을 투자의 원칙으로 삼는다.

2022년 세계 많은 기업은 SDG Compass를 활용하여 경영 전략과 SDGs와 ESG에 대한 공헌을 측정하고 관리하고 있다(이창언, 2020e, 257). 기업은 'SDGs-ESG 경영' 전략 실천을 위해 다음 다섯 가지 단계를 적용하고 있다.

이를 간단히 살펴보면 1단계(SDGs-ESG 이해)는 기업 구성원이 SDGs-ESG를 충분히 이해할 수 있게 지원하는 단계로서 CSR뿐 아니라 임원과 회사 전 구성원의 이해를 촉진하는 단계이다. 2단계(우선순위 결정)는 SDGs-ESG를 통해 만들어지는 중요한 사업 기회, 위험 그리고 SDGs-ESG 인재, 부서, 시설 점검과 대응 과제를 결정하는 단계이다. 3단계는 경영 전략의 성공에 영향을 미치는 중대한 사안과 기업 전체사항의 공유를 촉진하고 목표를 발표하는 단계이다. 4단계는 핵심사업과 기업지배구조로 지속가능성을 통합하는 단계이다. 5단계는 보고와 커뮤니케이션 단계이다(이창언, 2020e: 257).

이 과정은 모든 단계를 거친 후 2~5단계를 반복하면서 정교화된다. 물론 SDG Compass의 5단계는 해당 기업이 관련 법령을 준수하고 최소한의 국제 표준을 존중하며 우선 과제로 기본적 인권 침해에 대처할 책임성을 전제한다. SDG Compass는 다국적 기업에 초점을 두고 개발되었지만, 중소기업과 기타 조직의 현실적 상황과 조건, 필요에 따라 이를 변용하여 활용할 수 있다(GRI·UNGC·WBCSD, 2015: 5-28; 이창언, 2020e: 257).

지속가능한 사회를 실현하고 생존과 미래를 위해 기업이 취할 수 있는 조치의 핵심은 SDGs와 ESG의 실행이다. 이는 'TBL(Triple bottom line)', 즉 경제의 번영, 환경의 질, 사회적 공정을 염두에 두고 기업의 비전, 정책, 전략을 재정의하면서 시작한다. 이를 바탕으로 기업의 지속가능성에 대한 경제적, 환경적, 사회적 목표·지표를 정해야 한다. 동시에 명확한 성과 목표를 갖춘 지속가능한 생산·소비 프로그램을 수립하고 조직으로서의 장기적인 관점에서 정부와 시민사회, 기업과의 협력 관계를 구축하는 것이다. 기업은 SDGs 관련 정관, 행동강령 또는 실무 지침을 도입하여 바람직한 행동과 실적을 확보해야 한다. 이를 위해 지속가능경영의 관점에서 사업 운영 기준 설정과 이에 따른 보고를 포함하여 지속가능성 원칙의 비즈니스 관행에 대한 통합적 진행 상황을 측정, 평가하고 피드백, 보고를 수행해야 한다. 여기에 더해 기업 운영의 투명성과 혁신, 사회적 공헌의 실행을 위한 지역사회 이해관계자와의 정기적인 소통의 장이 만들어져야 한다(이창언 2022).

109 | 중소기업 ESG 경영 (1)

　　최근 지속가능발전목표(Sustainable Development Goals, SDGs)와 함께 경제적 이익 창출만으로는 지속가능한 기업 성장이 불가능하다는 인식하에 환경, 사회, 기업 거버넌스(Environmental, Social and Corporate Governance, 이하 ESG)와 같은 비재무적 활동에 참여하는 기업이 늘고 있다.

　　자본주의·시장경제 체제에서 기업의 영향력 증대와 더불어 책임 있는 자세가 요구되기 시작한 것이다. 현재 재무 상황만으로는 보기 어려운 미래 기업가치 창출에 있어 ESG의 중요성이 있다. ESG 경영은 현재 대기업의 노하우가 많이 앞서가고 있기 때문에 중소기업은 이러한 대기업의 전략을 여건에 맞게 벤치마킹하고 지원과 협력을 이끌어내 ESG 경영 도입을 준비하도록 해야 한다. ESG 환경 변화에 따른 중소기업 보호, ESG 참여를 위한 정책적 지원이 요구된다. 중소기업 SDGs·ESG 활성화를 위해 단기적으로는 가이드라인 제공, ESG 교육 및 인식 확대, ESG 위험 발생 상황 대응 긴급 지원 창구 마련 같은 조치가 필요하다. 장기적으로는 중소기업의 지속가능경영에 유인 기제를 제공해야 한다. 일례로 구체적 목표가 될 수 있는 벤치마크 제시, ESG 성과 제고를 위한 정책금융 공급, ESG 데이터 관리를 위한 오픈 플랫폼이 제공되어야 한다.

　　대기업은 물론 중소기업이 SDGs·ESG 경영 참여에 따른 자체 기대효과는 네 가지로 요약된다. 그것은 기업 이미지 향상, 사회문제 대응력 강화와 지역사회 공헌, 기업의 생존전략. 새로운 사업 기회의 창출이다. 기업이 ESG 과제에 참여하는 것은 투자 위험 관리이자 환경과 전체적인 사회에 이익향상을 위한 것과 같다. 이는 SDGs가 목표로 하는 환경이나 빈곤 문제의 해결, 공정사회 만들기, 기업과 대학의 파트너십 강화로 이어진다.

따라서 ESG 환경 변화에 따른 중소기업 보호, ESG 참여를 위한 정책적 지원이 필요하다. 중소기업의 SDGs·ESG 활성화를 위해 단기적인 가이드라인 제공, ESG 교육 및 인식 확대, ESG 위험 발생 상황 대응 긴급 지원 창구 마련과 같은 조치가 필요하다. 장기적으로 중소기업의 지속가능경영에 유인 기제를 제공해야 한다. 일례로 구체적 목표가 될 수 있는 벤치마크 제시, ESG 성과 제고를 위한 정책금융 공급, ESG 데이터 관리를 위한 오픈플랫폼이 제공되어야 한다.

현재 중소기업 ESG 활성화를 위해서는 지자체 행정과 공공기관이 중소기업 ESG 교육·컨설팅을 제공하고, 중소기업 유형별로 차별화된 맞춤형 지원이 필요하다. 이를 통해 ESG에 대한 인식의 저변을 확대하는 것이 필수적이다. 중소기업 업종 중에서는 건설업, 정보서비스업, 규모에서는 종사자 수와 매출액이 낮은 중소기업, 공급망 구조에서는 대기업·중견기업 납품 이외 공급망 형태를 가진 대부분의 중소기업 등에 집중적인 ESG 교육·컨설팅이 실시되어야 한다. E(환경)부분 맞춤형 지원 추진 시 업종별, 종사자 수별, 매출액 규모별, 공급망, 구조별로 각각 나누어 이에 따른 중요 우선순위가 가장 높은 과제사업부터 먼저 지원하는 전략이 필요하다는 의견도 있다. 예를 들면 21-100인 이하 중소기업은 환경오염물질 저감, 100~300인 이하 중소기업은 에너지 효율성 개선을 집중 지원하는 방식이다.

한편, 실용적이면서 중소기업에 적합한 중소기업형 평가·관리지표를 마련하여 이를 활용하도록 홍보하는 정책도 필요하다. 사실 ESG 경영 가이드라인은 너무 방대하고 비현실적인 부분이 많아 중소기업에 적용하기에는 복잡하고 현실성이 떨어지는 게 사실이다. 중소기업이 ESG를 도입하는 데 있어서 안내자 역할을 할 수 있는 가이드라인을 중소기업의 현실과 여건에 맞게제작해서 현장에서 활용하도록 할 필요가 있다는 것이다.

중소기업의 ESD 경영 도입에 있어 지역사회 이해관계자들의 지혜와 힘을 모으는 거버넌스가 중요하다 것이 현장 전문가 다수의 의견이다. 이를 위해서는 지자체 조직내부에서 지원 관련 제도적 기반을 선제적으로 수립하는 것이 요구된다. 대표적인 제도 수립으로는 지자체와 외회가 협력하여 ESG 관련 조례를 조속 제정하고, 'ESG 지원팀'을 신설하고 예산을 마련해야 한다.

ESG가 선택이 아닌 필수라고 해도 강압으로는 중소기업이 참여할 수 없다. ESG 우수 중소기업에 각종 공모 선정 평가 시 가산점을 주거나 공공 입찰 조달 시 혜택을 주는 인센티브 제도를 도입해야 한다. 한편, 체크리스트 점검을 통해 ESG 경영에 대한 해당 기업의 현주소와 실상, 앞으로의 방향점이나 전략, 진단 점검 평가지표 관리와 달성에 우선 선택과 집중이 필요하다.

110 | 중소기업 ESG 경영 (2)

중소기업이 ESG를 해야 하는 이유는 첫째, 대기업의 ESG평가 결과에 대한 요구 하고 있으며, 이러한 요구에 부합하지 않을 경우 대기업과의 거래에 영향을 미치기 때문이다. 요구 미달 시 거래에 영향이다. 중소기업중앙회가 대기업 협력사 및 수출중소기업 621개사를 대상으로 실시한 '공급망 ESG 대응 현황' 조사 보고서에 따르면, 응답기업의 20.0%가 'ESG 평가요구 경험이 있다'고 응답하였으며, 이중 80.6%는 대기업, 28.2%는 해외거래처로 조사되었다. 한편 거래처의 ESG 요구수준에 미달할 경우 '컨설팅 및 교육 등을 통한 개선 유도(20.2%)', '미개선 시 거래정지·거래량 감소(18.5%)' 순으로 영향이 나타나 ESG 평가 결과가 거래관계에 일부 영향을 미치고 있는 것으로 나타났다.

둘째, 중소기업의 기업 전략 및 운영에 있어 'ESG'는 필수라는 인식이 확산되고 있다. 중소기업중앙회는 2022년 중소기업 56개사를 대상으로 ESG 컨설팅을 실시, 이들을 대상으로 ESG 경영 필요성과 목적에 대한 설문조사를 실시하였다. 응답기업의 34.3%는 '기업전략 및 운영에 있어 ESG가 필수가 되었기 때문에' ESG 경영이 필요하다고 응답하였다. 특히 과반수가 넘는 54.3%가 '현재 또는 향후 거래처의 ESG 요구에 대응하기 위해 ESG 경영을 한다'고 응답하여 중소기업이 기업 생존 및 거래규모 유지에 있어 ESG 경영을 중요하게 인식하고 있는 것으로 드러났다.

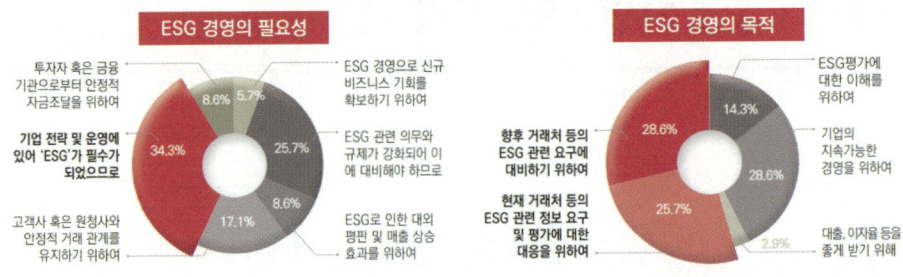

<그림 4-26> 중소기업 ESG 경영의 필요성과 목적

ESG 경영의 필요성

- 투자자 혹은 금융기관으로부터 안정적 자금조달을 위하여 8.6%
- ESG 경영으로 신규 비즈니스 기회를 확보하기 위하여 5.7%
- 기업 전략 및 운영에 있어 'ESG'가 필수가 되었으므로 34.3%
- ESG 관련 의무와 규제가 강화되어 이에 대비해야 하므로 25.7%
- 고객사 혹은 원청사와 안정적 거래 관계를 유지하기 위하여 17.1%
- ESG로 인한 대외 평판 및 매출 상승 효과를 위하여 8.6%

ESG 경영의 목적

- ESG평가에 대한 이해를 위하여 14.3%
- 향후 거래처 등의 ESG 관련 요구에 대비하기 위하여 28.6%
- 기업의 지속가능한 경영을 위하여 28.6%
- 현재 거래처 등의 ESG 관련 정보 요구 및 평가에 대한 대응을 위하여 25.7%
- 대출, 이자율 등을 좋게 받기 위해 2.9%

조사 기간 : 2022.10
조사 대상 : 외부 평가기관의 평가에 대응하고 있는 중소기업

일반적으로 중소 기업이 SDGs·ESG 경영에 대응함에 따른 자체 기대효과는 4가지로 요약된다. 그것은 첫째, 기업 이미지 향상, 둘째, 사회문제에 대한 대응력 강화, 셋째, 기업의 생존전략, 넷째, 새로운 사업 기회의 창출이다. 기관투자가에게 SDGs와 ESG 과제에 참여하는 것은 투자 리스크 관리이자 환경과 사회 전체에 이익을 향상시키는 것과 같다. 이는 SDGs·ESG가 목표로 하는 환경이나 빈곤 문제의 해결, 공정사회 만들기, 기업과 대학의 파트너십으로 연결된다(Takashi, 2019: 8-15). 여기에 더해 중소기업이 SDGs·ESG 경영에 대응하는 장점으로 크게 4가지를 들 수 있다. 그것은 첫째, 인재 양성·활성화이다. 둘째, 거래 안정화·활성화이다. 셋째, 자금조달이다. 넷째, 신상품 및 서비스 개발이다.

지금까지 기술해 온 것처럼, 중소기업에 있어서 SDGs·ESG 경영에 대한 대응은 반드시 즉시 '매출', '이익'으로 연결되는 것은 아니지만, 매우 힘이 있는 툴, 무기가 될 수 있는 것이다. 지역사회, 지역경제를 뒷받침하는 중소기업이야말로 SDGs·ESG 실행의 중요한 플레이어가 될 수 있을 것이다. 따라서 중소기업도 SDGs·ESG 경영에 대한 대응을 준비해야 한다. 중소기업의 혁신에는 다음 3가지에 대한 점검이 중요하고도 필수적이다.

첫째, 사회, 경제, 환경문제에 대한 대응이 중소기업의 지속성으로 이어지는 것을 이해하는 것이며, 둘째, 중소기업은 장기적인 관점에서 사회나 비즈니스를 사고해야 한다는 것이다. 셋째, 중소기업 스스로 미래 사회의 바람직한 모습을 장기적 비전으로 제시해야 한다는 것이다. 이러한 대응은 SDG

Compass의 아웃사이드 인(Outside in) 접근방식과 일치하는 것으로 바람직한 방향 설정으로 평가받기도 한다. 다만 여러 기업의 장기적인 비전을 보면 슬로 건과 같은 정성적인 기술에 머물기도 한다. 한편, SBT나 RE100라고 하는 국제 이니셔티브 아래에서의 대응은 시나리오 분석이나 로드맵의 작성이 요구되기 때문에 더 구체적인 도달 목표와 거기에 이를 전망이 제시되어야 한다.

중소기업의 SDGs·ESG 경영을 위한 장기목표 달성을 위해서는 사업 포트 폴리오(portfolio)의 재검토, 중요 과제 특정 KPI(목표, 수치) 설정, 이행을 위한 체 제정비, 종업원의 이해 촉진, 거래처나 이해 관계자와의 관계성 강화 등이 요 구된다. 많은 기업이 장래의 바람직한 모습에서 필요한 선택과 전략을 모색한 다. 따라서 중소기업은 목표에 도달하기 위한 다양한 경로를 찾는 백캐스팅 (backcasting)을 통해 무엇을 해야 할지를 검토한다. 이때 사원이나 관리직의 의 견을 모으기 위한 소통의 장을 만드는 작업과 보텀업의 관점을 가미한 핵심 과 제의 특정 KPI 설정 등이 필요하다. 미래세대나 유럽, 아시아의 소비자를 의식 한 전략을 검토하는 것 또한 필요하다. 아울러 개개의 현장에서 개개인의 사고 와 행동의 변화를 선도하지 못하면 기업의 혁신이 불가능하기 때문에 사원들 의 의식 변화를 위한 연수, 교육이 이루어져야 한다.

<표 4-11> ESG 확산에 따른 중소기업의 인센티브 및 손실 리스크 요인

요인 구분	세부 요인
인센티브 요인	(1) (B2B) 선제적 ESG 성과 달성 시, 다른 협력사와의 공급 경쟁에서 우위 선점 가능 (2) (B2C) ESG 성과에 대한 적절한 홍보가 이루어지고 윤리소비 트렌드와 부합할 경우 브랜드 이미지 상승 및 매출 증대 가능 (3) (수출기업) 선제적 ESG 성과 달성 시, 중국 위주의 글로벌 공급망에서 우위를 선점하고 새로이 편입될 가능성이 높아짐 (4) (자금) 기존 은행 여신은 기업 재무정보 기반의 신용도 평가를 활용하기 때문에 중소기업이 보증이나 담보 없이 대출을 받게 될 가능성이 매우 낮았으나, 비재무 리스크 AI 분석 및 ESG 기반의 지속가능 여신심사 제도를 중소기업 여신심사에 적용할 경우, ESG 성과가 좋은 중소기업은 대출이 가능해질 수 있음**10**
손실 리스크 요인	(1) (B2B) 수요기업이 공급망 ESG 관리의 비용 부담을 전가할 가능성이 있으며, ESG 성과가 낮을 경우 공급망에서 배제될 위험 존재 (2) (B2C) ESG 성과 부진 요인이 소비자의 관심사나 주요 현안과 맞닿아 있을 경우 매출 감소 가능성 (3) (수출기업) 국내 기업에 비해 글로벌 대기업은 협력사와의 동반성장 유인이 부족하기 때문에 ESG 성과 미달 시 공급망에서 배제될 위험이 높음, EU 역내 기업과 거래 시 갑작스레 ESG 관련 공시 의무 규제에 직면하여 수출 비용 증가 또는 거래 단절 위험 존재

※ 출처: 중소기업포커스(2021)

세계의 많은 기업은 SDG Compass를 활용하여 경영전략과 SDGs에 대한 공헌을 측정하고 관리하고 있다. 기업은 'SDGs 경영' 전략의 실천을 위해 다음의 5가지 단계를 적용하고 있다.

이를 간단히 살펴보면 1단계(SDGs 이해)는 기업 구성원이 SDGs를 충분히 이해하는 것을 지원하는 단계로서 기업의 사회적 책임뿐만 아니라 임원과 회사전 구성원의 이해를 촉진하는 단계이다. 2단계(우선순위 결정)는 SDGs를 통해 만들어지는 중요한 사업기회, 위험 그리고 SDGs 인재, 부서, 시설을 점검하고 대

---

10 금융위의 혁신금융 샌드박스 제도를 통해 창업한 핀테크 스타트업 "지속가능발전소"는 뉴스 등 공개된 정보를 바탕으로 기업의 ESG 요인을 AI로 파악해 금융시장에 공급하는 사업 모델을 갖고 있다. 이러한 비재무적 데이터의 AI 분석기법을 바탕으로 기업 부실징후까지 측정하여 신용도만으로 평가받던 중소기업의 기존 여신심사를 보완할 수 있는 기업여신평가 모델도 제시될 예정이다.

응할 과제를 결정하는 단계이다. 3단계는 경영전략의 성공에 영향을 미치는 중대한 사안과 기업 전체 사안에 대한 공유를 촉진하고 목표를 발표하는 단계이다. 4단계는 핵심사업과 기업지배구조로 지속가능성을 통합하는 단계이다. 5단계는 보고와 커뮤니케이션을 실시하는 단계이다. 이 과정은 모든 단계를 거친 후 2~5단계를 반복하면서 정교화된다.

물론 SDG Compass의 5단계는 해당 기업이 관련 법령을 준수하고 최소한의 국제 표준을 존중하며 우선 과제로 기본적 인권 침해에 대처할 책임성을 전제한다. SDG Compass는 다국적 기업에 초점을 두고 개발되었지만, 중소기업과 기타 조직의 현실적 상황과 조건, 필요에 따라 이를 변용하여 활용할 수 있다. SDGs·ESG 경영의 효과적인 기법은 여러 가지가 있는데 여기서는 4가지 방법으로 정리해서 소개한다.

첫째, 밸류-체인에 의한 분류이다. 이는 중소기업이 자사의 사업 활동을 조사하여, 각각의 활동에 대해 SDGs·ESG와 연결된 주제로 대응할 수 있는 것인지 없는지를 검토하는 것이다. 둘째, 비즈니스 환경에 따른 분류이다. 중소기업이 활동하는 지역경제와 인구동태, 거래관행과 사회적 지위 등 문화적 사회적 요인으로 인하여 사업 활동이 제약되는 경우도 있고, 반대로 유리하게 작용하는 경우도 많다. 이러한 자사를 둘러싼 외부환경(=사회)을 구조적으로 파악하고, 그 구조에 적용해 바꾸어 가는 방법이다. 여기서 지역행정 및 업계 타사, 지역주민, NPO 및 NGO 등 다양한 주체와의 협동을 통해 변화를 시도하는 것이다. 셋째, 기업의 생애주기에 따른 분류이다. 이는 중소기업의 창업기·성장기·쇠퇴기(재생기)와 같은 기업의 생애주기별로 SDGs·ESG 경영을 위한 대응 방안을 취할 수 있는지를 검토하는 것이다. 넷째, 업계별 대응 사례를 분석하는 것이다. 업계별 대응 사례를 소개하고 자사에서 동일한 대응이 가능한지 검토해야 한다. 여기에 더해 SDGs·ESG 경영의 효과적인 대응을 위해서는 단기적으로는 세계 자본시장과 규제 환경의 급박한 변화에 직면한 중소기업을 보호해야 하며, 장기적으로 중소기업의 지속가능경영에 유인 제공해야 한다. 여기에 더해 민간 주도 ESG 생태계 활성화를 지원하는 정책이 수립되어야 한다.

<표 4-12> 중소기업 SDGs·ESG 활성화를 위한 과제

구분	과제	세부 과제
단기	ESG 환경 변화에 따른 중소기업 보호를 위한 정책적 지원	① 가이드라인 제공 ② ESG 교육 및 인식 확대 ③ ESG 위험 발생 상황을 위한 긴급 지원 창구 마련
장기	장기적으로 중소기업의 지속가능경영에 유인 제공	① 구체적 목표가 될 수 있는 벤치마크 제시 ② ESG 성과 제고를 위한 정책금융 공급 ③ ESG 데이터 관리를 위한 오픈 플랫폼 제공 ④ 대·중소 지속가능경영 협력 유인 제공과 같은 정책적 지원
단기+장기	민간 주도 ESG 생태계 활성화 지원	

※ 출처: 중소기업포커스(2021)

기업이 지속가능한 사회를 실현하고, 생존과 미래를 위해 기업이 취할 수 있는 조치의 핵심은 지속가능발전목표의 실천이다. 이는 'TBL(Triple bottom line)', 즉 경제의 번영, 환경품질, 사회적 공정을 염두에 두고 기업의 비전, 정책, 전략의 재정의에서 시작된다. 동시에 지속가능성에 대한 경제적, 환경적, 사회적 목표·지표를 정하는 것이다. 또한 명확한 성과 목표를 갖춘 지속가능한 생산·소비 프로그램을 수립하고 조직으로서의 장기적인 관점에서 정부와 시민사회, 기업과의 협력 관계를 구축하는 것이다.

기업은 SDGs·ESG 경영 관련 정관, 행동강령 또는 실무 지침을 도입하여 바람직한 행동과 실적을 확보해야 한다. 이를 위해 지속가능경영의 관점에서의 사업운영 기준 설정과 이에 따른 보고를 포함하여 지속가능성 원칙의 비즈니스 관행에 대한 통합적 진행 상황을 측정, 평가하고 피드백, 보고를 수행해야 한다. 여기서 기업 운영의 투명성과 혁신, 사회적 공헌의 실행을 위한 이해 관계자와의 정기적인 소통의 장이 만들어져야 한다. 이러한 조치들에 대하여 적절한 관리시스템을 가진 기업만이 과제 대응력도 효과적일 수 있기 때문이다.

SDGs·ESG 경영 이행과 목표 달성을 위해 기업이 활용하는 중요한 메커니즘 또는 도구로는 (a) 평가 도구 및 감사 도구(환경 영향 평가, 환경 위험 평가, 기술 평가, 전 과정 평가 등), (b) 관리 도구(환경 경영 시스템과 환경 디자인 등) 및 (c) 커뮤니케이션 도구 및 보고 도구(기업 환경 보고서 및 지속가능성 보고서 등) 등을 들 수 있다.

일본의 지속가능성은 세계의 지속가능성과 밀접하고 불가분함을 전제로 하여 일본 국내 실시, 국제협력의 양면에서 누구도 소외되지 않는(leave no one behind, LNOB) 지속가능한 세계로 전환하는 것을 목표로 한다. 그리고 SDGs의 3개 기둥인 경제·사회·환경의 상호 관련성을 의식히여 추진히는 것이다.

'SDGs 실시지침'은 SDGs 달성을 위한 국가전략이다.[11] 일본형 SDGs 모델을 추진하는 'SDGs 액션플랜 2020'은 세 개의 기둥으로 이루어졌다. 그것은 ① SDGs와 함께하는 Society 5.0의 추진 ② SDGs를 원동력으로 하는 지역창생, 강인하고 친환경적이고 매력적인 마을만들기 ③ SDGs를 통한 차세대·여성의 역량강화이다(田中治彦, 2019: 19).

<그림 4-27> Society 5.0

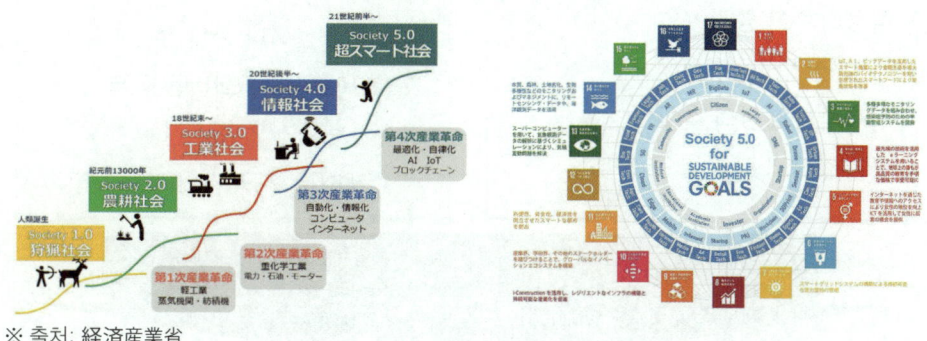

※ 출처: 経済産業省

---

11 일본 정부는 SDGs 추진본부(2016년 5월) 발족한 후 SDGs 실시지침(2016년 12월)을 발표하고 2017년 12월부터 액션플랜을 정기적으로 책정해왔다. SDGs 액션 플랜은 6개월마다 재검토되고 확대판으로 발표되었다. 따라서 2017년 12월 초판 'SDGs 액션플랜 2018'이 공표된 후 네 차례 개정되었다(외무성, 2020). SDGs 실시지침은 2019년 12월 'SDGs 실시지침 개정판(이하 개정판)'으로 바뀌었다. 그리고 2020년 12월 하순 경에 'SDGs 액션플랜 2021'이 발표되었다(이창언, 2020).

'SDGs 액션플랜 2020'의 첫 번째 기둥인 ① SDGs와 함께하는 Society5.0의 핵심 키워드는 '비즈니스 과학기술' 분야의 정책 로드맵이다. 과학기술 분야의 'SDGs 이행을 위한 과학기술혁신(STI for SDGs)'은 SDGs 목표 달성에 공헌하는 과학기술 혁신의 국내외 지원 관련 로드맵을 보여준다. 'STI for SDGs'는 중소기업이 ESG 투자나 SDGs 이행에 쉽게 대처할 수 있도록 관련 단체·지역·금융 기관과의 제휴 강화를 목표로 한다. 일례로 SDGs 추진본부가 마련한 SDGs 경영 가이드, TCFD(기후변화 관련 재무정보공개 협의체)에 관한 지침 등은 각 기업의 SDGs 대처를 위한 촉진, ESG 투자를 통해 Society5.0 실현을 도모한다. 그리고 SDGs의 침투가 어려운 중소기업의 SDGs 노력을 강화하기 위해 금융기관과 지역사회의 연계 강화, 국제적인 규칙을 만들기 위한 민관협력 강화를 지원한다. 이러한 SDGs 추진과 ESG 투자 유치는 사회문제의 해결과 경제성장이 양립할 수 있는 미래 사회를 지향한다.

<그림 4-28> 경제발전과 사회적 과제 해결을 양립하는 'Society 5.0'

경제발전	사회적 문제해결
에너지 수요 증가 식량의 수요 증가 수명 연장, 고령화 국제적인 경쟁의 격화 부의 집중과 지역 간의 불평등	온실가스(GHG) 배출 감축 식량의 증산이나 손실 삭감 고령화에 따른 사회비용 억제 지속가능한 산업화 추진 부의 재배분, 지역 간의 격차 시정

IoT, 로봇, 인공지능(AI), 빅데이터 등 첨단기술을
모든 산업과 사회생활에 접목하여
차별 없이 다양한 요구에 세심하게 대응하는 사물 및 서비스 제공

경제문제와 사회문제 해결 양립

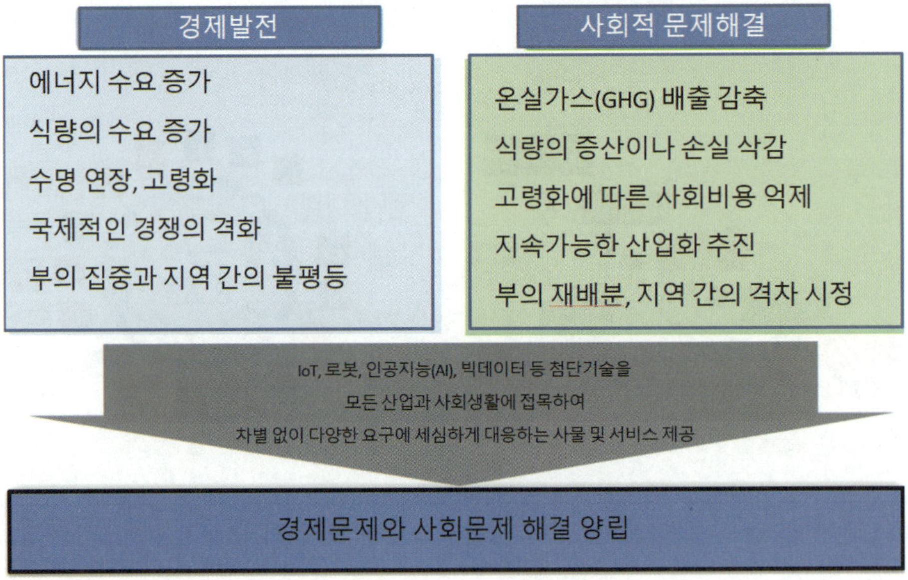

※ 출처: 이창언(2020c)

Society 5.0은 내각부가 제창하는 일본의 차세대 사회의 비전이다.[12] Society 5.0에서 IoT와 로봇, 인공지능(AI), 빅데이터 등 첨단기술은 모든 산업과 사회생활에 도입하여 경제발전과 사회적 과제 해결의 동시 추진을 목표로 한다. 이 Society 5.0은 SDGs의 이념과도 맥을 같이 하는 것으로, 기업이 혁신의 이니셔티브를 발휘할 수 있다는 장점이 있다. 따라서 경제단체연합회가 Society 5.0 for SDGs를 이끌고 있다(佐藤真久·関正雄·川北秀人, 2019: 52; 이창언 2020b). 일본 경단련은 'Society 5.0' 실현을 통한 SDGs의 달성을 핵심으로 하는 회원사의 행동 원칙인 '기업 행동 헌장'을 2017년 11월에 개정하였다. 그리고 경단련은 SDGs에 이바지하는 이노베이션 사례집 「Innovation for SDGs」 등을 통해서 구체적인 행동의 힌트를 제공한다. '기업 행동 헌장'은 기업이 공정하고 자유로운 경쟁 하에서 사회에 유용한 부가가치 및 고용 창출과 자율적이고 책임 있는 행동을 통해 지속가능한 사회 실현을 견인하는 역할을 담당할 수 있도록 촉구한다. 이를 위해 기업은 국내·외에서 다음 10개 원칙에 근거해 관계 법령, 국제 규칙 및 그 정신을 준수하며 높은 윤리관을 가지고 사회적 책임을 완수해 간다.

(지속가능한 경제성장과 사회적 과제의 해결)

1. 이노베이션을 통해서 사회에 유용하고 안전한 상품·서비스를 개발, 제공하고, 지속가능한 경제성장과 사회적 과제의 해결을 도모한다.

(공정한 사업관행)

2. 공정하고 자유로운 경쟁 및 적정한 거래, 책임 있는 조달을 실시한다. 또, 정치, 행정과의 건전한 관계를 유지한다.

---

12 Society 5.0은 사이버 공간(가상 공간)과 물리적 공간(현실 공간)을 고도로 융합시킨 시스템을 통해 경제 발전과 사회적 과제의 해결을 양립하는 인간 중심의 사회(Society)를 말한다. Society 5.0은 수렵 사회(Society 1.0), 농경 사회(Society 2.0), 산업 사회(Society 3.0), 정보 사회(Society 4.0)에 이은 새로운 사회를 가리키는 것으로 제5기 과학기술기본계획에서 일본이 지향해야 미래 사회의 모습으로 처음 제창되었다. Society 5.0에서 제공하는 사회는 IoT에서 모든 사람과 물건이 이어져 다양한 지식과 정보가 공유되고 인공지능(AI) 기술을 활용해 저출산 고령화, 지방의 과소화, 빈부 격차 등의 문제를 극복한다.

(공정한 정보 공개, 이해관계자와의 건설적 대화)

3. 기업정보를 적극적, 효과적, 공정하게 개시하여 기업을 둘러싼 폭넓은 이해관계자와 건설적인 대화를 실시하여 기업가치의 향상을 도모한다.

(인권의 존중)

4. 모든 사람들의 인권을 존중하는 경영을 실시한다.

(소비자 및 고객과의 신뢰관계)

5. 소비자·고객에 대해서, 상품·서비스에 관한 적절한 정보 제공, 성실한 커뮤니케이션을 실시해, 만족과 신뢰를 획득한다.

(근로방식의 개혁, 직장환경의 충실)

6. 종업원의 능력을 높여 다양성, 인격, 개성을 존중하는 근로방식을 실현한다. 또, 건강과 안전을 배려한 일하기 쉬운 직장 환경을 정비한다.

(환경문제에 대한 대처)

7. 환경문제에 대한 대응은 인류 공통의 과제이며, 기업의 존재와 활동에 필수 요건으로서 주체적으로 행동한다.

(사회참가와 발전에 대한 공헌)

8. 「좋은 기업 시민」으로서, 적극적으로 사회에 참가하고, 그 발전에 공헌한다.

(위기관리 철저)

9. 시민 생활이나 기업 활동에 위협을 주는 반사회적 세력의 행동이나 테러, 사이버 공격, 자연재해 등에 대비해 조직적인 위기관리를 철저히 한다.

(최고 경영자의 역할과 본 헌장의 철저화)

10. 최고 경영자는 본 헌장의 정신 실현이 스스로의 역할임을 인식하고 경영에 있어서 실효 있는 거버넌스를 구축해 사내, 그룹 기업에 철저히 주지시킨다. 아울러 supply-chain에도 본 헌장의 정신에 근거하는 행동을 재촉한다. 또한 본 헌장의 정신에 반해 사회로부터 신뢰를 잃게 되는 사태가 발생했을 때에는 최고 경영자가 솔선하여 문제 해결, 원인 규명, 재발방지 등에 힘쓰고 그 책임을 다한다.

112 | 인문학과 ESG 경영

UNDP와 중국기업의 협력 하에 2020년 <중국 SDGs 기업실천조사보고서 中国企业可持续发展目标实践调研报告>가 발간되었다. 이는 중국의 SDGs 경영 관련 최초 보고서라는 점과 보고서의 참신한 내용이 세계적인 주목을 받았다. 이 보고서는 중국기업의 현황과 미래, SDGs의 우선순위를 보여주고 있다. 이는 중국기업이 SDGs 경영에 참여하는 방식, 중점 분야, 미래 트렌드, 코로나19에 따른 기업의 새로운 위기 대응 방식을 기업 리더들에게 제공한다. 우선 중국기업의 높은 SDGs 인지도를 확인할 수 있다.

> "중국기업의 90% 가까이가 SDGs를 이해한다."
> 첫째. 건강복지(SDG3)가 중국기업들 사이에서 가장 주목받고 있다. 의료건강보장, 기초의약품 제공, 양질의 백신 신속 개발은 인민 안티에이징의 관건이자 민생의 장기적 보장과 개선을 위한 중요한 작업이다.
> 둘째. 산업, 혁신, 인프라 구축(SDG9)에 관한 관심이 5년 만에 급상승했다. 제품 혁신, 기술 혁신, 비즈니스 모델 혁신이 최근 수년간 상업계의 주목을 받아온 것이 이를 뒷받침한다. 빅데이터 분석 등 혁신적인 디지털화 기술은 산업혁신에 두드러진 기여를 했다.
> 셋째. SDGs 경영은 기업 발전 전략에 전면적으로 통합해야 한다는 점을 대부분의 기업이 의식하고 있다.

중국의 보고서는 SDGs 기업 경영의 의미를 이제 기업 운영에 정착시켜야 한다는 점을 강조하고 있다. 이를 위해 다음과 같은 방안을 제시한다.

첫째, 장기목표 설정이다. 위에서부터 아래에 이르기까지 지속가능발전의 중요성을 전반적으로 고려하여 업무와 관련된 SDGs를 정리, 확인, 통합하여 기업의 경영 발전에 부합하는 지속가능발전을 위한 포지셔닝과 전략을 수립해야 한다는 것이다.

둘째, 전략과 회사 내 보급이다. 중국기업들은 지속가능발전관리위원회 설치, TF 설치, 부처 간 협력체제 구축, 각 부처의 명확한 관리 책임을 포함한 이사회 및 고위 관리들의 참여와 지원을 확보해야 한다는 것이다.

셋째, SDGs 이행과 실천, 달성도를 평가하는 도구를 파악하고, 단계적 항목을 설치해야 한다는 것이다. 이를 통한 지속적인 실천 활동 추적, 업무 실시 과정상에서 나타날 수 있는 문제점 발견, 최적화를 위한 모니터링·평가 보고 시스템을 구축해야 한다는 것이다.

보고서는 기업의 장기적인 미래를 위한 실천과 관련하여 다음과 같이 권고한다. 그것은 첫째, 빠른 응답과 의사 결정 능력, 미래의 불확실성에 대한 대응력이다. 또한, 기업 구성원들의 성인지 능력, 아울러 다양한 경영 방법, 조직 운영 기획과 대응 능력의 강화이다. 시나리오별 위험도 점검해야 한다. 예를 들어 재해, 극한 날씨, 정책 변화 등을 식별하고, 리스크 사태로 인한 경영 중지, 근무 지체 등의 피해를 최소화하고, 기업의 지속적 경영 능력을 유지할 수 있도록 관리 조치를 마련하는 것이 필요하다

둘째, 기업 SDGs는 지속가능발전 시각에 따른 기업의 성장점을 발굴해야 한다. 코로나19는 사회 관리와 공공 서비스 방면에 있어서 단점을 드러냈다. 의료자원 배치 문제는 단순히 정부 힘이나 관련 비정부기구의 힘만으로는 단기간 극복의 단초를 열 수 없다. 따라서 위기 상황은 오히려 기업들에게 더 많은 참여기회로 적용될 수 있다. 과학기술 관련 업체들은 공공서비스, 사회관리, 환경보호 과정에서 과제와 도전을 발굴하고 온라인 클리닉 서비스, 디지털 커뮤니티 기반 인프라, 기반시설, 오염물 온라인 지도 등의 솔루션(해법)을 제공함으로써 지속가능한 전략과 업무 결합을 실현해야 한다.

셋째, 인문학을 수용한 기업문화 강화, 노동자 조건에 맞는 업무분장과 배려는 기업 역량 강화에 기여할 수 있다. 조직의 소속감, 예를 들어, 자녀가 있는 종업원의 탄력근무제, 주대한 공중위생 사안에 대한 종업원의 자기 방재 관리 지원, 종업원과의 심리적 소통과 원조 등을 통해 종업원의 소속감을 높이는 것

은 기업 역량 강화를 위해 중요한 부분이다.

넷째, 이해당사자의 요구를 대외적으로 통찰해야 한다. 이는 지속가능한 공급망 관리와 소비를 포함한다. 온라인 비즈니스 모델 업그레이드 등 시장 변화에 대응한 기업 경영 전략과 비즈니스 모델을 시기적절하게 조정해야 한다. 디지털화를 핵심으로 하는 기업 경쟁력을 구축하거나 강화해 기업 소비층에 맞는 새로운 소통과 소통 채널을 만드는 작업에 힘을 쏟아야 한다.

ESG 경영에 인문학의 도입은 ESG가 인간의 얼굴을 한 경영, 인간과 자연의 조화를 지향하는 경영이라는 점에서 어쩌면 당연하다. 시대가 바뀌고 삶의 방식이 변했다고 해도 인간의 내면은 근본적으로 달라지지 않는다. "인문학은 어느 특정 시대에만, 어느 특정 문화권에만 해당하는 것이 아니고, 인간 일반에 관한 보편적인 학문(최인숙, 2010)"이기 때문이다. 공감과 성찰로서의 인문학적 상상력은 위기의 시대, 나, 너, 우리를 하나로 이어주는 끈이 될 수 있다. ESG 경영에 인문학이 필요한 이유가 여기에 있다.

113 | ESG와 문화의 만남

문화와 예술은 지속가능한 사회혁신을 위한 문제 제기 능력, 상상력, 실천력, 공동 창조에 기여한다. 문화 예술이 비즈니스에 미치는 영향은 '브랜딩', '혁신', '조직 활성화', '비전 제시'라고 할 수 있다(若林宏保 외, 2019).

비즈니스 세계에서도 직관과 미학뿐만 아니라 창의적 사고와 예술적 사고 과정의 중요성이 점점 더 확산되고 있다. 디지털화, IoT, AI 등으로 대표되는 정보기술 혁신의 시대에 재화와 가치는 인간의 감성과 아이디어를 바탕으로 한 창작과 디자인 행위로부터 생성되기 때문이다.

문화 예술의 창의성과 디자인은 경제 성장과 사회혁신을 동시에 창출하는 창조산업 정책으로 연결되고 있다. 2000년대 이후 '창조경제'라는 용어는 창조산업을 중심으로 과학과 기술을 아우르는 보다 넓은 개념으로 부상하고 있으며, 문화 예술을 둘러싼 경제의 개념이 계속 확대되고 있다. 영국의 DCMS는 창조 산업을 '개인의 창의성, 기술 및 재능을 기반으로 지적 재산의 개발 및 사용을 통해 부와 고용을 창출할 수 있는 잠재력을 가진 산업'으로 정의하고 있다.

SDGs·ESG 실행 과제가 구체적이고 물리적인 형태로 나타나는 국가와 도시의 큰 틀을 구축하고, 도시를 인문, 문화적으로 재현함으로써 풍요롭고 지속가능한 사회를 만드는 시도는 다양하게 진행되고 있다. 이전에는 스마트 시티, 컴팩트 시티와 같은 생활세계의 '지속가능한' 재생산 방식에 관한 논의와 실천이 있었다. 도시와 문화, SDGs·ESG 목표와 사람과 섹터, 우리 사회의 연결고리를 강화하려는 노력은 지속되고 있다. 최근 기업은 예술을 만나 창의성을 얻고, 예술은 기업을 만나 안정적인 활동 기반을 강화하는 메세나(Mécénat)운동도 활성화되고 있다.

최근 예술과 문화를 통해 지속가
능한 사회를 만들기 위한 공감의 폭
(어워드와 인증 활동)을 넓히는 'This is
MECENAT'가 전개되고 있다. 메
세나의 어원은 고대 로마제국 시대
에 문화·예술인을 지원했던 재상 가
이우스 클리니우스 마에케나스(Gaius
Cilinius Maecenas)라는 실존 인물의 이
름으로부터 유래하였다. 마에케나스
는 아우구스투스 황제시대에 정치
가, 외교관, 시인으로 활약하면서 당
대의 예술가인 호러스(Horace), 버질
(Virgil) 등과 친교를 맺고 그들의 예술
창작 활동을 적극적으로 후원하는데

누구보다도 앞장서 로마 문화 번영에 큰 역할을 하였다. 마에케나스의 프랑스
발음인 메세나는 '예술, 문화, 과학에 대한 두터운 보호와 지원'을 의미하는 말
로 인식되면서 일반적으로 예술에 대한 지원 행위를 메세나라고 지칭하였다(안
유나·한웅희, 2020: 57-58). 메세나는 영어로 패트로니지(Patronage)와 같은 뜻으로 박
애정신에 근거해 있으며, 1967년 미국에서 기업예술후원회가 발족되면서 메세
나라는 용어가 처음 사용되었다. 과거에는 왕이나 귀족들이 후원자 역할을 했
지만 근래에는 정부나 기업이 후원자의 역할을 수행하고 있다.

오늘날 메세나 활동은 정부나 기업, 그중에서도 특히 기업이 문화 예술에
대한 지원을 통해 사회에 공헌하는 활동을 총칭하는 용어로 사용되고 있다. 즉
문화 예술 분야에 특화된 기업 사회공헌 활동이라고 볼 수 있다. 이러한 기업
메세나 활동은 그 개념이 지속적으로 확장되고 세분화되어 왔다. 기존에는 주
로 예술가 또는 예술적 활동에 대한 후원이라는 협의의 개념이었던 것에 비해,
근래에는 보다 다양한 문화와 스포츠에 대한 여러 형식의 지원, 또는 예술, 사

회문화, 스포츠 등과 관련된 다양한 공익사업을 모두 포함하는 것으로 그 개념이 확장되었다(송지연, 2018: 12). 동시에 기업 메세나 활동은 기존의 단순한 자선적 측면의 개념에서 기업 이미지 제고 등 기업경영 활동을 위한 전략적 사회공헌 관점이나 마케팅 관점 등 다양화된 개념으로 발전되어 왔다(황낙건, 2019: 30).

최근 메세나는 지자체와 기업의 ESG 실천과 연계되고 있다. 이러한 추세를 반영하듯이 한국 메세나협회에서도 'ESG 경영에 메세나가 필요한 열 가지 이유'를 다음 <표 4-13>과 같이 제시하며 ESG를 메세나 활성화의 동력으로 설정한다(한국메세나협회 HP).

<표 4-13> ESG경영에 메세나가 필요한 열 가지 이유

예술을 통한 공동체의 인식 고취	예술은 사람의 마음을 움직이는 힘을 지니고 있음. 예술 그 자체로 환경문제를 해결할 수는 없지만, 예술 본연의 인지적 가치와 예술행동은 우리 공동체의 인식을 고취시키고 나아가 기업의 친환경 실현 노력을 뒷받침함.
ESG 실현 노력에 대한 공감 확대	예술을 통한 커뮤니케이션은 창의성과 심미성을 활용한 활동으로, 기업의 사회적 공존 추구에 대한 대중의 공감을 높임 메세나활동은 지역사회와의 감성나눔을 기반으로 하기 때문에 기업이 ESG와 관련된 정보를 공개할 때 정서적 호의와 지지를 얻도록 도움.
이해관계자 소통과 나눔	기업의 문화예술 사회공헌활동은 지역주민을 비롯한 이해관계자와의 문화적 소통을 가능케 하며, 문화나눔을 통해 소득·세대·지역에 구애받지 않고 공동체의 일체감을 조성하여 비차별사회 구현에 기여할 수 있음.
노동과 삶의 균형 보장	문화예술은 기업현장에서 일하는 사람들의 정신적 복지를 증진시키고 여가 친화적 문화가 스며들게 함으로써 일하는 사람들의 삶의 질 향상에 큰 영향을 줌. 미국의 메세나기구인 AFA(American For the Arts)는 예술이 노동력을 양성하는 데 도움을 준다고 밝힘.
노동자 인권 증진 및 만족도 영향	포춘이 선정하고 있는 '미국에서 일하기 좋은 100대 기업 리스트'는 직원 응답조사를 기반으로 작성됨 문화예술은 직원 만족도를 높이므로 기업의 사회적 성과를 측정하는 데 있어 기업신뢰도, 존중, 자부심, 동료애 등에 관한 항목에서 긍정적인 답을 이끌어 낼 수 있음. 오늘날 기업에서 직원은 가장 중요한 자산이기 때문임.

지역사회 참여 및 개발	구리 제련소의 폐기물로 인해 황폐화 되었던 일본의 나오시마섬은 베네세그룹의 예술 프로젝트를 통해 미술관을 갖춘 문화명소로 탈바꿈함. 환경이 오염되고 주민들이 떠났던 어촌 마을은 지역 재건을 위한 기업의 투자를 통해 자연과 예술이 조화된 유명 관광지가 되었음 사회문제 해결을 위한 메세나활동은 공동체의 문화적 재생과 지역 개발에 기여할 수 있음.
기업 가치 향상과 주주 이익 증대	기업의 가치를 높이는 것은 주주들에게 이익을 돌려주는 일과 같음. 예술은 인간의 내적 성숙을 이룰 수 있는 정신활동이며, 예술이 근원적으로 추구하는 아름다움은 개인의 윤리성, 관계 건전성과도 연관됨. 따라서, 문화예술로 가꾸는 기업문화는 개개인의 윤리적 성숙을 통해 평판위험, 인적 위험 등의 비재무 위험에도 대응하는 힘을 발휘하게 됨.
공급망 협력 기회 창출	기업들은 지속가능성 이슈를 내포한 예술 컨텐츠를 지원하는 방향으로 메세나 정책을 운영할 수 있음 이를 바탕으로 쌓은 차별화된 신뢰는 ESG 시대에 새로운 공급망 협력 기회를 만들어 낼 수 있음.
시민 에너지 독려	ESG 경영환경에서 비즈니스를 변화시킬 수 있는 시민들의 힘은 대단히 큼. 기업의 ESG 활동에 예술의 메시지 생산력과 아이디어가 결합되면 환경·사회 등급이 높은 제품이나 서비스를 선호하는 시민 에너지를 독려할 수 있음. 예술은 기업이 지향하는 가치의 파이를 키워 미래의 수익 잠재력을 높이는데 기여함.
새로운 세대를 위한 사회책임 이행	밀레니얼 세대는 기업의 사회 기여를 대단히 중시함. 특히 문화예술에 관심이 많은 MZ세대에게 메세나활동은 기업의 사회책임경영 가치를 확인시켜 줄 수 있는 좋은 도구임 또한 아동·청소년 예술교육 지원 활동은 미래 자산인 4C(Creative, Communication, Critical Thinking, Collaboration)를 배양할 기회를 제공하는 사회적 투자social investment 수단임.

※ 출처: 한국메세나협회 HP 재구성

그간 다수의 연구 결과는 기업의 메세나 활동이 소비자 또는 기업의 이해당사자, 지역사회 관계자, 그리고 정책 입안자 등에게 기업에 대한 긍정적인 메시지를 전달함으로써 기업 이미지를 제고하고 조직 구성원에게 회사에 대한 자부심과 애사심을 갖게 한다는 점을 밝힌 바 있다. 메세나 활동은 주로 문화예술을 매개로 하기 때문에 대중에게 긍정적인 기업 이미지를 심어주는 데 매우 효과적이다. 기업은 메세나 활동을 통해 이윤만 추구하는 조직이라는 이미지를 탈피하기 위해 노력하고 있으며, 더 나아가서 메세나 활동을 기업의 핵심 마케팅 수단으로 활용하는 것이다(황낙건, 2014: 30). 더불어 기업이 명품 이미지를 구축하는 데에 있어 문화 예술 마케팅이 도움이 될 수 있다.

114 | ESG 행정

    21세기에 들어서면서 글로벌 사회는 기업의 역할과 책임에 대한 새로운 기준을 요구하게 되었다. 이러한 변화의 흐름 속에서 등장한 개념이 바로 ESG(Environmental, Social, Governance)이다. ESG는 환경보호, 사회적 책임 및 거버넌스의 세 가지 축을 중심으로 기업의 지속가능한 경영을 평가하는 기준으로 자리매김하였다. 그간 기업은 주주가치 극대화를 목표로 하여 재무적 성과에 초점을 맞춰왔다. 하지만 급변하는 사회적, 환경문제와 관련된 리스크가 부각되면서, 기업이 단순히 이익을 창출하는 존재를 넘어 사회적 책임을 다할 필요성이 대두되었다. 특히 기후변화, 인권 문제, 투명한 경영 등의 이슈는 더 이상 일부 이해관계자들만의 관심사가 아닌, 전 세계적으로 중요한 문제로 떠올랐기 때문이다.

    ESG는 기존의 재무적 성과만으로 기업 가치를 평가하는 한계를 극복하고, 지속가능한 발전을 위한 새로운 패러다임을 제시한다. 이는 투자자들에게도 새로운 기준을 제공하며, 기업이 장기적인 관점에서 책임감 있는 경영을 실천하도록 유도한다. 따라서 ESG 경영은 단순한 유행이 아닌, 기업의 생존과 지속가능한 성장을 위한 필수 요소로 자리 잡고 있다.

    이와 같은 배경에서 ESG 행정의 필요성은 더욱 강조되고 있다. 기업이 ESG 가치를 체계적이고 일관되게 실천할 수 있도록 하기 위해서는 정부와 행정 기관의 역할이 매우 중요하다. ESG 행정은 정책 및 규제를 통해 기업이 지속가능한 경영을 실현하도록 지원하며, 사회 전반의 지속가능한 발전을 촉진하는 역할을 하는 것이다.

    각국 정부는 ESG 전략 마련을 위해 다양한 행정 체계와 정책을 수립해야 하며, 이러한 프레임워크는 지속가능한 발전 목표(SDGs)를 달성하기 위한 계획을 포함하며, ESG와 관련된 주요 법률 및 규제를 분석한다.

전략적 방향 및 원칙을 위한 ESG 행정의 목표는 지속가능한 발전을 촉진하고 이해관계자들에게 투명하고 책임 있는 행정 운영을 보장하는 것이다. 이에 전략적 방향으로 지방 및 중앙정부, 공공기관, 민간기업 등 다양한 이해관계자들이 협력하여 장기적으로 지속가능한 성장을 이루는 방향을 설정한다. 이때 원칙은 투명성, 책임성, 포용성, 혁신성, 리스크관리에 중점을 둔다.

또한 구체적인 이행 방안으로 첫 번째, 환경측면에서 에너지 절약 및 효율성 향상 계획을 위해 공공 및 민간 영역은 에너지 효율이 높은 현대식 설비로 교체하는 것이다. 이때 에너지 공급 및 소비를 실시간으로 모니터링하고 최적화할 수 있도록 스마트 그리드(smart grid) 도입을 추진한다(MIT, 2007). 또한 탄소 배출 감소를 위해 이산화탄소 포집 및 저장 기술(CCS)을 도입하며 전기차, 수소차 등 친환경 교통수단의 보급을 확대한다(Global CCS Institute, 2016; IEA, 2019; IPCC, 2013). 이와 더불어 태양광 및 풍력 발전소 설치 등과 같은 재생 가능 에너지 생산 인프라를 증대한다.

두 번째, 사회 측면에서 사회적 책임 강화를 위해 노동자의 근로 조건 개선 및 권리 보호와 함께 취약 계층 지원 프로그램을 확대한다. 성별, 인종, 장애, 연령 등 다양한 배경을 지닌 사람들의 고용 확대를 통해 다양성을 증진시키며, 다양한 언어와 지리적 소외 지역 지원을 위해 행정 서비스 접근성을 개선해야 한다. 또한 지역 특산물 및 중소기업 지원 프로그램을 운영하고, 지역주민들의 교육 수준 향상 및 직업 훈련 기회를 제공할 수 있도록 지역사회 발전 프로그램을 도입한다.

세 번째, 거버넌스 측면에서는 공시제도를 개선하고 이해관계자 참여를 증진함으로써 다양한 의견을 수렴한다. 또한 윤리적 행정체계를 구축하고 리스크 관리를 위해 주기적인 평가시스템 도입과 대응 매뉴얼 작성 및 훈련을 통해 다양한 위기에 대비한다(World Bank, 2020).

네 번째, 성과 측정 및 평가는 조직의 지속가능성과 성장 가능성을 평가하는 중요한 도구이다. 이를 통해 조직은 전략적 목표와 운영 목표를 달성하기 위해 얼마나 효율적으로 자원을 활용하고 있는지 확인할 수 있다. 성과 측정을 위한 효과적인 방법은 다양한 관점에서 핵심 성과 지표(KPI)를 설정하고 이를 주기적으로 평가하는 것이다(Kaplan & Norton, 1992). 이를 위해서는 먼저 적절한 핵심 성과 지표(KPI)를 설정해야 하며, 이에 입각하여 조직의 전략적 목표와 직접적으로 연관된 성과를 구체적으로 측정한다.

다섯 번째, 환경측면에서 조직이 배출하는 탄소의 양과 이를 줄이기 위한 노력을 평가하고, 총에너지 사용량 및 재생 가능 에너지 사용 비율을 모니터링한다. 이는 지속가능한 에너지 사용을 장려하는 중요한 지표가 된다. 또한 사회 측면에서는 직원들이 근로 환경에 대해 얼마나 만족하고 있는지에 대한 설문조사나 인터뷰를 통해 평가하며, 조직 내 다양한 배경의 직원들이 얼마나 평등하게 기회를 얻고 있는지, 조직이 운영되는 지역사회의 경제적, 사회적 발전에 얼마나 기여하고 있는지를 평가하는 것이다. 거버넌스 측면에서는 조직의 투명성을 평가하기 위해 정보공개 수준과 빈도를 모니터링하며, 조직 내에서 문제를 제기하는 내부 고발 시스템의 활용도를 분석한다. 이는 조직이 직면한 리스크를 얼마나 효과적으로 관리하고 있는지 평가한다. 성과 측정 및 평가는 단순히 결과를 기록하는 것에 그치지 않고 지속적인 개선을 위한 중요한 단계로서 제 역할을 해야 하며, 이를 통해 조직은 더욱 투명하고 지속가능한 발전을 이룰 수 있다.

115 | 지자체 ESG

    도시의 지속가능성은 지자체, 기업, NGO 등 주요 이해당사자들의 협치(governance)를 통해 배가된다. 문제는 협치를 주창하는 것만으로는 도시의 지속가능성이 달성되지 않는다는 데에 있다. 현실에서 협치는 방법론으로 구체적인 목표와 프로세스가 제시되지 않으면 공허한 메아리에 불과하다. SDGs와 ESG는 지구-국가-도시가 직면한 모든 문제를 일관되고, 보편적으로 적용 가능하고, 구체적이며, 간결하고 동기를 부여하며, 합의에 바탕을 두고, 모든 이해당사자가 행동할 수 있고, 적용 가능하고, 측정가능한 목표와 지표의 이행과 실천을 위한 파트너십 및 협치에 중점을 둔다.

<그림 4-30> 지자체 ESG의 방향과 과제

※ 출처: 성동구청, 광명시 지자체 ESG 논의 재구성

    ESG 이행·실천은 우리 삶과 분리되지 않는 총체적 도시전략의 특징과 가

능성을 검토하는 작업이다(이창언, 2020c: 1734). 따라서 지자체 SDGs·ESG 추진 모델에 관한 다양한 실천 사례를 검토하고, 지역사회에 재구성할 수 있는 전략을 수립해야 한다(村上周三, 2019: 7).

ESG를 지역사회에 정착시키기 위한 '지자체 ESG 협치 시스템 구축'은 시대적 요구다. 지자체(행정)의 역량만으로는 고령화, 저출산, 양질의 일자리와 경제성장, 지속가능한 도시와 공동체, 환경과 에너지, 다문화, 지방소멸 등 복잡·다난한 도시문제 해결이 사실상 불가능하기 때문이다. ESG적 접근법의 특징은 목표 기반의 협치(governance through goals)라고 할 수 있다.

<그림 4-31> 광명시의 지자체 ESG 추진 계획

- 선도적인 지속가능발전 도시 실현을 위한 -
광명시 SDGs 연계, ESG 추진 계획

세계적으로 ESG 경영 확대 추세에 따라 행정에도 ESG를 시정 전 분야에 도입하여 글로벌 상황에 발 빠르게 대응하고 지속가능성과 사회적 가치를 확산하고자 함

1. 광명시 ESG 추진방향

ESG로 성장하는 지속가능발전도시 "광명"

행정	관내 기업 (관내 창업자·협동조합·중소기업)
① ESG 교육 ② 광명시 SDGs 실현을 위한 계획 이행 ③ 광명시 산하 공공기관 ESG 경영 선포 ④ 기업 육성을 위한 ESG 추진자문단 및 협의체 구성 ⑤ 광명 'One Team' 운영	① ESG 친화 기업 육성 ② ESG 경영 교육 지원 ③ ESG 전문가 양성

• 행정

직원 교육	SDGS 연계	협력 및 확산		
대상별 교육	광명시 SDGS 계획 이행	공공기관 ESG 경영 선포	ESG 자문단 및 실행 협의체 구성	지역기관 사회공헌 추진
국과장 교육 ·이목포럼 활용	·부서별 사업 추진시 측면 ESG 자체 점검실시 ·부서별 주요사업 중 핵심사업 선정 ·전문가 컨설팅 지원 으로 ESG 실천방안	·공공기관 자체 ESG 경영전략 수립 ·ESG 경영 선포식 - 도시공사(2021 12 10)	·자문단 구성 - ESG 전문가 ·협의체 구성 - ESG 수요처(중소 기업 창업가 협동 조합) - ESG 공급처(대기 업, 은행)	·지역 문제해결 위한 시 공공기관, 지역기 업 협력 →광명 원팀(가장) →사회공헌 사업 공동추진
직원 교육 ·ESG 정책교육				

• 관내 ESG기업 육성

ESG 친화기업 육성	ESG 경영 교육 지원	ESG 전문가 양성
·ESG 기업 공모 ·선정기업 대상 ESG 교육, 사업 컨설팅 ·물품 우선구매 지원 등 정책지원	·글로벌 상황에 발빠른 기업의 대응으로 기업의 경쟁력 강화 ·기업의 성장에 따른 일자리 창출 등으로 지역사회에 환원	·협동조합과 창업가, 중소 제조업 등 대상에 적합한 교육 ·ESG 전문과정 수료 기업인을 ESC 전문가로 활용하여 기업간 네트워크 구성 및 교육순환구조 구축

ESG 협치 시스템 구축은 장기간 국제사회 협동의 원칙이었던 '규칙에 따른 통치'를 넘어서는 시도로써 '자율분산·협조형 협동'을 만들어 가는 과정이다. 지자체 ESG는 목적이 아니라 지속가능한 도시와 시민 삶의 질을 높이는 수단이다. ESG 성과에 따른 이점을 극대화하기 위해 지자체가 취할 수 있는 조치는 강력하고 일관된 ESG 보고 지원, ESG 성능 기준 상향 조정, ESG 사례 전달과 공유, ESG 투자에 대한 정의 및 명확성 제공 등이라 할 수 있다.

강력하고 일관된 ESG 보고 지원
01 기후 공시 보고 의무화
02 공기업의 완전한 ESG 공시 권고 또는 요구
03 관할 지역의 기업을 위한 자체 ESG 표준/프레임워크 생성
04 특정 ESG 프레임워크
05 현지 관련 주제에 대한 지침

ESG 성능 기준 상향 조정
07 관할 구역 자체 ESG 성과 벤치마킹 및 개선
08 환경, 사회 및 거버넌스 정책 및 규정의 견고한 기반 구축
09 기업별 ESG 성과에 대한 목표, 벤치마크 또는 임계값 설정
10 ESG 허가 또는 감독 관련 의사 결정.
11 ESG 기준을 사용하여 정부 투자 관리
12 지속가능성 기준에 따른 공공조달 관리

ESG 사례 전달
13 ESG에 관심 있는 사용자를 위한 데이터 구성 개선
14 데이터 및 브로드캐스트
15 제품 원산지 인증

ESG 투자에 대한 정의 및 명확성 제공
16 "ESG 투자" 정의.
17 "녹색" 및 "전환" 금융 상품 정의
18 투자자에게 지침 제공

※ 출처: 이창언 재구성

지자체 ESG 도입을 잘 하기 위해서는 첫째, SDGs와 연계된 ESG 경영 전략 구사가 필요하다. 지자체 ESG 경영은 지자체에서 수행해 온 SDGs 이행, 실천 시스템을 보다 강화하는 방향에서 수행해야 한다. 둘째, 중소기업 맞춤형, 권역별(서부, 북부, 남부) 맞춤형 ESG 진단 및 컨설팅 지원과 ESG 중소기업 플랫폼 구축을 지원해야 한다. 셋째, 지자체장의 공약 및 비전 등 중장기 발전 계획과 연계해야 한다. 마지막으로 중앙정부 정책과 연계하여 정책 추진을 용이하게 하고 달성 가능성을 높여야 한다.

<그림 4-32> 지자체 ESG 도입 절차와 전략

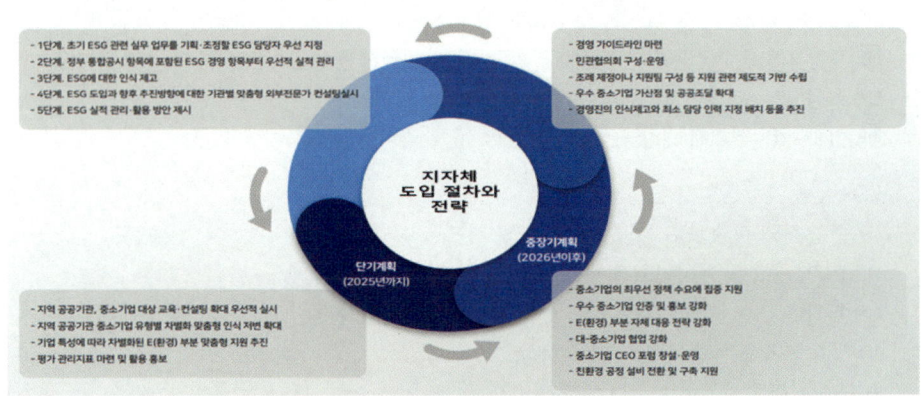

※ 출처: 이창언 재구성

지자체 SDGs-ESG를 실현하기 위해서는 공무원과 지역사회 구성원들의 SDGs-ESG에 대한 인식 수준을 높여야 한다. 특히 단계별 과제에 대한 이해도가 높을 때 SDGs-ESD의 실질적 실행 가능성이 높아지며, 실행 효과가 배가될 수 있다. 그 효과는 배가될 수 있다. 지자체 추진모델은 지자체 SDGs·ESG 실행을 위한 5개 주요 단계와 핵심적 대응 내용을 설정하고, 각 단계별 대응 과제를 점검하고 평가하는 과정을 통해 내부 통제, 관리체계로도 활용할 수 있다. 특히 단계별 과제 달성 여부를 판단하고, 대응 분야별 달성도를 점수화할 수 있는 평가기준표(rubric)로도 활용할 수 있다. 지자체 ESG 시스템 구축은 다음과 같다.

<표 4-14> 지자체 SDGs-ESG 추진모델 평가 기준표

단계 구분		단계별 과제
1단계	SDGs-ESG 이해	① 지자체 담당 공직자·지자체 내 공직자, 지방의원의 이해의 확대 ② 지역 사업자·기관과 단체의 이해 확산 ③ 전 지자체 차원의 이해 확대 ④ 시민, 소비자 이해의 확산 ⑤ 지자체 업무에 활용
2단계	대응 체계	① 소관 업무의 일부로 추진 ② 횡단조직 등을 설치 ③ 지역의 사업자·단체에 의한 추진 ④ 전담부서 설치 ⑤ 지역 이해관계자와 추진체제 정비
3단계	목표와 지표의 설정	① 선언 및 비전 설정 ② 17개 목표 간, SDGs-ESG 간 대응 관계 정리 ③ SDG 세부목표·지표, ESG평가지표와 대응 관계 정리 ④ 지자체 현지 지표 리스트 활용 ⑤ 독자 지역 지표 설정
4단계	행동계획	① 종합전략·종합계획 등에 언급하는 ② 종합계획 중 SDGs17개 목표, E, S, G와의 관계를 정리 ③ 독자적인 액션 프로그램 수립 및 예정 ④ 시범사업 추진 ⑤ SDGs-ESG 관점에서 누락 체크 등의 분석을 실시
5단계	후속 작업	① 평가·후속 조치 구조·체제를 검토 ② 지표를 이용한 달성 상황 내부 평가 ③ 외부 의견 반영, 외부 평가 ④ 지속적 관리를 위한 구조·시스템 구축 ⑤ 후속 조치

※ 출처: 公益財団法人 東京市町村自治調査會(2021: 109; 이창언 2022: 440)

116 | 지속가능경영보고서와 작성 프로세스

　　지속가능경영보고서는 조직의 지속가능경영 활동 및 성과를 공개하는 보고서로 이해관계자들의 요구사항을 글로벌 가이드라인의 보고 원칙에 기반하여 작성한 보고서이다.

　　시중에서는 ESG 보고서(ESG Report), CSR 보고서(CSR Report), 지속가능성 보고서(Sustainability Report), 지속가능경영보고서(Sustainability Management Report) 등 다양하게 불리우고 있다. 일반적으로는 글로벌 표준(GRI Standards, ISO 2600, SASB 등)을 기반으로 조직의 전략 및 경제, 사회, 환경성과를 공개하는 보고서를 지속가능경영 보고서라고 할 수 있다.

　　지속가능경영보고서는 이해관계자의 참여(Stakeholder Engagement)를 통해 조직이 당면한 핵심 이슈를 발굴하고 이에 대응하는 내용을 담으며, 중대성 평가(Materiality Analysis)를 통해 조직이 관리해야 할 핵심이슈의 우선순위를 파악하며, 제3자 검증(External Assurance)을 통해 보고 내용 및 데이터의 신뢰성을 확보한 보고서이다. 지속가능경영 보고서의 목적은 모든 이해관계자(대상)에게 지속가능경영 성과를 공개하여 책임 경영을 강화하려는 것이다. 지속가능경영보고서의 가이드 라인은 GRI Standards, ESRC, COP 등이다. ESG 보고서는 투자자, 평가사를 대상으로 하며 ESG 리스크 대응 상황 공개와 ESG 투자 유치를 목적으로 한다. 환경, 사회, 거버넌스 리스크가 기업에게 미치는 영향과 이에 대한 기업의 대응을 주로 서술하고 있다. 가이드라인은 SASB, ISSB, TCFD, TNDF 등이다.

　　지속가능경영보고서는 대형투자사(블랙록 등), 연기금(국민연금 등) 등 금융기관의 사회책임투자(Social Responsibility Investment, SRI)가 확산되고 있는 상황에서 지속가능경영보고서를 발간하는 기업이 늘어나고 있다. 여기에 더해 신용등급 평가(S&P, 무디스, 한국 신용평가 등)에 ESG 항목 고려, 기업등급평가(MSCI, 한국기업지배구조원)에 ESG 성과를 요구하고 있고, 공시 의무 및 규제의 강화, 소비자의 요구가 확대되는 상황에서 선택이 아닌 필수로 부상하고 있다.

지속가능경영보고서의 주요 내용은 다음과 같다. 첫째. 일반 사항으로 CEO의 지속가능 경영철학, 회사 소개, 주요 인증, ESG 관련 회사 전략, ESG 거버넌스 및 조직 체계, 회사의 윤리성, 지속가능성 이슈, 이해관계자 참여 방식, 중대성 평가 등이 포함된다. 둘째, 경제적 성과로서 재무성과와 분배, 성장성, 안정성, 수익성, 활동성 등 재무 건전성 등이 포함된다. 셋째, 환경(E) 성과로서 원재료 사용량, 생물 다양성, 포장재 재활용, 협력사 환경 평가, 에너지 사용량, 온실가스 배출, 환경 법규 준수, 물 사용량, 폐수 및 폐기물 관리, 환경 투자 금액 등이 포함된다. 넷째, 사회(S) 성과로서 노동과 관련된 사항 즉, 고용 안정성, 노사 관계, 직원 교육 훈련, 다양성과 기회균등, 남녀동등 보수, 노동 고충처리 등이 서술되어야 한다. 그리고 인권과 관련된 사항으로 차별 금지, 협력사 인권 평가, 인권 고충처리제도 등이 보고서에 담겨 있어야 한다. 그리고 반부패 활동, 공공정책 참여, 경쟁 저해 행위, 사회 법규 준수, 협력사 영향 평가, 고충처리제도 등 윤리적인 사항과 고객의 안전보건, 고객 만족, 고객 개인 정보 보호, 제품 법규 준수, 마케팅 커뮤니케이션 등 시장과 관련한 사항이 서술되어야 한다.

다섯째, 부록(Appendix)으로 GRI 인덱스, K-ESG 인덱스 등이 포함된다. 지속가능경영보고서는 점검과 소통이 중요하다. 점검과 소통에서 짚고 넘어갈 부분은 BOX와 같다.

- . GRI Standards 지표와 보고서를 연결해야한다.
- . 보고서는 간결한 문체로 작성되었는지 확인한 후, 피드백과 최종 마감 기한을 정확하게 협의해야한다.
- . 외부 검증을 받는다면 외부 검증을 받은 지표들에 대해 명시해야한다.
- . 회사 홈페이지 게시, 책자 출판 등의 형태로 보고서를 공개해야한다. 내/외부 -. 피드백과 보고서 작성 과정에서 발견한 시사점을 정리하고 검토한다.

지속가능경영보고서의 작성은 크게는 준비(보고서 작성 계획 수립)→ 연결(이해 관계자의 참여)→정의(보고서의 내용 결정/ 중대성 평가)→모니터(보고서 작성) 순의 절차를 밟아야 한다. 이를 보다 세밀하게 구분하면 다음과 같다.

<그림 4-33> 지속가능경영보고서 작성 프로세스

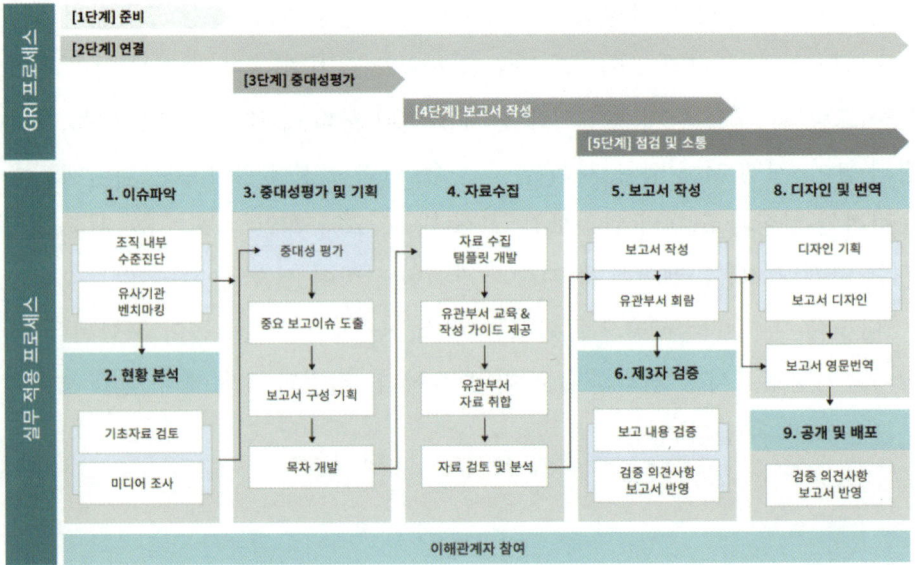

※ 출처: https://www.icmcert.com/page/sub11_6f

1단계는 보고서 작성 계획수립이다. 기업은 지속가능보고서 TFT를 구축하고 각 부서별 최소 1명 이상을 참여 시킨다. TFT는 GRI Standards를 숙지한다. 경영진의 관심사, 회사 전략과 연관된 지속가능성 주체를 파악하고, 보고서 작성 일정 및 자원 배분에 대해 협의한다. 그리고 GRI Standards 요구사항을 만족시키는 보고서로 작성할 것인지, 참고용으로 작성할 것인지 결정한다. GRI 보고서를 작성한다면, 핵심적(Core) 또는 포괄적(Comprehensive) 기준 중 1개를 선택해야 한다. 또한 지속가능보고서를 단독으로 발간할 것인지, 사업 보고서 등 기존 보고서에 포함할 것인지 결정해야 한다. 회사 임직원들에게 지속가능보고서의 중요성과 발간 일정을 공유하고 협조를 구해야 한다.

2단계는 이해관계자 참여 단계이다. 이 단계에서는 회사의 핵심 이해관계자 파악과 핵심 이해관계자와 소통할 방법을 확인해야 한다. 그 다음으로 핵심 이해관계자가 중요하게 여기는 주제를 파악하고, 경영진이 검토할 사안을 리스트로 작성해야 한다.

3단계는 보고서 내용을 결정(중대성 평가)하는 단계이다. 이 단계에서는 회사와 관련 있는 지속가능성 주제. 그 주제들이 조직의 내/외부에 미치는 영향을 파악해야 한다. 그리고 각 주제에 대한 이해관계자의 평가를 실시하고, 각 주제가 회사에 미치는 경제/환경/사회적 영향에 따른 평가를 실시한다. 여기서 '중요한' 주제를 선정한 기준을 정의하고, 각 주제별로 공개할 정보의 범위를 결정해야 한다. 그리고 경영진에게 중요한 주제로 결정한 사안에 대해 보고하고 최종적으로 경영진이 결정해야 한다.

4단계는 보고서 작성 단계이다. 이 단계에서는 필요한 정보를 모을 수 있는 내/외부 시스템을 확인한다. 중요 주제 중 모니터링 시스템이나 정책이 없어서 데이터 수집이 어려운 경우에는 정보 범위를 재정의하고, 보고할 수 없는 이유를 설명해야 한다. 4단계에서는 목표설정과 보고 여부를 결정해야 한다. 동시에 중요 주제를 관리하기 위한 모니터링 시스템의 효과성에 대해 체계적으로 점검하는 절차를 수립한다.

117 | 실용주의와 SDGs·ESG (1)

실용주의나 실사구시는 강력한 호소력을 지닌다. 긴박한 삶의 현장이야말로 진리와 정당성의 궁극이라는 것은 누구도 부인하기 어려운 통찰이다. 이것은 일상에 대한 맹종이나 부당한 현실에 묵종을 의미하지 않는다.

실용주의는 사람을 세계의 자발적 창조자로 간주하며, 인간의 사회생활에서의 실천의 중요성을 강조하고, 세계속에서 존재에 대한 의미와 가치를 부여한다. 여기에 더해 실용주의는 교조와 공론, 권위, 추상적인 지적 탐구와 이상적인 윤리와 책임의 강요가 아닌 우리 사회에서 괜찮고 바람직한 삶의 방식, 책임 윤리의 형성을 강조한다. 실용주의는 사회 운용의 절대적인 원칙이 아니라, 예측함으로써 사회혁신을 위한 행동의 기준이다. 이를 통해 사람들에게 무미건조한 지식분자의 공허한 이론이 아닌 삶으로부터 생성되는 경험, 지식, 실천이 가진 의미를 깨우쳐 준다.

삶의 개선을 철학의 근본 문제로 삼는 실용주의와 지속가능발전목표(SDGs), 환경·사회·거버넌스(ESG)의 기본 전제는 인간의 삶과 행동의 의미를 논하는 것이다. 철학의 목적 중 하나가 인간에 관한 이해 그리고 궁극적으로는 인간의 욕구나 필요를 만족시키는 것이라면 인간은 그런 목적을 달성하기 위해 기존의 권위 특히 절대적 진리를 제공한다는 제도적 장치로부터 자유로워져야 할 필요가 있다. 인간에게 완성된 형태로 주어진 형이상학적 본질은 없고, 객관적인 대상 세계에 속한 영원불변의 진리도 존재하지 않는다.

실용주의가 세계를 초월하는 관점을 비판하고 현실 중심적이며, 인류의 번영을 소중한 가치로 설정한 것처럼 SDGs와 ESG도 미래지향적인 관점을 중시하며 모든 것을 정해진 관념으로 환원하여 설명하려는 관념론과 거리두기를 한다. 그 이유는 인간의 노력에 의한 가치 창조를 확보하기 위해서이다. '행동을 통한 변화', '체계적 변화'로 '진정한 전환(real transformation)'이 시작되고, 지역과 현장에서의 활동을 통하여 전 지구적 변화를 모색해 나가는 것이 SDGs 이행의 기본 관점이다.

실용주의적 관점에서 보편적인 진리에 기초한 것인가 그렇지 않은가의 여부가 핵심적인 논쟁 대상은 아니다. 실용주의 철학의 기본 관점은 '세계는 진화하는 것(Charles Sanders Peirce)'이다. '인간의 창의적 활동'을 (제임스)을 통해, 그리고 '초월적인 것이 아닌 인간의 경험을 포함하는 끊임없는 과정(듀이)'이다.

진리가 실천을 통해 증명되고 검증되어야 한다는 '실용주의 진리관'과 동일하게 SDGs는 절대자와 고정된 체계를 부정한다. SDGs와 ESG는 현학적인 논리적 정합성을 추구하기보다는 모든 질문이나 문제를 열어놓고, 정서적으로, 지적으로 호소력 있는 실천과 구체적인 행동계획을 선호한다. SDGs·ESG를 둘러싼 논의와 이행·실천은 실용주의와 많은 부분의 결을 함께 한다.

SDGs·ESG는 인간의 창의적 노력을 통해 자유의 공간을 확보하고자 한다는 점에서 세계에 대한 참여와 개선의 실천론적 성격을 가진다. SDGs·ESG의 핵심적인 정책과제는 '인간 중심적 발전(people-centered development)'이다. 인간 중심적 접근은 정의롭고, 살기 좋고, 포용적인 공동체 건설과 빈곤 해결을 위해 좀 더 가치 있는 솔루션을 만들기 위한 전략이자 일련의 과정과 방법들이다. 이것은 삶을 위한 자연 지원 시스템(the natural support systems)을 보호하는 '모두를 위한 포용적인 발전' 과정과 양식을 추구한다는 점에서 생태주의와 대립하지 않는다.

SDGs의 5P(인간, 지구, 번영, 평화, 파트너십), ESG의 3요소(환경, 사회, 거버넌스)에서 확인되듯이 효율과 만족의 극대화가 아닌 생태계와 사회 전체의 균형과 지속가능성에 더 큰 비중을 둔다. 인간 중심적 접근은 사회구조 속에 다양성이 촘촘히 짜여있고 유·무형의 문화적 유산과 활동들이 중요한 자산으로 여겨지는 사람 중심의 안전하고 문화적으로 융성한 공동체를 만들고 유지하는 것이다(SDGs). 그리고 기업은 공정하고 자유로운 경쟁 하에서 사회에 유용한 부가가치 고용을 창출하고, 자율적이고 책임 있는 행동을 통해 지속가능한 사회 실현을 견인하는 역할을 담당할 수 있도록 촉구한다(ESG). 인간 중심 디자인 방법을 통한 가치 있는 해법 제안은 적합성(Desirability), 실현 가능성(Feasibility), 지속성(Viability), 이 세 가지 관점을 동시에 고려하여 도출한다.

실용주의는 '변화와 참여'를 중시하고 인간의 창의적 노력과 자유의 공간을 확보하려는 일련의 의식과 행동을 촉진한다. 나아가 학습과 탐구는 개방적 사고, 참여적 의사결정을 통한 적용 가능한 정책 대안 모색, 나아가 자기 성찰성을 강화한다. 자기 성찰성은 나와 현실의 문제를 드러내는 것, 합리적 비판에 항상 열려 있어야 한다는 것을 의미한다.

SDGs와 ESG의 이슈는 다양하고, 상호 연계되어 있으며, 이행 과정에서 구체적인 지표를 통한 검증·평가와 환류를 수반하기 때문에, 계획 수립과 실행을 위하여 학습과 탐구를 중시한다. SDGs·ESG는 이해관계자들의 토론을 통해 지식, 가치, 인식, 관점, 태도를 변화시키고, 집단적 맥락에서 '바람직한 것'과 '실현가능한 것' 사이에서 균형점을 찾고, 지속가능한 사회를 위한 공동의 행동을 구체화하는 과정을 중시한다. 이처럼 SDGs·ESG에서 학습과 탐구 의지는 생성(生成)과 변화(變化)의 세계관(世界觀)으로서 미래(未來)를 향한 열린 실용주의 철학의 기본 지향과 맞닿아 있다.

118 | 실용주의와 SDGs·ESG (2)

지속가능발전목표와 환경·사회·거버넌스(ESG)는 총체적인 관점에서 사회의 의식 변화를 전제한다는 점에서 실용주의와 유사하게 '학제간(inter Disciplinary)', '초학문적(trans Disciplinary)' 접근을 선호한다.

SDGs는 "모든 국가, 특히 개도국에서 목표 달성을 지원하기 위해 지식, 전문성, 기술 및 재원을 동원하고 공유하는 다주체 파트너십에 의해 보완되는 지속가능발전을 위한 글로벌 파트너십 강화(SDG Gaol 17-16)를 강조한다. SDGs는 개방성과 지식의 공유라는 방식에 의해 더욱 활발히 추진되고 종합적·다학제적(multi disciplinary)·통섭(consilience)적 해법을 추구한다.

ESG도 장기목표를 설정하고 설정하고, ESD 전략의 기업 내에서 공유하며, 다양한 이해관계자와의 협력을 강조한다.

해외 기업들은 이를 위해 위원회 설치, TF 설치, 부서 간 협력체제 구축, 다양한 전문가 그룹과의 네트워크 구축을 통해 ESG 이행과 실천, 달성도 평가를 위한 도구를 파악한다.

SDGs와 ESG는 공허한 탁상공론이 아닌 다중 참여적 과정을 거치면서 더욱 활성화되고 발전된다는 특징을 보여준다.

SDGs와 ESG는 구체적인 사회관계들의 실천적 네트워크로서 인간의 역사-사회적 활동 과정을 통해 인간 존재의 의식적인 성찰과 혁신, 실천에 의해 창조되는 구조로서 사회를 이해한다.

실용주의가 다양성, 인간중심적 접근을 강조하는 개방적인 태도를 권장하는 것과 마찬가지로 'SDGs·ESG'의 세계관과 가치론은 인간주의적 태도를 취하며, 여러 사상을 포용하고 흡수한다. 실용주의가 초자연성을 인정하지 않으며 '경험의 충만(充滿)'으로 표현되는 과학적 방법에 의거, 사회문제에 접근하는 것처럼 SDGs도 '시대와 상황의 변화'가 '새로운 문제를 낳는다'라는 인식에서 출발하며 포괄적인 접근법, 다양한 데이터와 측정 가능한 방법론과 과학기술을 활용한다.

SDGs·ESG는 여기서 한 걸음 더 나아가 실천의 효율성을 제고하기 위해 "시민사회를 포함한 국가, 광역, 지방 단위의 정부, 다자기관, 국제단체, R&D 기관의 공동행동이 필요하다는 것과 재정, 역량개발, 연구, 그리고 혁신을 포함한 모든 수준의 글로벌-국가-도시-기업 단위의 접근과 행동을 요구"하는데, 그 이유는 좋은 정책의 기본은 과학적인 근거와 실무자의 전문성과 관련이 있기 때문이다.

SDGs·ESG 이행 실천은 과학적인 지식과 정확한 정보를 모으고 창조하여 확산시킨다. 이 과정에서 투명성과 신뢰성을 높일 수 있다. 확보한 정보는 각 도시, 국가뿐 아니라 국제사회와 공유함으로써 현실 실정에 맞는 합리적인 의사결정도 이루어낼 수 있다.

실용주의가 말하는 과학적인 방법은 객관적인 자료(지표)에 기초한 실질적인 성과 도출, 문제 해결 과정에서 합리적인 비판 수용, 현실 변화에 따른 목표나 수단 재조정, 해결책의 지속적인 수정, 보완을 허용하는 점진주의를 견지하는 것을 의미한다.

SDGs 이행 체계 구축의 핵심도 이러한 과학적 방법을 따른다. SDGs·ESG는 이행 전략 및 이행계획의 수립을 위하여 진단과 성과를 판단할 수 있는 지표 개발을 중시한다. 이를 위해 ESD는 개발된 지표에 입각하여 기업 혹은 조직에 대한 평가도구 및 감사도구, 관리도구, 커뮤니케이션 도구 및 보고 도구를 가지고 있다.

이를 위해 산업통산자원부가 2021년 12월 1일 K-ESG 가이드라인을 발표했다. 이로써 한국도 글로벌 기준에 부합한 국내기업과 평가기관이 공통으로 활용할 수 있는 ESG(환경·사회·거버넌스) 가이드라인을 마련했다.

SDGs도 국가-도시 차원의 이행·실천·평가·환류를 위해 글로벌 지표

(Indicators)와 방법론을 탐구하고 국가 단위의 다양한 지표와 데이터를 수집하고 데이터베이스를 구축한다.

SDGs 지표는 ⅰ.분명하고 간단한, ⅱ. 합의에 바탕을 둔, ⅲ. 시스템에 바탕을 둔, ⅳ 정보와 광범위하게 일치하는, ⅴ 잘 확립된 자료 원천에서 구축된, ⅵ. 구성요소로 분해되는, ⅶ 보편적인 등과 같은 SDGs 지표 설정 원칙을 둔다. SDGs·ESG의 구성과 주요항목, 평가지표는 과학과 실험, 탐구를 중시하는 실용주의와 접합되는 지점이다.

SDGs·ESG 이행과 실천 과정에서 국가와 도시는 위기와 기회, 번영을 중심으로 그 지위가 격상되고 있다.

SDGs·ESG 이행 원칙과 이행의 전 과정에서 실용주의 철학의 특성인 이원론적 분리주의를 거부하는 현실주의, 학습과 경험을 통한 성장을 중시하는 역사주의, 다양성과 소통을 긍정하는 다원주의, 실험과 탐색을 중시하는 과학주의를 내장한 SDGs의 모범적 사례가 빠른 속도로 도시에 확산되고 있다.

SDGs·ESG 창조성은 SDGs·ESG를 자신의 삶터에 적용하고, 이를 실천하는 동시에 모니터링(monitoring)하는 과정인 현지화(localizing ESG)로 구현되고 있다.

SDGs·ESG 현지화는 사회·기업 혁신의 실용주의적인 구체적 방법론으로서 SDGs·ESG 이행과 실천에 작용한다. SDGs·ESG는 글로벌-국가-도시-기업, 환경·사회·경제의 통합적 관리, 도농 일체화, 물질문명과 정신문명의 조화, 경제건설과 국방건설의 융합을 촉진한다. 그 결과 개발 이익이 모든 지역과 집단에 공평하게 배분되는 효과를 창출한다.

SDGs·ESG는 지역과 기업의 독특한 맥락, 자원, 도전, 기회를 바탕으로 설정, 기획, 이행되는 전략을 구사하게끔 안내한다. 전략 수행 과정에서 정부(지자체 포함)는 가진 고유의 권한을 SDGs·ESG를 통한 도시개발계획에 통합시켜내고 지역사회 파트너십, 재원, 기술적 지원에 대한 접근성을 높일 수 있다.

좌담

ESG 경영, 기업의 패러다임을 바꾼다

ESG
SDGs

ESG 경영, 기업의 패러다임을 바꾼다 - 1

이제 기업도 ESG 경영 준비할 때
ESG 경영으로 기업가치·신사업 창조해야

SDGs-ESG 경영은 대기업·글로벌 기업뿐만 아니라 환경, 건강경영, 지역사회 공헌에 힘쓰는 중소기업 등에서도 관심이 서서히 높아지고 있다. 기업이 SDGs-ESG 경영에 대응함에 따른 자체 기대효과는 네 가지로 요약된다. 그것은 첫째, 기업 이미지 향상. 둘째, 급변하는 사회문제에 대한 대응력 강화. 셋째, 기업의 생존전략. 넷째, 새로운 사업 기회의 창출이다.

평택시민신문은 최근 ESG 경영 시대에 발맞춰 지역사회의 ESG 경영 정착과 기업의 지역사회 공헌을 위하여, 기반 조성을 위한 평택형 ESG 경영 정착과 확산을 주도해 나가고자 한다. 이를 위해 대한민국 SDGs와 ESG 경영 분야의 전문가인 이창언 신경주대학교 교수(신경주대학교 SDGs·ESG 연구센터장)와 김기수 평택시민신문 대표가 몇 차례에 걸쳐 좌담을 갖기로 기획, 진행하였다. 이번 첫 좌담은 ESG 경영 이해에 혼란을 주는 용어 정의부터 ESG 경영의 주요 요소, ESG 경영의 효과에 대해 이야기를 나눈다. 좌담은 2021년 11월 14일 경기도 안성시 원곡면의 한 카페에서 진행됐다.

ESG 경영은 기업의 사회적 책임 이행을 통해
경영의 위험을 최소화하고 기업가치를 증대시키기 위한
경영활동을 의미 … 대·중소기업 모두 피할 수 없는 대세

사회: 최근 신문이나 잡지 등 많은 미디어에서 SDGs, ESG라는 단어를 접할

기회가 많아졌습니다. 하지만 SDGs와 ESG에 대해 들어는 봤는데 그 내용을 잘 모르는 독자들도 꽤 있을 것 같습니다. 먼저 이창언 교수님이 SDGs를, 김기수 대표님이 ESG에 대해 알기 쉽게 말씀해 주시면 좋을 것 같습니다.

이창언 신경주대 교수: SDGs(Sustainable Development Goals, 이하 SDGs)에 대한 대중적 인지도가 최근 높아지고 있습니다. 그룹 방탄소년단(BTS)과 블랙핑크의 동참 덕분이기도 합니다. BTS는 지난 9월 20일 유엔 'SDGs 모멘트' 행사에 참석해 연설하고 퍼포먼스를 선보였습니다. 블랙핑크도 SDGs 홍보대사로 위촉됐어요. 아시아 가수로서는 블랙핑크가 최초라고 합니다.

SDGs는 2015년 유엔정상회의에서 채택된 의제로서 기업도 선두에 나서서 실행해야 할 목표입니다. SDGs는 2001년에 책정된 새천년개발목표(MDGs)에 이어 2030년까지 지속가능하고 보다 좋은 세계를 목표로 하는 국제적 헌장입니다. SDGs 17개 목표와 169개 세부 목표는 원대한 포부를 담은 혁신적인 비전을 제시하고 있습니다. SDGs는 빈곤과 기아, 질병과 결핍이 없는, 모든 생명이 번영할 수 있는 세상을 지향합니다. 공포와 폭력이 없는 세상, 누구나 글을 읽고 쓸 수 있는 세상, 모두가 공평하게 양질의 교육, 보건 서비스, 사회적 보호를 누릴 수 있는 세상, 물리적·정신적·사회적 복지가 보장되는 세상을 만들기 위한 전 세계인의 약속입니다.

SDGs는 사회가 재화와 서비스를 생산하고 소비하는 방식을 근본적으로 변화시키기 위해 정부, 국제기구, 기업과 비정부 부문, 그리고 개개인의 자원을 동원하고 있습니다. SDGs는 지속가능하지 않은 형태의 모든 소비 및 생산 방식의 변화에 기여합니다. SDGs는 생산 활동, 양질의 일자리 창출, 창업, 창의성과 혁신을 지원하는 발전 지향적 정책을 진흥하고,

금융서비스에 대한 접근 등을 통해 소규모 기업 및 중소기업의 공식화와 성장을 장려합니다(Goal 8-3). SDGs는 2030년까지 소비 및 생산과 관련된 전 세계적 자원 효율성을 점진적으로 개선하고, 경제성장으로 인한 환경 악화를 방지하기 위한 노력을 기울이고 있습니다(Goal 8-4).

김기수 평택시민신문 대표: 최근 SDGs와 함께 경제적 이익 창출만으로는 지속가능한 기업 성장이 불가능하다는 인식하에 환경, 사회, 거버넌스(Environmental, Social, Governance: 이하 ESG)에 참여하는 기업이 늘고 있습니다. ESG는 환경(Environment), 사회(Social), 거버넌스(Governance)의 영문 첫 글자를 조합한 단어로 기업 경영에서  지속가능성(Sustainability)을 달성하기 위한 3가지 핵심 요소입니다. 지금까지의 투자 방법에서는 기업의 실적(이익액이나 이익률 등)이나 재무 상황(부채액이나 현금의 흐름) 등의 재무 정보가 투자를 판단하는 데 있어서의 주요한 평가 재료로 여겨져 왔습니다. 그러나 최근에는 재무 정보 외에 ESG라는 비재무 정보 요소를 추가하여 투자 가치를 판단하고 있습니다. '수익성이 높다', '재무 상황이 좋다'라는 평가 기준 외에도 '환경문제 개선', '지역사회 공헌', '노동자에 대한 배려', '법률을 준수하는 기업활동' 등의 ESG 과제에 적극적으로 임하고 있는 점을 평가하여 투자처로 선정하기도 합니다. 이에 따라 경제적 이익 창출만으로는 지속가능한 기업 성장이 불가능하다는 인식이 확산되며 환경, 사회, 거버넌스(ESG)에 참여하는 기업이 늘고 있습니다.

사회: 네. 그렇군요. 기본적인 개념을 알게 되었으니 이제는 본격적으로 ESG 확산과 정착을 간단히 정리해 볼 필요가 있을 것 같습니다. 김기수 대표님께서 먼저 말씀해 주시면 좋겠네요.

2006년 유엔 책임투자 원칙(UN PRI) 출범 계기로 전 세계적 ESG 투자 확산
유엔환경계획 금융 이니셔티브(UNEP/FI) 및
유엔 글로벌 콤팩트(Global Compact)가 글로벌 기관 투자자들과 함
께 UN PRI 발표

김기수 대표: ESG 확산을 이야기 할 때, 2005년 유엔 글로벌 콤팩트(United Nations Global Compact)의 더 나은 투자시장과 지속가능한 사회를 주제로 열린 컨퍼런스를 빼놓을 수 없습니다. 이때 ESG 투자에 대한 개념이 제시됩니다. ESG 요인이 장기 투자에 있어서 중요한 역할을 한다는 점을 참가자들이 동의하였습니다. 그리고 다음 해인 2006년 유엔 책임투자 원칙(UN Princripies for Responsible Investment: UN PRI)의 출범은 전 세계적으로 ESG 투자가 확산되는 계기가 되었습니다. 유엔환경계획 금융 이니셔티브(UNEP/FI) 및 유엔 글로벌 콤팩트(Global Compact)가 글로벌 기관 투자자들과 함께 유엔 책임투자 원칙(UN PRI)을 발표합니다. UN PRI는 체계적이고 명시적으로 투자 분석 및 투자 결정에 ESG 요인을 포함하는 것으로 정의하였습니다. 재무제표 정보만으로는 투자 위험을 측정하기 어려우므로 활용가능한 비재무적 정보를 위험 측정 모델에 통합하기 위함이었습니다. 연기금 등 기관 투자자들은 수탁자로서 투자 의사를 결정할 때, 투자 대상 기업의 재무적 요소뿐만 아니라 ESG 등 비재무적 요소를 함께 고려해야 한다는 원칙을 천명한 것입니다. 현재 UN PRI 서명 기관은 2021년 초 기준 3,634개이며, 이는 2019년 상반기 대비 53% 증가한 수치로 최근 들어 기관 투자자의 ESG 고려가 더욱 가속화되고 있습니다. 이후 글로벌 자산운용사들을 중심으로 부정적인 이슈의 기업을 배제하는 소극적 지속가능 투자에서 더 나은 ESG 성과를 추구하는 적극적 지속가능 투자로 전환해나가고 있습니다. 글로벌지속가능투자연합(Global Sustainable Investment Alliance, GSIA)에 따르면 2020년 상반기의 전 세계 ESG 투자 규모는 약 40조 5000억 달러(약 5경 5000억 원)에 이른다고

합니다. 도이치은행(Deutsche Bank)은 2030년까지 ESG 투자 규모가 130조 달러를 돌파할 것으로 예상하고 있습니다.

사회: 네. 말씀 잘 들었습니다. 유엔 글로벌 콤팩트가 제시한 10대 원칙이 ESG 경영을 이해하는 데 기초가 되었다는 말을 들은 적이 있어요. 유엔 글로벌 콤팩트와 10대 원칙에 대해서는 이창언 교수님이 부연 설명을 해 주시면 감사하겠습니다.

이창언 교수: 유엔 글로벌 콤팩트는 전 세계 기업들이 지속가능하고 사회적 책임을 지는 경영을 하도록 정책을 채택하고 그 실행을 국제기구에 보고하도록 장려하는 유엔 산하 전문기구입니다. 이 기구는 기업체의 사회적 책임에 대한 역할을 관장하며 기업들에게 동기를 부여하고 있습니다. 유엔 글로벌 콤팩트의 10대 원칙은 세계적인 협의 과정과 더불어 세계인권선언(1948), 노동에서의 권리와 기본원칙에 관한 ILO 선언(1998), 환경과 개발에 관한 리우선언(1992), 국제연합 부패방지협약(2003)에 영향을 받았다고 합니다. 10대 원칙은 인권(Human Rights)과 노동, 환경, 반부패의 내용을 담고 있으며, SDGs의 각 목표, 세부 목표와 연결되어 있습니다.

기관투자자들이 기업의 재무적 요소 뿐 아니라 비재무적 요소까지 고려
소극적 지속가능 투자에서 적극적 지속가능 투자로 투자 추세 변화
2020년 상반기 전 세계 ESG 투자 규모 40조 5천억 달러

사회: 지금까지 두 분의 말씀을 통해 ESG 확산 과정과 ESG의 기본 정신을 담고 있는 유엔 글로벌 콤팩트 10대 원칙을 알게 되었는데요. 기왕에 논의를 시작했으니 E(환경), S(사회), G(거버넌스)라는 요소에 대해 설명해 주시면 어떨까요? 이 세 하위 요소를 통해 ESG 경영을 이해하는 데 도움이 될 것 같습니다.

이창언 교수: ESG 경영의 3가지 핵심 요소는 환경, 사회, 거버넌스라고 할 수 있지요. 환경면에서 가장 핵심적인 사안은 기후위기와 이에 따른 탄소배출 관련 이슈를 들 수 있어요. 지구온난화 방지 외에도 에너지 효율화 등의 환경 부하의 경감 등을 포함합니다. 사회적인 면에서는 기업이 데이터 보호, 인권 보장과 성별 및 다양성의 고려, 사회적 약자의 고용, 여성 사원의 간부 등용 등을 강조합니다. 거버넌스 면에서는 노동자에게 안전한, 일하기 좋은 일터의 정비, 사외 이사의 적극적 등용, 다양한 이해관계자와의 소통과 협동에 적극적이어야 한다는 점을 포함하고 있어요. 다시 말해서 거버넌스는 기업이 환경과 사회 가치를 실현할 수 있도록 뒷받침하는 투명하고 신뢰도 높은 이사회 구성과 감사위원회 구축을 전제로 하고 있어요. 좋은 거버넌스는 뇌물수수나 부패를 방지하고 로비 및 정치 기부금 활동에서 기업윤리를 준수함으로써 높은 거버넌스 가치를 확보해야 함을 의미합니다. 정리하면 ESG 경영은 기업의 사회적 책임(환경경영, 윤리경영, 사회공헌)의 이행으로 경영 위험(Risk)을 최소화하고 기업 가치를 증대시키기 위한 경영활동을 의미합니다. ESG는 기업이 지속가능한 사회를 만들기 위한 목표를 설정하고 실행하겠다는 의지를 투자자, 소비자 등 사회에 선포하는 것에서 시작된다고 할 수 있습니다.

사회: SDGs, ESG와 혼동하기 쉬운 말에 'CSR' 'CSV'가 있습니다. 용어가 어려워서 어렵게 느끼는 사람도 많습니다. 과거에 기업은 이익 추구를 우선하는 가운데 공해문제나 불법투기, 부정회계 등 다양한 문제를 일으켰습니다. 이러한 경험을 통해 윤리적 관점에서 사업활동을 통해 자주적으로 사회에 공헌하는 CSR(Corporate Social Responsibility, 기업의 사회적 책임)을 의식하게 된 것 같습니다. 이 개념들의 특징과 SDGs·ESG와의 관련성을 설명해 주시면 좋겠습니다.

일본공적연금(GPIF) "SDGs와 ESG 실천하는
기업, 중장기적 기업가치 높인다"
ESG 경영과 기업의 사회적 책임(CSR) 전략 취하는 기업은
재무적 성취 탁월
무엇보다, ESG 경영은 지역사회 지속가능발전 위한
협력 증진에 기여

김기수 대표: CSR 활동은 법령 준수는 물론 관계자에의 설명 책임을 완수하는 투명성도 포함되어 있습니다. 우리 사회 여러 곳에서 기부나 자원봉사 활동이라고 하는 형태로 공헌하는 기업도 많이 볼 수 있습니다. CSR은 사업을 통해 생긴 이익을 사회적인 '좋은 일'에 쓰는 활동이라고 받아들여지고 있어요. CSV(Creating Shared Value, 공창가치)는 마이클 포터 교수가 제창한 개념이에요. 예전에는 상충되는 관계로 인식되고 있던 '경제 효과'와 '사회적 가치의 창조'를 양립하려는 것으로 인식하고, 본업에 의한 사회공헌, 즉 사업을 통해서 사회적인 과제를 해결하며, 이에 기반하여 경제발전을 목표로 한다는 점은 SDGs와 공통되는 면을 가집니다. 그러나 CSR, CSV는 모두 관념, 생각이지만 SDGs는 유엔이 채택한 구체적인 '목표'라고 할 수 있습니다. SDGs에 대한 대응에 CSR, CSV의 견해는 참고가 되는 점이 많습니다. 그러나 사고방식과 목표라는 점에서 성질이 다릅니다. SDGs는 처음부터 17개 목표, 169개의 목적이 정해져 있었고, 어떤 것을 대상으로 하고 있는지 명확합니다.

이창언 교수: 세계적으로 ESG 투자가 활성화됐지만 ESG에는 표준적인 정의와 지표가 존재하지 않습니다. E(환경)에서는 지구온난화 대책이나 생물다양성의 확보 등이 주목되고, S(사회)에서는 생산이나 공급의 연쇄적 과정(supply chain)에서는 인권이나 성평등이라는 문제에 초점을 맞추고 있습니다. G(거버넌스)에서는 법령의 준수와 정보공개 등이 거론되고 있습니다. 하지만 평가 기관마다 판단이 상이할 수 있습니다. 공통적인 판단 기준

은 이후 구체화될 전망입니다. ESG와 SDGs는 각각의 사회나 환경의 지속성을 주시하는 개념이라고 생각합니다. GPIF(Government Pension Investment Fund, 연금적립금 관리운용독립행정법인)는 "기업이 SDGs와 ESG를 실천하는 활동을 전개하는 것이 해당 기업의 중장기적인 가치를 높인다"라고 말합니다. "기업 가치의 지속적인 향상은 장기적인 투자 수익의 확대로 이어진다"라는 것이지요. GPIF는 기업의 SDGs, ESG 대응은 표리관계(表裏關係), 즉 따로 떼어서 생각할 수 없는 관계에 놓여 있다고 강조합니다.

김기수 대표: SDGs, ESG, CSR은 각 사가 강조하고 싶은 점이나 호소하고 싶은 대상에 따라 다양하게 사용되고 있는 것 같습니다. 이러한 차이는 경영 방침, 담당 부서나 직무 방식, 발행하는 기업 홍보지의 명칭 등에도 나타나고 있습니다. 그러나 SDGs나 ESG를 수행하는 기업에는 공통점도 있습니다. 이창언 교수님의 말씀처럼 SDGs나 ESG가 제시하는 여러 과제에 미래의 기업 운영이나 실적에 결정적으로 영향을 줄 수 있는 위험(물리적, 법적, 평판의 위험 요소 등) 요소 제거의 기회가 포함되어 있고, 기업이 지속가능한 사회 실현에 공헌함으로써 기업 가치의 향상 및 저하 방지에 활용된다는 점입니다. 현재는 SDGs를 고객이나 사원, 타 사와의 커뮤니케이션 도구로 이용하거나 ESG 평가를 올리기 위한 노력으로 활용하는 경우가 많습니다.

이창언 교수: 연구자의 관점에서 말씀드리면 기업의 SDGs 대응이나 CSR과 해당 기업의 재무성과의 상관관계는 많은 연구자가 관심을 갖는 분야입니다. 따라서 ESG(환경·사회·거버넌스) 투자가 경제적 가치 창출로 이어지는가에 대한 다양한 실증 연구가 이뤄지고 있습니다. CSR의 퍼포먼스와 해당 기업의 기업 가치, 기업 수익 관계의 상관성을 검증하고 있습니다. 계량 분석 결과 CSR 활동에 적극적으로 임하는 기업들은 주식 투자 이득이 큰 재무 퍼포먼스도 탁월한 것으로 밝혀졌습니다. 특히 금융위기

시에 CSR 전략을 실시하는 기업의 재무 지표가 양호한 것으로 나타났습니다. 기업의 '지속가능성 보고서'의 정보 공개 충실도와 각 사의 재무 퍼포먼스에는 긍정적인 상관관계가 확인되고 있습니다. 물론, 양자 간의 상관관계가 없다는 반론도 있습니다. 그러나 지금까지 실증적 연구의 결과는 CSR 활동과 재무성과 사이에는 마이너스의 관계는 볼 수 없음이 확인되고 있습니다. 기업의 SDGs, ESG에 대한 대응은 결코 재무 실적을 희생하거나 투자가의 이익에 반하는 행위가 아니라 이익을 주는 행위라고 할 수 있습니다. 그리고 무엇보다도 노동자의 권익 보호와 안전한, 양질의 일자리, 지역사회의 지속가능발전을 위한 협력을 증진하는데 기여한다는 점에서 ESG 경영은 큰 의미를 가진다고 할 수 있습니다.

***지역 대기업·중소기업·공기업의 ESG 경영 현황과 과제 짚고,
지자체와 의회, 시민사회 역할과 과제에 대해서도
깊이 있는 연구와 접근 필요***

사회: 두 분 이야기를 통해 ESG에 대해 자세히 알게 되었습니다. 오늘은 첫 좌담인 관계로 이론과 개념적인 논의를 주로 다루었습니다. 다음 좌담에서는 구체적인 사례를 다루어 보려고 합니다. ESG 경영의 세계적·국내적 적용 사례, 지자체의 적용 방안을 논의하고자 합니다. 대기업, 중소기업, 공기업의 ESG 경영 현황과 과제 뿐 아니라 시민사회의 역할과 과제에 대해서도 두 분이 다루어 주시리라 믿습니다. 깊이 있는 좌담을 진행해 주신 두 분께 감사의 인사를 드립니다.

ESG 경영, 기업의 패러다임을 바꾼다 - 2
: 중소기업 ESG

중소기업 ESG 경영 저변 확대를 위해
지자체-대기업-중소기업 ESG 상생협력 필요
충청남도, 중소기업 ESG 지원 조례안 입법 예고
중소기업 ESG 경영 활성화 지원 등 내용 담아

사회: ESG 확산, 지속가능경영 글로벌 규제 도입, 지속가능한 소비의 확대 등
과 같은 사회환경 변화는 기업의 자금 조달 및 구매자 관리 등 경영환경
에 영향을 미쳐 기업으로 하여금 지속가능경영을 추구하도록 유인하고
있습니다. ESG 경영 확산이 중소기업에 미칠 영향은 어느 정도인가요?

김기수 평택시민신문 대표: 국내외 대기업의 ESG 위험 관리가 공급망 전반으
로 확대됨에 따라서 B2B(기업간 거래) 중소기업이나 수출 중소기업의 경우
ESG 성과에 따라 공급망에서 배제될 수 있는 위험에 직면해 있습니다.
Apple, BMW, DHL 등의 글로벌 대기업은 '공급망 행동규범'을 통해 협
력사의 ESG 평가를 의무화하고 그 결과에 따라 협력사에 패널티를 부여
하거나 신규 거래 여부 판단 시 가점을 부여하고 있습니다. 하지만 중소
기업이 ESG 확산에 선제적으로 대응할 경우 글로벌 공급망에서 큰 부분
을 차지하는 중국 기업의 자리를 한국 중소기업이 대체할 가능성도 있고
요. EU 집행위는 역내 기업 공급망 전체 실사 의무화 법안 도입을 추진

하고 있어서 중소 협력업체에 대한 ESG 보고서 요구는 향후 더욱 확대될 것으로 예상됩니다. 대부분의 중소기업의 ESG 공시에 관한 준비정도가 미약하지만 선제적으로 ESG 위험 관리를 잘 할 경우 기회요인으로 작동할 수 있다고 생각합니다.

이창언 신경주대학교 교수: 국내 대기업들도 이러한 움직임에 동참하여 협력사를 포함하는 공급망 전반의 ESG 위험 관리를 추구하고 있습니다. 전자, ICT 관련 기업들의 사회적 책임을 다하고자 설립된 세계 최대의 산업 연합체인 RBA(Responsible Business Alliance)는 회원사와 회원사의 협력사 전체에 대해 노동, 안전보건, 환경 등의 RBA 행동규범을 준수할 것을 요구하고 있습니다. 삼성, SK하이닉스, LG전자, LG화학 등 국내 대기업들도 RBA에 가입하여 협력사 ESG 위험 관리에 동참하고 있어요. ESG 투자 및 규제 확산은 1차적으로 대기업을 비롯한 상장기업이 받아요. 상장기업의 경우 ESG 채권 발행, ESG 투자 등 융자와 투자 전체의 자금조달에 직접적인 영향을 받고 있지만, 금융시장의 ESG integration(통합전략)이 보편화되면 중소기업의 자금조달에도 영향을 미치게 됩니다. 은행권에서도 대출 심사 요건으로 ESG 수준을 고려하겠다고 제시했기 때문이지요. ESG 채권과 SLB(Sustainability-linked bond)도 커지고 있어요. 중소기업의 경우 정책 자금, 담보대출, 벤처 캐피탈의 직접투자가 주요 외부 자금조달원으로서 ESG 성과와 연계되는 부분은 없으나, ESG 투자의 확산으로 중소기업 금융도 영향을 받게 됩니다.

사회: 중소기업은 중견기업이나 대기업에 비해 ESG에 관한 인식이 부족하고 대비가 되지 않은 것 같습니다. 이런 상황에서 ESG 확산이 중소기업에게 주는 영향과 리스크에 대해 간단히 정리해 보면 좋겠습니다. 김기수 대표님이 간단히 정리해 주시지요.

김기수 대표: 대기업은 물론 중소기업이 ESG 경영에 참여함에 따른 기대 효과는 네 가지로 요약됩니다. 그것은 기업 이미지 향상, 사회문제 대응력 강화와 지역사회 공헌, 기업의 생존전략, 새로운 사업 기회의 창출입니다. 기업이 ESG 경영에 참여하는 것은 투자 위험 관리이자 환경과 사회 전체의 이익을 향상시키는 것과 같습니다. 이는 ESG가 목표로 하는 환경보전, 빈곤 문제의 해결, 공정사회 만들기, 지역사회 파트너십 강화로 이어집니다. 반면 2021년부터 지속가능경영의 글로벌 규제 도입 경향이 가속화되면서 달성 시의 인센티브와 미달 시의 손실 리스크도 동시에 발생할 수 있습니다. 글로벌 지속가능경영 규제적용으로 인한 비용 증가와 내지는 납품 불가 리스크 발생, 대기업이 ESG를 근거로 불합리하게 공급망에서 배제할 경우 제소하거나 항의할 수 있는 법적 근거가 없다는 점, 해외 정부와 기업의 지속가능경영 규제에 따른 수출 비용 부담을 들 수 있어요. 이 말은 결국 세계적인 대세인 ESG 경영 확산에 중소기업도 대비책을 세워야 한다는 말입니다. 다만, 여건이 좋지 않은 중소기업에게 중앙-지방정부, 대기업의 정책적 지원과 협조는 필수적일 것 같습니다.

사회: 그러면 중소기업 ESG 경영 정착을 위한 방안에 대해 알아보아야 할 것 같네요. 먼저, 이창언 교수님이 자연스럽게 말씀해 주시고 김기수 대표님이 이어서 의견을 제시해 주시면 감사하겠습니다.

이창언 교수: 대기업과 비교할 때 재정 상황과 인적 자원, 시스템이 취약한 중소기업 현실을 감안해서 탄소중립의 속도·목표 수준을 조절해야 합니다. 최근 중중소기업중앙회는 중앙정부에 중소기업의 ESG 경영부담 최소화를 위한 업종·규모별 영향분석 및 대책 마련을 요구하고 있어요. 중소벤처기업진흥공단도 중소기업에게 수출국 규제, 거래기업의 협력사 대상 ESG 요구 수준에 관한 정확한 정보수집과 발 빠른 대응을 강조하는 동시에 중앙정부의 정책적 지원을 요청하고 있어요. 내용을 살펴보면 중소

기업의 ESG 경영 이해도 제고를 위한 매뉴얼 및 중소기업 ESG 자가 진단 시스템 구축 운영(중소기업 ESG 통합지원 플랫폼 구축·운영), ESG 맞춤 정책 연계 지원, ESG 연수 지원, 중소기업 ESG 정책 자금 확대 등 중소기업의 ESG 대응역량 강화 정책 마련과 ESG 경영 저변 확대를 위한 지자체-대기업-중소기업의 ESG 상생협력 추진 등을 제시하고 있습니다. 중앙정부도 ESG 환경 변화에 따른 중소기업 보호, ESG 참여를 위한 정책적 지원이 필요함을 인식하고 있습니다. 정부는 중소기업 SDGs·ESG 활성화를 위해 정부는 단기적으로는 가이드라인 제공, ESG 교육 및 인식 확산, ESG 위험 발생 상황 대응 긴급 지원 창구 마련과 같은 조치를 취해야 할 것 같습니다. 그리고 장기적으로는 중소기업의 ESG에 유인 기제를 제공해야 합니다. 일례로 구체적 목표가 될 수 있는 벤치마크 제시, ESG 성과 제고를 위한 정책금융 공급, ESG 데이터 관리를 위한 오픈 플랫폼이 제공되어야 할 것 같습니다.

김기수 대표: 국회에서도 최근 중소기업 ESG 활성화 논의가 진행되고 있어요. 정부의 중소기업 ESG 지원정책을 위한 기본원칙 수립, 업종별 맞춤형 ESG 지원 사업 정책안 마련과 ESG 대응 지원을 위한 센터 설치·운영, ESG 관련 동반성장지수 평가 개선과 중소기업 인센티브(가점) 재설계, ESG 워싱 방지 대책 제시 등이 그것이지요. 지역사회에서의 지원 노력도 활발해지고 있어요. 일례로 충청남도가 '충청남도 중소기업·소상공인 ESG 경영 활성화 지원 조례안'을 입법 예고한 상태이지요. 이 조례안에는 중소기업·소상공인의 ESG 경영 활성화를 위한 지원사업 추진, 관계기관과의 협력체계 구축, ESG 경영지원위원회 설치, 중소기업·소상공인 자문단 구성 등이 명시되어 있다고 합니다. 지원사업으로는 신용보증 특례지원, 국내외 마케팅, 경영·법률·세무 상담, 역량강화 교육 등이 명시되어 있습니다.

사회: 이번 시간에는 두 분 이야기를 통해 중소기업의 ESG 경영의 필요성과 국

제적 환경, 국내 기업의 현황, 지자체의 움직임 등에 대해 알아보았습니다. 다음 좌담에서는 공공부문과 공기업의 ESG 경영에 대해 알아보는 시간을 갖도록 하겠습니다. 아무쪼록 이번 좌담이 지자체에서 ESG 경영 패러다임을 도입하고 행정과 지역사회가 함께 과제를 풀어가기 위한 좋은 계기가 되기를 기대합니다. 좌담을 진행해 주신 두 분께 감사드립니다.

ESG 경영, 기업의 패러다임을 바꾼다 – 2
: K-ESG 가이드라인

<그림 1> K-ESG 가이드라인 v1.0

사회: 산업통산자원부가 2021년 12월 1일 K-ESG 가이드라인을 발표했습니다.

이로써 글로벌 기준에 부합하면서 국내기업과 평가기관이 공통으로 활용할 수 있는 ESG(환경·사회·거버넌스) 가이드라인이 마련됐습니다. 따라서 이번 시간에는 K-ESG 가이드라인에 대해 이야기를 나누고자 합니다. 먼저 K-ESG 가이드라인을 발표되게 된 배경부터 시작해 보겠습니다. 김기수 대표님께서 먼저 말씀해 주시기 바랍니다.

김기수 평택시민신문 대표: ESG 이슈가 등장한 이후 전 세계적인 관심이 고조되면서 제도적 규제 강화와 투자(공적투자, 민간투자) 기관의 ESG 정보공개에 대한 수요가 급증하고, 기업들의 대응 노력도 확대되고 있습니다. 지난 두 번의 좌담에서도 살펴봤지만 현재의 흐름을 제도, 투자, 민간이라는 세 측면에서 살펴보겠습니다. 먼저 제도적 측면인데, 2006년 UN PRI의 지속가능성장 관련 6대 원칙이 발표된 이후 세계 주요국들은 ESG 정보 공개에 대한 의무화, 공급망 실사 등 ESG 관련 규율을 강화하고 규범으로 정착시키고 있는 추세입니다. 즉 제도로서 ESG가 확산 정착되고 있습니다. 일례로 미국은 기업윤리 및 거버넌스 중심의 법률 제정 및 정보공시를 강화해왔으며, 최근에는 환경 및 공급망 관리 등의 법령을 추진하고 있습니다. 영국은 연차보고서 내 ESG 정보공개 의무화(Company Act, 2016)를, 프랑스와 독일은 일정규모 이상 사업장 보유 기업의 ESG 정보공개 의무화(Code de commerce L&R, 2017, CSR Directive Implementation Act law, 2017)를, 유럽연합(EU)은 산업 공급망 대상 인권 환경 실사 의무화를 추진(2021)하고 독일은 공급망 실사에 관한 법안 도입을 발표(2021)했습니다. 아시아 국가들의 움직임도 활발합니다. 중국은 이미 국영기업 보고서 발간 권고(2008), 기업 CSR 보고지침 개발(2009) 등을 통해 국영 및 외자기업들의 CSR 수준 평가를 목적으로 정보공개를 추진하고 있고, 일본은 기업들의 ESG 정보공개를 의무화하고, 환경에 대한 기업 보고 관련 규제를 추진하고 있습니다. 둘째, 글로벌 연기금 기관들의 ESG를 내재화한 책임투자가 보편화되고 있습니다. 자산운용사 및 신용평가사 등 민간 투자 기관들도 ESG를 기업의 미래가치로 인식하면서 기업 ESG 정보 공개 수요가 급증하고 있습니다. 셋째, 기업의 ESG 관련 정보공개 요구가 증가하고 평가가 확대되면서 평가·컨설팅·자문을 수행하는 평가 기관이 급격하게 늘었고, 산업 단위의 협·단체 수준에서 이니셔티브를 출범하는 등 민간의 자발적 대응 노력이 확대되고 있습니다. 이처럼 기업의 ESG 경영 추진 필요성에 대한 인식은 높아지고 있으나 어디서부터 시작해야 하는지, 목표는 어떻게 설정해야 하는지, 구체적인 실천은 어떻게 해야 하는 지에 대한 경험과 정보가 부족한 상황입니다. 이런 난제에 적극적으로 대응하기 위해 K-ESG 가이드라인이 필요했다고 할 수 있습니다.

<표 1> K-ESG 가이드라인 구성과 주요항목

구분	주요 항목		
정보공시(5개 문항)	ESG 정보공시 방식 ESG 핵심 이슈 및 KPI	ESG 정보공시 주기 ESG 정보공시 검증	ESG 정보공시 범위 원부자재 사용량
환경 (17개 문항)	환경경영 목표 수립 재생 원부자재 비율 온실가스 배출량 검증 용수 사용량 폐기물 재활용 비율 환경 법/규제 위반	환경경영 추진체계 온실가스 배출량(Scope1+Scope2) 에너지 사용량 재사용 용수 비율 대기오염물질 배출량 친환경 인증 제품 및 서비스	온실가스 배출량(Scope3) 재생에너지 사용 비율 폐기물 배출량 수질오염물질 배출량
사회 (22개 문항)	목표 수립 및 공시 자발적 이직률 결사의 자유 보장 장애인 고용률 인권정책 수립 협력사 ESG 지원 구성원 봉사 참여 사회 법/규제 위반	신규 채용 교육훈련비 여성 구성원 비율 안전보건 추진체계 인권 리스크 평가 협력사 ESG 협약사항 정보보호 시스템 구축	정규직 비율 복리후생비 여성 급여 비율(평균급여액 대비) 산업재해율 협력사 ESG 경영 전략적 사회공헌 개인정보 침해 및 구제
지배구조 (17개 문항)	이사회 내 ESG 안건 상정 이사회 성별 다양성 사내 이사 출석률 주주총회 소집 공고 배당정책 및 이행 감사기구 전문성(감사기구 내 회계/재무 전문가)	사외이사 비율 사외이사 전문성 이사회 산하 위원회 주주총회 집중일 이외 개최 윤리규범 위반사항 공시	대표이사와 이사회 의장 분리 전체 이사 출석률 이사회 안건 처리 집중/전자/서면 투표제 내부 감사부서 설치 지배구조 법/규제 위반
	4개 영역, 총 61개 진단항목		

이창언 신경주대학교 교수: 김기수 대표님이 국제적인 흐름을 잘 설명을 해 주셔서 제가 보탤 부분이 많지 않습니다. 다만 우리 정부의 K-ESG 가이드라인 추진 배경에 대해서만 간단히 말씀드리겠습니다. 지난 12월 1일 관계부처 합동 기자회견문을 보면 "공시 의무 등 ESG 규율 강화, 기업 평가와 투자기준, 공급망 실사 등에 있어 기업의 ESG 경영 필요성이 급증하는 상황에 대처하기 위해" K-ESG 가이드라인이 제시되었다고 명시하고 있습니다. 최근 ESG 글로벌 이니셔티브는 기업 및 자본시장의 ESG 확산 및 강화를 위해 추진되고 있는 게 사실입니다. UNGC(UN글로벌 콤팩트)는 조직이 준수해야 할 인권, 노동, 환경, 반부패 분야의 10대 원칙을 제시하고 있고 유엔은 정부, 기업, 시민사회 등이 환경, 사회의 통합적 관리 틀로서 SDGs 17개 목표를 제시하고 있습니다. RBA(Responsible Business Alliance)는 전자제품 산업의 가치사슬(생산~소비)에서 발생하는 이슈를 해결하기 위해 ESG를 전면 도입했고, 최근에는 이니셔티브 가입 대상을 자동차, 항공, ICT 등의 산업으로 확장하고 있습니다. 국내의 주요 대기업은 ESG 관련 정책 및 목표를 선언하고, 계열사의 ESG 추진을 위한 전담조직 및 체계를 수립하고 있습니다. 수출기업들은 글로벌 원청기업의 ESG 준수 요구에 직면하고 있고 해외 바이어가 요구하는 특정 ESG 요건에 집중하여 대응하고 있는 상황입니다. 그리고 최근 민간 컨설팅·신용평가·언론사 등도 ESG 컨설팅 및 평가에 참여하면서 ESG 서비스 생태계를 조성하고 있습니다. 하지만 우리나라 기업의 ESG에 대한 인식, 준비 정도는 높지 않습니다. 따라서 우리나라 기업이 다양한 ESG 평가기관과 평가 방식에 자체적·개별적으로 여러모로 무리가 따릅니다. 관계부처 합동 기자회견문에서는 ESG 관련 국·내외 평가지표가 600여 개 이상 존재하나 평가기관의 평가 기준과 결과도출 방식에 대한 정보는 대부분 공개하지 않고 있다는 점, 글로벌 ESG 평가기관들이 기관마다 고유한 평가 프로세스, 지표, 측정산식 등을 기반으로 평가를 진행하여 기업 입장에서는 일관된 평가 대응 체계를 수립하기가 쉽지 않다는 점, 특히 중소·중견기업은 비용, 시간 등 현실적 어려움으로 ESG 경영 도입에 더 많은 어려움을 겪고 있다는 점을 거론하면서 K-ESG 가이드라인의 추진 배경을 설명하고 있습니다.

K-ESG 가이드라인
정보공시·환경·사회·거버넌스 4개 영역 기준,
61개 핵심사항 대분류해 제시
경영환경 고려해 선택적으로 대응할 수 있도록 설계

이창언 교수: K-ESG 가이드라인은 크게 기업의 ESG 경영과 평가대응 방향, 국내 상황을 고려한 ESG 요소를 제시하고 있습니다. 보고서에 따르면 K-ESG 가이드라인은 기업이 우선적으로 고려해야 할 ESG 경영 요소와 평가기관에서 가장 많이 다루는 평가항목 제시를 위해, DJSI, MSCI, EcoVaids, Sustainalytics, World Economic Forum, Global Reporting Initiative 등 국내·외 주요 13개 평가 기관 등의 3,000여 개 이상의 지표와 측정항목, 공시기준 등을 분석했다고 합니다. 이를 통해 ESG 이행과 평가의 공통적이고 핵심적인 61개 사항을 마련하고 있는데 각 분야별 전문가, 전문기관, 관계부처 의견 등을 반영하여 글로벌 기준에 부합하면서도 우리나라 기업이 활용가능한 문항으로 가이드라인을 구성하고자 노력한 흔적이 보입니다. 또한 기업의 ESG 추진 속도, 업종, 규모 등에 따라 글로벌 기준부터 국내 제도를 고려한 ESG 경영의 추진, 주요 해외 ESG 평가지표에 대한 대응을 공통적으로 고려하되 실제 경영환경에서 선택적으로 고려할 수 있도록 가이드라인을 설계했다고 설명하고 있습니다. K-ESG 가이드라인은 정보공시(Public) 5개 문항, 환경(Environmental) 17개 문항, 사회(Social) 22개 문항, 거버넌스 17개 문항으로 4개 영역을 기준으로 가이드라인을 대분류하고 있습니다.

사회: K-ESG 가이드라인의 구성 방향과 체계에 대한 설명 감사합니다. K-ESG 가이드라인이 발표된 이후 후속조치는 어떤 것이 있을까요? 이 부분에

대해서 마지막으로 김 대표님이 말씀을 해 주시지요.

김기수 대표: 정부합동부처 기자회견에서는 글로벌 동향을 반영한 K-ESG 가이드라인 개정판을 1~2년 주기로 발간하고 업종별·기업 규모별 가이드라인도 22년부터 마련할 계획이라고 밝혔습니다. 모범적인 ESG 경영을 실천하고 지속가능한 경영 문화 확산에 기여한 기업에 대한 포상 수여식도 지속적으로 개최될 것으로 보입니다. 또한 산업통상자원부는 글로벌 대기업의 '공급망 ESG 리스크 관리' 강화와 국가별 '공급망 실사제도' 확산에 적기 대응하기 위해 수출기업을 대상으로 ESG 시범사업도 추진합니다. 더불어 수출 중소·중견기업 대상 ESG 시범사업 추진 및 지원협의회 발족도 활발하게 진행될 것으로 예상됩니다. 산업부, 무역협회, 무역보험공사, 코트라, 한국생산성본부로 구성된 '수출 중소·중견기업 ESG 지원협의회' 발족이 그 예라고 할 수 있습니다. 그리고 22년부터 민간평가단을 구성하여 희망 수출기업에 대해 평가 경험을 제공하고, 지속적인 성과를 나타내는 기업에는 수출 관련 마케팅, 전시회, 수출보험 우대 등 체감도 높은 인센티브도 제공됩니다. 일정을 살펴보면 K-ESG 경영지원플랫폼(2021년 12월) 구축, 업종별·규모별 가이드라인(2022년~)을 제공하며, 대·중소 ESG 협력네트워크 포럼(2022년~)을 개최해서 E·S·G 각 분야의 대응 전략 등을 공유합니다. 이외에도 ESG 교육·컨설팅 확대(2022년~), ESG 우수기업 인센티브 제공(2022년~) 등도 실시됩니다.

사회: 지금까지 세 차례에 걸쳐 ESG 경영의 필요성과 국제적 환경의 변화, 국내기업과 지자체의 대응 현황, 정부의 K-ESG 가이드라인 제정까지 살펴보았습니다. 아무쪼록 이번 세 차례의 좌담이 지역사회에 ESG 경영이라는 화두를 던지고, 기업과 행정·지역사회가 ESG 경영 패러다임을 도입하고 구현해 나가기 위한 좋은 계기가 되기를 기대합니다. 바쁘신 가운데 좌담을 진행해 주신 두 분께 감사드립니다.

참고문헌

1. 단행본

1) 국내

ICLEI. (사)한국지속가능발전센터 역(2013).『세계 지방의제 21 20년사』. 파주: 리북.

김병완 외(2019).『지속가능발전 정책과 거버넌스형 문제해결』. 고양: 대영문화사.

김성균·이창언(2015).『함께 만드는 마을, 함께 누리는 삶 : 한국형 마을만들기의 역사·이론·실제』. 서울: 지식의 날개(방송대출판문화원).

대영문화사(2009).『한국의 협력적 거버넌스』. 서울: 대영문화사.

아마르티아 센,조지프 스티글리츠,장 폴 피투시 저, 박형준 역(2011),『GDP는 틀렸다-'국민총행복'을 높이는 새로운 지수를 찾아서』, 서울: 동녘.

앙리 베르그송 저, 김재희 역(2014).『도덕과 종교의 두 원천』. 서울: 지식을 만드는 지식.

유문종·이창언·김성균(2011).『갈등을 넘어 협력 사회로: 로컬 거버넌스 시대의 지방의제21과 지속가능한 지역공동체』. 서울: 살림터.

은재호·오수길 편저(2009).『한국의 협력적 거버넌스』. 서울: 대영문화사

이유선(2008).『실용주의』. 서울: 살림.

이창언·김광남·오수길·조희연(2013).『사회문제를 보는 새로운 눈: 한국사회의 33가지 쟁점』. 서울: 선인.

이창언·김광남(2015).『열린사회와 21세기: 마을에서 희망을 찾다』. 서울: KNOUPRESS.

이창언(2017).「지속가능한 농업의 새로운 추진력, 홍동을 가다」.『옛길이 들려주는 이야기』. 서울: 지식의 날개.

이창언(2019).「장일순-모심, 섬김, 살림의 삶과 사상」.『인물로 본 문화』. 서울:

KNOUPRESS.

이창언(2020). 『한국인의 에너지 실용주의: 현세주의에서 실리주의로』. 서울: 피어나.

이창언(2020). 「지속가능한 지역공동체와 거버넌스」. 『문화와 교양』. 서울: KNOUPRESS.

이창언(2022). 『SDGs 교과서: 지속가능발전목표의 이론과 실제』. 서울: 선인.

이창언(2024). 「사회운동과 NGO 읽기」. 『독서의 즐거움』. 서울: KNOUPRESS.

이창언 편(2023). 『인간·지구·번영을 위한 행동계획: SDGs에 다가서기』. 서울: 선인.

이창언 외(2024). 『지속가능발전을 위한 예술교육』. 서울: 한국예술종합학교 한국예술연구소.

유문종·이창언·김성균(2011). 『시민과의 약속, 매니페스토: 한국형 매니페스토의 역사·이론·실천』. 서울: 이학사.

주성수(2000). 『글로벌 가버넌스와 NGO=Glabal governance and NGO』. 서울: 아르케.

칼 포퍼 저, 이한구 역(2006). 『열린사회와 그 적들』. 서울: 민음사.

2)해외

Amartya Sen(1999). 『Development as Freedom』. Oxford University Press.

Brocchi & Davide(2008). 『The Cultural Dimension of Sustainability』.

Brower, A. V. & Schuh, R. T.(2021). 『Biological systematics: principles and applications』 Cornell University Press.

Bugg-Levine, A. & Emerson, J.(2011). 『Impact investing: Transforming how we make money while making a difference』. John Wiley & Sons.

Charlton, M., Brandt, D., Dennis, K., & Donegan, R.(2013). 『Transforming communities through the arts: A study of three Toronto neighbourhoods』. Toronto Arts Foundation.

Chopra, S. & Meindl, P.(2016). 『Supply Chain Management: Strategy, Planning, and Operation』. 6th (ed.). Pearson.

Cities, U. & Governments, L.(2015). 『Culture 21: Actions Commitments on the role of culture in sustainable cities』. Barcelona: United Cities and Local Governments.

Commoner, B.(2015). 『Poverty of power: energy and the economic crisis』.

Knopf.

Coomer James.(1979). 『The nature of the Quest for a Sustainable Society』. J. Coomer (ed). Quest for a Sustainable Society. Oxford Pergamon Press.

Daly, H. E.(2014). 『Beyond growth: the economics of sustainable development』. Beacon Press.

Hawkes, Jon & Jon.(2001). 『The Fourth Pillar of Sustainability: Culture's essential role in public planning. Planning』. Illinois: Common Ground Publiching Pty.

Hugos, M.(2018). 『Essentials of Supply Chain Management』. Wiley.

Joseph E. Stiglitz, Amartya Sen, & Jean-Paul Fitoussi(2010), 『Mismeasuring our Lives』. New York: New Press.

Kanie, N., & Biermann, F. (Eds.).(2017). 『Governing through goals: Sustainable development goals as governance innovation』. mit Press.

Kaplan, R. S., & Norton, D. P.(2005). 『The balanced scorecard: measures that drive performance』. Boston, MA: Harvard business review.

Landry, C. (2005). 『Creativity and the city: Thinking through the steps. The Urban Reinventors』. The Urban Reinventors. 1.

Martha C. Nussbaum(1997), 『Poetic Justice: The Literary Imagination and Public Life』, Massachusetts: Beacon Press.

Michael Jacobs & Victor Anderson(1991). 『The Green Economy』.

Michiel Schwarz & Diana Krabbendam(2011). 『Sustainist Design Guide』, Bispublishers.

Norichika Kanie & Frank Biermann(2017). 『Governing through Goals: Sustainable Development Goals as Governance Innovation』, MIT Press.

Parmenter, D.(2015). 『Key performance indicators: developing, implementing, and using winning KPIs』. John Wiley & Sons.

Pigou, A.(2017). 『The economics of welfare』. Routledge.

Roseland, M.(2012). 『Toward sustainable communities: Solutions for citizens and their governments』. Vol. 6. New Society Publishers.

Sachs, J., Kroll, C., Lafortune, G., Fuller, G., & Woelm, F.(2022). 『Sustainable development report 2022』. Cambridge University Press.

Takashi Matsuki(2019). 『SDGs management "solution of social issues." will help companies grow, Tokyo』. NIKKAN KOGYO SHIMBUN.

Takayanagi A.(2018). 『learn SDGs, Kyoto』. Horitsu Bnuka sha.

Tanaka H., Edahiro J., & Kubota T.(2020). 『SDGs and Town Development, Tokyo』. gakubunsha.

高井・亨・甲田・紫乃(2020). 『SDGs を考える』. 歴史・環境・経営の視点からみた持続可能な社会.

関根久雄(2021). 『持続可能な開発における<文化>の居場所』. 東京: 春風社.

亀山康子(2021). 『決定的な10年間」の最初のCOPで何が決まったのか？』. 国立環.

鈴木敏正(2020). 『コロナ危機」を乗り越える将来社会論一楽しく、やさしさへー』. 筑波書房.

山本圭(2021). 『現代民主主義—指導者論から熟議、ポピュリズムまで』. 中央公論新社.

三井久明(2020). 『SDGs経営の羅針盤-持続可能な新しい時代へ』. ネルギーフォーラム.

石塚正彦訳(2000). 『自由と経済開発』. 東京: 日本経済新聞社.

松木喬(2019). 『SDGs 経営 社会課題解決" が企業を成長させる』. 日刊工業新聞社.

自治体・地域活性化編(2020). 『SDGsの実践』. 事業構想大学院大学出版.

田中治彦(2019). 『SDGsとまちづくり一持続可能な地域と学びづくり』. 学文社.

佐渡友哲(2019). 『SDGs時代の平和学』. 法律文化社.

佐藤真久・関正雄・川北秀人(2020). 『SDGs時代のパートナーシップ一 成熟したシェア社会における力を持ち寄る協働へ』. 学文社.

村上渡辺(2019). 『SDGs入門』. 日本経済新聞出版.

2. 보고서

1) 국내

강지원(2021).『ESG 현황 및 주요 입법·정책과제』. 국회입법조사처.

경기연구원(2022a).『경기도의 기업 ESG 도입 방안연구』.

경기연구원(2022b).『경기의제21실천사업 2015 지속가능성평가위원회 사업보고
　　　서(2006-2014 경기도 지속가능성 평가)』.

경상북도(2022a).『2022년도 업무계획: 도민과 함께하는 새로운 경북』.

경상북도(2022b).『경상북도 통계정보』.

고은 외(2018).『서울지속가능발전목표 2030 지표체계구축과 평가방안』. 서울연
　　　구원.

광명시(2020).『2021-2024 광명시 민관협치 활성화 기본계획 수립』.

금융위원회(2021a).『ESG 국제동향 및 국내 시사점』.

금융위원회(2021b).『SASB 기준 국문번역』.

금융위원회(2023).『ESG 평가시장의 투명성·신뢰성 제고방안, - ESG 평가기관
　　　가이던스 제정』.

금융위원회·금융감독원·한국거래소(2021).『기업 부담은 줄이고. 투자자 보호는
　　　강화하는 기업공시제도 종합 개선방안』.

금융위원회·환경부(2021).『2021년 녹색금융 추진계획(안)』.

김고운 외(2018).『서울지속가능발전목표 2030 지표체계구축과 평가방안』. 서울
　　　연구원.

담양군(2019).『2018 담양군 지속가능성 보고서』.

당진시(2019a).『2035 당진시 지속가능발전 기본계획』. 당진: 당진시.

당진시(2019b).『2019 당진시 지속가능발전 이행계획 고도화 연구Ⅰ』. 당진: 당진시.

당진시(2019c).『2019 당진시 지속가능발전 이행계획 고도화 연구Ⅱ』. 당진: 당진시.

당진시(2020a).『2020 당진시는 왜 지속가능발전교육에 주목하는가』. 지속가능
　　　발전연수원 추진모형 개발용역 전문가 자문회의, 당진: 당진시.

당진시(2020b).『지속가능발전교육 현황·문제점·대응방안』. 지속가능발전연수원
　　　추진을 위한 전문가 워크숍. 당진: 당진시.

대외경제정책연구원(2021).『글로벌 ESG 동향 및 국가의 전략적 역할』.

맑고푸른시흥21실천협의회(2005).『맑고푸른시흥21 5주년 사업평가보고서』.

박수연·양혜경·장은정(2015).『Goal 4-모두를 위한 포용적이고 공평한 양질의 교
　　　육 보장 및 평생학습 기회 증진. 연구보고서』. 61-83.

부산연구원(2021).『부산광역시 지속가능발전 이행계획』.

서양21지식센터(2014).『지방의제 21 생물 다양성 보전활동 전략 수립 연구』.

서울연구원(2017).『지속가능발전목표(SDGs) 이행실태 분석 및 개선방안 연구』.

서울특별시(2015).『서울특별시 지속가능발전 기본계획』.

서울특별시(2022).『2050 탄소중립과 기후행동 - 서울형 지표 어떻게 만들고 활용할 것인가?』.

수원지속가능발전협의회(2017).『수원시 지속가능성 보고서』.

신기동 외(2018).『안양시 지역발전 전략 연구』. 경기연구원.

이성훈(2015).『유엔지속가능발전목표와 도시의 역할』.

이승준·김지원·조주령·구교준(2021).「GDP 어떻게 만들 것인가?: 도시·국가·국제기구의 사례 분석」,『LAB2050 보고서』.

이승준·이연지(2022).『보험회사 ESG 평가의 현황과 과제: 해외사례를 중심으로』. 보험연구원.

이정석 외(2019).『지자체 지속가능발전 전략수립 및 SDGs 반영방안』.

자넷 블레이크(2013).「2023년 유네스코 협약의 역사적 의미: 무형문화유산이 글로벌 이슈가 되는 이유」.『무형유산의 창조적 가치와 지속가능발전』. 유네스코아태무형유산센터

전국지속가능발전협의회(2018).『SDGs 이행을 위한 교육 프로그램 개발』.

정귀일(2021).「주요국 탄소중립 정책과 시사점: 제조 경쟁력의 지형이 바뀐다!」.『한국무역협회 Trade Focus』. 2021년 13호

중앙지속가능발전위원회(2018).『지방생물다양성전략 및 이행계획 지침서』.

충북대학교 산학협력단(2022).「충청북도 기업 ESG 경영지원 기본계획 수립 연구용역」.

충청남도(2018).『충청남도 지속가능발전목표(SDGs) 2030』.

충청남도(2020).『충청남도 지속가능발전 지표 및 이행평가 연구』.

통계청(2021).『한국의 SDGs 이행보고서 2021』.

평택지속가능발전협의회(2019).『평택시 SDGs와 이행체계 구축 방안 연구』.

한국지속가능발전센터(2014).『지방의제 21 생물 다양성 보전활동 전략 수립 연구』.

한동숙(2019).『지속가능한 투자, 사회적 임팩트 투자에 관한 가이드』. 한국조세재정연구원.

한동숙(2020).『공공기관의 ESG 도입을 위한 정책 방안』. 한국조세재정연구원.

환경부 지속가능발전위원회(2019).『SDGs 이행을 위한 교육 프로그램 개발』.

환경부 지속가능발전위원회(2019).『국가 지속가능발전목표 수립 보고서』

환경부(2010).『지구온난화 원인과 대책』.

환경부(2021a).『2021년 환경부 탄소중립 이행계획』.

환경부(2021b).『한국형 녹색분류체계 가이드라인(K-TAXONOMY)』.

환경재단(2018). 『지속가능한 교육을 꿈꾸다: 푸른 별 지구를 위한 교육의 미래』.

한국 ESG 경영원(2023). 『대학 ESG 가이드라인 V.10.』.

Blake, J.(2003), 「2003년 유네스코 협약의 역사적 의미: 무형문화유산이 글로벌 이슈가 되는 이유」, 유네스코아태무형유산센터, 『무형유산의 창조적 가치와 지속가능발전』. 173-183.

GRI·UNGC·WBCSD(2015). 『SDG Compass: SDGs에 관한 기업행동지침』.

ICLEI(2016a). 『Cities and the Sustainable Development Goals. 도시, 그리고 지속가능발전목표(SDGs)』. 이클레이 한국사무소 역. ICLEI Briefing Sheet, 2.

ICLEI(2016b). 『Introducing a New Global Goal for Cities and Human Settlements. 도시와 인간주거환경을 위한 새로운 범지구적 목표의 도입』. 이클레이 한국사무소 역. ICLEI Briefing Sheet, 3.

ICLEI(2018). 『ICLEI IN THE URBAN ERA』.

ICLEI(2021). 『이클레이 말뫼 약속 & 전략 비전 2021-2027』.

KIEP(2021). 『글로벌 ESG 동향 및 국가의 전략적 역할』.

KoFID·KCOC·GCAP KOREA·INDI LAB·KOICA(2016). 『알기 쉬운 지속가능발전목표 SDGs』.

KOICA(2014). 『개발과 이슈』.

KOICA(2015). 『2015~2030 개발협력의 새로운 15년을 준비하며 지속가능개발목표(SDGs) 수립 현황과 대응방안』.

KOSME·중소벤처기업부(2021). 『중소벤처기업을 위한 ESG 경영안내서』.

KOTRA(2021). 『일본의 ESG 대응 전략 분석과 시사점』.

2) 해외

Aldy, J. E., & Stavins, R. N. (Eds.).(2009). *Post-Kyoto international climate policy: implementing architectures for agreement*. Cambridge University Press.

AUSTRALIA, NEW ZEALAND & PACIFIC EDITION(2017). *Getting started with the SDGs in Universities*.

Burrett, R., Clini, C., Dixon, R., Eckhart, M., El-Ashry, M., Gupta, D., &

Ballesteros, A. R. (2009). *REN21 Renewables Global Status Report.* Renewable energy policy network for the 21st century.

CBD(2020). *Sustaining life on Earth: How the Convention on Biological Diversity promotes nature and human well-being.* Secretariat of the Convention on Biological Diversity (CDB), Montreal, Canada.

Centre for Sustainable Development in Uppsala(2009). *The Baltic University Programme.* Annual Report: Uppsala University.

CFA Institute(2024). *What is ESG Investing?.*

Coomer James(1979). The nature of the Quest for a Suslainable Sociely. *Quesl for a Sustaillable Socien.* Oxford Pergamon Press.

COST(2015). *Culture in, for and as Sustainable Development.* University of Jyväskylä.

Credit Suisse(2012). *Investing for Impact: How social entrepreneurship is redefining a meaning of return.*

CRS Reports(2019). *The Green Climate Fund (GCF).* U.S. Congressional Research Service.

Daly, Herman E., Beyond Growth(1996.). *The Economics of Sustainable Development.* Boston: Beacon Press.

Department of Energy(DoE)(2021). *Advanced Manufacturing Office – Energy Efficiency.*

Elena Crete(2016). *Localizing the SDGs: From a Global Agenda to City Action.* SDSN.

Environmental Protection Agency(EPA)(2021). *Inventory of U.S. Greenhouse Gas Emissions and Sinks: 1990-2019.* EPA.

ICLEI(1996). *The Local Agenda 21 Planning Guide.*

ICLEI(2018), *ICLEI IN THE URBAN ERA.*

ICLEI(2018a). *ICLEI IN THE URBAN ERA.* Montreal: ICLEI.

ICLEI(2018b). *The ICLEI Montréal Commitment and Strategic Vision 2018-2024.*

IEA(2016). *Water energy nexus—excerpt from the world energy outlook 2016.* Parigi.

Intergovernmental Panel on Climate Change(IPCC)(2007). *Climate Change 2007: The Physical Science Basis.*

IPCC(2013). *Climate Change 2013: The Physical Science Basis. Contribution of Working Group I to the Fifth Assessment Report of the Intergovernmental Panel on Climate Change.*

IPCC(2014). *Climate Change 2014: Impacts, Adaptation, and Vulnerability.*

IPCC(2014). *Climate Change 2014: Synthesis Report.*

IPCC(2018). *Global Warming of 1.5℃.*

IPCC(2021). *Climate Change 2021: The Physical Science Basis.* Cambridge University Press.

International Finance Corporation (IFC)(2021). *Green Bond Market Analysis.*

International Renewable Energy Agency(IRENA)(2020). *Renewable Energy and Transport Efficiency.*

IRENA(2021). *Renewable Energy and Transport Efficiency.*

Katsuma Shrine. et al.(2017). *Toward a Sustainable Global Society: My Commitment to SDGs.* KOKUSAI SHOI.

KEDI(2019). *A Study on Educational Development Cooperation to Achieve Sustainable Development Goals (Ⅲ): Strategies for Practicing Higher Education.*

KEIDANREN(Japan Business Federation)·University of Tokyo(2020). *The Evolution of ESG Investment, Realization of Society 5.0, and Achievement of SDGs.* Tokyo: Government Pension Investment Fund.

KUBOTA REPORT 2020(2020). Special 130th Founding Anniversary Interview Contributing to the SDGs through Innovation.

Michael Jacobs & Victor Anderson(1991). "The Green Economy: National Renewable Energy Laboratory (NREL) (2021)", *Renewable Energy Data Book.*

Naciones Unidas Biblioteca Digital(2015). *Report of the Friends of the Chair Group on broader measures of progress.*

Norichika Kanie & Frank Biermann eds.(2017). *Governing through Goals: Sustainable Development Goals as Governance Innovation.* MIT Press.

OECD(2020). *ESG Investing: Practices, Progress and Challenges.* OECD

Publishing.

Project Drawdown(2020). *The Drawdown Review—Climate Solutions for a New Decade.*

REN21(2020). *Renewables 2020 Global Status Report.*

Unilever(2020). *Sustainable Living Plan 2010 to 2020.* Environmental Initiatives.

Politikpapier des RNE(2021). *Reformoptionen für eine effektive UN-Nachhaltigkeitsgovernance.*

Sachs, J., Kroll, C., Lafortune, G., Fuller, G., & Woelm, F.(2022). *Sustainable development report 2022.* Cambridge University Press.

Sachs, J., G Schmidt-Traub, C. Kroll, G. Lafortune, G. Fuller, & F. Woelim. (2020). *Sustainable Development Report 2020.*

SDSN(2019). *A Pathway to Sustainable American Cities: A Guide to Implementing the SDGs.*

SDSN(2020). Accelerating Education for the SDGs in Universities: A guide for universities, colleges, and tertiary and higher education institutions.

SDSN(2020), *Sustainable Development Report 2020*, London: Cambridge University Press.

Task Force on Climate-related Financial Disclosures.(2017). *Final Report: Recommendations of the Task Force on Climate-related Financial Disclosures.*

TEEB(2009). *The Economics of Ecosystems Biodiversity for National and International Policy Makers – Summary: Responding to the Value of Nature.*

The Graduate School of Project Design,(2019), *SDGs Practice, Japan: The Graduate School of Project Design.*

UCLG(2017). *The Sustainable Development Goals: What Local Governments Need to Know.*

UCLG(2020). *Culture 21: Actions-Commitments on the role of culture in sustainable cities.*

UN(2015). *Transforming Our World: the 2030 Agenda for Sustainable Development.*

UN(2019). "The Future is Now - Science for Achieving Sustainable Development", *Global Sustainable Development Report 2019*.

UN(2021). "Citiesand Human Settlements", *SDG 11 SYNTHESIS REPORT*, New York: UN.

UN(2021). *General on the Work of the Organization 2021*.

UN(2021). *TVISION STATEMENT by ANTÓNIO GUTERRES RESTORING*, New York.

UN Global Compact(2017). *Blueprint for Business Leadership on the SDGs*.

UN Statistical Commission(2017). *Report of work for the review of progress towards the Sustainable Development Goals*.

UN Water(2018). *World Water Development Report 2018: Nature-based Solutions for Water*.

UNDESA(2021). *World Economic and Social Survey 2021*. United Nations.

UNESCO(1998). *Our creative diversity: report of the World Commission on Culture and Development*.

UNESCO(2001), *UNIVERSAL DECLARATION ON CULTURAL DIVERSITY*, Adopted by the 31st Session of UNESCO's General Conference Paris, 2 November.

UNESCO(2002). *UNIVERSAL DECLARATION ON CULTURAL DIVERSITY*.

UNESCO(2015). *Paris Agreement*.

UNESCO(2017). *Education for Sustainable Development Goals: Learning Objectives*.

UNESCO(2023). *Clean Development Mechanism*. CDM.

UNESCO(2023). *Nationally Determined Contributions*. NDC.

UN Sustainable Development Knowledge Platform(2014). *Areas of the Sustainable Development Goals*.

WaCClim(2018). *To a Low-Carbon Urban Water Utility: An international guide to the WaCCliM approach*.

WBCSD(2004). *The Greenhouse Gas Protocol: A Corporate Accounting and Reporting Standard*.

WCED(1987). *Our Common Future*. Oxford: Oxford University.

Will Steffen et al.(2017). *Planetary boundaries: Guiding human development on a changing planet*. Science. 347(6223). 736-746.

World Bank(2019). *State and Trends of Carbon Pricing 2019.*

World Bank2019). *Where Sun Meets Water: Floating Solar Market Report.*

World Bank(2020). *Climate Finance.*

World Bank(2020). *State and Trends of Carbon Pricing 2020.*

World Commission on Environment and Development(1987). *Our Common Future.* Oxford University Press.

World Commission on Culture(1998). *Our creative diversity: report of the World Commission on Culture and Development.* Unesco Pub.

モニター デロイト(2018).『SDGsが問いかける経営の未来』. モニター デロイト.

高見 昭憲・松橋 啓介(2021). 戦略的研究プログラム,『持続可能地域共創研究プログラム(持続可能な社会実現のための地域共創型課題解決方策の構築と支援研究プログラム)』. 国立環境研究所.

独立行政法人中小企業基盤整備機構 近畿本部(2021).『中小企業のためのSDGs活用ガイドブック』. 独立行政法人中小企業基盤 整備機構 近畿本部.

経済産業省(2019).『SDGs経営ガイド』. 5.

経済産業政策局産業資金課(2018).『SDGs経営 / ESG投資の現状と課題』.

公益財団法人 東京市町村自治調査会(2021).『多摩・島しょ地域自治体における持続可能な開発目標(SDGs)の達成に向けた取組』.

国立環境研究所(2011).『外部研究評価報告(平成23年12月実施)・社会経済システム分野・事前配布資料持続可能社会転換方策研究プログラム』.

一般財団法人建築環境・省エネルギー機構(2018).『私たちのまちにとっての SDGs (持続可能な開発目標) - 導入のための ガイドライン - 』. 東京都: 一般財団法人 建築環境・省エネルギー 機構.

財務省(2020).『ESG投資について』.

中国国際商会・联合国开发计划(2020).『中国企业可持续发展目标实践调研报告』.

環境省(2020).『2050年カーボンニュートラルを巡る国内外の動き』. 令和2年度環境省温室効果ガス排出量報告書.

文部科学省国際統括官付・日本ユネスコ国内委員会(2018),『ESD(持続可能な開発のための教育)推進の手引』.

日本ユネスコ国内委員会(2022),『ユネスコスクール ガイドブック: ESDの活動を通じて創る未来』. 東京都:ユネスコスクール事務局.

自治体·地域活性化編(2020).『SDGsの実践』. 東京都: 事業構想大学院大学出版東京都.

若林宏保·大西浩志·和佐野有紀·上原拓真·東成樹 (2019).『アート·イン·ビジネス: ビジネスに効くアートの力』, 東京: 有斐閣.

3. 논문

1) 국내

강명희(2022). 「중소기업의 CSR 이행에 관한 공법상 소고-사회책임 공공조달을 중심으로」.『서강법률논총』, 11(3), 3-38.

고재경·예민지(2022). 「광역자치단체 온실가스 배출량과 경제성장의 탈동조화 분석」.『지방행정연구』, 36(1), 3-32.

고재종(2022). 「ESG 관련 기관투자자 및 이사의 의무에 대한 고찰」.『아주법학』, 15(4), 277-311.

곽희종(2022). 「텍스트마이닝을 활용한 지역별 도시재생 이슈 분석 - 빅카인즈 지역일간지를 대상으로 -」.『부동산경제』, 8(3), 53-71.

권수빈·김진희(2017). 「지속가능문화를 위한 지역의 역할과 과제-문화 21 을 중심으로」.『문화교류와 다문화교육 (구 문화교류연구)』, 6(4), 89-113.

김기환(2022). 「글로벌공급망에서 수출기업의 ESG경영 도입요인과 지원제도 마련에 관한 연구」.『관세학회지』, 23(3), 165-185.

김병완(2005). 「한국 농촌지역의 지속가능성 위기 분석 및 발전전략 연구: 경제·사회·환경정책의 통합적 접근을 통한 대안 모색」.『한국정책학회보』, 14(4), 193-222.

김보람(2019). 「전지구화 시대의 공공성에 관한 연구: 전지구적 공공성과 지속가능발전목표(SDGs)에서의 함의」.『한국사회와 행정연구』, 29(4), 117-149.

김수진(2016). 「SDGs 지표 데이터 이용가능성(Data Availability) 분석」.『국제개발협력』, 11(2), 79-113.

김은경(2022). 「복합 위기와 지속가능 민주주의: 민주주의의 효과성과 효능성을 중심으로」.『평화연구』, 30(2), 131-166.

김지연(2022). 「지방 출연기관의 ESG 경영 추진방안 연구: 경기도 경제과학 진흥원을 대상으로」.『한국정책연구』, 22(3), 173-190.

김지현(2016).「SDGs 지표 확정과 의의」.『개발과 이슈』, 25, 1-40.

김진희(2018).「문화를 중심으로 한 지속가능발전목표 탐색」.『교육문화연구』, 24(1), 53-73.

김철수(2023).「사회적 영향 투자(SII)의 주요 이해관계자와 그 역할」.『사회적 영향 투자 저널』, 12(3), 45-59.

김태동·신세찬·배창현(2022).「국내 공공기관의 지속가능보고서 공시 현황」.『회계정보연구』, 40(2), 59-82.

김태환(2019).「통합사회 교과서에 나타난 경제윤리 내용 분석 - 소비자의 선택과 역할을 중심으로-」.『시민교육연구』, 51(1), 27-60.

김항원(2002).「학교에서의 세계시민교육을 위한 방안」.『교육과학연구』, 4(1), 73-90.

나수미(2021).「ESG 확산이 중소기업에 미치는 영향 및 지원방향」.『중소기업포커스』, 21(14), 9-19.

남수중·방만기(2019).「리쇼어링(Reshoring)의 주요 국가 사례와 결정요인 분석 - 4차 산업혁명이후 기술혁신의 영향을 중심으로」.『비교경제연구』, 26(1), 133-169.

민경선(2017).「지속가능한 사회와 문화예술-지속가능한 사회 발전에서 뮤지엄의 역할」.『도시연구』, (11), 215-250.

박병유·서희정(2022).「프로 스포츠 구단의 ESG 평가 모델 개발」.『한국체육학회지』, 61(5), 411-426.

박영민(2018).「중국의 해양정책과 북극 전략연구」.『대한정치학회보』, 26(3), 69-87.

박영실·이영미·김석호·차은지(2017).「유엔 지속가능발전목표(SDGs) 지표 프레임워크 구축과 통계의 역할」.『조사연구』, 18(3), 77-96.

박영희(2022).「사회적 기업과 정부의 협력 모델 연구」.『비영리 연구 리뷰』, 8(2), 123-140.

박환보(2018).「한국교육과 SDG4-교육 2030: 양질의 고등교육 제공: 한국의 교육과 SDG4-교육 2030」.『유네스코한국위원회』, 68-78.

설계경(2016).「환경분쟁조정제도에 관한 소고」.『법학연구』, 14(1), 151-182.

소병기(2021).「상장법인의 ESG 정보 공시 현황 및 개선 방안」.『연세법학』, 38, 495-526.

송재일(2016).「유엔 지속가능발전목표(SDGs)와 한국협동조합의 역할 –우리나라 협동조합법제의 개정을 덧붙이며」.『한국협동조합연구』, 34(3), 143-167.

송채원(2014). 「도시디자인의 공공 거버넌스 적용에 관한 연구」. 『정보디자인학연구』, 17(1), 63-72.

오수길(2003). 「지방행동 21을 위한 민-관 파트너십의 토대: 사례 연구」. 『지방행정연구』, 7(1), 215-240.

오수길(2006a). 「일반 논문: 5.31 매니페스토 운동의 의의와 시민운동의 전망」. 『시민사회와 NGO』, 4(2), 141-173.

오수길(2006b). 「지방정부 환경 거버넌스의 진단 -경기도내 지방의제21 추진 기구들을 중심으로」. 『지방정부연구』, 9(4), 151-170.

오수길(2017). 「환경 거버넌스와 헌법: 지속가능발전 거버넌스로의 전환」. 『한국비교정부학보』, 21(4), 245-259.

오수길·이창언(2013). 「한국 지방의제21의 새로운 추진 전략에 관한 연구」. 『지방정부연구』, 17(2), 441-464.

오수길·한순금(2018). 「지속가능발전목표(SDGs)와 지방정부의 목표체계 전환: 경상남도를 중심으로」. 『지방정부연구』, 22(3), 381-508.

유진채·여순식·공기서(2012). 「생물 다양성관리계약제도의 정책효과 분석」. 『농업경영정책연구』, 39(2), 297-319.

유홍식(2012). 「패션산업에서 윤리적 패션연구-환경 친화적인 패션제품 중심으로-」. 『한복문화』, 15(1), 19-38.

윤병선(2008). 「세계적 식량위기와 한국농업의 대응과제」. 『사회경제평론』, (31), 109-138.

윤순진(2009). 「저탄소 녹색성장'의 이념적 기초와 실재」. 『ECO』, 13(1), 219-266.

윤영선(2021). 「책임윤리 기반의 황새 스토리 구성 및 환경교육 프로그램 개발」. 『환경교육』, 34(1), 26-42.

윤평중(2008). 「공공성(公共性)과 리더십의 위기」. 『철학과 현실』, 78, 56-57.

이나겸·임수영(2021). 「산업분야에서의 ESG활용을 위한 기초적 연구 - 미국 시가총액 상위 5개 기업을 중심으로」. 『생태환경건축학회지』, 21(3), 91-97.

이민호(2021). 「환경 지속가능성을 위한 사회적 영향 투자」. 『환경 경제학 저널』, 11(1), 77-92.

이수연·김승인(2016). 「인간 중심 디자인을 통한 적정기술의 지속가능성 평가-캄보디아 물 적정기술 중심으로」. 『커뮤니케이션 디자인학연구』, 57, 522-532.

이원영(2023). 「복합 위기와 지속가능 민주주의: 민주주의의 효과성과 효능성을 중심으로」. 『NGO연구』, 18(1), 79-119.

이유경·이승호·조영태(2018). 「유엔의 '지속가능발전목표(SDGs)'와 '새로운 도시의제(NUA)' 간 비교연구」. 『한국도시설계학회지』, 19(3), 91-110.

이유신·조병현·이범관(2020). 「독도산업진흥법의 제정 방향 연구」. 『한국지적학회지』, 36(3), 73-88.

이은선(2021). 「E.S.G. 공시(公示)의 제도화를 위한 관련 개념의 정리와 이해」. 『법학논집』, 26(1), 121-156.

이인형(2021). 「ESG 평가 체계 현황과 특성 분석」. 『자본시장연구원 이슈보고서』, 21-09.

이정원·김진관·안재현(2022). 「기후변화와 탄소중립(Net-zero) 물관리」. 『물과 미래』, 55(3), 22-25.

이진만·김승언·유동상(2019). 「지방공기업 사회적 가치 지표에 대한 평가 성향 분석」. 『한국지방공기업학회보』, 15(1), 1-27.

이창언(2013). 「한국 로컬 거버넌스 (지방의제 21) 의 현황과 민주적 재구축」. 『뉴래디컬 리뷰』, (55), 93-121.

이창언(2014). 「서울시의원 매니페스토 실천을 위한 조례와 제도정비 방안」. 『기억과 전망』, 30, 168-212.

이창언(2015). 「지구-국가-지방적 차원의 생물다양성 이슈와 지방행동」. 『민주사회와 정책연구』, 28, 340-373.

이창언(2016). 「지방의제21의 재활성화와 지속가능한 지역공동체비전, 추진전략」. 『신학과 사회』, 30(3), 249-294.

이창언(2020a). 「SDGs 를 통한 대학교육 혁신과 대학의 사회적 역할 제고를 위한 연구」. 『한국비교정부학보』, 24(2), 123-148.

이창언(2020b). 「SDGs 실시지침을 통해서 본 일본 정부의 SDGs 이행실천과 시사점」. 『인문사회 21』, 11(6), 2901-2916.

이창언(2020c). 「한국 도시 SDGs 이행의 보편성과 지역성: 당진시 지속가능발전이행계획 고도화와 다부문적 실천을 중심으로」. 『인문사회 21』, 11(3), 1731-1746.

이창언(2020d). 「한국 지방 SDGs 교육의 현황과 과제: 평택지속가능발전대학을 중심으로」. 『인문사회21』, 11(2), 401-416.

이창언(2020e). 「SDGs를 통한 대학교육 혁신과 대학의 사회적 역할 제고를 위한 연구」. 『한국비교정부학보』, 24(2), 123-148.

이창언(2020f). 「일본정부의 SDGs 이행실천 현황과 도전과제」. 『NGO연구』, 13(3), 245-278.

이창언(2021). 「실용적 사회혁신 전략인 지속가능발전목표의 유용성과 확산 요인 연구: SDGs의 이행실천 이니셔티브. 프로세스. 전략을 중심으로」. 『인문사회21』, 12(2), 3065-3080.

이창언(2022). 「일본의 ESD 현황 분석」. 『인문사회 21』, 13(5), 4031-4046.

이창언(2023). 「일본의 ESG 투자 현황과 시사점」. 『한국융합인문학』, 11(2), 61-84.

이창언(2023a). 「민주주의와 지속가능발전목표(SDGs): 지속가능성·민주주의 위기 극복을 위한 SDGs의 유용성」. 『기억과 전망』, 49, 283-333.

이창언(2023b). 「대학 SDGs·ESG 실행을 위한 인문사회과학과 과학기술 영역의 연계와 책임」. 『후마니타스 포럼』, 9(2), 9-49.

이창언(2024a). 「SDGs 현지화를 위한 '자발적 지역 검토(VLR) 프로세스' 연구」. 『사회적질연구』, 8(2), 31-61.

이창언(2024b). 「지속가능발전과 SDGs·ESG 실천에서 문화의 의미와 역할」. 『인문사회과학연구』, 6(1), 685-702.

이창언(2024c). 「지속가능발전목표(SDGs)의 현지화 수단인 자발적 지역 검토(VLR) 연구 현황과 과제: 자발적 지역 검토(VLR)의 한국적 적용과 확산을 위한 연구 과제 제언」. 『융합인문학』, 12(2), 29-61.

이창언·신윤철(2023). 「중국의 ESG 연구 및 정책 동향 분석」. 『사회적질연구』, 7(2), 113-145.

이창언·양재준(2022). 「일본의 ESD 정책과 제도, 이니셔티브 연구」. 『NGO연구』, 17(3), 223-261.

이창언·오유석(2017). 「Post-2015 체제와 지속가능발전: 유엔 지속가능발전목표(SDGs)와 지방 차원의 역할과 과제」. 『동향과 전망』, (101), 167-196.

이창언·차영주(2023). 「한국 SDGs 연구 동향에 대한 체계적 고찰」. 『로컬리티 인문학』, 30, 207-242.

이창언·차영주·양재준(2023). 「경상북도 ESG 행정 활성화를 위한 이해관계자 인식 연구」. 『지역산업연구』, 46(3), 105-129.

이철호·박소윤(2020). 「글로벌 발전의제와 로컬 문화정책-지속가능발전목표(SDGs)를 위한 유네스코창의도시네트워크 (UCCN) 의 도전」. 『로컬리티 인문학』, (24), 7-49.

이태희·박소은·김태현(2016). 「일본의 대학-지역사회 협력을 통한 도시재생에 관한 연구: 요코하마시와 요코하마시립대학교 간의 협력 사례를 중심으로」. 『대한지리학회지』, 1(1), 57-75.

이한구(1984). 「비판적 합리주의와 열린사회」. 『철학』, 22, 3-35

이형규(2022). 「ESG 정보공시와 상장회사의 대응」. 『비교사법』, 29(4), 101-147.

이형하(2021). 「노인의 공적이전소득과 사적이전소득어 삶의 만족에 미치는 영향: 우울과 사회적 지지의 다중매개효과」. 『한국컴퓨터정보학회논문지』, 26(6), 155-166.

이홍연(2020). 「대학의 지속가능발전교육(ESD) 과 SDGs 교육의 필요성과 과제」. 『교양학연구』, 12, 257-284.

이희권·이상원(2021). 「K-SDGs 12 목표(지속가능한 소비와 생산)에 근거한 초등 실과 지속가능발전교육 프로그램 개발 및 적용」. 『실과교육연구』, 27(3), 57-80.

임형철·정무섭(2021). 「국내외 ESG 사례를 통해 본 중소기업 ESG 경영 활성화 방안」. 『Asia-Pacific Journal of Business』, 12(4), 179-192.

장석인·성연옥·임상호(2015). 「사회적기업의 금융지원 활성화를 위한 임팩트투자 연구 - 영국과 미국 사례를 중심으로 -」. 『경영과 정보연구』, 34(2), 151-169.

장우영(2021). 「기관투자자의 ESG투자와 지속가능성」. 『기업법연구』, 35(3), 39-73.

정무섭·황승호·이다헌·조아라·이규환·전영태·서환승(2022). 「한국수력원자력의 해외진출 관련 ESG 경영 사례 연구」. 『국제경영연구』, 33(1), 27-53.

정민걸(2004). 「독립교과로서 환경교육의 정체성 모색」. 『환경교육』, 17(2), 1-9.

정연경·김태영(2020). 「도시 지속가능발전목표(SDGs) 수립 참여과정에서의 사회적 학습: 수원 SDGs를 중심으로」. 『도시행정학보』, 33(1), 1-28.

정영철(2021). 「행정법과 ESG」. 『연세법학』, 38, 241-263.

조선영(2022). 「금융 감독 기준으로서 ESG 규제와 공법적 과제」. 『법학논총』, 42(1), 153-185.

주용식(2019). 「지속가능발전목표와 기업의 사회적 책임의 연계성을 중심으로 한 기업파트너십 구축에 대한 개념적 분석」. 『국제개발협력연구』, 11(4), 77-96.

진재현(2017). 유엔 지속가능발전목표(SDGs) 이행을 위한 데이터 세분화 방향. 『보건복지포럼』, 244, 99-109.

차영주·이창언(2024). 「AHP를 활용한 SDG·ESG 협치 구축의 우선순위 도출에 관한 연구: 평택시 ESG 협치 사례를 중심으로」. 『NGO연구』, 19(2), 183-219.

차은지·구경아·김다빈(2021). 「CBD Post-2020 글로벌 생물 다양성 프레임워크에 따른 국가생물 다양성전략 및 관리지표의 개선방향 - 실천목표 및 관리지표 분석을 중심으로」. 『환경법과 정책』, 27, 93-118.

최동호(2021). 「ESG 경영의 현주소와 미래 전망 - 한국 일본 중국의 ESG 경영 중심으로 -」. 『지역산업연구』, 44(4), 263-291.

최인숙(2010). 「다문화시대의 삶을 위한 인문학적 상상력 동서사상연구소」. 『철학사상문화』, 9, 75-101.

허민영(2020), 「일본 소비자정책에서의 SDGs 주요 내용과 시사점」. 『소비자 정책동향』. (102). 1-21.

황계영(2017). 「지속가능발전의 개념과 법적 효력에 관한 검토」. 『한국환경법학회』, 39(3), 475-500.

황광선·염지선(2019). 「지속가능한 도시의 유형과 속성 및 문화적 요소의 발견」. 『지방행정연구』, 33(4), 283-314.

황현택(2014). 「사회적 표출로서의 브랜드 이미지와 이타적 소비의 상관관계 연구국내 자연주의 화장품 브랜드를 중심으로 -」. 『상품문화디자인학 연구』, 38, 119-133.

2) 해외

Algarni, S., Tirth, V., Alqahtani, T., Alshehery, S., & Kshirsagar, P.(2023). "Contribution of renewable energy sources to the environmental impacts and economic benefits for sustainable development". *Sustainable Energy Technologies and Assessments,* 56, 103098.

Badita, A.(2013), "Approaches To The Analysis And Evaluation Of Urban Tourism System With in Urban Destinations", *Revista de turism-studii si cercetari in turism*, 16, 58-66

Banik, D.(2022). "Democracy and sustainable development". *Anthropocene Science*, 1(2), 233-245.

Barton, D., & Wiseman, M.(2014). "Focusing Capital on the Long Term". *Harvard Business Review*, 92(1-2), 44-51.

Bernow, S., Klempner, B., & Magnin, C. (2017). "From 'why'to 'why not': Sustainable investing as the new normal".

Bertoldi, P., & Huld, T.(2006). "Tradable certificates for renewable electricity and energy savings". *Energy policy*, 34(2), 212-222.

Brocchi, D.(2008), "The Cultural Dimension of Sustainability", *Research Gate*, 26-58.

Brown, E.(2018). "The Role of Major Economies in Climate Change Negotiations". *International Policy and Governance Review*, 24(3),

309-328.

Charlton, M., Brandt, D., Dennis, K., & Donegan, R.(2013). *Transforming communities through the arts: A study of three Toronto neighbourhoods*. Toronto Arts Foundation.

Coates IV, J. C.(2007). "The goals and promise of the Sarbanes-Oxley Act". *Journal of economic perspectives*, 21(1), 91-116.

Connelly, G.(2012). "Sustainability and Education Academy(SEdA)". *In Schooling for sustainable development in Canada and the United States. Dordrecht: Springer Netherlands. 81-94.*

Dale Ann & Lenore Newman(2005). "Sustainable development, education and literacy". *International Journal of Sustainability in Higher Education*, 6(4), 351-362.

Davies, W. K., & Brown, D. F.(2006). "Culturing sustainability: Towards frameworks of understanding". *Environmental and geographic education for sustainability: Cultural contexts, New York: Nova Science*, 23-38.

Doe, A., & Roe, B.(2019). "Understanding the Paris Agreement". *Global Environmental Politics*, 15(2), 220-245.

Duxbury, N., & Jeannotte, M. S.(2014). "The role of cultural resources in community sustainability: Linking concepts to practice and planning". *The International Journal of Sustainability Policy and Practice*, 8(4), 133-144.

Eccles, R. G., Ioannou, I., & Serafeim, G.(2014). "The impact of corporate sustainability on organizational processes and performance". *Management science*, 60(11), 2835-2857.

Ekechukwu, D. E., & Simpa, P.(2024). "The intersection of renewable energy and environmental health: Advancements in sustainable solutions". *International Journal of Applied Research in Social Sciences*, 6(6), 1103-1132.

Evans, M., Ingram, L. A., MacDonald, A., & Weber, N.(2009). "Mapping the "global dimension" of citizenship education in Canada: The complex interplay of theory, practice and context". *Citizenship Teaching and Learning*, 5(2), 17-34.

Friede, G., Busch, T., & Bassen, A.(2015). "ESG and financial performance: aggregated evidence from more than 2000 empirical studies". *Journal of sustainable finance & investment*, 5(4), 210-233.

Friedlingstein, P., Jones, M. W., O'Sullivan, M., Andrew, R. M., Bakker, D. C., Hauck, J., & Zeng, J.(2022). "Global carbon budget 2021". *Earth System Science Data*, 14(4), 1917-2005.

Gielen, P., Elkhuizen, S., Van den Hoogen, Q., Lijster, T., & Otte, H.(2015). "Culture: the substructure for a European common".

Howaldt, J., & Schwarz, M.(2010). *Social Innovation: Concepts, research fields and international trends*. Sozialforschungsstelle Dortmund.

Kangas, A., Duxbury, N., & De Beukelaer, C.(2017). "Introduction: cultural policies for sustainable development". *International Journal of Cultural Policy*, 23(2), 129-132.

Kim, J.H., & Lee, M.J.(2021). "The Impact of Digital Transformation on Supply Chain Efficiency". *Journal of Industrial Technology*, 35(4), 567-589.

Lee, C., & Kim, Y.(2021). "Nationally Determined Contributions and Their Impact on Global Climate Policy". *Journal of International Environmental Studie*s, 8(1), 98-115.

Leek, J.(2016). "Global citizenship education in school curricula. A Polish perspective". *Journal of Social Studies Education Research*, 7(2).

Matarasso, F.(2015). "Cultural access and activation: Civic participation in local sustainable communities". *Culture and sustainability in European cities: Imagining Europolis*. London: Routledge, 127-140.

Oh, I., Yoo, W. J., & Kim, K.(2020). "Economic effects of renewable energy expansion policy: Computable general equilibrium analysis for Korea". *International Journal of Environmental Research and Public Health*, 17(13), 4762.

Paul R. Carr, Gary Pluim, & Lauren Howard(2014). "Linking Global Citizenship Education and Education for Democracy through Social Justice: What can we learn from the perspectives of teacher-education candidates?". *Journal of Global Citizenship & Equity Education*, 4, 1-21.

Pindyck, R. S.(2019). "The social cost of carbon revisited". *Journal of Environmental Economics and Management*, 94, 140-160.

Sachs, J. D., Schmidt-Traub, G., Mazzucato, M., Messner, D., Nakicenovic, N., & Rockström, J.(2019). "Six transformations to achieve the sustainable development goals". *Nature sustainability*, 2(9), 805-814.

Sen, A.(2000). Development as freedom. *Development in Practice-Oxford University Press*, 10(2), 258-258.

Serafeim, G.(2020). "Social-impact efforts that create real value". *Harvard Business Review*, 98(5), 38-48.

Smith, J.(2020). "Climate Change and Policy Responses". *Environmental Policy Journal*, 12(4), 456-489.

Steve Connelly(2007). "Mapping Sustainable Development as a Contested Concept". *Local Environment*, 12(3), 259-278.

Torbjørn Selseng, Kristin Linnerud, & Erling Holden(2022). "Unpacking democracy: The effects of different democratic qualities on climate change performance over time", *Environmental Science and Policy*, 326-335.

Vlassis, A.(2015). "Culture in the post-2015 development agenda: the anatomy of an international mobilisation". *Third World Quarterly*, 36(9), 1649-1662.

Wall, G.(1993). "Exergy, ecology and democracy: concepts of a vital society or a proposal for an exergy tax". *In Proc. International Conference on Energy Systems and Ecology, Krakow, Poland*. 111-121.

Williams, D.(1997). *How the Arts Measure Up: Australian Research Into Social Impact*, The Round: Comedia.

Wu, Jianguo(2013). "Landscape Sustainability science: ecosystem services and human well-being in changing landscape". *Landscape Ecology*, 28, 999-1023.

Yemini, M., & Fulop, A.(2015). "The international, global and intercultural dimensions in schools: An analysis of four internationalised Israeli schools". *Globalisation, Societies and Education*, 13(4), 528-552.

高畑明尚(2022).「現代民主主義としての SDGs」. 琉球大学『経済研究』, 102.

久保庭慧(2020).「持続可能な開発 , 持続可能な開発目標 (SDGs) と文化一国際
　　　法の視点からの考察」.『中央大学社会科学研究所年報』, 25. 223-241.

藤田敬司(2020).「ESG(環境・社会・統治)と環境会計」.『社会システム研究』, 41,
　　　245-266.

牧瀬稔(2020).「地方自治体におけるSDGsの現状と展望」.『社会情報研究』, 1, 23-
　　　36.

白井(2018).「持続可能性の規範からみた SDG s の構造分析」.『山陽論叢』, 25.

白井信雄(2019).「持続可能性の規範からみた SDGs の構造分析」.『山陽論叢』, 25,
　　　145-160.

白井信雄・田崎智宏・田中充(2013).「地域の持続可能な発展に関する指標の設計,
　　　及び地域の持続可能性と幸福度の関係の分析」.『土木学会論文集 G (環
　　　境)』, 69(6), 59-70.

上田俊昭(2018).「ESG 問題と持続可能な成長」.『経済学論纂』, 58(2), 1-16.

松下和夫(2014).「日本の持続可能な発展戦略の検討:-日本型エコロジー的近代化
　　　は可能か-」.『環境経済・政策研究』, 7(2), 63-76.

村山史世・滝口直樹(2018).「自治体・地域づくりから見た 2030 アジェンダ・SDGs
　　　の可能性についての予備的考察」.『武蔵野大学環境研究所紀要』, (7), 73-88.

村上周三(2019).「自治体にとってのSDGs―導入の意義、目的、方法」.『国際文化
　　　研修』, 103, 6-13.

湯浅由(2016).「環境と金融-ESG投資の現状と問題点-」.『経済研究所所報』.

河口真理子(2017).「ＥＳＧ投資は一過性のブームなのか？」.『大和総研調査季報』,
　　　28, 4-13.

蟹江憲史(2018).「SDGs (持続可能な開発目標) の特徴と意義」.『学術の動向』,
　　　23(1), 8-11.

長岡 素彦(2021).「関係性の教育学」.『The Journal of Engaged Pedagogy』,
　　　20(1).

槌田洋(2020).「持続可能な都市の文化政策」.『地域経済学研究』, 38. 61-81.

森田恒幸(1992).「地球環境に配慮した経済的目標体系:《持続可能な発展》とその
　　　指標体系」.『季刊環境研究』, 88, 124.

村山 史世, 滝口 直樹(2018).「自治体・地域づくりから見た2030アジェンダ・SDGs
　　　の可能性についての予備的考察」.『武蔵野大学環境研究所紀要』, 7, 73-88.

4. 학술대회 발표

1) 국내

권기태(2023).「지방정부 지속가능발전과 ESG체계 도입의 문제와 전망」,『한국지속가능발전학회 추계 학술대회』.

김병완(2016).「지속가능발전목표 국내 이행방안-국가비전과 이행체계 개선방안을 중심으로」, 유엔 지속가능발전목표 이행을 위한 민관협력방안 국회토론회,『전국지속가능발전협의회』.

김병완(2017).「지방정부-지속가능발전협의회 연계방안」, SDGs 이행 거버넌스 포럼,『환경부·전국지속가능발전협의회』.

오수길(2015).「유엔지속가능발전목표와 로컬 거버넌스 기구의 역할」, 제24차 지속가능발전정책포럼,『전국지속가능발전협의회·경북지속협·환경부』.

이창언(2009).「한국 사회 거버넌스의 제약 요인과 민주적 구축 방안」, 한국비영리학회공동추계학술대회,『한국NGO학회』.

이창언·이홍연(2021).「SDGs. ESG 경영의 세계적 동향과 과제」,『한국지속가능발전학회』.

조명래(2021).「ESG 공기화(公器化)와 사회 주체별 역할과제」,『서울YMCA 제2회 인사이트 시민포럼: 시민사회와 ESG. 어떻게 연결될 것인가?』.

한국지속가능발전학회(2020).『한국지속가능발전학회 창립기념 학술대회』.

한국지속가능발전학회(2021).「지방 지속가능발전목표(SDGs) 해외사례와 당진시 적용방안」.

2) 해외

Habitat, UN(2018).「Tracking Progress Towards Inclusive, Safe, Resilient and Sustainable Cities and Human Settlements」. SDG 11 Synthesis Report-High Level Political Forum.

World Economic Forum(2021).『The Great Reset』.

5. 기타(웹사이트, 보도자료, 신문기사 등)

2022년 동경 녹색펀드 대상사업. https://www.zaimu.metro.tokyo.lg.jp/bond/tosai_ir/gb/greenbond20220902_list.pdf(검색일: 2023.4.2.)

2030 의제 전문. https://sdgs.un.org/2030agenda

2050 탄소중립 추진전략. https://www.yna.co.kr/view/AKR20201207041051530(검색일: 2023.4.10.)

관계부처 합동(2021). 「친환경·포용·공정경제로의 대전환을 위한 ESG 인프라 확충 방안」. 2021.8.30

관계부처 합동(2022). 「기업 경쟁력 제고와 지속가능 경제구축을 위한 ESG 인프라 확충 방안」, 2022.12.27

관계부처합동(2020). 『제4차 지속가능발전 기본계획 2021~2040』.

관계부처합동(2021). 『K-ESG 가이드라인 v1.0』.

광명지속가능발전협의회. http://www.gm21.or.kr/gm21/g13/211

교육부(2023). 「지역혁신중심 대학지원체계(RISE) 구축 및 시범지역 공모」.

교정. https://www.cowebzine.com/vol540/index.php?pageType=sub&wzSec=1&wzId=4

「국민연금 HP. 내년 ESG 적용 운용자산 기금자산의 50%로 확대」. 2021.4.28.

기후위기비상행동. http://climate-strike.kr/

김수연. 한국에너지공단. "한국의 재생 에너지 정책과 향후 과제" 인터뷰. 2021.9.3.

김앤장 법률 사무소. https://www.kimchang.com/ko/insights/detail.kc?sch_section=4&idx=25624(검색일: 2023.2.20.)

김용균(2022). 미국 인플레이션 감축법의 주요 내용과 영향. 국회예산정책처 나보 포커스, 제52호

김윤나영(2020). "코카콜라·펩시·네슬레, 3년 연속 플라스틱 오염기업 최상위." 『경향신문』 2020.12.8.

김정수(2020). "산불 때문에…작년 세계 온실가스 증가율 2배 빨랐다." 『한겨레신문』. 2020.12.10.

김정수(2021). "유엔 "당사국들 강화한 온실가스 감축목표로도 2.7도 상승." 『한겨레신문』. 2021.10.27.

김주경(2021). "'세계 10위 경제대국' 반열 올라서나?'…韓, 1인당 국민소득 'G7 이탈리아' 역전할 듯." 『뉴스워치』. 2021.1.12.

뉴스핌. https://www.newspim.com/news/view/20210301000223

대한민국 외교부. https://mofa.go.kr/www/index.do

동반성장위원회(2021). b2021년도 협력사 ESG 지원사업 참여기업 모집 공고」.

로마클럽. https://www.clubofrome.org/about-us/timeline

미래지구(Future Earth). https://futureearth.org/

부산광역시(2021). 「부산시. 지자체 최초 ESG 우수 중소·벤처기업 인증… 혁신성
　　　　장 발판 마련」. 부산광역시 보도자료. 2022.3.25.

사단법인 기후솔루션(Solutions for Our Climate. SFOC)(2021). [보도자료] 「한
　　　　국 철강산업의 2050 탄소중립. 1만의 생명 구할 수 있다」. 2021.11.8.

사회책임투자채권. https://sribond.krx.co.kr/contents/01/01010000/
　　　　SRI01010000.jsp#(검색일: 2023.3.2.)

산업통상자원부(2021). 「K-ESG 가이드라인 보도자료」. 2021.12.2.

산업통상자원부(2021). 「원자력 포함 EU Taxonomy 보도자료」. 2022.7.7.

산업통상자원부(2021). 「탄소중립 시대 지속가능경영 추진 지원 보도자료」.
　　　　2020.12.10.

생물다양성협약사무국 http://www.cbd.int/GBO5

서스틴베스트 홈페이지 https://www.sustinvest.com/l(검색일: 2023.01.17.)

손동필(2017). "국제사회 'SDGs체제' 돌입, 대규모 자본이동 예견."『한국건설신
　　　　문』. 2017.1.25.

스톡홀름리질리언스센터. https://www.stockholmresilience.org

아시아 공정 무역 네트워크. http://www.asiafairtrade.net/

온라인 중앙일보(2015). "오늘은 지구의 날, '지구 한계'란?".『중앙일보』. 2015.4.
　　　　22.

유네스코 한국위원회. https://unesco.or.kr/unesco/introduction

유엔 글로벌 콤팩트. https://www.unglobalcompact.org/

유엔 데이터베이스. unstats.un.org/sdgs/indicators/database

유엔해비타트 한국위원회. https://www.unhabitat.or.kr/UNinfo

이시연(2021). 「국내외 ESG 투자 현황 및 건전한 투자 생태계 조성을 위한 시사
　　　　점」.『주간금융브리프』. 30(7). 40-42.

이연우(2022). ESG 트렌드와 기업의 대응. 법무법인(유한) 태평양 ESG랩

이준섭(2021). 「소비라이프뉴스 코로나 1년의 그늘, 커지는 K자형 양극화」.『소비
　　　　라이프』. 2021.1.21.

이준희(2020).『한국기업들의 ESG 경영을 위한 변화』. 딜로이트 안진회계법인.
　　　　26-34.

이지희(2022). "대학의 'ESG 경영' 지자체로 확대… 곳곳에서 협력 사례."『한국대학신문』. 2022.1.22.

이창언(2015). (시론)지속가능발전의 재구성."『뉴스토마토』. 2015.9.2.

이창언(2015). "지구-국가-지방적 차원의 생물다양성

이창언(2016). "(시론)SDGs와 모든 형태의 빈곤 종식."『뉴스토마토』. 2016.2.13.

이창언(2016). "유엔지속가능발전목표(SDGs) 등장배경."『평택시민의 신문』. 2016.5.4.

이창언(2021). "그린워싱·SDGs·ESG 워시란 무엇인가?."《이창언 교수의 SDGs·ESG 경영 특별강의 ②》,『평택시민신문』. 2021.11.03.

이창언(2022). "ESG 경영, 평택 기업의 패러다임을 바꾼다-3." 창간 특집좌담. 2022.1.12.

이창언(2023). "SDGs(지속가능발전목표)는 평등이 아닌 공정을 중시한다".『경주신문』. 2023.12.28.

이창언(2023). "격차와 차별 해소를 위한 SDGs(지속가능발전목표)의 목표와 세부목표1".『경주신문』. 2023.12.14.

이창언(2023). "격차와 차별 해소를 위한 SDGs(지속가능발전목표)의 목표와 세부목표2".『경주신문』. 2023.12.21.

이창언(2023). "경주시 거버넌스 전략 모델 수립과 단계별 추진 과제".『경주신문』. 2023.2.16.

이창언(2023). "심각한 기후위기, 지속가능한 사회를 위한 대응과제".『경주신문』. 2023.12.7.

이창언(2023). "윤석열 정부의 ESG 인프라 고도화 방안".『경주신문』. 2023.1.5.)

이창언(2023). "인공지능시대, 사람다움을 생각해 본다". (『경주신문』. 2023.2.23.

이창언(2023). "정부가 ESG에 적극 나서야 하는 이유".『경주신문』. 2023.01.12.

이창언(2023). "탄소중립을 위한 기업행동".『경주신문』. 2023.1.19.

이창언(2024). "SDGs ·ESG 문화예술 1. 문화와 지속가능발전".『경주신문』. 2024.5.9.

이창언(2024). "SDGs ·ESG 문화예술 2. 충실한 삶에 대한 패러다임 전환".『경주신문』. 2024.5.23.

이창언(2024). "SDGs ·ESG 문화예술 3. 국제사회가 지향하는 지속가능발전문화".『경주신문』. 2024.6.6.

이창언(2024). "SDGs ·ESG 문화예술 4- 지속가능발전문회의 의의".『경주신문』. 2024.6.20.

이창언(2024). "SDGs ·ESG 문화예술 6. SDGs와 문화적 여백(1)".『경주신문』. 2024.7.25.

이창언(2024). "SDGs ·ESG 문화예술 6. SDGs와 문화적 여백(2)".『경주신문』. 2024.7.25.

이창언(2024). "SDGs ·ESG 문화예술 7- 문화예술과 기업의 만남 메세나(1)".『경주신문』. 2024.8.15.

이창언(2024). "격차 해소와 공정한 사회를 실형하기 위한 방안".『경주신문』. 2024.1.4.

이창언(2024). "경주시 민간협치 활성화를 위한 원칙과 방향".『경주신문』. 2024.5.2.

이창언.(2015). "지속가능한 발전과 로컬 거버넌스".『평택시민신문』. 2015.10.28.

이창언.(2015). "지속가능한 발전과 지방의제21(지속가능발전협의회)".『평택시민신문』. 2015.7.29.

이창언.(2016). "유엔지속가능발전목표(SDGs)란 무엇인가?".『평택시민신문』. 2016.4.20.

이창언.(2016). "유엔지속가능발전목표(SDGs)의 등장배경 1".『평택시민신문』. 2016.4.27.

이창언.(2016). "유엔지속가능발전목표(SDGs)의 등장배경 2".『평택시민신문』. 2016.5.4.

이창언.(2017). "유엔지속가능발전 목표(SDGs)의 지역화, 주류화 방안 I".『평택시민신문』. 2017.11.29.

이창언.(2017). "유엔지속가능발전 목표(SDGs)의 지역화, 주류화 방안 II".『평택시민신문』. 2017.12.13.

이창언.(2017). "지속가능도시와 대학: 유엔지속가능발전목표(SDGs)와 지역 대학(평택대학교, 국제대학교 등)의 역할과 과제 I".『평택시민신문』. 2017.11.8.

이창언.(2017). "지속가능도시와 대학: 유엔지속가능발전목표(SDGs)와 지역 대학(평택대학교, 국제대학교 등)의 역할과 과제 II".『평택시민신문』. 2017.11.15.

이철희. 서울대학교 경영학과 교수. "디지털 혁신과 기업 전략" 인터뷰. 2022.11.16.

이클레이(ICLEI). https://iclei.org/

일본 경제산업성. https://www.meti.go.jp/

일본 코람물류 홈페이지. https://www.suzuyo.co.jp/column/scm.html(검색일: 2023.4.17.)

일본 환경성. http://www.kankyokan.jp/blog-2021-3-2/

자치법규정보시스템. https://www.elis.go.kr/(검색일: 2023.4.10)

자치행정신문. http://www.ddmnews.co.kr/news_gisa/gisa_view.htm?gisa_idx=72345

전국지속가능발전협의회. www.sdkorea.org/

정부 '탄소중립 전략' 실효성 놓고 의문…"각론에 진전 없어. https://www.yna.co.kr/view/AKR20201207094200530(검색일: 2023.4.20.)

조천호(2018). "경제성장'이란 뜨거운 욕망에 달궈진 지구, 숨소리 거칠어진다." 『경향신문』. 2018.9.13.

주간조선. http://weekly.chosun.com/

중앙일보. https://www.joongang.co.kr/article/17644142

지속가능발전포털 홈페이지. ncsd.go.kr/

지자체가 ESG 행정 외친 이유는. https://it.chosun.com/site/data/html_dir/2022/04/12/2022041202102.html(검색일: 2023.03.20.)

천권필(2018). "대안 노벨상' 받은 그레타 툰베리, 유엔 연설 풀버전 보니". 『중앙일보』. 2019.9.26.

최승우 (2023). "전 세계 인구 80명 중 1명은 난민, 받거나 외면하거나". 『교수신문』. 2023.08.16.

최중무(2021)."3년간 빈곤층 늘어 양극화 심해졌다?". 『파이넨셜뉴스』. 2021.1.13.

타임즈 고등교육. https://www.timeshighereducation.com/

타임즈 고등교육. https://www.timeshighereducation.com/

탄소중립 추진전략(기획재정부). https://www.yna.co.kr/view/AKR20201207094200530/(검색일: 2023.4.20.)

통계청. https://kostat.go.kr/portal/korea/index.action/

팬퍼시픽인터내셔널홀딩스. https://ppih.co.jp/en/csr/sustainability/

평택시민신문. http://www.pttimes.com/

한국메세나협회. https://mecenat.or.kr/ko/intro/esg.php (Accessed 2024. 2.7.)

한국ESG기준원 홈페이지. http://www.cgs.or.kr/main/main.jsp(검색일: 2023.1.17.)

한국ESG연구소 홈페이지. http://www.kesgresearch.com/(검색일: 2023.1.17.)

한국표준협회(KSA) 홈페이지 https://www.ksa.or.kr/ksa_kr/978/subview.do(검색일: 2023.4.9.)

한국학술지인용색인 www.kci.go.kr/

한은진(2021). "캘리포니아 54도… 죽음의 날씨, 지구습격이 시작됐다." 『국민 일보』. 2021.12.24.

환경부 http://me.go.kr/

환경부 블로그 https://blog.naver.com/mesns/

황원희(2020). UNEP '배출격차보고서' 발행. 『이코리아』. 2020.12.13. https://www.ekoreanews.co.kr/news/articleView.html?idxno=67633

Baltic University Programme. https://www.balticuniv.uu.se/about-us

BFFP. https://www.breakfreefromplastic.org/brandaudit2021/)

Bishwaraj B., Abduimutalib Y., Pablo B., Umdatul M., & Laurens van der H. (2016). Carbon capture and sequestration -currents status and prospects, Conference: Sustainable Energy Conference, Institute for Energy Systems, ResearchGate. https://www.researchgate.net/publication/344467383_Carbon_capture_and_sequestration_-_current_status_and_prospects.

Brower, A. V., & Schuh, R. T.(2021). Biological systematics: principles and applications. Cornell University Press.

CDP https://kosif.org/cdp(검색일: 2023.4.21.)

D+C https://www.dandc.eu/

Dunning and Kalow(2016). SDG indicators: Serious gaps about in data availability. Posted on CGD website on 17 May. 2016.

Environment, Sustainable Development, and the Politics of the data availability. Posted on CGD website on 17 May. 2016.

Environment, Sustainable Development, and the Politics of the Future. Pluto Press. 312.

ESD活動支援センタ. https://esdcenter.jp

FTSE Russell 홈페이지. https://www.ftserussell.com/(검색일: 2023.1.17.)

GRI. https://sdgcompass.org (2015)

http://me.go.kr/home/web/board/read.do?pagerOffset=0&maxPageItems=10&maxIndexPages=10&searchKey=&searchValue=&menuId=&orgCd=&boardMasterId=2&boardCategoryId=&boardId=173273&decorator=(검색일: 2023.4.18.)

https://epo-kyushu.jp/

https://gentosha-go.com/

https://www.chosun.com/economy/industry-company/2023/05/18/5B2K

WPSXOZDR5OVM35DO7MDLMI/(검색일: 2023.5.18)

https://www.impacton.net/news/articleView.html?idxno=144(검색일: 2023.5.10)

https://www.kantei.go.jp/jp/singi/sdgs/pdf/jisshi_shishin_r011220.pdf

https://www.law.go.kr/LSW/lsRvsDocListP.do?lsId=014217&chrClsCd=010202&lsRvsGubun=al

ICLEI 한국사무소. http://www.icleikorea.org/

IISD. http://sd.iisd.org/news/sdg-group-discusses-indicator-selection-way-forward/

KPMG 홈페이지(일본어). https://kpmg.com/jp/ja/home/insights/2020/09/sustainability-reporting-20200923.html(검색일: 2023.4.19.)

MSCI 홈페이지. https://www.msci.com/(검색일: 2023.1.17.)

NASA 기후변화 홈페이지. https://climate.nasa.gov/global-warming -vs-climate-change/(검색일: 2023.4.10.)

PPIH https://ppih.co.jp/en/csr/sustainability/

Public Company Accounting Reform and Investor Protection Act. (2002). Sarbanes-Oxley Act of 2002. Pub. L. No. 107-204, 116 Stat. 745.

RE100과 CF100 이투뉴스. https://www.e2news.com/news/articleView.html?idxno=249519(검색일: 2023.5.18.)

SDG. compass https://sdgcompass.org/

SDG 미디어 블로그(일본). https://sdgs.media/blog/6289/

SDGs media. https://sdgs.media/blog/4130/

SDGs midia(2020). 中小企業のSDGsへの取り組み方とは | メリット/事例/支援も紹介. (2020). 09월 25일.

SDGs 推進本部(2019). SDGs 施指針改定版.

SDSN https://www.unsdsn.org/

Sustainable Development Knowledge Platform http://sustainabledevelopment.un.org/

Sustainable Development Solutions Network(2014). Framing Sustainable Development Goals, Targets, and Indicators. Issue Brief. (2014.11.20.)

Sustainalytics 홈페이지. https://www.sustainalytics.com/(검색일: 2023.1.17.)

UN PRI 연차보고서 2022. https://www.unpri.org/annual-report-2022(검색일: 2023.3.02.)

UN SDG. Indicators https://unstats.un.org/sdgs/indicators/indicators-list/

UN 홈페이지. https://www.un.org/

WWF 한국홈페이지. https://www.wwfkorea.or.kr/

Bishwaraj B., Abduimutalib Y., Pablo B., Umdatul M., & Laurens van der H. (2016). Carbon capture and sequestration –currents status and prospects, Conference: Sustainable Energy Conference, Institute for Energy Systems, ResearchGate. https://www.researchgate. net/publication/344467383_Carbon_capture_and_sequestration_-_current_status_and_prospects.

Dodd-Frank Wall Street Reform and Consumer Protection Act, Pub.L. 111-203, 124 Stat. 1376 (2010). https://www.congress.gov/bill/111th-congress/house-bill/4173.(검색일: 2024.8.16)

Doe, J. (2022). The truth behind greenwashing: Greenwashing in corporate America. Harvard Business Review. https://hbr.org/2022/06/the-truth-behind-greenwashing.(검색일: 2024.8.15.)

Intergovernmental Panel on Climate Change (IPCC). (2005). IPCC Special Report on Carbon Dioxide Capture and Storage. Retrieved from https://www.ipcc.ch/report/special-report-on-carbon-dioxide-capture-and-storage/(검색일: 2024.8.16.)

Leung, J., & Bailey, A. (2018). How cities benefit from power purchase agreements. Center for Climate and Energy Solutions. Retrieved from https://www. c2es. org/site/assets/uploads/2018/09/how-cities-benefit-from-ppas. pdf.(검색일: 2024.8.16.)

LinkedIn Learning (2020). Taxonomy in Information Science.(검색일: 2024.8.16.)

Massachusetts Institute of Technology (MIT) (2024). "The Future of the Electric Grid." Retrieved from https://energy.mit.edu/research/future-electric-grid(검색일: 2024.8.16.)

National Aeronautics and Space Administration (NASA) (2024). "The Greenhouse Effect". NASA's Climate Kids.(검색일: 2024.8.21.)

OECD. OECD 기업지배구조 국제 표준. (2015). Retrieved from http://www. oecd.org/corporate/principles-corporate-governance/(검색일: 2024.8.16.)

Office of the High Commissioner for Human Rights (OHCHR). (1993). About OHCHR. Retrieved from https://www.ohchr.org/en.(검색일: 2024.8.16.)

Sarbanes-Oxley Act of 2002, Pub.L. 107-204, 116 Stat. 745 (2002). https://www.congress.gov/bill/107th-congress/house-bill/3763.(검색일: 2024.8.16.)

The Guardian. (2021). Understanding Greenwashing. The Guardian. Retrieved from https://www.theguardian.com/environment/2021/oct/06/greenwashing-environmentalism.(검색일: 2024.8.17.)

U.S. Environmental Protection Agency. (2021). Greenhouse Gases. https://www.epa.gov/ghgemissions/overview-greenhouse-gases.(검색일: 2024.8.16.)

United States Securities and Exchange Commission (SEC). (2002). Sarbanes-Oxley Act of 2002. Retrieved from https://www.sec.gov/about/laws/soa2002.pdf.(검색일: 2024.8.17.)

United States Securities and Exchange Commission (SEC). (2012). Dodd-Frank Wall Street Reform and Consumer Protection Act. Retrieved from https://www.sec.gov/page/dodd-frank-wall-street-reform-and-consumer-protection-act.(검색일: 2024.8.17.)

United States Securities and Exchange Commission (SEC). (2020). SEC Enforcement Actions: FCPA Cases. SEC. https://www.sec.gov/spotlight/fcpa/fcpa-cases.shtml.(검색일: 2024.8.16.)

Wikipedia. (2024). Linnaean Taxonomy.(검색일: 2024.8.16.)

World Business Council for Sustainable Development (WBCSD). (2024). Retrieved from https://www.wbcsd.org/(검색일: 2024.8.16.)

World Resources Institute. (2011). Greenhouse Gas Protocol: A Corporate Accounting and Reporting Standard (Revised Edition). https://ghgprotocol.org/corporate-standard(검색일: 2024.8.16.)

ビジネス+IT. https://www.sbbit.jp/article/cont1/36239/

企業メセナ協議会. https://mecenat-mark.org/ <Accessed2024. 2.11)>

金工業大 SDGs추진센터 홈페이지. https://www.kanazawa-it.ac.jp/sdgs/about/

金融. https://www.fsa.go.jp/

農林水産省 홈페이지. https://www.maff.go.jp/

連報センター. https://www.unic.or.jp/

首相官邸/政策議. https:s://www.kantei.go.jp/

外務省/ JAPAN SDGs Action Platform. https://www.mofa.go.jp/

前田直之、山崎新太、本田紗愛、大庭あかり、森本佐理 (2021年07月06日).【ク
    リエイティブエコノミーが切り開く未来～持続可能な都市において不
    可欠な「文化芸術」～】その1：文化芸術が持つ多面的価値とは.（東京）:
    https://www.jri.co.jp/page.jsp?id=39168(검색일: 2024.2.01.).

佐藤久 교수 인터뷰. https://gomuhouchi.com/other/27246/(Accessed
    2020.11.21.)

佐藤真久 교수 인터뷰. https://gomuhouchi.com/other/27246/(Accessed 2020.
    11.21.).

株式会社日本総合研究所. https://www.jri.co.jp/page.jsp?id=39168 (Accessed
    2024. 2.1.)

環境省 生物種多 性. https://www.biodic.go.jp/biodiversity/about/about.html

색인

ㅇ

ㅈ

ㅌ